Hans Herbert von Arnim, geboren 1939, leitete nach dem Jura- und Volkswirtschaftsstudium zehn Jahre lang das Karl-Bräuer-Institut des Bundes der Steuerzahler. Nach der Habilitation war er zunächst Professor an der Universität Marburg. Seit 1981 hat er den Lehrstuhl für öffentliches Recht und Verfassungslehre an der Hochschule für Verwaltungswissenschaften Speyer inne, wo er seit Ende 1993 als Rektor tätig ist. Seine Veröffentlichungen zur Politikfinanzierung haben in den letzten Jahren immer größere Wirkung auf die Praxis gehabt, so etwa bei Diäten- und Versorgungsskandalen in Hessen, Hamburg und im Saarland. »Die Zeit« nennt ihn eine »Einmann-Instanz« gegen Auswüchse des Parteienstaates, die mehr Gesetze aus den Angeln gehoben habe als jeder andere außer dem Bundesverfassungsgericht.

Von Hans Herbert von Arnim sind außerdem erschienen:

Demokratie ohne Volk (Band 80021)
Der Staat als Beute (Band 80014)

Dieses Buch wurde auf chlor- und
säurefreiem Papier gedruckt.

Aktualisierte und ergänzte Taschenbuchausgabe Juni 1995
Droemersche Verlagsanstalt Th. Knaur Nachf., München
© 1993 Kindler Verlag GmbH, München
Das Werk einschließlich aller seiner Teile ist
urheberrechtlich geschützt. Jede Verwertung außerhalb
der engen Grenzen des Urheberrechtsgesetzes ist ohne
Zustimmung des Verlages unzulässig und strafbar. Das gilt
insbesondere für Vervielfältigungen, Übersetzungen,
Mikroverfilmungen und die Einspeicherung und
Verarbeitung in elektronischen Systemen.
Umschlaggestaltung Graupner + Partner, München
Satz Christa Betz, Speyer / DTP im Verlag
Druck und Bindung Ebner Ulm
Printed in Germany
ISBN 3-426-80062-4

2 4 5 3 1

Hans Herbert von Arnim

STAAT OHNE DIENER

Was schert die Politiker das Wohl des Volkes?

Inhalt

Vorwort zur Taschenbuchausgabe 7

Kapitel 1: Einleitung
Der Sinn des Staates – Dienst am Volk 9

Kapitel 2: Entmündigung
Das Volk hat nichts zu sagen 19

Kapitel 3: Politische Parteien
Herrschen statt Dienen 89

Kapitel 4: Ämterpatronage
Staat und Verwaltung als Beute der Parteien 133

Kapitel 5: Politikfinanzierung
Selbstbedienung aus der Staatskasse 179

Kapitel 6: Verbände
Dominanz des organisierten Egoismus 261

Kapitel 7: Politikversagen
Die Weichen sind falsch gestellt 289

Kapitel 8: Föderalismus in Deutschland
Deformation einer Idee 313

Kapitel 9: Schluß
Wiederbelebung der Demokratie! 355

Nachwort: Antwort auf Kritiker 367

Anhang: Schaubild und Tabellen 383

Anmerkungen 387

Abkürzungen 448

Vorwort zur Taschenbuchausgabe

Dieses Buch hat seine Leser gefunden; dafür und für die zahlreichen Zuschriften und Anregungen bin ich dankbar, auch wenn nicht alle berücksichtigt werden konnten. Für die vorliegende Taschenbuchausgabe wurde der Text durchgesehen und auf den Stand von Anfang 1995 gebracht. Überarbeitet wurde vor allem Kapitel 5, weil inzwischen neue Gesetze zur Parteienfinanzierung und zur Fraktionsfinanzierung in Kraft getreten sind. Wesentliche Teile dieser Gesetze sind politisch und verfassungsrechtlich allerdings nicht zu halten. Die Mahnung der Bundestagspräsidentin Süssmuth, Gesetze zu erlassen, die »keine verfassungsrechtlichen Risiken« enthalten, und so die Chance zu nutzen, »das zur Zeit negative Ansehen der Parteien zu verbessern«, wurde nicht beherzigt.

Die Thesen dieses Buches sind auf viel Zustimmung, aber teilweise auch auf scharfe Kritik gestoßen. Eine ausführliche Auseinandersetzung mit der Kritik enthält das Nachwort, das dabei die Grundaussagen dieses Buches noch einmal bekräftigt. Leider sind sie nach wie vor unverändert aktuell.

Speyer, im April 1995   Hans Herbert von Arnim

1

Einleitung:
Der Sinn des Staates –
Dienst am Volk

Alle Staatsgewalt hat dem Wohl des Volkes zu dienen. Das gehört zu den Grundvoraussetzungen der Demokratie. Der Staat ist kein Selbstzweck, und schon gar nicht darf er von den Regierenden für ihre Zwecke instrumentalisiert werden. Wenn Parteien und politische Klasse in selbstherrlicher Weise immer öfter so auftreten, als *seien* sie der Staat wie weiland Ludwig XIV., stellt dies eine Verkehrung dar, die dem Grundgesetz und den berechtigten Erwartungen der Bürger diametral zuwiderläuft. Der Staat und alle Personen, derer er sich in seinen Ämtern bedient, sind um der Bürger willen da und haben eine rein dienende Funktion. Das Grundgesetz verpflichtet sämtliche Amtsträger auf uneigennützigen Dienst am Ganzen. Sie sind alle von Verfassungs wegen »Staatsdiener« (oder *sollten* es doch sein). Bundespräsident und Minister müssen bei Amtsantritt feierlich schwören, ihre ganze Kraft dem Wohl des deutschen Volkes zu widmen, seinen Nutzen zu mehren und Schaden von ihm zu wenden (Artikel 56 Grundgesetz). Beamte haben »dem ganzen Volke« zu dienen, »nicht einer Partei«, und bei ihrer Amtsführung »auf das Wohl der Allgemeinheit bedacht zu nehmen« (§ 35 Beamtenrechtsrahmengesetz). Der Beamte »hat sein Amt uneigennützig nach bestem Gewissen zu verwalten« (§ 54 Bundesbeamtengesetz). Abgeordnete sind »Vertreter des ganzen Volkes« (Artikel 38 Grundgesetz), nicht eines Verbandes oder Wahlsprengels. Das Repräsentationsprinzip gibt ihnen auf, *für* das Volk, das heißt in seinem Interesse, zu handeln.
Gemeinwohlverpflichtung und Amtsorientierung sind theoretisch und praktisch unverzichtbar. Daß staatliche Amtsträger nicht eigennützig handeln dürfen, ist kein alter Zopf, sondern zwingende funktionelle Notwendigkeit. Die Amtsträger sitzen an den Schalthebeln der Macht, sie beherrschen die Gesetzgebung, beschließen über Hunderte von Milliarden Mark in den staatlichen Haushalten, stellen das Millionenheer der öffentlichen Bediensteten ein und bestimmen deren Karriere durch

Beförderungen. All diese Befugnisse von größtem Gewicht müssen von denen, denen sie übertragen sind, sachlich, neutral, unbefangen und ohne Eigennutz, eben zum Wohl des Ganzen ausgeübt werden. Würde es ihnen erlaubt, nach eigenem persönlichem Vorteil zu entscheiden, würde der Staat zur Ausbeutung durch seine Diener freigegeben, die ihrerseits, wie Augustinus das schon früh formuliert hat, zu einer Räuberbande degenerierten. Das Vertrauen der Menschen in den Staat und seine Repräsentanten wäre zerstört. Von diesem Vertrauen aber lebt die Demokratie.

Dem Begriff »Gemeinwohl« wurden im Laufe der Geschichte unterschiedliche Bedeutungen gegeben. In der Demokratie des Grundgesetzes meint er nicht etwas substanzhaft Vorgegebenes, von vornherein Feststehendes. Bindung an Gemeinwohl bedeutet vielmehr die Orientierung an aufgegebenen letzten Zielen. Am Gemeinwohl orientiertes Staatshandeln verlangt Handeln *durch* das Volk und *für* das Volk, wie es schon der amerikanische Präsident Lincoln formuliert hat: Demokratie »is rule of the people, by the people, for the people«. Selbstentscheidung des Volkes und inhaltliche Ausrichtung auf sein Wohl sind die beiden zentralen Elemente unseres Gemeinwohlverständnisses, die Bezugspunkte und obersten Bewertungsmaßstäbe des demokratischen Staates in allen seinen Teilen und Organen.

Herzstück dieser Konzeption ist die Vorstellung vom Wettbewerb der politischen Parteien um die staatliche Macht auf Zeit. Die Wahl hat ihrerseits Vorwirkungen auf die Aufstellung der Kandidaten und das Sachprogramm. Denn der Wettbewerb soll jede Partei, will sie bei den Wahlen möglichst günstig abschneiden, dazu veranlassen, ihr personelles und programmatisches Angebot möglichst an den Vorstellungen der Bürger – und zwar möglichst vieler Bürger – auszurichten. Die Wahlen und die dabei vorgenommene Begutachtung der bisherigen Politik durch die Wähler zwingen zu einer Orientierung an den Wünschen des Souveräns. Auf diese Weise soll das Konkurrenzprinzip eine Bindung an das Volk sichern – auch und gerade dann, wenn es den Konkurrenten primär um den Erwerb oder die Verteidigung der politischen Macht geht. Die Grundidee ist ähnlich dem wirtschaftlichen Wettbewerb, dessen Geheimnis darin besteht, daß die Unternehmer sich, wenn der Wettbewerb funktioniert, aufgrund ihres Gewinnstrebens möglichst weitgehend nach den Wünschen der Verbraucher richten und dadurch die »Wohlfahrt der Nation« steigern.

In dieses Bild vom harmonischen Gleichgewicht paßt sich auch das weitere Bild vom Wirken der Interessenverbände ein, die ihrerseits bekanntlich erheblichen Einfluß auf Parteien und Staatsorgane nehmen. Auch hier schlägt in der Theorie alles zum Besten aus: Die organisierten Interessen halten sich gegenseitig in Schach und pendeln sich aus. Bei Überwiegen eines Anliegens bildet sich über kurz oder lang eine »counterveiling power« (Kenneth Galbraith), so daß der politische Interessentendruck in ähnlicher Weise zu einem ausgewogenen Ganzen tendiert, wie dies im Modell des *wirtschaftlichen* Wettbewerbs angenommen wird. Viele Pluralismus-Theoretiker setzen die Resultate des Interessentendrucks geradezu mit dem »Gemeinwohl« gleich.

So kommt – im Konkurrenzmodell der Parteien und Verbände – beides zustande: Selbstbestimmung des Volkes *und* inhaltliche Richtigkeit der Gesetze und Maßnahmen der Volksvertreter, rule by the people and for the people.

Doch in Wahrheit verfehlt das Modell die Realität. Fast scheint es so, als sei es nur eine Ideologie, die den wirklichen Zustand des Gemeinwesens vernebelt – zugunsten derjenigen, die daraus ihre Vorteile ziehen: der politischen Klasse der Bundesrepublik Deutschland, und um diejenigen ruhigzustellen, zu deren Lasten alles geht: die Bürger.

Weder hat das Volk wirklich etwas zu sagen, noch handeln die Repräsentanten wirklich immer für das Volk. Mögen Verallgemeinerungen auch ungerecht sein gegenüber abweichenden Fällen, so läßt sich doch an einer Vielzahl von Beispielen zeigen, wie das Volk einerseits entmündigt wird, andererseits aber auch die politischen Akteure bei ihrem Handeln »for the people« versagen und wie uninteressiert sie in Wahrheit oft an wirklichen Verbesserungen für das Ganze sind; statt dessen wird der Staat immer mehr zum Gegenstand kollektiver Ausbeutung.

Diese Entwicklung steht im direkten Zusammenhang mit dem Wirken der Parteien und Interessenverbände und ihrer Führungsgruppen, die zwar unverzichtbar für das Emporkommen der modernen sozialstaatlichen Demokratie sind, aber keinesfalls so ausgewogen funktionieren, wie die dargestellte Theorie dies wohlwollend beschreibt. Das Modell beruht darauf, daß Wettbewerb besteht und aufrechterhalten bleibt. Daran fehlt es jedoch oft – gerade bei besonders heiklen Regelungen. Die Parteien bilden parteiübergreifende politische Kartelle und pfeifen auf Wettbewerb. Dann kann der Bürger sich mit dem Stimmzettel nicht mehr wehren: Wen immer er wählt, alle sind in das Kartell eingebunden. Ein Beispiel ist die Politikfinanzierung. Gerade die verrücktesten Regelungen der Politikfinanzierung beruhen durchweg auf ausdrücklichen oder stillschweigenden Absprachen von Regierung und Opposition. Hinzu kommt, daß zentrale Belange des Volkes sich auch verbandlich nicht organisieren lassen, so daß die Summe des Verbandsdrucks in die falsche Richtung tendiert und die Ausgleichshoffnung der Pluralismustheorie von der Praxis widerlegt wird. Parteien und Verbände sind im Laufe der Jahrzehnte wie allumsichgreifende Kraken immer weiter gewachsen, ohne daß ihnen wirksame Grenzen gezogen worden wären. Deshalb tritt die Aufgabe, sie zu disziplinieren, immer mehr in den Vordergrund. Bisher aber ist die Verfassung die Antwort auf die neue Herausforderung, die auf Übermacht und Machtmißbrauch der genannten Akteure beruht, noch schuldig geblieben. Auch die Gemeinsame Verfassungskommission von Bundestag und Bundesrat scheint ganz andere Sorgen gehabt zu haben. Sie hat gerade vor ihrer wichtigsten Aufgabe, der Allmacht der Parteien und Verbände Grenzen zu ziehen, völlig versagt, ja, diese Aufgabe nicht einmal in den Blick bekommen[1].

»Politikverdrossenheit« ist nach Angaben der Duden-Redaktion *das* Wort des Jahres 1992. Politikverdrossenheit spiegelt sich nicht nur im Rückgang der Wahlbeteiligung, sondern auch im Mitgliederschwund der Parteien und darin, daß immer mehr Wähler extremen Parteien ihre Stimme geben – dies aber häufig nicht, weil diese Parteien ihrer Überzeugung entsprächen, sondern aus Protest; alle diese Symptome sind bei jüngeren Bevölkerungsgruppen besonders stark ausgeprägt. Repräsentative Befragungen bestätigen, daß die Menschen in der Bundesrepublik in den letzten Jahren immer unzufriedener mit ihren Politikern geworden sind. Drei von vier Bundesbürgern glauben, die Politiker seien unfähig, die »wirklich wichtigen Probleme« zu lösen. 80 Prozent der Bevölkerung meinen, den Parteien gehe es nur um die Macht. Politikern sei mehr an ihrem individuellen Vorteil und an dem ihrer Parteien gelegen als am Wohl der Bürger.[2] Dies beruht nun weniger auf schlechter Selbstdarstellung der Politik, wie Politiker immer wieder beschwichtigend sagen, oder auf ungebührlicher Ungeduld der Bürger. Es hat – und das ist die Hauptthese dieses Buches – vielmehr ganz handfeste Gründe, die an die Wurzeln unseres Staates und unseres demokratischen Systems gehen. Diese Gründe lassen sich stichwortartig in vier Punkten zusammenfassen:

1. Nichtwähler begründen ihr Verhalten häufig damit, sie könnten ja doch nichts ändern. Und sie haben damit leider recht. Das Volk hat – entgegen der Idee der Demokratie – im Grun-

de nichts zu sagen. Es kommt nicht zu Wort, sondern wird durch die politischen Parteien ersetzt, die ihrer Funktion als Sprachrohre des Volkes aber nicht gerecht werden, sondern das Volk eher entmündigen; es hat weder wirklich Einfluß auf die Auswahl der Politiker noch häufig auf die Inhalte der Politik.
2. Die Politik erweckt den Eindruck, sie versage vor der Lösung dringender Sachprobleme. Viele wichtige Aufgaben der Gemeinschaft würden von der politischen Klasse nicht angepackt, sondern ausgeklammert, tabuisiert oder mangelhaft gelöst. Es bestehe eine Problemlösungsschwäche oder gar eine Art Staatsversagen. Das politisch-administrative System wird in seiner dienenden Funktion für den Staat als Gesamtheit der Bürgerinteressen nicht mehr wahrgenommen.
3. Die Parteien durchdringen alle Bereiche, auch diejenigen, in denen sie nichts zu suchen haben, höhlen den verfassungsrechtlichen Grundsatz der Gewaltenteilung aus und unterlaufen den politischen Wettbewerb; das hat schädliche Rückwirkungen auf die Funktionsfähigkeit des ganzen Systems von checks and balances.
4. Statt für die Sache interessieren sich immer mehr Politiker vornehmlich für ihre Position und die Verbesserung ihres Status bei gleichzeitiger Abschottung gegen alle Konkurrenz, die ihre Kreise stören könnte. Es dominiert das Eigeninteresse an Macht, Posten und Stellen, und das führt – angesichts der Ausschaltung der Kontrolle durch das Volk und gewaltenteilender Gegengewichte – dazu, daß die Diener sich zu Herren aufschwingen und Parteien, Verbände und öffentlicher »Dienst« den Staat zunehmend ausbeuten. Die Ausbeutung des Staates durch die, die eigentlich seine Diener sein sollten, wird besonders deutlich in der Staatsfinanzierung der Politik und der Verschiebung von staatlichen Posten und Ämtern.

Die Mängel stehen nicht isoliert nebeneinander, sondern bedingen einander. Nur *weil* das Volk nichts zu sagen hat, kann die Politik es sich leisten, die großen Probleme auf die lange Bank zu schieben, können die Politiker das Gemeinwohl vernachlässigen und den Staat ausbeuten. Die Politiker und die politische Klasse entfernen sich von den Bürgern, wobei der Bürgerferne der Politik die Politikverdrossenheit der Bürger entspricht. Es fehlt an Kontrolle. Macht ohne Kontrolle aber neigt zum Mißbrauch. Seitdem Bundespräsident Richard von Weizsäcker im Sommer 1992 die Schwachstellen unseres Parteienstaates öffentlich kritisiert hat, sind die unbewußt schon seit langem von vielen empfundenen Mängel einer breiten Öffentlichkeit ins Bewußtsein getreten, wenn der Bundespräsident sich auch mehr in Andeutungen erging. Dieses Buch will nicht nur eine ungeschminkte Bestandsaufnahme geben, sondern auch Ansätze dafür aufzeigen, wie die Fehlentwicklungen zu bekämpfen sind. Es enthält also keine Klage ohne Hoffnung, sondern zeigt, in welche Richtung konkrete Vorschläge für Verbesserungen gehen müssen.

Wie aber können Änderungen zum Besseren praktisch erreicht und durchgesetzt werden? Die vielfältigen Formen des Staatsversagens allein mittels moralischer Appelle an die politischen Akteure anzugehen, scheint mir nicht der richtige Weg. Wenn die Mängel ganz überwiegend struktur- und systembedingt sind, kann ein Politiker *innerhalb* der Strukturen oft gar nicht anders handeln, will er nicht zum tragischen Helden werden. Solange die institutionellen Weichen falsch gestellt sind, muß sich aus individueller Rationalität der Akteure fast notwendig kollektive Irrationalität, also ein Desaster für die Gemeinschaft, ergeben. Es reicht, um Beispiele zu nennen, nicht aus, wenn etwa parteipolitische Ämterpatronage oder öffentliche Verschwendung als schädlich für die Gemeinschaft erkannt und als rechtswidrig gebrandmarkt werden, die Spielregeln der Macht solche Verhaltensweisen aber tatsächlich prämiieren. Hier sind organisatorische und verfahrensmäßige Einrichtungen erforderlich, die die Macht so kanalisieren und lenken, daß sie möglichst zum Besten für die Gemeinschaft ausschlägt; es geht also letztlich um die Essenz des Verfassungsgedankens überhaupt. Es gilt deshalb, die institutionellen Strukturen so zu ändern, daß der Politik die Verfolgung des Angemessenen und Notwendigen erleichtert und die Parteien und Verbände in ihre Schranken gewiesen werden.

Voraussetzung für jede Besserung aber ist und bleibt die kritische öffentliche Diskussion. Die Aufklärung über die Mängel ist notwendige Voraussetzung für alles: Für das Bewußtsein der öffentlichen Meinung, daß Änderungen notwendig sind, für die Entwicklung von Konzepten, in welche Richtung die Änderungen gehen könnten, und für die Überzeugung der Politiker, daß sie nicht darum herumkommen, solche Änderungen durchzusetzen. Da fast alle Beteiligten sich als Opfer der Gesamtentwicklung fühlen, diese also nicht zielstrebig herbeiführen, sondern sie erleiden, und da angemessene verfassungsrechtliche Institutionen fast alle Mitglieder der Gemeinschaft besserstellen würden als vorher, wird die Chance ihrer Einführung um so größer, je umfassender es gelingt, eben dies allgemein zu verdeutlichen. Die Vorstellung, es könnten durchgreifende institutionelle Verbesserungen erreicht werden, mag auf den ersten Blick zwar weltfremd anmuten. Doch hat es paradigmatische Umschwünge, die vorher utopisch Erscheinendes plötzlich durchsetzbar machten, immer wieder gegeben. Wie schlimm ist die Vorstellung, daß dieser Augenblick auf einmal da sein könnte, wir gedanklich aber nicht darauf vorbereitet sind!

2

Entmündigung:
Das Volk hat nichts zu sagen

I. Überblick

In der Demokratie geht alle Staatsgewalt vom Volke aus. Das sagt jedenfalls die Verfassungslehre, und das Versprechen des Grundgesetzes geht in die gleiche Richtung. In Wahrheit hat das Volk im Staat des Grundgesetzes fast nichts zu sagen. »Das Volk ist frei geboren, ist frei und liegt doch überall in Ketten.« Dieses Wort Rousseaus, mit dem er 1762 sein berühmtes Buch *Vom Gesellschaftsvertrag* (Contrat social) einleitete, stand an der Wiege der demokratischen Revolution gegen die absolute Monarchie. Heute sind die »Ketten« zwar raffinierter, zumal sie dem Volk von Organisationen (wie Parteien, Verbänden, Medien, Verwaltung) angelegt sind, die erst das Aufkommen der sozialen Demokratie ermöglicht haben und die natürlich niemand beseitigen will. Aber sie haben einen ähnlichen Effekt: die Entmündigung des Volkes. Aus dem monarchischen Absolutismus droht ein Parteienabsolutismus zu werden oder gar eine »Mehrparteiendiktatur« (Scheuch). In Anlehnung an des Abbé Sieyès berühmtes Wort könnte man formulieren: Was ist das Volk? Alles! Was hat es zu sagen? Nichts!
Die Analyse muß die verschiedenen Ebenen, auf denen das Volk eigentlich mitentscheiden müßte, tatsächlich aber nichts zu sagen hat, auseinanderhalten:

— Die Entscheidung des Volkes über die Verfassungsgebung und Verfassungsänderung und die Entscheidung über Gesetze und Maßnahmen im gegebenen Rahmen der Verfassung,
— die Auswahl von Personen und die Entscheidung von Sachfragen,
— die mehrfach gestuften Ebenen des föderalen Staates mit kommunaler Selbstverwaltung, eingebettet in die Europä-

ische Gemeinschaft: Bund, Länder, Kommunen (Gemeinden und Landkreise) und Europäische Gemeinschaft.

Besonders kraß ist das demokratische Defizit auf der Ebene der Verfassunggebung des Bundes. Die Verfassung als normative Grundlage des Staates erhält in der Demokratie ihre Legitimation dadurch, daß das Volk zunächst eine »verfassungsgebende Versammlung« wählt und später über deren Verfassungsentwurf durch Volksabstimmung entscheidet. So sind die 1946 und 1947 erlassenen Verfassungen der Länder der späteren Bundesrepublik regelmäßig von Versammlungen beschlossen worden, die zu diesem Zweck direkt vom Volk gewählt worden waren, und vor ihrem Inkrafttreten wurden sie vom Volk in Abstimmungen angenommen.

Demgegenüber war der Parlamentarische Rat, der das Grundgesetz 1948/49 unter erheblicher Einflußnahme der westlichen Besatzungsmächte ausarbeitete, weder direkt vom Volk gewählt worden, noch wurde das Grundgesetz einer Volksabstimmung unterzogen. Die Mitglieder des Parlamentarischen Rats waren von den Landesparlamenten entsandt, ohne daß diese aber von den Wählern dazu ermächtigt worden wären; bei den Landtagswahlen hatte das Thema keine Rolle gespielt. Das Grundgesetz trat nach einer vom Parlamentarischen Rat selbst festgesetzten Vorschrift in Kraft, nachdem eine qualifizierte Mehrheit der Landtage – alle außer Bayern, das dadurch seine Zugehörigkeit zum Bund aber nicht in Frage stellen wollte – ihm zugestimmt hatte. Wenn die Präambel des Grundgesetzes formuliert, das Deutsche Volk habe sich »kraft seiner verfassunggebenden Gewalt dieses Grundgesetz« gegeben, so trifft dies in Wahrheit nicht zu. Auch die später nachgeschobene Behelfsthese, das demokratische Legitimationsdefizit des Grundgesetzes sei durch die hohe Wahlbeteiligung bei den Bundestagswahlen geheilt worden, war nur Ausdruck des Satzes, daß nicht sein kann, was nicht sein darf, und entspringt in der Sache einer mehr als fraglichen Logik: Bei den Bundestagswahlen steht die Entscheidung zwischen bestimmten Parteien, nicht aber für oder gegen das Grundgesetz zur Debatte.

Die mangelnde Beteiligung des Volkes am Grundgesetz wirkte auch auf das Interesse der öffentlichen Meinung voraus: Es fehlte an einer wirklichen öffentlichen Verfassungsdebatte. Die Volksferne der Wahl des Parlamentarischen Rates prägte auch die Einstellung seiner Mitglieder. Der Zeithistoriker Heinrich Potthoff sprach von »Verfassungsvätern ohne Verfassungsvolk«. Der spätere Bundespräsident Theodor Heuss warnte im Parlamentarischen Rat vor dem Volk gar wie vor einem bissigen Hund (»cave canem«).

Auch die 1992 in der Bundesrepublik eingesetzte 64köpfige Gemeinsame Verfassungskommission von Bundestag und Bundesrat,[1] die Vorschläge für Änderungen des Grundgesetzes machen sollte, war nicht etwa vom Volk für diese Aufgabe eingesetzt, sondern je zur Hälfte vom Bundestag und vom Bundesrat gewählt worden. Das warf seine Schatten voraus – gerade wenn es um die Begrenzung der Macht der Parteien und der »politischen Klasse« geht. Denn die Verfassungskommission war voll von Vertretern eben dieser Klasse. Mögen auch nachdenkliche, problembewußte und reformbereite Männer und Frauen darunter gewesen sein – die Begrenzung der politischen Klasse durch sich selbst gerät doch leicht zum Münchhausen-Problem: sich am eigenen Schopf aus dem Sumpfe zu ziehen. Der völlige Ausschluß des Volkes von Entscheidung und Verantwortung bei den Verfassungsfragen trug dazu bei, daß sich fast niemand dafür interessierte und die Beratungen nicht etwa von großen öffentlichen Debatten begleitet, sondern kaum wahrgenommen wurden; eine Ausnahme machte nur das Thema eines eventuellen Grundrechts auf Umwelt, das durch einen spektakulären »Halbrücktritt« eines der Vorsitzenden – Rupert

Scholz ließ seinen Vorsitz eine Zeitlang ruhen – öffentlich diskutiert wurde. Das Unbehagen an Bestellung, Zusammensetzung und Arbeitsweise der Gemeinsamen Verfassungskommission ist von prominenter Seite – allen voran von Bundespräsident Richard von Weizsäcker und vom Vizepräsidenten des Bundesverfassungsgerichts Ernst Gottfried Mahrenholz – öffentlich artikuliert worden. Selbst der andere Vorsitzende der Kommission, der Hamburger Bürgermeister Henning Voscherau, hat die Kommission mit bemerkenswerter Offenheit kritisiert und an ihrer Stelle einen Verfassungsrat gefordert, »der nicht durch Parteienproporz und Fraktionsdisziplin beherrscht« werde. Dem Verfassungsrat sollten nach Voscherau auch Staatsrechtler, Wissenschaftler und Publizisten angehören. Diese Kritik ist bemerkenswert, weil sie praktisch nach Abschluß der Beratungen das Resümee eines der beiden Vorsitzenden der Kommission darstellt. Sie dringt aber nicht zu dem für die Fehlentwicklung letztlich maßgeblichen Kern vor: dem völligen Ausschluß des Volkes, wodurch es erst möglich wurde, daß die Kommission zum Insichgeschäft der politischen Klasse degenerierte.
Auch bei der wahrhaft grundlegenden Entscheidung über den Maastricht-Vertrag blieb das Volk völlig außen vor. Anders als in Dänemark und Frankreich, wo darüber Volksabstimmungen stattfanden, fehlte in Deutschland jede tiefergehende politische Diskussion, obwohl es sich um eine der wichtigsten Fragen seit Entstehen der Bundesrepublik überhaupt handelt. Auch ein Memorandum der 75 renommiertesten deutschen Wirtschaftswissenschaftler, die auf die Gefahr hinwiesen, die Gemeinschaft könne zu einer Inflations- und Transfergemeinschaft degradieren, brachte keine längere Diskussion. Das Gefühl, doch nichts bewirken zu können, weil alles schon entschieden sei, nahm jeder großen Debatte schon im Ansatz die Motivation. Fast scheint es übrigens so, als wäre den Regierungs- und Oppositionsparteien, die sich hier einig sind, die öffentliche Nicht-Dis-

kussion ganz recht. Die Zustimmung durch den Bundestag erfolgte in großer Eile und ohne wirkliche Diskussion der Probleme. Einige Kritiker sprechen gar von einem Verfassungsstreich von oben. Die Staatsrechtler Murswiek, Rupp und Schachtschneider halten einen Volksentscheid auch in Deutschland für rechtlich geboten, weil der Maastricht-Vertrag eine neue Verfassung schaffe. Erst das beim Bundesverfassungsgericht anhängige und mit Urteil vom 12. Oktober 1993 entschiedene[2] Verfahren hat – ersatzweise – eine gewisse öffentliche Diskussion in Gang gebracht, vornehmlich allerdings unter Verfassungsrechtlern.

Die Europäische Gemeinschaft ist insgesamt von einem demokratischen Defizit gekennzeichnet. Das Europäische Parlament in Straßburg wird zwar seit 1979 in direkter Wahl von den Bürgern der Mitgliedstaaten gewählt. Allerdings kann von Gleichheit der Wahl nicht die Rede sein. Da die Länder eine vorgegebene Anzahl von Abgeordneten ins Parlament schicken, die Bundesrepublik bei 60 Millionen wahlberechtigten Bürgern (ab 1994) 99, Luxemburg mit 0,2 Millionen Wahlberechtigten 6 Abgeordnete, hat die Stimme eines Luxemburgers ein etwa zwanzigmal so großes Gewicht. Dieses mit dem demokratischen Grundsatz der Stimmengleichheit (»one man, one vote«) unvereinbare Ergebnis zeigt, daß es bisher noch an einem wirklich demokratischen Parlament in Europa fehlt. Damit stimmt überein, daß auch keine europäische öffentliche Meinung und kein länderübergreifendes europäisches politisches Bewußtsein existieren, deren Vorhandensein Demokratie voraussetzen muß. Im übrigen fehlen dem »Europäischen Parlament« bisher die Kompetenzen, besonders bei der Gesetzgebung. Die Rechtsetzung liegt immer noch schwerpunktmäßig in den Händen des Ministerrats, der sich aus Mitgliedern der nationalen Regierungen zusammensetzt. Die Gesetzgebungsinitiative steht der Europäischen Kommission zu. Das demokratische Defizit wird um so problematischer, je mehr Befugnisse die Gemeinschaft erhält. Das Bundesverfassungsgericht hat deshalb im Maastrichturteil einer weiteren unkontrollierten europäischen Integration Grenzen gesetzt.

Besonders ausgeprägt ist das demokratische Defizit in der Bundesrepublik Deutschland bei Sachentscheidungen des Bundes auch unterhalb der Verfassungsebene. Abstimmungen des Bundesvolks über Sachfragen sieht das Grundgesetz – abgesehen vom Sonderfall der Neugliederung des Bundesgebiets (Artikel 29, 118 Grundgesetz) – überhaupt nicht vor.

Da das Volk ohnehin nichts zu sagen hat, versucht auch niemand, ihm nahezubringen, worum es etwa bei den genannten Verfassungsänderungen, dem Maastricht-Vertrag oder dem Einigungsvertrag ging und geht. Das Volk wird als Stimmvieh betrachtet, dem man in der Sache eigentlich nichts zu erklären brauche. Es kommt nur darauf an, den parteipolitischen Gegner schlechter dastehen zu lassen als sich selbst. Dann hat man – mangels Alternative für die Wähler – schon gewonnen. Man hört immer wieder beschwichtigend und den Vorwurf gegen die Politik an das Volk zurückgebend, jedes Volk habe die Politiker, die es verdiene. Dieser Satz wäre aber nur richtig, wenn das Volk seine Politiker auswählen könnte. Genau dies aber kann es – hinsichtlich der allermeisten Politiker – gerade nicht.

Dagegen enthalten die Verfassungen der Bunde*sländer* – ergänzend zur normalen Parlamentsgesetzgebung – eine voll ausgebaute Volksgesetzgebung durch Volksbegehren und Volksentscheid. Allerdings ist die Zahl der für ein Volksbegehren mindestens erforderlichen Stimmen oft abschreckend hoch; in Nordrhein-Westfalen setzt ein gültiges Begehren voraus, daß 20 Prozent der Abstimmungsberechtigten unterschreiben; das sind etwa 2,5 Millionen Unterschriften. Zudem bleiben drei Bereiche regelmäßig von der Volksgesetzgebung ausgeschlossen: der Staatshaushalt, Abgabengesetze und Besoldungsordnungen.[3]

Auf *gemeindlicher* Ebene gab es lange nur in Baden-Württemberg einen Bürgerentscheid, der an die Stelle von Beschlüssen des Gemeinderats treten konnte. In den anderen Ländern waren nur unechte Formen der Gemeindedemokratie vorgesehen, die dem Gemeindevolk keine verbindlichen Entscheidungen übertrugen, sondern lediglich die Möglichkeit, unverbindliche Anregungen oder Initiativen zu unterbreiten, über die andere Organe zu entscheiden hatten. Diese Befugnisse, die in den siebziger Jahren durch sogenannte Demokratisierungsnovellen der Bundesländer in die Gemeindeordnungen eingefügt (oder verstärkt) worden waren, um dem Partizipations- und Demokratisierungsdruck jener Zeit einigermaßen Rechnung zu tragen, stellten jedoch häufig kaum mehr als eine Art Kollektivpetition dar, die ohnehin zulässig war; sie waren halbherzig, vielfach wurde ihnen eine bloße Alibifunktion zugeschrieben. Echte Entscheidungskompetenzen wurden den Gemeindebürgern jedenfalls nicht gegeben. Gerade solche Entscheidungskompetenzen sind aber wichtig, um eine wirkliche Partizipationsmöglichkeit zu schaffen. Zugleich könnte ein zentraler Mangel von Bürgerinitiativen relativ einfach bekämpft werden: Untersuchungen über informelle Bürgerinitiativen stimmen darin überein, daß sich in ihnen weniger artikulationsschwache Interessen und Gruppen äußern als vielmehr solche, die sich ohnehin ausreichend artikulieren und zur Geltung bringen können.[4] Allgemeine (formelle) Abstimmungen, bei denen nicht nur »selbsternannte Engagierte«[5] das Wort führen, sondern jeder Bürger eine Stimme besitzt, könnten hier ein wirklich demokratisches Gegengewicht gegen Partikularismen bilden.[6]

Seit wenigen Jahren ist aber eine Entwicklung in Gang gekommen,[7] die den baden-württembergischen Bürgerentscheid auf die Gemeinden anderer Länder überträgt und dabei die Zulässigkeitsvoraussetzungen noch erleichtert. So haben inzwischen die meisten Länder derartige Regelungen eingeführt, und in Bayern kam Anfang 1995 ein landesweites Volksbegehren zustande, das die Einführung des Bürgerentscheids auf Gemeindeebene vorsieht.

Dagegen ist das bundesrepublikanische Staatsvolk selbst beim Wahlrecht, dem Königsrecht des Bürgers in der parlamentarischen Demokratie, weitgehend entmündigt, und zwar weitaus mehr als nach den Gegebenheiten der Massendemokratie unvermeidlich wäre. Die Aufstellung der Kandidaten liegt im Bund und in den Ländern faktisch – und, was die Aufstellung der Landeslisten anlangt, auch rechtlich – allein bei den Parteien (Nominierungsmonopol), die sozusagen als Vormund des entmündigten Volkes auftreten. Nur die Parteien dürfen Wahllisten aufstellen und den Wählern präsentieren; außerparteilichen Gruppierungen ist dies nach dem Bundeswahlgesetz nicht gestattet. Und auch für diejenigen, die, um dieses Hindernis zu überwinden, eine neue Partei gründen wollen, wird die Konkurrenz am Anfang dadurch erschwert und praktisch meist aussichtslos gemacht, daß die ursprünglich auf einzelne Länder bezogene Fünfprozentklausel seit der zweiten Bundestagswahl auf das ganze Bundesgebiet bezogen ist. Neuen Gruppierungen wird deshalb der gerade für sie wichtige Weg, sich zunächst auf einzelne Länder zu konzentrieren, praktisch versperrt. Sie müßten sich, wenn sie Erfolg haben wollten, auf alle oder die meisten Länder erstrecken, was aber organisatorisch in kurzer Zeit regelmäßig gar nicht zu leisten ist.
Wahlkreiskandidaten können bei Bundestagswahlen in jedem der 328 Wahlkreise zwar auch von nichtparteilichen Gruppierungen präsentiert werden; formal erforderlich sind nur die Unterschriften von 200 Bürgern, die im Wahlkreis wohnen und die Kandidatur unterstützen (§ 20 Bundeswahlgesetz). Ein Er-

folg setzt hier aber die Mehrheit der Stimmen voraus, und die Chance, für einen freien Kandidaten die Mehrheit im Wettbewerb gegen die versammelte organisatorische, personelle und finanzielle Potenz der etablierten Parteien zu erringen, ist heute praktisch gleich Null. Im ersten Bundestag (1949–1953) gab es noch drei parteiunabhängige Abgeordnete. Den letzten ernsthaften Versuch unternahm der frühere Oberbürgermeister von Bonn, Dr. Wilhelm Daniels, bei der Bundestagswahl 1969, als er immerhin beachtliche 29 895 Stimmen (das waren etwa 20 Prozent) erhielt – und daraufhin beim Bundesverfassungsgericht eine Beteiligung an der staatlichen Wahlkampfkostenerstattung erzwang, die die Parteien bis dahin für sich allein reserviert hatten.[8] Auch er aber konnte – trotz seines hohen Bekanntheitsgrades als langjähriger Bonner Oberbürgermeister – die für die Erlangung eines Direktmandats erforderliche Mehrheit nicht erlangen.

Das Nominierungsmonopol der Parteien gilt in jüngerer Zeit ausnahmslos. Es ist rechtlich und tatsächlich in gleicher Weise festgezurrt. Der Wähler kann nur zwischen den von den Parteien präsentierten Kandidaten auswählen. Er hat regelmäßig auch keine Möglichkeit, durch seine Stimmabgabe auf die Reihung der Listenkandidaten Einfluß zu nehmen. Diese liegt vielmehr in der von der Partei beschlossenen Form fest (starre Listen). Wen die Partei in »sicheren« Wahlkreisen oder auf »sicheren«, das heißt vorderen Listenplätzen nominiert hat, der braucht die Volkswahl nicht mehr zu fürchten. In Wahlkreisen, die »Hochburgen« einer Partei sind, ist so einem wirklichen Wahlkampf praktisch die Grundlage entzogen. Aber auch wer im Wahlkreis unterliegt, ist oft auf der Landesliste abgesichert und kommt auf diese Weise doch noch ins Parlament. Umgekehrt gilt, daß diejenigen Direktkandidaten, die in den Bundestag gewählt werden, ohne auf der Landesliste abgesichert zu sein, mit ganz wenigen Ausnahmen in sicheren Wahlkreisen aufgestellt werden, ihr Mandat also ebenfalls der Nominierung durch die Partei verdanken. So ergab eine Auszählung durch die Mannheimer Forschungsgruppe Wahlen, daß von den 44 CDU-Abgeordneten und den 14 SPD-Abgeordneten, die bei der Bundestagswahl 1990 ohne Absicherung auf der Landesliste ein Direktmandat errungen haben, alle – bis auf zwei Ausnahmen, die beide in den neuen Bundesländern liegen – in sicheren Wahlkreisen ihrer Partei antraten. Bei der Masse der Kandidaten, die ins Parlament gelangen, legt die Nominierung also bereits die Wahl fest. Sie verdanken ihr Mandat nicht den Wählern, sondern ihrer Partei, die mit der Aufstellung faktisch bereits die eigentliche Wahl vorwegnimmt. Die Parteien bestimmen, wer ins Parlament kommt; sie sind die beherrschenden Instanzen für die Auswahl des gesamten politischen Personals. Jeder erfolgreiche Bewerber muß sich durch dieses Nadelöhr hindurchgezwängt haben. Das bedeutet, bei Lichte besehen, daß nur eine kleine Gruppe von Personen letztlich über die Rekrutierung der politischen Klasse entscheidet. Sie ist für die Karriere eines Politikers entscheidend, nicht das Volk; das prägt natürlich das Verhalten der Politiker.

Von den rund 60 Millionen Wahlberechtigten im vereinigten Deutschland sind rund 2,3 Millionen Mitglied einer Partei. Die meisten von ihnen beschränken sich allerdings darauf, mehr oder weniger pünktlich ihre Mitgliedsbeiträge zu entrichten, und treten ansonsten innerhalb der Partei nicht in Erscheinung. Weniger als ein Fünftel – die Schätzungen schwanken zwischen zehn und zwanzig Prozent der Mitglieder – nimmt regelmäßig am Leben der Partei teil. Diese Aktiven, die sogenannte Parteibasis, sind direkt oder indirekt auch am Verfahren der Nominierung von Parlamentskandidaten beteiligt. Das Verfahren ist im Bundeswahlgesetz, in den Landeswahlgesetzen und den Satzungen der Parteien geregelt.[9] Für Wahlkreisbewerber verlangt das Bundeswahlgesetz die Nominierung unmittelbar durch eine

Mitgliederversammlung (Urwahl) oder mittelbar durch eine Delegiertenversammlung, wobei die Delegierten ihrerseits von den in der betreffenden Parteiversammlung anwesenden Mitgliedern gewählt werden müssen. Briefwahl ist ausgeschlossen. Die Wahlen sind geheim. Die Einzelheiten regeln die Parteisatzungen; danach erfolgt die Nominierung bisher überwiegend durch Delegiertenversammlungen. Die Landeslisten werden durchweg in mittelbarer Wahl durch Landesdelegiertenversammlungen aufgestellt. Die Landesvorstände haben ein formelles oder informelles Recht, Listenvorschläge einzubringen; diese beruhen meist auf umfassenden Vorabsprachen zwischen den Führungsgruppen der örtlichen und interessenmäßigen Gruppierungen der Partei und werden in den Delegiertenversammlungen deshalb meist allenfalls noch geringfügig geändert. Der Einfluß der aktiven Parteimitglieder wird also noch weiter stark abgeschwächt. (Das gilt, wohlgemerkt, auch ohne die besonders krassen Pervertierungen, die in Hamburg nach einem Urteil des dortigen Verfassungsgerichts dazu führten, daß die Wahl des Landesparlaments im September 1993 wiederholt werden mußte.) Dementsprechend nimmt der Einfluß der Parteifunktionäre stark zu. Den entscheidenden Einfluß hat im konkreten Fall oft ein kleiner Kreis von »Vorentscheidern«, die ihrerseits meist in vielfachen Bindungen zum bisherigen Abgeordneten stehen, der, wenn er wieder kandidiert, regelmäßig die besten Chancen hat. Newcomer in den Parteien haben dagegen wenig Aussicht.

Im Grundgesetz heißt es zwar, die Mitglieder des Deutschen Bundestags würden in allgemeiner, unmittelbarer, freier, gleicher und geheimer Wahl gewählt (Artikel 38); gleiches gilt auch für die Volksvertretungen der Länder und Kommunen (Artikel 28 Grundgesetz). Jeder volljährige Deutsche, der im Besitz seiner geistigen Kräfte ist, soll mitbestimmen können (allgemein), jede Stimme gleiches Gewicht haben (gleich), und die

Abgeordneten sollen durch die Volkswahl selbst, nicht durch die Entscheidungen irgendwelcher Dritter bestimmt werden (unmittelbar). Doch ist die Wahl wirklich noch allgemein und gleich, wenn die Wähler praktisch keinen Einfluß haben, wer in die Parlamente einzieht, sondern innerparteiliche Oligarchien faktisch darüber bestimmen? Und wie steht es mit der Unmittelbarkeit der Wahl? Würde die zeitliche Reihenfolge vertauscht und die Wahl zuerst stattfinden und danach von den Parteien festgelegt, welche Personen die auf die Partei entfallenden Mandate erhielten, wäre auch rechtlich der Verstoß gegen die Unmittelbarkeit der Wahl offensichtlich. Es macht aber hinsichtlich der sicheren Mandate keinen großen Unterschied, *wann* die Partei sie festlegt; ob dies vor oder nach der Wahl geschieht, das Ergebnis bleibt dasselbe. Wenn die Staatsrechtslehre und die Rechtsprechung sich auch bisher an die Formalien gehalten und ganz überwiegend keine verfassungsrechtlichen Bedenken gesehen haben, so erscheint diese vordergründige Sicht doch überprüfungsbedürftig, ganz abgesehen von den eminenten verfassungs*politischen* Problemen des derzeitigen Verfahrens.

Die Wähler bestimmen mit ihrer die Verteilung der Bundestagsmandate festlegenden Zweitstimme darüber, wieviel Prozent der Sitze die verschiedenen Parteien erhalten, legen also die Herrschaftsanteile der Parteien fest. Wer ins Parlament kommt, bestimmen vornehmlich die Parteien. Mit den Volkswahlen wird nicht einmal unbedingt darüber entschieden, welcher »Spitzenmann« und welche Führungsgruppe der konkurrierenden Parteien die Regierung übernehmen. Im Bund sind Mehrheiten immer nur durch Koalitionen zustande gekommen. Meist war es die FDP, die das Zünglein an der Waage war. Wem sie ihre Koalitionsgunst schenkte, dessen Partei konnte mit ihr zusammen die Regierung und den Bundeskanzler stellen (und der FDP neben einigen Ministerposten den des Vizekanzlers überlassen). Es hat in der Vergangenheit im Bund keinen Regierungswechsel gegeben, der direkt durch Wahlen entschieden wurde, sondern immer nur Regierungswechsel durch neue Koalitionsabsprachen.

Ist der Einfluß des Volkes schon bei Auswahl der angeblich *direkt* vom Volk Gewählten so stark zurückgedrängt, dann verflüchtigt er sich bei den indirekt Gewählten meist völlig. Wer zum Beispiel Minister wird, mag bei einigen, die die Partei im Falle ihres Sieges schon vor der Wahl präsentiert hat, für den Wähler halbwegs erkennbar sein. Alles andere pflegt parteiinternen Absprachen – bei Koalitionsregierungen: der nach der Koalitionsabsprache jeweils »zuständigen« Partei oder Fraktion unter Übergehung der nach dem Grundgesetz an sich bestehenden Personalkompetenz des Bundeskanzlers – überlassen zu bleiben. Als Außenminister Genscher zurücktrat, bestimmte die FDP-Fraktion aufgrund interner Absprachen, die Frau Adam-Schwaetzer zu der unfreundlichen Bemerkung über ihren Kollegen Möllemann veranlaßten, er sei ein »Charakterschwein«, Justizminister Kinkel zum Nachfolger und Frau Leutheusser-Schnarrenberger zur neuen Justizministerin. Als Wirtschaftsminister Möllemann über der Briefbogenaffäre zu Fall kam, bestimmte die FDP-Fraktion nach kurzem Suchprozeß Rexrodt zum Nachfolger. Als es bei einem Kabinettsrevirement im Februar 1993 zu einer Auswechslung von mehreren Bundesministern kam, bestimmte Bundeskanzler und CDU-Parteivorsitzender Helmut Kohl – aufgrund eines für die Öffentlichkeit nicht durchsichtigen Kalküls –, wer abgelöst wurde, wer an ihre Stelle trat und welche Stellen von Parlamentarischen Staatssekretären endgültig gestrichen wurden.

Keinerlei Einfluß besitzt das Volk selbst bei Auswahl der Mitglieder des Bundesverfassungsgerichts und des Bundesrechnungshofs, also der Hauptkontrolleure von Parlament und Regierung. Diese wählen ihre Kontrolleure vielmehr selbst aus. Die Mitglieder des Bundesverfassungsgerichts werden nach

dem Grundgesetz je zur Hälfte vom Bundestag und vom Bundesrat berufen. In der Praxis pflegen die Entscheidungen in einem informellen Koordinationsgremium zu fallen, das aus wenigen Mitgliedern des Bundestags *und* des Bundesrats besteht und in dem die Parteien sich regelmäßig auf ein »Paket« von mehreren zu berufenden Richtern einigen. Die erforderliche Zweidrittelmehrheit im Bundestag und im Bundesrat verlangt Konsens zwischen Regierung und Opposition. Das führt aber – anders als ursprünglich wohl gedacht – nicht dazu, daß man sich auf parteipolitisch »neutrale« Kandidaten einigt, sondern zu einer Aufteilung der Sitze auf Richter, die ganz überwiegend Mitglied der einen oder anderen Seite sind, wobei die FDP von dem jeweiligen größeren Koalitionspartner »mitversorgt« wird. So sind die Richterstellen zu »Erbhöfen« der Parteien entartet.[10] Die Stellen des Präsidenten und des Vizepräsidenten des Gerichts »stehen« beiden großen Parteien abwechselnd »zu«. Wie hier verfahren wird, hat etwa das Hin und Her um die Nachfolge des Vizepräsidenten Mahrenholz gezeigt, dessen Amtszeit im Mai 1993 auslief und für dessen Stelle die SPD das Bestellungs»recht« besitzt. Wenn das Bundesverfassungsgericht sich trotzdem in der Öffentlichkeit eines großen Ansehens erfreut, dürfte dafür auch die mangelnde Kenntnis der parteipolitischen Ausrichtung der Wahlpraxis verantwortlich sein.[11]
Die Spitze des Bundesrechnungshofs wird vom Bundestag gewählt, wobei der Präsident regelmäßig der einen, der Vizepräsident der anderen großen Partei angehört. Auch hier bleibt das Volk völlig ungefragt. Der Staatsrechtler Ulrich Preuss hat für das Bundesverfassungsgericht eine Linie der Entscheidungen »aus dem Geiste des Konsenses« mit den politischen Grundströmungen ausgemacht.[12] Angesichts des geschilderten Bestellungsverfahrens sollte es nicht verwundern, wenn eine ähnliche These auch hinsichtlich des Rechnungshofs aufgestellt würde.

Daß die völlige Entmachtung des Volkes bei der Auswahl des politischen Personals keinerlei funktionellen Notwendigkeit entspringt, sondern, umgekehrt, eine Öffnung des Auswahlverfahrens für die Bürger durchaus möglich und die Beibehaltung des bisherigen Zustandes letztlich dem machtorientierten Streben der Parteien und ihrer Führungsgruppen zuzuschreiben ist, an ihrem Monopol festzuhalten, zeigt der Umstand, daß es durchaus institutionelle Alternativen gibt. Das wird in der Bundesrepublik schon jetzt im kommunalen Bereich besonders deutlich. Hier hat das Gemeindevolk in immer mehr Ländern, ausgehend von Süddeutschland, erheblichen Einfluß auf die Auswahl seiner Volksvertreter (durch die Möglichkeit des Häufens von Stimmen auf bestimmte Kandidaten und des Hinzuschreibens von Kandidaten, die nicht auf der Liste stehen) und der Bürgermeister, die es in direkter Mehrheitswahl bestimmt.

Nun könnte man versuchen, gegenüber den bisherigen Darlegungen einzuwenden, es käme in der parlamentarischen Demokratie mit Verhältniswahlrecht nicht primär auf die Auswahl der Personen an, sondern auf die Zustimmung der Mehrheit des Volkes zu bestimmten Sachprogrammen und den diese vertretenden Parteien. Entscheidend seien nicht Personen, sondern sachliche Programmpunkte. Auch dieser mögliche Ansatz trägt jedoch nicht. Abgesehen davon, daß auch das Verhältniswahlrecht durchaus eine personale Auflockerung, die den Wählern Einfluß auf das politische Personal gibt, erlaubt, wie das kommunale Wahlrecht in Süddeutschland zeigt, trifft es auch gar nicht zu, daß die Wahl bestimmter Parteien auch bestimmte Sachentscheidungen mit impliziert. Das folgt aus mehreren Faktoren:

— Die Parteien haben sich immer mehr einander angeglichen. Weil sie davon ausgehen, die Wahlen würden in der politischen Mitte gewonnen, haben sie auf der Suche nach dem

sogenannten Medianwähler ihre Programme immer mehr abgeschliffen und angenähert.
— Die Programme der Parteien weisen neben vielem ihren jeweiligen Wählern Erwünschtem auch manches Unerwünschte auf. Die Wähler haben also gar keine Möglichkeit, hinsichtlich bestimmter Punkte ihr Mißfallen kundzutun, sondern nur die Wahl zwischen verschiedenen »Paketen«, denen sie nur insgesamt zustimmen können.
— Diese Erscheinung wird dadurch noch verstärkt, daß die Regierung und die sie tragenden Parteien immer häufiger auf die Zustimmung der Oppositionsparteien angewiesen sind. Das gilt im Bund besonders dann, wenn im Bundesrat eine der Opposition nahestehende Mehrheit besteht, wie dies zur Zeit der sozialliberalen Koalition (1969–1982) und dann wieder seit 1990 mit umgekehrtem Vorzeichen der Fall war und ist. Verfassungsänderungen und sogenannte Zustimmungsgesetze, deren Gegenstände im Grundgesetz genannt sind und die im Laufe der Zeit immer mehr zugenommen haben, bedürfen der Zustimmung des Bundesrats, also einer übergreifenden Einigung. Dazu gehören inzwischen fast zwei Drittel aller Bundesgesetze, und gerade die wichtigsten. Es kommt zu heimlichen großen Koalitionen. Dann kann der Wähler aber nicht mehr ermitteln, wem die Neuerung zuzurechnen ist. In der vertikalen Politikverflechtung zwischen Bund und Ländern kann es zu ähnlichen Absprachetendenzen kommen. Dadurch wird der Mechanismus des politischen Wettbewerbs außer Kraft gesetzt; die beteiligten Parteien bieten den Bürgern gemeinsam eine Art Kollektivprodukt an, so daß diese bei der Wahl weitgehend entmachtet werden.
— Umfassend ist die Entmachtung des Wählers natürlich auch im Falle offener großer Koalitionen.
— Noch deutlicher wird dieser Effekt, wenn die Parteien auch

ohne institutionelle Notwendigkeiten politische Kartelle vereinbaren, *um* dem Wähler die Wahl zu nehmen, wie dies vor allem dann der Fall ist, wenn die Parteien den Staat gemeinsam ausbeuten, zum Beispiel bei der staatlichen Politikfinanzierung und der Aufteilung der Ämter und Posten. Hier wird der Wähler vollends entmachtet; wen immer er wählt, alle Parteien sind in das Kartell eingebunden.

Die Feststellung, daß das Volk praktisch nur geringen Einfluß auf die Auswahl seiner Repräsentanten und das Sachprogramm besitzt, stellt die Legitimation des Parlaments in Frage. Nach überkommenem Demokratieverständnis genießt das Parlament eine Sonder- und Ausnahmestellung in der Demokratie, die es auch seinem Hauptprodukt, dem Gesetz, weitergibt. Die besondere Weihe des parlamentarischen Gesetzgebers beruht entscheidend auf der unmittelbaren Volkswahl der Abgeordneten, die das Parlament zum einzigen direktdemokratisch legitimierten Staatsorgan in der Bundesrepublik macht. Doch bricht das Fundament dieser Begründung weg, wenn sich herausstellt, daß das Volk in Wahrheit weitgehend entmündigt ist, auch und gerade bei Wahrnehmung seines Königsrechts in der parlamentarischen Demokratie, der Wahl des Parlaments.
Es bleibt allerdings ein theoretischer Ausweg offen: Sollte sich erweisen, daß das Parlament – gerade aufgrund seines derzeitigen Rekrutierungsverfahrens – besonders gut geeignet ist, Angemessenes und Ausgewogenes zu realisieren, ließe sich das Defizit an Mitentscheidung möglicherweise mit einem entsprechenden Gewinn an inhaltlicher Richtigkeit rechtfertigen – in Anwendung des Satzes, wonach die unstreitige Angemessenheit des Inhalts der Entscheidung die Mitwirkung der Betroffenene erübrigen könne (»stat pro voluntate ratio«). Sollte es sich allerdings erweisen, daß die parlamentarische Willensbildung schwere *inhaltliche* Defizite aufweist und das Volk kein Vertrau-

en mehr in die Problemlösungsfähigkeit seiner Repräsentanten hat, wird der mögliche Ausweg zur Falle. Dann gerät nämlich die Legitimation des Parlaments von beiden Seiten unter Beschuß, der mangelnden Selbstentscheidung des Volkes *und* der mangelnden Richtigkeit, und wird vollends fraglich.

Einige in diesem Überblick schon angesprochene Punkte sollen im folgenden vertieft werden: das Zustandekommen des Grundgesetzes unter Ausschluß des Volkes, das die Weichen für seine Entmündigung bei allen späteren Entscheidungen stellte, das Wahlrecht ohne wirkliche Auswahl, die Art, wie Parteien oft in kleinen Cliquen ihre Kandidaten ausklüngeln, die Auswirkungen der Entmündigung des Volkes auf seine politische Reife und die möglichen Wege, dem Volk seine Rechte zu geben, die im Ansatz bereits im geltenden Recht angelegt sind.

II. Entstehen des Grundgesetzes ohne Beteiligung des Volkes

Die Bundesrepublik Deutschland und ihr Grundgesetz verdanken ihre Entstehung weltpolitischen Ereignissen. Die zunehmenden Spannungen zwischen den USA und der Sowjetunion in den Jahren nach 1945, das Auseinanderbrechen der Koalition der Sieger des Zweiten Weltkrieges, der Kalte Krieg zwischen Ost und West und seine zunehmende Verschärfung, die in der Blockade Berlins durch die Sowjetunion ihren Ausdruck fand, drohte auf längere Sicht auch die Westzonen dem Einfluß und Zugriff der Sowjetunion auszusetzen. Da die 1946 bis 1947 entstandenen westdeutschen Länder diesem Druck schwerlich ohne einheitliche politische Führung standzuhalten versprachen, traten die westlichen Alliierten seit 1948 für die rasche Schaffung eines Zusammenschlusses der westlichen Bundesländer ein. In den sogenannten Frankfurter Dokumenten vom 1. Juli 1948 ermächtigten die Militärgouverneure der amerikanischen, britischen und französischen Besatzungszonen die Ministerpräsidenten der westdeutschen Länder, einen Bundesstaat zu schaffen und einen Parlamentarischen Rat einzuberufen, der eine Verfassung ausarbeiten sollte.

Der Parlamentarische Rat, dem 65 Mitglieder angehörten, wurde allerdings nicht in Urwahl vom Volk gewählt und schon gar nicht durch eine die verfassungsgebende Gewalt des Volkes aufrufende Urwahl, sondern von den Parlamenten der Länder, deren Fraktionen faktisch ihre Delegierten entsandten. Die Verfassungen der Länder sahen eine derartige Befugnis aber nicht vor. Die Länder überschritten dadurch also ihre Befugnisse (excès de pouvoir) – zu Lasten des Volkes. Diese Wertung ist nicht etwa nur bloßer Formalismus. Auch bei den Wahlen der

Landesparlamente war von der Wahl einer verfassungsgebenden Bundesversammlung nicht die Rede gewesen; auch sonst hatte kein Bezug auf eine Bundesverfassung stattgefunden. Es fehlte also auch die politische Legitimation. Die These der Ministerpräsidenten, eine Wahl durch die Landtage könne dem Parlamentarischen Rat die nötige demokratische Legitimation verschaffen, war in Wahrheit »unhaltbar«.[13] Das demokratische Defizit des Grundgesetzes war auch der Grund, warum die westlichen Besatzungsmächte zunächst darauf bestanden, das Grundgesetz müsse vor seinem Inkrafttreten zumindest einer Volksabstimmung unterzogen werden. Doch lehnten die Ministerpräsidenten diese Forderung ab und konnten sich damit schließlich auch durchsetzen. Sie begründeten ihre Ablehnung vordergründig mit der Befürchtung, eine stärkere Beteiligung des Volkes würde den Staat verfestigen und eine spätere Vereinigung mit dem Osten erschweren, eine Behauptung, die angesichts der Artikel 23 und 146 GG, die eine Vereinigung ausdrücklich offenhielten, aber nicht recht einleuchtet. Im übrigen straften die Ministerpräsidenten ihr eigenes Argument dadurch Lügen, daß sie mit dem Grundgesetz nach Inhalt und Wortwahl in Wahrheit eine »Verfassungsschöpfung großen Stils« anstrebten.[14] Tatsächlich dürfte die unstabile politische und soziale Situation in den Jahren 1948/49 eine wesentliche Rolle gespielt haben. Im Grundgesetz kam die Entscheidung für die Westintegration der Bundesrepublik ebenso zum Ausdruck wie die Absegnung der schon 1948 eingeleiteten Entscheidung für die Marktwirtschaft. Die Mehrheitsfraktionen des Parlamentarischen Rates befürchteten, im Falle einer Volksabstimmung könnte es der kommunistischen Partei gelingen, diese – damals noch sehr umstrittenen und unter starkem Einfluß der Westalliierten zustande gekommenen – Fragen zum öffentlichen Thema zu machen und auf diese Weise möglicherweise das Grundgesetz zu Fall zu bringen.[15] Angesichts des geringen Vertrauens des Parlamentarischen Rates in das Volk dürften diese Argumente unausgesprochen erhebliches Gewicht gehabt haben.

Daß das Grundgesetz weder von einer volksgewählten Versammlung entworfen noch der Entwurf einer Volksabstimmung unterzogen wurde, stellt einen »Bruch mit den traditionellen Regeln der Verfassungsgebung« dar.[16] Die Arbeit am Grundgesetz lag in den Händen »einer eng umrissenen Führungselite der politischen Parteien«,[17] die praktisch nur durch die massiven Einflußversuche der Alliierten, die ihre Zustimmung zur Voraussetzung des Inkrafttretens machten, begrenzt wurde. Der Ausschluß des Volkes war total. Die Behauptung in der Präambel des Grundgesetzes, »das Deutsche Volk« habe sich »kraft seiner verfassungsgebenden Gewalt« mit dem Grundgesetz eine neue Ordnung gegeben, ist eine Formel, die den wahren Sachverhalt verschleiert. Und daß die demokratische Legitimation durch die hohe Wahlbeteiligung von nahezu 80 Prozent bei den ersten Bundestagswahlen im Jahre 1949 nachgeholt worden sei, entspringt einer etwas zweifelhaften Logik. Zur Wahl standen die Abgeordneten des Bundestags und ihre Parteien, nicht das Grundgesetz.

Der Ausschluß des Volkes von jeder Entscheidung und Verantwortung spiegelt sich auch in einer sehr geringen Beteiligung der Öffentlichkeit wider. Die Beratungen hatten überwiegend »den Charakter einer internen Angelegenheit der Ratsmitglieder, der Vorsitzenden der maßgeblichen Parteien und der Verhandlungen mit den Sprechern der Besatzungsmächte«.[18] Einer Rückkoppelung beim Volke schien es angesichts der kompletten Mediatisierung durch die Parteien nicht zu bedürfen. Dementsprechend gering war auch die öffentliche Resonanz.[19] Wenn einige Mitglieder aber versuchten, den »Schwarzen Peter« dafür der lustlosen Presseberichterstattung zuzuschieben,[20] so verwechselten sie offenbar Ursache und Wirkung.

Nun ist andererseits natürlich nicht zu verkennen, daß das

Grundgesetz in den Jahrzehnten seines Bestehens weite Anerkennung und Zustimmung gefunden hat und zu einer Konstante und einem gewichtigen Integrationsfaktor im bundesdeutschen Gemeinschaftsleben geworden ist, die keinesfalls leichtfertig aufs Spiel gesetzt werden sollten. Gleichwohl hat der Entstehungsprozeß des Grundgesetzes die Weichen in bestimmte Richtungen gestellt – auch in einige problematische Richtungen. Vom Ausschluß des Volkes bei der Verfassungsgebung war es ein konsequenter Schritt zum Ausschluß auch von Volksbegehren und Volksentscheid auf Bundesebene und zur Ersetzung des Volkes auch bei praktisch allen anderen Entscheidungen des Staates durch die politischen Parteien. Eine Begrenzung der Macht der Parteien, also derjenigen, deren Repräsentanten das Grundgesetz entwarfen, wäre eine Begrenzung in eigener Sache gewesen und kam wohl auch deshalb nicht in den Blick. Die beherrschende Rolle der Länder, ihrer Ministerpräsidenten und Parlamente, bei Entstehung des Grundgesetzes, die kein Gegengewicht in einem Bundesvolk fanden, das die verfassungsgebende Versammlung hätte wählen und ihr Ergebnis bestätigen können, hat die Art und Ausrichtung der föderalistischen Struktur der Bundesrepublik wesentlich beeinflußt.[21] Ebenso hat, um ein weiteres Element zu nennen, der Umstand, daß der Parlamentarische Rat eine Versammlung von Beamten und sonstigen öffentlichen Amtsträgern war, Einfluß auf die beamtenrechtlichen Bestimmungen gehabt.

Mit der Ausschaltung des Volkes bei der Entstehung des Grundgesetzes waren die Weichen auch für seine spätere Entmündigung gestellt: Weder bei den Verfassungsberatungen im Anschluß an die deutsche Vereinigung noch beim Maastrichtvertrag wurde das Volk einbezogen. Es fehlten deshalb auch hier die großen, diesen weittragenden Einschnitten entsprechenden öffentlichen Debatten.

III. Parteiwahlen entmachten das Volk

Die Politiker, die die bundesrepublikanischen Wahlgesetze ursprünglich konzipierten, scheinen, wie schon Karl Jaspers feststellte,[22] »vor dem Volk Furcht gehabt zu haben«. Das gebrochene Verhältnis des Parlamentarischen Rates zum Volk findet hier seine Entsprechung. Der Parlamentarische Rat ließ die Entscheidung über das Wahlsystem zwar formal offen, indem er – im Gegensatz zur Weimarer Reichsverfassung – keine Festlegung im Grundgesetz vornahm, sondern sie dem Bundesgesetzgeber überließ. Gleichzeitig präjudizierte er aber dessen Entscheidung, indem er für den *ersten* Bundestag die Verhältniswahl vorschrieb. Auch das kam nicht von ungefähr: Der Parlamentarische Rat war selbst durch Verhältniswahl – allerdings nicht des Volkes, sondern nur der Landtage – gewählt worden und damit bei Erlaß des Wahlrechts für den ersten Bundestag politisch-psychologisch nicht mehr wirklich frei. Die Volksferne der Schöpfer des Grundgesetzes strahlte also auf das ganze politische System aus, auch auf das Wahlrecht.
Der Bürger ist zwar alle vier Jahre zu Parlamentswahlen aufgerufen, und durch die unerhörte Vielzahl der Wahlen – in Europa, im Bund und in sechzehn Ländern, in denen Landtags- und Kommunalwahlen abgehalten werden müssen – entsteht gar der Eindruck, als hätte das Volk in Deutschland unheimlich viel zu sagen, als wäre alles überaus demokratisch. Doch dies ist in Wahrheit nichts anderes als pseudodemokratisches Getriebe. Denn das Volk bleibt bei fast allen Wahlen, so viele es auch sein mögen, entmündigt. Es sind Wahlen ohne Auswahl. In den Parteien findet eine »verborgene Vorwahl« statt, »die die eigentliche Wahl ist«. Nur Parteimitglieder sind daran beteiligt, und auch die oft nur in verschwindendem Umfang oder gar nicht. Der Wähler »wählt die, die schon gewählt sind, und hat nur noch

Einfluß auf die Zahl der von der Partei schon Gewählten, die Parlamentsmitglieder werden«.[23] Zu diesem Resümee sind letztlich alle gekommen, die sich mit dem Wahlrecht vorurteilsfrei befaßt haben.[24] Daß aus dieser Erkenntnis aber bisher keine Konsequenzen gezogen wurden, ja, daß die Erkenntnis selbst weitgehend unterdrückt wurde, liegt wesentlich daran, daß sie die Stellung der Parteien und der politischen Klasse (und damit Machtfragen) berührt und diese ihrerseits die öffentliche Diskussion dominieren und (zusammen mit ihren Hilfstruppen) ihnen unangenehme Themen ausblenden.

Das Verhältniswahlsystem mit starren Listen, wie es für die Wahlen zum Bundestag, zu den meisten Landesparlamenten und zu vielen Kommunalvertretungen gilt, ist die zentrale Grundlage für die beherrschende Stellung der politischen Parteien in der Bundesrepublik. Das wird häufig gezielt übersehen. Besonders Gerhard Leibholz, der als Wissenschaftler und Richter am Bundesverfassungsgericht lange Jahre großen Einfluß auf das bundesrepublikanische Parteienverständnis ausübte, tat so, als wäre die Entwicklung zum alles in seinen Sog ziehenden Parteienstaat unabänderlich vorbestimmt und könne durch das Wahlrecht nicht beeinflußt werden.[25] Diese Auffassung ist unzutreffend und beruht auf methodisch unhaltbarer Grundlage. Zwischen den Institutionen einerseits und dem Gewicht der Akteure und der Richtung, in die die politische Willensbildung tendiert, besteht ein innerer Zusammenhang. Dies ist die Grunderkenntnis der Verfassungslehre und spiegelt sich seit Jahrhunderten besonders in der Lehre von der Gewaltenteilung wider, einem institutionell-organisatorischen Prinzip mit dem Ziel, die Grundrechte der Menschen und die Ausgewogenheit der politischen Willensbildung zu sichern. Daß die beherrschende Stellung der Parteien keine vorgegebene Notwendigkeit der Demokratie ist, sondern wesentlich auf abänderbaren institutionellen Gegebenheiten beruht, ist allerdings eine unbequeme Wahrheit für diejenigen Parteien und die sie beherrschende politische Klasse, deren Position durch das derzeitige Wahlrecht überhöht wird.

Die Kritik am Verhältniswahlrecht reicht lange zurück. Der bekannte liberale Politiker Friedrich Naumann erklärte nach dem Ersten Weltkrieg in der Weimarer Nationalversammlung das Verhältniswahlrecht für unvereinbar mit dem parlamentarischen Regierungssystem;[26] Naumann konnte sich zwar nicht durchsetzen, seine Befürchtungen wurden aber durch die Entwicklung in Weimar bestätigt.[27] Vor diesem Hintergrund bezeichnete der Politikwissenschaftler Loewenstein im Jahre 1945 die Verhältniswahl gar als »unfehlbares Mittel demokratischen Selbstmordes«.[28] Um so weniger ist es zu rechtfertigen, daß Bonn ausgerechnet in diesem Punkt keine Lehren aus Weimar gezogen hat.

Zwar ist die Befürchtung der Zersplitterung, die man vor dem Hintergrund Weimars zunächst glaubte hegen zu müssen, in der Bundesrepublik Deutschland nicht eingetreten. Im ersten Bundestag saßen noch neun, im dritten Bundestag nur noch vier Parteien. 1949 hatten die Abgeordneten der kleinen Parteien noch ein Drittel des Bundestags gefüllt, 1957 stellten sie kaum mehr als ein Zehntel der Abgeordneten.[29] Und die Abgeordneten der Union nahmen mehr als die Hälfte aller Sitze ein. Dieser Konzentrationsprozeß lag nicht nur an der allmählich immer mehr verschärften Fünfprozentklausel, sondern auch an strukturellen Entwicklungen des Parteiensystems und an dem Erfolg der Regierungspolitik Adenauers. Die CDU/CSU hatte sich als erste von dem früher dominierenden ideologisch geprägten Grundmuster gelöst und den Gedanken der modernen Volkspartei ins Werk zu setzen versucht. Ihr Erfolg wurde durch den gewaltigen wirtschaftlichen Aufschwung begünstigt, so daß sich parallel zum »Wirtschaftswunder« Erhards, der seit der Währungsreform von 1948 konsequent auf soziale Marktwirtschaft setzte, Adenauers »politisches Wunder« entfaltete. Beides, der unübersehbare Erfolg der Marktwirtschaft und der der allmählich zur »Volkspartei« werdenden CDU/CSU, trug dazu bei, daß die SPD 1959 auf ihrem Godesberger Parteitag einen programmatischen Schwenk vollzog, sich zur sozialen Marktwirtschaft bekannte und sich programmatisch allen Wählern öffnete, eine Wandlung, die die sogenannte Große Koalition mit der CDU/CSU (1966 bis 1969) und schließlich unter Kanzler Brandt die sozialliberale Koalition mit der FDP möglich machte.

Die politische Erfolgsgeschichte der westdeutschen Nachkriegszeit, die durch Wirtschaftswunder, die deutsche Westintegration, die starke Kanzlerschaft Adenauers und die Entwicklung der Parteien zu Volksparteien bestimmt war, hatte die Mängel des Verhältniswahlsystems, die in der wissenschaftlichen und politischen Diskussion an sich von Anfang an benannt worden waren, vorübergehend zurücktreten lassen: besonders die starke Stellung der Parteien bis hin zum praktischen Monopol und die entsprechende Zurückdrängung des Volkes selbst.

Das Zurücktreten der Debatte um die Rolle des Wahlrechts beruht auch darauf, daß das Thema querstand zu den Interessen der Parteien und der politischen Klasse und der damit zusammenhängenden scheinbaren Unmöglichkeit, eine Reform praktisch durchzusetzen. Die kleinen Parteien, allen voran die FDP, wehren sich mit Händen und Füßen, weil nicht nur ihre bisherige Rolle als Zünglein an der Waage und Mehrheitsbeschaffer bei der Regierungsbildung und als »dauernde Regierungspartei« ihre Basis verlöre, sondern ihre Existenz insgesamt auf dem Spiele stände. Aber auch in den großen Parteien herrscht wenig Neigung zu einer unvoreingenommenen Diskussion der Wahlrechtsfrage, weil sich dann das gesamte politische Establishment dem Wähler stellen müßte und die bequeme Absicherung ihrer Kandidaturen auf vorderen Plätzen der Landeslisten, die sie vom Wählervotum unabhängig macht, wegfiele. Aus ähnlichen Gründen war auch in der Weimarer Republik eine Wahlrechtsreform nicht in den politischen Blick gekommen. Sie hätte im Reichstag nicht durchgesetzt werden können, »weil gerade die kleinen Parteien, die den Ausschlag gaben, an dem Verhältniswahlrecht hingen und in den großen Parteien die führenden Abgeordneten sich so daran gewöhnt hatten, daß ihre Wiederwahl gesichert sei, ohne daß sie sich besonders anzustrengen brauchten, daß sie ungern an eine mögliche Erschütterung ihrer Berufsstellung denken mochten«.[30] Die Eigeninteressen der Parteien und der etablierten politischen Klasse dürften die Haupterklärung dafür sein, warum hinsichtlich des Wahlrechts – mit Ausnahme der Fünfprozentklausel, die wiederum die Macht der etablierten Parteien stärkte – keine Konsequenzen aus den Erfahrungen mit Weimar gezogen wurden, obwohl das Grundgesetz in zahlreichen anderen Teilen bewußt als Antwort auf Weimarer Fehlentwicklungen konzipiert wurde.

All das sind, wohlgemerkt, keine Sachgründe, sondern Erwägungen des Machterhalts von Parteien und Politikern. Wenn diese Ebene der interessenten- und machtorientierten Argumentation auch aus der Sicht des Volkes nicht wirklich relevant ist, so müssen wir sie doch zur Kenntnis nehmen, schon um zu wissen, auf welche Widerstände gemeinwohlorientierte Besserungsvorschläge voraussichtlich treffen werden. Wir müssen sie auch deshalb kennen, weil Gesichtspunkte der Macht selten ungeschminkt daherkommen, sondern ihre Verfechter regelmäßig versuchen, ihre eigentlichen Motive hinter vorgeschützten Sachgründen zu verbergen. Wer zu einer unvoreingenommenen Diskussion der Gründe gelangen will, muß die Hintergründe offenlegen, um nicht raffiniert verpackten eigensüchtigen Motiven aufzusitzen. Ein Beispiel waren die Reaktionen auf die öffentlichen Überlegungen des baden-württembergischen Ministerpräsidenten Erwin Teufel vom Mai 1993, ob das Mehrheitswahlrecht nicht dazu beitragen könne, die politische

Stabilität in der Bundesrepublik zu fördern, weil zur Regierungsbildung sonst immer häufiger nur noch Große Koalitionen wie in Baden-Württemberg oder Mehrparteienkoalitionen wie zum Beispiel die Ampelkoalition in Brandenburg in Betracht kämen. Darauf antwortete Graf Lambsdorff nicht mit Sachargumenten, sondern mit düsteren, machtpolitisch ausgerichteten Warnungen: Teufel solle daran denken, daß schon vor ihm etliche CDU-Politiker mit der Empfehlung, das Mehrheitswahlrecht einzuführen, »das Ende ihrer Laufbahn eingeleitet« hätten.[31] Auch Vertreter der CDU (Schäuble und Blüm) und der SPD wiesen Teufels Überlegung umgehend zurück. Allein der Geschäftsführer der SPD-Bundestagsfraktion Verheugen griff Teufels Gedanken konstruktiv auf und trat für ein flexibleres Wahlrecht ein, weil die Wahlberechtigten derzeit kaum Einfluß auf Wahlentscheidungen hätten.[32]

Immerhin wird das Thema Wahlsystem wieder grundsätzlich zur Diskussion gestellt und damit an die großen Debatten früherer Zeiten angeknüpft.[33] Unter dem Eindruck der zunehmenden Parteienkritik in Deutschland hat die Einführung des Mehrheitswahlrechts immer mehr Befürworter gefunden.[34]

Nachteile der Verhältniswahl mit starren Listen, wie sie in der Bundesrepublik besteht, sind die größeren Schwierigkeiten bei der Mehrheits- und Regierungsbildung, die in aller Regel eine Koalition verlangen und der FDP und neuerdings auch den Grünen, in Zukunft möglicherweise auch den Republikanern, unangemessen großen Einfluß auf die Regierungsbildung geben, das Zentrum der politischen Macht aus den eigentlichen Staatsorganen in Koalitionsausschüsse verlagern und die offiziellen Gremien, ihre Organisation und Verfahrensweisen leerlaufen lassen. Diese zunehmend kritisierten Zustände[35] hat der frühere Bundespostminister Schwarz-Schilling im Dezember 1992 ausdrücklich als einen Grund für seinen Rücktritt angeführt. Die gravierendste Konsequenz des starren Verhältniswahlrechts aber besteht darin, daß es die Parteien immer mehr in eine Monopolstellung bringt und den Einfluß der Wähler auf das politische Personal und damit auch von Persönlichkeiten in den Parteien völlig zurückdrängt. Die »Entpersönlichung« des Wahlgeschäfts[36] macht die Parteien zu alleinigen Subjekten der Parlamentswahl und rückt das parteipolitische Moment ganz in den Vordergrund.[37] Dieses Moment, das zu den nachteiligsten Auswirkungen der starren Listenwahl[38] gehört und keinesfalls eine notwendige Begleiterscheinung des modernen demokratischen Staates zu sein braucht, muß mit dem zunehmenden Eindruck vom Versagen der Parteien und der politischen Klasse in Deutschland in den Vordergrund treten und in den Mittelpunkt der Kritik gestellt werden.

IV. Die Wahlen sind nicht unmittelbar

Es gehört zu den Prinzipien demokratischer Wahlen zu Volksvertretungen, daß die Abgeordneten »in allgemeiner, unmittelbarer, freier, gleicher und geheimer Wahl« gewählt werden. Auch das Grundgesetz schreibt die Einhaltung dieser Prinzipien für alle Wahlen auf Bundes-, Landes- und Kommunalebene ausdrücklich vor.[39] Wie oben bereits angedeutet, werden diese Grundsätze aber in Wahrheit nicht eingehalten. Diese in ihrer Brisanz gar nicht zu überschätzende Feststellung soll im folgenden vor allem am Beispiel der *Unmittelbarkeit* vertieft werden. Dabei steht die Auseinandersetzung mit der Lehre von Gerhard Leibholz im Mittelpunkt, weil sie die Diskussion am Anfang der Bundesrepublik, als die Weichen gestellt wurden, entscheidend geprägt hat und weil Leibholz als Richter am Bundesverfassungsgericht diesem Gericht seine Konzeption aufzwingen konnte.

Daß es eigentlich an der verfassungsrechtlich zwingend vorgeschriebenen *Unmittelbarkeit* der Parlamentswahl fehlt, wenn die eigentliche Entscheidung nicht bei der Wahl durch das Volk, sondern bei der parteiinternen Nominierung der Kandidaten auf sicheren Listenplätzen oder in sicheren Wahlkreisen fällt, ist bei allen, die das Wahlrecht vorurteilsfrei analysieren, eigentlich unbestritten.[40] Selbst Leibholz hat dies immer wieder unzweideutig ausgesprochen. So sagte er 1967 in einem Vortrag:

»Tatsächlich ist die Wahl beim Verhältniswahlsystem weitgehend zu einer mittelbaren Wahl geworden. Denn von einer solchen muß man nicht nur dann sprechen, wie dies bei uns auf Grund historischer Erfahrungen in der Regel geschieht, wenn zwei förmliche Wahlgänge stattfinden, ein Wahlgang, bei dem die Wähler die Wahlmänner, und ein zweiter Wahlgang, bei dem die Wahlmänner die Abgeordneten wählen, sondern schon dann, wenn der Aktivbürgerschaft die Möglichkeit genommen ist, selbsttätig die künftigen Abgeordneten zu bestimmen. Man hat daher nicht mit Unrecht das heute weitgehend oligarchisch organisierte Benennungsrecht der Parteien bei den Kandidatennominierungen, das zu einem reinen Kooptationsrecht werden kann, wenn die Parteien die Kandidaten an sicherer Stelle placieren, als ein lediglich die übliche Reihenfolge der mittelbaren Wahl umkehrendes Wahlsystem bezeichnet, bei dem der sonst zu zweit vorgenommene Wahlakt zuerst und zwar in den Delegiertenversammlungen der Parteien auf lokaler oder zentraler Ebene stattfindet.«[41]

Nach diesen Sätzen, die frühere Äußerungen von Leibholz aus Weimarer Zeit fast wörtlich wiederholen,[42] ist die Feststellung, der Wahl der Abgeordneten fehle in der derzeitigen Ausgestaltung mit starren Listen die Unmittelbarkeit, eigentlich unvermeidbar. Bei der starren Listenwahl wählt der Wähler in Wahrheit nur zwischen verschiedenen Parteien. Nur sie wählt er deshalb auch unmittelbar. Das stellt auch der Leibholz-Schüler Hans-Justus Rinck klar heraus: »Bezugspunkt der Unmittelbarkeit der Wahl ist heute im Bereich der Verhältniswahl mit starrer Liste nicht mehr der einzelne Abgeordnete, sondern die Partei.«[43] Verfassungsrechtlich wäre dies aber nur zulässig, wenn die *Parteien*wahl das alles Entscheidende sein dürfte. Das aber ist gerade nicht der Fall, wie sich aus Artikel 38 GG eindeutig ergibt, der verlangt, daß die *Abgeordneten* direkt gewählt werden. Die bloße Parteienwahl ist also mit dem Grundgesetz unvereinbar, weil dieses ausdrücklich eine unmittelbare Wahl der Abgeordneten, nicht der Parteien vorschreibt.

Leibholz sucht diese Konsequenz dennoch mit dem Hinweis auf Artikel 21 Grundgesetz abzubiegen, indem er nach den zitierten Sätzen aus seinem Vortrag von 1967 folgendermaßen fortfährt:

> »Insoweit wird der in Artikel 38 Absatz 1 statuierte Grundsatz der Unmittelbarkeit der Wahl durch den Artikel 21 Absatz 1 GG, der den demokratischen Parteienstaat legalisiert hat, verfassungskräftig abgewandelt.«

Diese »Begründung« ist in Wahrheit keine. Der Versuch, die Konsequenz (Verfassungswidrigkeit wegen Verstoßes gegen den Grundsatz der Unmittelbarkeit der Wahl) mit dem vagen Hinweis auf den »demokratischen Parteienstaat«, den Artikel 21 Grundgesetz legalisiert habe, in sein Gegenteil zu verkehren, riecht förmlich nach ideologischer Verhüllung eines vorgefaßten Ergebnisses. Und genau so ist es. Die Monopolisierung der Personalauswahl in der Hand der Parteien, die ihre Entscheidung über die Kandidaten und ihre Reihung auf der Liste zur eigentlichen Wahl macht, ist von Artikel 21 GG in Wahrheit nicht gedeckt. Artikel 21 GG sieht ausdrücklich nur eine *Mit*wirkung der Parteien an der politischen Willensbildung des Volkes vor. Er berechtigt die Parteien nicht, das Volk zu beherrschen und ihm ihren eigenen Willen zu oktroyieren; sie haben vielmehr die Funktion, den Willen des Volkes möglichst zur Geltung zu bringen. Das gilt, wie Artikel 38 GG ausdrücklich bestimmt, besonders hinsichtlich der *Personal*wahl der Abgeordneten.

Und daß es durchaus Wahlsysteme gibt, die dem Volk unmittelbaren Einfluß auf die Auswahl seiner Abgeordneten geben, zeigen nicht nur die Mehrheitswahlen, sondern auch die personalisierten Formen der Verhältniswahl, zum Beispiel das Landtagswahlrecht in Baden-Württemberg und Bayern, das Schweizer Wahlrecht und das süddeutsche Kommunalwahlrecht, das inzwischen von immer mehr Bundesländern für ihre Kommunen eingeführt worden ist. Mag den Parteien auch dort ein erheblicher Einfluß verbleiben, so beherrschen sie das Volk doch nicht, haben also kein Monopol mehr, sondern wirken bloß an der politischen Willensbildung *mit*, wie Artikel 21 GG dies vorsieht.

Daß sich eine derart merkwürdige, dem Grundgesetz klar widersprechende und den Wortlaut und Sinn seiner Vorschriften vergewaltigende Lehre wie die von Leibholz lange halten und sich auch noch als authentische Interpretation der Verfassung ausgeben konnte, hängt nicht zuletzt damit zusammen, daß diese Lehre die Rolle der Mächtigen im Staat in einer für diese überaus schmeichelhaften Weise verfassungsrechtlich definierte und vor den Thronen der Macht eben viele leicht beide Augen zuzudrücken geneigt sind.

Auch das *Bundesverfassungsgericht* hat sich in seiner frühen Rechtsprechung der Doktrin von Leibholz angeschlossen. Es hat 1957 entschieden, das starre Listenwahlrecht sei verfassungsmäßig,[44] und diese Entscheidung 1967 bestätigt.[45] An beiden Entscheidungen war Leibholz beteiligt.

In der erstgenannten Entscheidung erkannte das Gericht zwar, daß Artikel 38 »die Personenwahl im Parteienstaat« garantiert und deshalb die Abgeordneten, nicht nur die Parteien, unmittelbar vom Volk gewählt werden müssen. Diese Anerkennung geschah allerdings nur verbal; das Gericht verschloß die Augen vor der Erkenntnis, daß es sich bei den starren Listenwahlen eben faktisch nur um unmittelbare Wahlen der Parteien, nicht der Abgeordneten handelt. Diese Ausblendung des Wesentlichen ermöglichte es ihm, der – sonst unabweisbaren – Konsequenz: Verfassungswidrigkeit der starren Listenwahl auszuweichen. Alle Einwände gegen die Verfassungsmäßigkeit des weitgehenden Ausschlusses des Wählereinflusses durch die starren Listen wurden vordergründig abgetan:

— Der Grundsatz der *Unmittelbarkeit* der Wahl der Abgeordneten durch das Volk sei »formal« zu interpretieren: er solle nur verhindern, daß nach der Wahl eine weitere Instanz entscheide. Gerade diese Begründung hat Leibholz allerdings selbst als unzutreffend angesehen. Auch der Leibholz-Schüler Rinck[46] hat in der Begründung des Urteils jeden überzeugenden Grund dafür vermißt, warum der Grundsatz der unmittelbaren Wahl nur durch Einschaltung einer Zwischeninstanz *nach* der Wahl verletzt werde und nicht dieselbe Verletzung durch die Einsetzung einer Zwischeninstanz *vor* der Wahl eintrete, wie sie heute in Form der Parteien bestehe. In der Tat kehrt »die ›alte‹ Wahlmännerwahl mit der freien Ermessensentscheidung der Zwischeninstanz ... in neuem Gewand wieder. Nur daß sie jetzt gerade genau umgekehrt vorausgeht. Die von den Parteiinstanzen schon Gewählten werden von den Wählern nachgewählt.«[47] Auch Rinck hat dann allerdings wie Leibholz versucht, die Konsequenz, daß starre Listenwahlen gegen den Grundsatz der Unmittelbarkeit verstoßen, durch vage Hinweise auf den Parteienstaat abzuwehren.

— Das Bundesverfassungsgericht versucht sein Ergebnis auch mit dem kernigen Satz aufrechtzuhalten: »Nur wenn die Wähler das letzte Wort haben, haben sie auch das entscheidende Wort«.[48] So sehr dieser Satz für sich genommen richtig sein mag – wer das letzte Wort hat, entscheidet im allgemeinen wirklich –, so wenig haben die Wähler hier wirklich das letzte Wort in diesem Sinne. Die eigentliche Entscheidung – zumindest hinsichtlich der »sicheren« Listenplätze und »sicheren« Wahlkreiskandidaturen – ist die Nominierung durch die Partei, nicht die Wahl durch die Bürger. Nicht der Wähler hat das »entscheidende Wort«, sondern die Partei.[49]

— Auch die Behauptung des Bundesverfassungsgerichts, die

Verhältniswahl setze nun einmal Wahllisten voraus,[50] bedeutet noch lange nicht, daß dies *starre* Wahllisten sein müßten.[51]

— Ein Verstoß gegen den Grundsatz der Wahl*freiheit* wird mit der Bemerkung wegargumentiert, die Frage, ob freie oder gebundene Listen, sei »nicht eine Frage der mehr oder minder freien Wahlbetätigung, sondern eine Frage der näheren Ausgestaltung der Wahlrechtsausübung«. Es gehe um »die technische Ausgestaltung der Wahlrechtsausübung im einzelnen«, für die sich aus dem Begriff der Wahlfreiheit keine Grundsätze herleiten ließen. Auch diese Argumentation ist nicht haltbar. Die Frage, ob der Bürger durch offene Listen Einfluß auf die Personalauswahl erhält, ist – anders als ihre abwiegelnde Abweisung in den Bereich der bloß »technischen Ausgestaltung der Wahlausübung im einzelnen« suggeriert – von eminenter Bedeutung. Die Bemerkung des Bundesverfassungsgerichts ist nichts anderes als eine Flucht vor der Erkenntnis, daß die Vorenthaltung jeden Einflusses auf die Personalauswahl nicht nur die Unmittelbarkeit der Wahl, sondern auch die Freiheit des Volkes offensichtlich schwer beeinträchtigt. Daraus folgt konsequent, daß diese Ausgestaltung der Verhältniswahl wegen Verstoßes gegen die Wahlfreiheit verfassungswidrig ist.

— Ein Verstoß gegen den Grundsatz der *Chancengleichheit* der Wahlbewerber liege nicht vor, weil »gebundene Listen seit je unangefochten als mit dem Grundsatz der Gleichheit der Verhältniswahl vereinbar angesehen worden« seien. Schon wegen der Freiwilligkeit des Anschlusses an eine Partei könne kein Verstoß gegen die Gleichheit vorliegen, denn der Wahlbewerber habe sich dadurch freiwillig dem Plazierungsbeschluß der Partei unterworfen, der seine Wahlchancen in der Tat entscheidend präge. Die Zweifel, ob wirklich

»Freiwilligkeit« vorliege, argumentiert das Gericht mit dem Bemerken hinweg, jeder habe ja die Möglichkeit, in einem Wahlkreis zu kandidieren,[52] sei also nicht auf die Partei angewiesen. Berücksichtigt man, daß ein parteifreier Kandidat heute aber praktisch keinerlei Chancen mehr besitzt und deshalb in Wahrheit keine Alternative zu den Parteien besteht, so ist die Grundlage auch dieser Bewertung heute entfallen.

Diese frühe Rechtsprechung des Bundesverfassungsgerichts atmet förmlich die Parteienstaatsdoktrin von Leibholz, die die Monopolisierung der Kandidatenauswahl in der Hand der Parteien als Ausfluß des demokratischen Parteienstaats zu legitimieren und damit die Norm aus dem kritikwürdigen Istzustand heraus zu rechtfertigen sucht. Alle vom Gericht angeführten Einzelargumente sind nicht stichhaltig; übrig bleibt allein die Auffassung von Leibholz und Rinck, Artikel 21 Absatz 1 GG rechtfertige es eben, daß die *Parteien*, nicht die Abgeordneten gewählt werden und sich folglich auch die Grundsätze der Unmittelbarkeit, Freiheit und Gleichheit auf die Parteien zu beziehen hätten. Doch ist diese Auffassung heute nicht mehr haltbar. Nur wenn die Parteien mit dem Volk gleichzusetzen wären, wäre die Nominierung der Abgeordneten durch die Parteien, die die eigentliche Entscheidung darstellt, dem Volk zuzurechnen. Eben diese von Leibholz und Rinck propagierte Auffassung ist aber heute als eindeutig falsch erkannt. Die Parteien *sind* nicht das Volk, sondern haben die Aufgabe, den Einfluß des Volkes wirksam werden zu lassen. Sie haben nicht die politische Willensbildung zu beherrschen, sondern daran nur *mit*zuwirken.

Die verfassungsrechtliche Diskussion in der Bundesrepublik stand nicht nur im Schatten von Leibholz, sondern auch im Schatten von Weimar. Auch unter der Weimarer Reichsverfassung von 1919 (WRV) hatte es ein starres Listenwahlrecht für die Reichstagswahlen gegeben, und dieses war von Rechtsprechung und Lehre als verfassungsgemäß anerkannt worden. Das darauf beruhende »Vorverständnis« von der verfassungsrechtlichen Zulässigkeit der Verhältniswahl hat die Diskussion in der Bundesrepublik – teils stillschweigend, teils ausdrücklich – wesentlich beeinflußt. Dabei wurde aber meist übersehen, daß die verfassungsrechtliche Ausgangslage unter dem Grundgesetz eine völlig andere ist. Die Weimarer Reichsverfassung hatte die Verhältniswahl zwingend vorgeschrieben, sowohl für die Reichstagswahlen (Artikel 22 WRV) als auch für die Landtagswahlen (Artikel 17 Absatz 1 Satz 2 WRV), während das Grundgesetz die Frage des Wahlsystems bewußt offenläßt. Vor allem aber hatte die Verfassunggebende Nationalversammlung das Reichswahlgesetz (RWG), das die starre Listenwahl vorsah, einstimmig, also jedenfalls mit der für Verfassungsänderungen notwendigen Mehrheit beschlossen. Daraus folgerte die herrschende Meinung, daß das Reichswahlgesetz, auch wenn es mit dem Verfassungstext der Weimarer Reichsverfassung nicht vereinbar sein sollte, jeder Anfechtbarkeit seiner Verfassungsmäßigkeit entrückt sei, weil ihm die Kraft und Bedeutung einer authentischen Interpretation der einschlägigen Verfassungsbestimmungen zukomme.[53] Nach der Weimarer Reichsverfassung waren Verfassungsänderungen auch ohne Änderungen des Textes der Verfassung zulässig, wenn sie nur mit den erforderlichen verfassungsändernden Mehrheiten erfolgten. Derartige »Verfassungsdurchbrechungen« sind unter dem Grundgesetz aber auch ausdrücklich untersagt (Artikel 79 Absatz 1 Satz 1 GG). Das Bundeswahlgesetz muß sich also am Grundgesetz messen lassen.

Rechts*politisch* war allerdings auch in der Weimarer Republik die starre Listenwahl sehr umstritten, weil vielfach anerkannt wurde, daß es an der Unmittelbarkeit der Wahl fehlte. So wurde mit Recht darauf hingewiesen, die Tätigkeit des Wählers im

Rahmen des RWG beschränke sich auf eine Entscheidung zwischen der Gesamtheit der Kandidaten dieser oder jener Partei, da mit der Benennung der Wahlbewerber durch die Parteien im Grunde genommen zugleich deren Ernennung erfolge. Die Wahl werde zu einer bloßen Akklamation. Dadurch verliere der Wahlakt den verfassungsmäßig festgelegten Charakter der Unmittelbarkeit.[54] Und der Staatsrechtler Heinrich Pohl schrieb im *Handbuch des Deutschen Staatsrechts*: »Die tatsächlich fehlende unmittelbare Einflußnahme der Wählerschaft auf die Auswahl der Kandidaten hat in weitesten Kreisen des Volkes zu scharfer Kritik an dem geltenden Reichstagswahlrecht Anlaß gegeben und verschiedene Reformvorschläge gezeitigt, welche darauf abzielen, den persönlichen Kontakt zwischen Wählern und Kandidaten wiederherzustellen.«[55] Ähnliche Bedenken wurden in einer Regierungsvorlage zur Änderung des Reichswahlgesetzes vom 22.8.1924 geäußert: »Diese Mängel sind so augenfällig, daß nach den tatsächlichen Verhältnissen die Vorschrift der Verfassung, daß das Wahlrecht ein unmittelbares sein soll, durch das Wahlsystem nicht mehr erfüllt wird. Wortlaut und Geist der Verfassung erfordern eine Änderung dieses Bestandes.«[56] Das Änderungsgesetz wurde allerdings niemals verabschiedet. Das System der starren Liste blieb bis zum Ende der Weimarer Reichsverfassung bestehen.

Zu ähnlichen Ergebnissen gelangt man, wenn man nicht nur die einzelnen Wahlmerkmale des Artikels 38 GG überprüft, sondern den Grundgedanken als Ganzes ins Auge faßt und als Maßstab heranzieht, dem alle Einzelbestimmungen dienen sollen: das übergreifende Demokratieprinzip des Grundgesetzes. Nach diesem Prinzip muß alle Staatsgewalt vom Volk legitimiert sein. Das geschieht in der Bundesrepublik auf die Weise, daß das Volk das Parlament wählt und dieses alle anderen Staatsorgane bestellt, entweder direkt oder vermittelt durch Zwischenstationen. Die dahinterstehende Vorstellung ist folgende: Das direkt vom Volk gewählte Parlament gibt die durch Wahlen erlangte demokratische Legitimation an alle anderen von ihm bestellten Organe weiter. Das Parlament ist also die große Drehscheibe, der zentrale Vermittler von demokratischer Legitimation. Um so notwendiger ist es für das ganze System, daß das Parlament wirklich unmittelbare demokratische Legitimation besitzt, also wirklich vom Volk gewählt wird. Der ganze demokratische Staatsaufbau der Bundesrepublik Deutschland hängt von der Wahl des Parlaments und von ihrem demokratischen Wert ab. Angesichts dieser Schlüsselbedeutung der Parlamentswahlen ist es unverzichtbar, daß dem Volk möglichst weitgehender Einfluß auf die Zusammensetzung des Parlaments eröffnet wird.[57] »Wahlen ohne Auswahl«[58] können dem Parlament aber nicht die ihm zugedachte legitimierende Funktion für alle anderen Staatsgewalten vermitteln. Jedes ideologisch motivierte Vernebeln der eigentlichen Fragen muß aufgedeckt werden.

Wahlen stellen nicht nur einen Akt der Legitimation für die Zukunft, sondern auch einen Kontrollakt gegenüber der bisherigen Tätigkeit des Parlaments und seiner Abgeordneten dar. Das setzt eine Rückbindung der Abgeordneten an den Volkswillen voraus. Auch daran fehlt es, wenn nicht das Volk die Entscheidung über die Wiederwahl trifft, sondern parteiinterne Gremien. Dann reduziert sich die grundgesetzlich gebotene Verantwortung gegenüber dem Volk auf eine solche gegenüber der Partei. Auf das Wesentliche zugespitzt: Was das Volk von ihm hält, kann einem Abgeordneten gleichgültig sein, wenn seine Partei ihn nur wieder auf einen sicheren Listenplatz setzt.

In diesem Zusammenhang zeigt sich ein erstaunlicher Bruch in der staatsrechtlichen und politischen Wertung: Die Frage, ob die Staatsorgane und die Amtswalter, die ihre Legitimation vom Parlament ableiten, durch entsprechende Akte des Parlaments ausreichend legitimiert sind, wird regelmäßig sorgfältig überprüft. Dabei wird allmählich auch die überkommene eher juristisch-formale Betrachtung überwunden und durch eine inhaltlich-materielle Sicht ersetzt.[59] Hier gibt es eine Reihe strenger verfassungsgerichtlicher Urteile, die einem Organ die demokratische Legitimation absprechen, weil es nicht von der Volksvertretung oder von einer von der Volksvertretung gewählten Stelle ordnungsgemäß gewählt ist. So hat das Bundesverfassungsgericht zum Beispiel die Auswahl von Stadträten in Augsburg nur durch die Fraktionen, nicht durch die gesamte Volksvertretung, wegen Verstoßes gegen das Demokratieprinzip für verfassungswidrig erklärt.[60] Gleiche Sorgfalt fehlt aber bei Behandlung der Frage nach der Legitimation des Parlaments selbst durch die Wahl des Volkes, obwohl dies das Wichtigste von allem ist, weil von ihr wiederum alles andere abhängt. Legt man an die Wahl *des* Parlaments dieselben Maßstäbe an, die die Gerichte für die Wahl von Organen *durch* das Parlament mit Recht entwickelt haben, so liegt das Ungenügen der Legitimation des Parlaments durch die Volkswahl auf der Hand. Damit hängt dann auch die demokratische Legitimation derer, die sie vom Parlament ableiten, in der Luft.

Allerdings wird man Zweifel haben müssen, ob ein Gericht in der Bundesrepublik diese unseres Erachtens zwingende Konsequenz zu ziehen bereit ist. Denn mit der Feststellung des bisherigen Wahlmodus als verfassungswidrig würde die demokratische Legitimation des Parlaments und damit auch die aller anderen Organe erschüttert, die ihre Legitimation vom Parlament ableiten, auch die der Gerichte selbst. Die Hoffnung, daß das Bundesverfassungsgericht die erforderliche Überprüfung unvoreingenommen vornimmt, dürfte daher trotz der überwältigenden Sachargumente nicht allzu groß sein, da nicht nur seine eigene Legitimation von der des Parlaments und dessen Wahlsystem abhängt, sondern auch die Legitimation des politischen

Systems der letzten vierzig Jahre zur Entscheidung steht, deren Sicherung an sich die Aufgabe des Bundesverfassungsgerichts war. Eine unvoreingenommene Überprüfung würde also auch die Legitimation der überprüfenden Richter mitbetreffen. Deshalb – und weil Gegengutachten zuhauf zu erwarten wären und mit der Zuspitzung auf die Frage der Verfassungsmäßigkeit die Sache zudem in die Hand von Spezialisten geriete, wodurch der politische Kern des Problems vernebelt würde – will ich nicht vornehmlich verfassungsrechtlich argumentieren. Entscheidend ist das politische Argument und die offensichtliche Tatsache, daß das Volk entmündigt wird. Diese Tatsache ergibt sich nicht etwa aus den Gegebenheiten der Massendemokratie heraus, sondern ist ein Umstand, dem in der heutigen Demokratie durchaus abgeholfen werden könnte und dessen Fortbestehen mit den Eigeninteressen der politischen Klasse zu erklären ist.

V. Ein entmündigtes Volk kann politisch nicht reifen

Es ist eine Erfahrungstatsache, daß Mitwirkung und Mitverantwortung integrieren. Ein Volk, das seine Repräsentanten auswählt und wichtige politische Fragen notfalls selbst entscheiden kann, fühlt sich nicht ins Abseits gestellt. Verantwortung und Entscheidung fördern Interesse, Diskussion und Beschäftigung mit den relevanten Fragen. Die staatsbürgerliche Erziehungswirkung von Institutionen, die dem Bürger politischen Einfluß geben und ihn nicht zum bloßen Akklamationsorgan von Parteibeschlüssen degradieren, war früher in der Staatslehre bekannt und gehörte zum Gemeingut des politischen Verständnisses. Dies hat auch eine in den fünfziger Jahren vom Bundesminister des Innern eingesetzte Kommission zur Reform des Wahlrechts unterstrichen:

»Stellt die Wahl die wichtigste Form der aktiven Anteilnahme des einzelnen Staatsbürgers am politischen Leben seines Volkes dar, so ist es ein oberstes Gebot jedes Wahlrechts, die Wähler zur Ausübung ihres Rechtes und zur Übernahme der damit verbundenen Verantwortung sowie zum Nachdenken über politische Fragen anzuregen. Ein Wahlsystem wird dieses Ziel in um so höherem Grade erreichen, als es den *Eifer des Wählers anspornt*. Dieser wird um so größer sein, als der Wähler Einfluß auf die Auswahl der Kandidaten und unmittelbare Einwirkung auf die Wahl bestimmter Personen und mittelbar auf die Regierungsbildung erhält. Eine Erziehung zu staatsbürgerlicher Beteiligung und zu *verantwortlichen politischen Überlegungen* kann dadurch weiter ausgebaut werden, daß der Wähler neben seiner Vorliebe für eine bestimmte Partei oder bei der Mehrheitswahl für einen bestimmten Kandidaten zugleich auch seine Bereitschaft, nächst diesen für eine bestimmte andere Gruppe oder Person zu stimmen, äußern kann oder daß er im Rahmen von Verhältniswahlsystemen die Reihenfolge mehrerer Kandidaten untereinander zu bestimmen oder einzelne auszuschließen imstande ist. Umgekehrt muß eine politisch erziehende Wirkung der Wahl dort sinken, wo durch die Parteiorganisation dem Wähler wesentliche Entscheidungen bereits zwingend vorweggenommen werden.«[61]

Wer ein Volk entmündigt und es von Mitwirkung und Verantwortung ausschließt, darf sich nicht über sein mangelndes politisches Interesse beklagen. Wer dem Volk jede Verantwortung für den Staat nimmt, braucht sich nicht darüber zu wundern, wenn selbstsüchtige Eigeninteressen dominieren und der Bourgeois im Menschen hervortritt. Die demokratische Mitwirkung an der staatlichen und gemeindlichen Willensbildung ist *die* Schule für die Entwicklung demokratischer Verantwortung, für die Bildung der aufs Ganze ausgerichteten Perspektive des Citoyen. Dummheit und Klugheit, Bürgersinn und zu kurz greifender Egoismus, *alles* ist im Volke angelegt. Doch können politisches Interesse, Motivation zur politischen Bildung, Bürgersinn und Verantwortung nicht entstehen, wenn und solange das Volk entmündigt bleibt. Nur Verantwortung erzieht. Ein Volk ohne Verantwortung muß fast notwendig politisch uninteressiert und eigensüchtig bleiben. So scheint das selbstbestätigende Vorurteil der Parteienoligarchie gegenüber dem Volk, man könne es wegen mangelnder Reife nicht aus dem Stadium der Unmündigkeit entlassen und ihm Verantwortung übertragen, nur auf den ersten Blick berechtigt. In Wahrheit werden Ursache und Wirkung verwechselt: Weil das Volk entmündigt ist, kann es nichts Wertvolles ausbilden, bleibt es dumpfe Masse, politisch apathisch und uninteressiert. Unsere Demokratie ist kritikwürdig, weil sie in Wahrheit keine Demokratie ist. Die Pseudodemokratie muß erst zu einer wirklichen Demokratie gemacht werden.

Was heute fehlt, ist ein *politischer* Erhard. Wie Erhard seinerzeit ins kalte Wasser sprang, die staatliche Bewirtschaftung mit einem Schlag abschaffte und dem Volk die Marktwirtschaft und damit die wirtschaftliche Freiheit *zutraute*, so müßte dem Volk endlich auch die wirkliche Demokratie gegeben werden, die es über seine Repräsentanten entscheiden läßt und ihm auch die Möglichkeit von Sachentscheidungen eröffnet. Erst »ein freies Volk steht im Prozeß der Aufklärung«. »Ein Volk ist nicht frei, sondern wird frei.«[62]

Unsere These, erst wer dem Volk Verantwortung und Bürgersinn abverlangt, wird sie auch von ihm bekommen, wird durch die Erfahrung mit der sogenannten »Steuerlüge« vor der Bundestagswahl 1990 bestätigt. Hätte die Regierung Kohl das Volk informiert, aufgeklärt, in die Verantwortung genommen, hätte die Regierung dem Volk »Schweiß, Blut und Tränen« für die große gemeinschaftliche Aufgabe in Aussicht gestellt, dann hätte die Regierung auch Opfer verlangen können und dennoch die Wahl gewonnen. Darüber sind sich inzwischen fast alle Analytiker einig. Statt dessen hat man versucht, dem Volk die Wahrheit zu verheimlichen, es belogen und wie ein unreifes Kind behandelt. Man hat dadurch die Chance versäumt, die im Volk schlummernden Gemeinschaftskräfte durch Appell an seine Verantwortung zu wecken, den Bürgersinn, den Wunsch nach Größerem als dem andauernden Streben nur nach Gewinn und Freizeit. Wird das Volk für niedrig gehalten und als niedriges behandelt, dann verhält es sich auch niedrig: Die im Westen murren über die zusätzlichen Belastungen – und die im Osten über die herablassende Behandlung. Diese Erfahrung zeigt, wie sehr viele Politiker schon Gefangene des Bildes sind, das sie sich, um ihre Macht zu zementieren, vom Volke machen. Demgegenüber gilt es mit dem Stuttgarter Oberbürgermeister Manfred Rommel zu erkennen, »daß das Volk mündig ist, wenn es als mündig behandelt wird, und daß es in seiner großen Mehrheit weitaus lieber den wählen wird, dem es nicht in erster Linie um Applaus und Aufsehen geht, sondern um den richtigen Weg«.[63]

Wer meint, das Volk müsse erst reif werden, *bevor* man ihm Entscheidungen und Verantwortungen anvertrauen könne, wird nie ein reifes Volk finden. Denn es kann erst durch das Einüben von Entscheidung und Verantwortung reif werden. Der Ausschluß von Verantwortung wegen mangelnder Reife wirkt auf diese Weise wie eine self-fulfilling prophecy. Das bestätigt auch die bisherige Geschichte der Bundesrepublik. Trotz inzwischen fast fünfzigjähriger demokratischer »Bewährung« der Deutschen nach dem Zusammenbruch von 1945, trotz eines immer höheren Bildungsstandes der Bevölkerung, trotz der friedlichen Revolution, mit der die Bürger in der DDR sich eines diktatorischen Systems entledigten, wird das Vorurteil ständig erneuert, das Volk sei immer noch unreif für die Politik, so daß es mit Pseudowahlen abgespeist werden könne und ihm direkte Sachentscheidungen auf Bundesebene vorenthalten werden müßten.

Dies hat das Volk sich zwar lange klaglos gefallen lassen. Doch jetzt ist es damit anscheinend vorbei. Das Versagen der Parteien bei der Lösung politischer Probleme und bei der Personalauswahl macht das Fehlen eigener Eingreif- und Abhilfemöglichkeiten immer bewußter. Mangels Einflusses auf Personalauswahl und Sachentscheidungen bleiben dem Volk allerdings bisher nur indirekte Äußerungen des Unmuts und der »Politikverdrossenheit«, etwa der Rückgang der Wahlbeteiligung. Wenn Wahlen zu »Akklamationen zur Parteienoligarchie«[64] herabgewürdigt werden, ist es nur konsequent, in zunehmenden

Stimmenthaltungen bei Wahlen ein Mißtrauen gegen die Parteienoligarchie zu sehen. Die Wähler haben nicht viele Möglichkeiten, ihre Verdrossenheit auszudrücken, aber die wenigen begrenzten sollte man nicht übersehen.

Nachgerade sarkastisch muß es allerdings anmuten, wenn das Volk für die Politiker, ihre Qualität und ihr Verhalten verantwortlich gemacht wird, obwohl es keine Möglichkeit der Personalauswahl besitzt. Der Satz, in der Demokratie habe jedes Volk die Politiker, die es verdient, ist gerade wegen seiner vordergründigen Plausibilität eine so große Zumutung. Der Satz wäre nur zutreffend, wenn die demokratischen Prinzipien gewahrt wären und das Volk wirklich wählen könnte, wie etwa in baden-württembergischen Gemeinden, wo das Volk seine Bürgermeister in Urwahl wählt und erheblichen Einfluß auf die Zusammensetzung des Rates besitzt und deshalb für die Auswahl seiner Repräsentanten verantwortlich ist. Bei Bundestags- und den meisten Landtagswahlen fehlt es aber an dieser Auswahlmöglichkeit und damit auch an der Verantwortung für die Politiker. Der Vertrauensverlust der Politik in der Bundesrepublik ist vielmehr ganz wesentlich dadurch bedingt, daß das Volk seine Repräsentanten nicht auswählen kann. Das wird allerdings oft übersehen, besonders von Politikern selbst. So hat etwa Björn Engholm den Vertrauensverlust zwar in zugespitzter Weise beschrieben, die tiefere Ursache dafür aber ignoriert:

»Seit 21 Jahren bin ich Politiker von Beruf, ein ›Berufspolitiker‹, wie es naserümpfend heißt. Als solcher komme ich viel herum, treffe unendlich viele Menschen, führe zahllose Gespräche. Und wo immer ich hinkomme, sagen die Leute unverblümt, was sie von der Politik im allgemeinen und von den Politikern im besonderen halten: wenig, nichts. Das Bild, das sich der demokratische Souverän macht von denen, die er wählt, ist niederschmetternd. Dick, dumm, faul, gefräßig, profillos und jederzeit korrumpierbar – so seien die meisten Politiker. Und wenn es ein schmutziges Geschäft gebe, dann sei das allemal die Politik.«[65]

Bezeichnend an diesem Zitat ist, daß das Wichtigste nur nebenbei und auch noch unrichtig angesprochen wird: Es ist gerade nicht der »demokratische Souverän«, der seine Politiker »wählt«. Der Wahlakt ist nur formal, wenn »Wahlen ohne Auswahl« stattfinden. Dieser mangelnde Einfluß des Bürgers – bei gleichzeitigem So-tun-als-ob – ist ein Hauptgrund für die Verdrossenheit. Würde das Wahlrecht derart umgestaltet, daß der Bürger seine Repräsentanten wirklich auswählen könnte, würde es mit Sicherheit zu keinem derart niederschmetternden Bild des Politikers in den Augen des »Souveräns« kommen. Daß gerade dieser zentrale Zusammenhang in zahlreichen Politikerbüchern ausgeblendet wird, ist einerseits besonders erstaunlich, andererseits aber vielleicht auch ein Zeichen für die Abgehobenheit der politischen Klasse.
Versteht man den Satz, das Volk habe die Politiker, die es verdient, dagegen dahin, daß das Volk seine Entmündigung auf der Ebene des Grundgesetzes und der Wahlgesetze bisher hingenommen habe, ohne aufzubegehren, so mag dies zwar lange zutreffend gewesen sein. Allmählich aber scheinen sich die Zeichen zu verdichten, daß ein solches Aufbegehren bevorsteht und das Volk sich daranmacht, seine Fesseln zu sprengen.

VI. Mehr Demokratie wagen!

Der für eine Demokratie, gelinde gesagt, erstaunliche Zustand der Bundesrepublik Deutschland, daß nämlich das Volk auf der besonders wichtigen Bundesebene nichts zu sagen hat, sondern von den Parteien entmündigt wird, hat in jüngerer Zeit immer mehr Kritik erfahren. Diese Kritik speist sich auch aus Vergleichen: In den meisten deutschen Bundes*ländern* und in vielen Städten und Gemeinden besitzt das Volk immerhin einige Möglichkeiten, seinen Willen direkt zu äußern.[66] Der Blick in die Vergangenheit und über die Staatsgrenzen hinweg bestätigt das deutsche Defizit: In Weimar gab es auch auf der Ebene des Reiches direkte Äußerungsformen des Volkes, und auch bei vielen unserer heutigen Nachbarn hat des Volkes Stimme mehr Gewicht. All das – und nicht zuletzt auch der direktdemokratische Impuls aus der unblutigen Überwindung der Diktatur in der DDR – sollte eigentlich Mut machen, in Deutschland auch auf Bundesebene mehr Demokratie zu wagen und soll deshalb auf den folgenden Seiten näher dargestellt werden.

In den *Bundesländern* sind die 1946 und 1947 erlassenen Verfassungen durch volksgewählte Versammlungen beschlossen und durch Volksabstimmungen in Kraft gesetzt worden.[67] In fast allen Bundesländern gibt es neben der normalen Parlaments- auch eine außerordentliche Volksgesetzgebung, die dadurch gekennzeichnet ist, daß dem Volk das Recht zusteht, einen Gesetzesvorschlag zu machen (Volksbegehren); ein Volksbegehren kommt dann gültig zustande, wenn ein bestimmter Teil der Stimmberechtigten zustimmt. Dieses »Quorum« variiert von Land zu Land und beträgt in den alten Bundesländern zwischen einem Zwanzigstel und einem Fünftel.[68] Bisweilen ist noch eine »Volksinitiative« vorgeschaltet, die – vor Beginn des aufwendigen Volksbegehrens – zeigen soll, daß überhaupt ein relevanter

Bevölkerungsanteil hinter dem Anliegen steht.[69] Ist das Volksbegehren zustande gekommen, wird über das Gesetzesvorhaben durch Volksentscheid abgestimmt, wenn das Parlament sich das Vorhaben nicht zu eigen macht. (In einigen Ländern hat das Parlament auch die Möglichkeit, zusammen mit der volksinitiierten Vorlage eine eigene »Konkurrenzvorlage« zum Volksentscheid zu stellen.) Der Volksentscheid hat Gesetzeskraft, wenn die Mehrheit der Stimmberechtigten zustimmt.[70] Derartige oder ähnliche Regelungen gibt es inzwischen in zehn alten Ländern, nachdem Schleswig-Holstein nach der Barschel-Affäre und soeben auch Niedersachsen auf Initiative der rot-grünen Koalition ihre Verfassung reformiert und die Möglichkeit der Volksgesetzgebung eingeführt haben.[71] Auch Hamburg schickt sich derzeit an, eine ähnliche Reform vorzunehmen.[72] In den neuen Ländern[73] gelten erleichterte Bedingungen: Die Volksinitiative setzt zwischen 15 000 und 40 000 Unterschriften,[74] das Volksbegehren zwischen 80 000 und 450 000 Unterschriften[75] von Stimmberechtigten voraus. Die gegenüber den meisten alten Ländern erheblich niedrigeren Quoren spiegeln die positive Einstellung gegenüber den Rechten des Volkes wider, das mit dem Ruf »Wir sind das (ein) Volk« durch unblutige Revolution die Diktatur in die Knie zwang.[76]

Vom Volksbegehren sind nach Weimarer Vorbild allerdings der Haushaltsplan, Abgabengesetze und Besoldungsordnungen ausgenommen. Sie glaubt man in Deutschland dem beschränkten Untertanenverstand nicht anvertrauen zu dürfen. Der Vorbehalt dieser Materien für das Parlament steht in merkwürdigem Widerspruch zu der Erkenntnis, daß die »subventions- und bewilligungsfreudigen« (Ulrich Scheuner) parlamentarischen Gesetzgeber sich weder zu wirksamer Eindämmung der stetig wachsenden öffentlichen Ausgabenflut und der Zunahme der Staatsverschuldung noch zur wirksamen Wahrnehmung des Budgetrechts und der Kontrolle der Verwaltung als fähig erwiesen haben.[77] Die Ausklammerung finanzwirksamer Vorlagen leugnet auch die historische Tatsache, daß an der Wiege der Demokratie *Finanz*revolten standen: In den USA trennten sich die dreizehn Kolonien von ihrem englischen Mutterland mit dem Schlachtruf »No taxation without representation«, weil ihnen das Recht verwehrt wurde, über ihre Besteuerung mitzuentscheiden und Repräsentanten ins englische Parlament zu wählen. Auch die Französische Revolution hatte finanzwirtschaftliche Ursachen; sie wurde wesentlich auch durch die unglaubliche finanzielle Verschwendung des königlichen Hofes ausgelöst. Das Ausklammern von Finanzvorlagen von der Volksgesetzgebung heißt, gerade das Wichtigste auszuklammern, und dürfte auch damit zusammenhängen, daß die Demokratie in Deutschland nach 1945 nicht durch Revolution erkämpft, sondern durch die westlichen Alliierten oktroyiert worden ist. In jedem Fall darf das Überdenken der genannten Vorbehalte kein unverrückbares Dogma sein.[78] Allerdings müßten dann auch die Kompetenzen im Bereich der Finanzverfassung verändert werden.

In den Ländern Baden-Württemberg, Bayern, Niedersachsen, Rheinland-Pfalz, Schleswig-Holstein und in allen neuen Ländern können auch *Verfassungsänderungen* im Wege der volksinitiierten Volksgesetzgebung ergehen.[79] Gerade Verfassungsnormen dürften sich in ihrer Grundsätzlichkeit für die Volksgesetzgebung besonders eignen.[80] Bemerkenswert ist, daß in Bayern auch für Verfassungsänderungen die einfache Mehrheit der beim Volksentscheid abgegebenen Stimmen ausreicht; es sind also keine Mindestquoren erforderlich, weder für die Teilnahme an der Abstimmung noch für die Zustimmung zur Verfassungsänderung. Auf diese Weise könnten auch die genannten Vorbehaltsbereiche beseitigt werden.

Welche – bisher völlig übersehen – Möglichkeiten in der Volksgesetzgebung liegen, den sklerotischen Parteienstaat auch gegen den Widerstand der Parteien und der etablierten politischen Klasse grundlegend zu reformieren, wird an anderer Stelle dieses Buches exemplarisch dargestellt (siehe dazu Kapitel 8).

In den deutschen Bundesländern wird zwar relativ selten von den Möglichkeiten der Volksgesetzgebung Gebrauch gemacht. Insofern weicht die Praxis in fundamentaler Weise von den Schweizer Kantonen und einigen amerikanischen Staaten ab. Das hängt nicht nur mit den geringen Gesetzgebungskompetenzen der Länder zusammen, an die auch die Volksgesetzgebung gebunden ist, den verfassungsrechtlichen Erschwerungen (insbesondere durch häufig sehr hohe Quoren für Volksbegehren und Volksentscheid in den alten Bundesländern) und den traditionellen deutschen Ausnahmebereichen, sondern auch mit der bundesdeutschen politischen Kultur, in der direktdemokratische Elemente bisher kaum in den Blick kommen. Immerhin hat es einige auch bundesweit beachtete Fälle gegeben. Von 1946 bis 1992 fanden – ohne die Abstimmungen über Gebietsneugliederungen – insgesamt 23 Volksentscheide auf Landesebene statt.[81] In Nordrhein-Westfalen gelang es 1978, eine Schulreform (»kooperative Schule«) zu stoppen, die die Landesregierung über die Köpfe der Betroffenen hinweg hatte durchsetzen wollen. Als die für das Volksbegehren erforderlichen Unterschriften (20 Prozent der Abstimmungsberechtigten!) erreicht waren, verzichtete die Landesregierung auf ihr Vorhaben.[82] Hier zeigt sich, welches Gewicht schon die Entscheidung eines Teils der Stimmberechtigten, die in einem geregelten Verfahren zustandekommt, besitzt. In Bayern wurde 1991 durch Volksbegehren und Volksentscheid eine durchgreifende Reform des Abfallrechts durchgesetzt. Im einzelnen lief das so ab, daß der bayerische Landtag eine sogenannte Konkurrenzvorlage mit zur Abstimmung stellte, die dem Anliegen des ursprünglichen Volksbegehrens weit entgegenkam und sich auch durchsetzte.[83] In Hessen wurde – allerdings auf Initiative der Regierung Wallmann – 1991 die Direktwahl der Bürgermeister und Landräte durch Volksentscheid mit einer Mehrheit von über 80 Prozent durchgesetzt.

Auf *Kommunalebene* weist die baden-württembergische Gemeindeverfassung seit langem besonders weitgehende Entscheidungsrechte des Gemeindevolkes auf:[84]

— Der Bürgermeister, der Chef der Verwaltung und zugleich Vorsitzender des Gemeinderats ist, wird direkt vom Volk gewählt.
— Bei den Wahlen zum Gemeinderat bestehen keine starren Listen; vielmehr kann jeder Wähler sich durch Häufen seiner Stimmen auf bestimmte Kandidaten (Kumulieren) und durch Hinzuschreiben anderer Kandidaten (Panaschieren) seine eigene Liste zusammenstellen und hat auf diese Weise einen Einfluß auf die personelle Zusammensetzung der Gemeinderäte, der sich dadurch noch erhöht, daß die Parteigremien dies bei Aufstellung der Listen gedanklich schon vorwegnehmen und Kandidaten bevorzugen, die voraussichtlich für die Wähler attraktiv sind.
— Der Bürger kann auch wichtige Sachentscheidungen an sich ziehen und darüber im Wege des Bürgerentscheids befinden.[85]

Diese Möglichkeiten, dem Bürger unmittelbaren Einfluß auf Sachentscheidungen, besonders aber auf die Auswahl der Personen zu geben, die ihn repräsentieren, haben sich bewährt,[86] weil sie die Rückkoppelung der Politik beim Bürger sichern, ihm mehr Mitwirkung geben und zugleich die Sachrichtigkeit fördern. Der ansonsten viel beschworene Gegensatz zwischen Partizipation und Effektivität besteht hier also nicht, sondern *beides* wird gefördert.[87]

Das baden-württembergische Modell der Gemeindeverfassung gilt inzwischen als kommunalpolitischer Exportschlager auch für die Kommunalverfassungen anderer Bundesländer. In Rheinland-Pfalz wurde in den achtziger Jahren die Möglichkeit des Kumulierens und Panaschierens bei Gemeinderatswahlen eingeführt; die Direktwahl der Bürgermeister und Landräte und der Bürgerentscheid folgten 1994.[88] In Rheinland-Pfalz werden als erstem Land der Bundesrepublik auch die Berichte des Rechnungshofs über die Ergebnisse der Überprüfung von Gemeinden und Kreisen veröffentlicht und damit dem Bürger zugänglich gemacht.[89] In Hessen wurde 1991 durch Verfassungsänderung die Direktwahl der Bürgermeister und Landräte in der Verfassung verankert. Der Bürgerentscheid wurde dort inzwischen ebenfalls ermöglicht. Sachsen hat die Gemeindeordnung von Baden-Württemberg weitgehend übernommen.[90] Gleiches gilt mit zum Teil allerdings erheblichen Modifikationen auch für die anderen neuen Länder. Jedenfalls werden in allen neuen Ländern die Bürgermeister direkt vom Gemeindevolk gewählt (in Mecklenburg-Vorpommern allerdings erst ab 1999).[91]

Schleswig-Holstein hat den Bürgerentscheid, der inzwischen auch in Nordrhein-Westfalen ermöglicht ist, in einer gegenüber Baden-Württemberg erleichterten und bürgerfreundlichen Form 1990[92] eingeführt, ebenso sehen ihn – im Anschluß an das Selbstverwaltungsgesetz der DDR, das auch nach der deutschen Vereinigung zunächst in Kraft geblieben ist – die Gemeindeverfassungen der neuen Länder vor. Von der Möglichkeit zum Gemeindeplebiszit wird reger Gebrauch gemacht; in Schleswig-Holstein sind bis Mitte 1992 schon 54 Bürgerbegehren eingereicht worden; auch die neuen Länder melden viele Initiativen, weshalb diese Möglichkeit auch in die neuen Gemeindeordnungen übernommen worden ist beziehungsweise in sie übernommen werden soll.[93]

Von besonderem Interesse ist das Zustandekommen der Neuregelung in Hessen. Die Direktwahl der Bürgermeister und Landräte wurde dort am 20. Januar 1991 auf Antrag der Landesregierung Wallmann (gleichzeitig mit den Landtagswahlen) durch Volksentscheid eingeführt, bei dem mehr als 80 Prozent der Abstimmenden zustimmten. Dies zeigt, welch hohen politischen Stellenwert die Vermehrung der Bürgerrechte hat und welches – bisher noch weitgehend brachliegende – Potential für eine Aktivierung des Bürgerinteresses hier liegt.

Auch in dem Land, in dem die Reform zunächst blockiert schien, trug das hessische Beispiel dazu bei, sie schließlich doch wieder flott zu bekommen: in Nordrhein-Westfalen mit seinen vielen großen und wichtigen Städten. Über die Reformnotwendigkeit der nordrhein-westfälischen Gemeindeverfassung bestand in jüngerer Zeit zunehmend Konsens unter Kommunalwissenschaftlern[94] und Praktikern; man lese die beschwörenden Reden nordrhein-westfälischer Oberstadtdirektoren[95] oder die Vorträge des seinerzeitigen Vorstands der Kommunalen Gemeinschaftsstelle für Verwaltungsvereinfachung, Gerhard Banner.[96] Geschehen war in Nordrhein-Westfalen gleichwohl lange fast nichts. Der Hagener Parteitag der nordrhein-westfälischen SPD hatte den Reformern in der eigenen Landesregierung, besonders Innenminister Schnoor, Ende 1991 eine Abfuhr erteilt.[97] Damit drohte die nordrhein-westfälische Gemeindeverfassung zu einem Symbol parteipolitisch bedingter Politikblockade zu werden und dafür, daß selbst dringende Reformen in unserem Land unrealisierbar zu sein scheinen, wenn dadurch Positionen wegfallen und Personen befürchten müssen, ihre Ämter zu verlieren.[98] »Amts- und Mandatsträger stellen sich«, wie der Speyerer Oberbürgermeister Roßkopf formulierte, »ungern selbst in Frage und finden im Gegenteil viel lieber Gründe, den herrschenden Zustand möglichst wenig zu verändern.«[99] Die Blockade ließ sich nur dadurch aufbrechen, daß die nordrhein-westfälische CDU als Oppositionspartei ein dahingehendes Volksbegehren anstrengte, was die SPD wiederum veranlaßte, erneut einen Sonderparteitag anzuberaumen, auf dem der Hagener Beschluß revidiert und die Einführung der Direktwahl beschlossen wurde.[100]

Auch in Brandenburg hatte sich ein SPD-Landesparteitag im Herbst 1992 in Senftenberg gegen die Direktwahl der Bürgermeister ausgesprochen und damit den Koalitionskompromiß der brandenburgischen Ampel-Koalition aus SPD, FDP und Bündnis 90 in Frage gestellt; dort gelang es schließlich auch, die Direktwahl durchzusetzen.[101]

Früher war in Deutschland auch auf der zentralstaatlichen Ebene die Entscheidung des Bürgers eher gefragt. Nach der Weimarer Reichsverfassung waren nicht nur Volksbegehren und Volksentscheid vorgesehen, auch der Reichspräsident wurde vom Volk (für eine Amtsdauer von sieben Jahren) gewählt,[102] das ihn auf Antrag einer Zweidrittelmehrheit des Reichstags auch abwählen konnte. Der Volksentscheid war nach einem Vorverfahren auf Begehren des Volkes oder anderer Staatsorgane (des Reichspräsidenten, des Reichsrats oder eines Drittels des Reichstags) zulässig. Letztere Möglichkeit spielte in der Praxis allerdings keine Rolle, während es auf Begehren des Volkes durchaus zu Volksentscheiden kam. Volksbegehren benötigten die Zustimmung eines Zehntels der Stimmberechtigten. Nahm der Reichstag den geforderten Gesetzentwurf nicht an, so kam es zum Volksentscheid, bei dem an sich im Regelfall die Mehrheit der Abstimmenden zu entscheiden hatte. Doch nahm die Weimarer Staatspraxis – entgegen Wortlaut und Sinn der Verfassung – per Interpretation eine Änderung vor und erstreckte die nur für einen Sonderfall gedachte Voraussetzung, daß die Mehrheit der Stimm*berechtigten* dem Vorhaben zustimmen mußte, auch auf alle Normalfälle. Außerdem nahm die Staatspraxis überwiegend an, ein Volksgesetz könne jederzeit durch ein Parlamentsgesetz wiederaufgehoben werden, was mit dem Sinn der Volksgesetzgebung als eines parlamentsunabhängigen Instruments der Gesetzgebung schwerlich vereinbar war.[103] Über den Haushaltsplan, Abgabengesetze und Besoldungsgesetze war ein Volksbegehren ohnehin nicht zulässig; über derartige Gegenstände konnte nur der Reichspräsident einen Volksentscheid veranlassen. Auch diese Vorbehalte wurden von Teilen der Staatslehre und der Staatspraxis extensiv ausgelegt,[104] eine Entwicklung, die etwa bei dem großen Staatsrechtslehrer Heinrich Triepel auf schärfsten Protest stieß.[105] Durch die interpretatorischen Erschwerungen des Verfahrens und das extensive Verständnis der Ausnahmebereiche wurde der Mißerfolg gleichsam vorprogammiert, so daß es nur zu wenigen Volksbegehren und zu zwei Volksabstimmungen kam, von denen keine erfolgreich war.[106]

Das Grundgesetz zeichnet sich durch extreme Volksferne aus. Das gilt für das Zustandekommen des Grundgesetzes wie auch für die von ihm geschaffenen Regelungen.[107] Nicht nur, daß der Parlamentarische Rat nicht vom Volk gewählt war, das Grundgesetz wurde auch nicht vom Volk angenommen. Eine Volksabstimmung fand nicht statt, sondern nur eine Zustimmung der (meisten) Landesparlamente (Näheres siehe Abschnitt II in diesem Kapitel). Darüber hinaus wurde auch bei den vom Grundgesetz konstituierten Personal- und Sachentscheidungen das Volk völlig ausgeklammert (Abschnitt I).

Das volksferne Zustandekommen des Grundgesetzes wurde offiziell mit seinem *vorläufigen* Charakter begründet. In Wahrheit dürfte ein entscheidender politischer Grund auch darin gelegen haben, daß die Bundesländer, ihre Ministerpräsidenten und Parlamente eine breite öffentliche Diskussion scheuten, in der dann auch die Abhängigkeit der Grundgesetzgebung von den westlichen Alliierten nicht hätte ausgeklammert werden können; man fürchtete, die KPD könnte diesen dunklen Punkt in der Entstehung des Grundgesetzes mit Hilfe des kommunistischen Regimes in der sowjetischen Besatzungszone hochagitieren und zu einem zentralen Thema einer Volksabstimmung machen.[108] Die Entscheidung des Volkes über das Grundgesetz wurde nicht zuletzt aus Angst abgelehnt, daraus könnte eine Protestabstimmung gegen die alliierten Besatzungsmächte werden.

Das volksferne Zustandekommen des Grundgesetzes hat auch auf das Fehlen aller direktdemokratischen Momente *im* Grundgesetz ausgestrahlt; dieses Fehlen wurde im übrigen mit den angeblich schlechten Erfahrungen in Weimar begründet. Sie seien – mit dem immer und immer wieder zitierten Wort von Theodor Heuss – eine »Prämie für jeden Demagogen«. Heuss scheute sich auch nicht, vor dem Volk, dem demokratischen Souverän, wie vor einem bissigen Hund zu warnen und dem Parlamentarischen Rat sein berüchtigtes »Cave canem« zuzurufen.[109] Doch haben neuere Untersuchungen – ganz abgesehen von der Geschmacklosigkeit dieses Vergleichs – gezeigt, daß derartige Argumente so nicht zutreffen. Von schlechten Erfahrungen kann in Wahrheit schwerlich die Rede sein.[110] Vielmehr lassen sich die wenigen Fälle, in denen es in Weimar zu Volksabstimmungen kam, im Ergebnis »als Bestätigung durchaus rationalen Verhaltens der Volksmehrheit interpretieren«.[111] Den radikalen, republikfeindlichen Gruppen und Parteien wurde nahezu ausnahmslos von der Bevölkerungsmehrheit eine Abfuhr erteilt.[112] (Es liegt allerdings die Vermutung nahe, daß man den »Weimarer Erfahrungen« kurzerhand auch die Erfahrungen unter der Herrschaft des *Nationalsozialismus* untergeschoben hat, als Volksabstimmungen auf *Initiative des Volkes* ausgeschlossen waren und sie nur noch als cäsaristisches Instrument plebiszitärer Bestätigung nicht vom Volk gestellter Fragen mißbraucht wurden. Hitler suchte sich 1933 für den Austritt aus dem Völkerbund, 1934 für die Übernahme des Reichspräsidentenamtes und 1938 für den Einmarsch in Österreich aus Volksabstimmungen Legitimation zu holen.[113] Die Volksabstimmungen sollten aber keine Entscheidungen mehr treffen, sondern waren rechtlich unverbindlich[114] und dienten lediglich dazu, von Hitler bereits getroffenen und vollzogenen Entscheidungen im nachhinein den Schein der politischen Legitimation zu geben. Dies aber ist etwas völlig anderes als echte Volksgesetzgebung, bei der die verbindliche Entscheidung *und* die Fragestellung in der Hand des Volkes liegen.[115]) Es waren nicht die direktdemokratischen Elemente der Weimarer Verfassung, die die Demokratie beseitigten, sondern eine Reihe anderer Faktoren, zu denen – neben den ungünstigen wirtschaftlichen und politischen Bedingungen – auch die merkwürdige Zwitterverfassung gehörte, die das System der parlamentarisch verantwortlichen Regierung in »unmöglicher« Weise mit dem System des volksgewählten Präsidenten zu verbinden suchte:[116] Der Reichskanzler bedurfte in diesem unglücklichen Dualismus, der die monarchische Tradition fortführen wollte, des Vertrauens des Reichstages *und* des Reichspräsidenten und war dadurch konstitutionell zur Schwäche verurteilt.[117] Nicht zu vergessen ist auch, daß der Reichstag selbst mit seiner Zustimmung zum Ermächtigungsgesetz das Ende der Weimarer Republik besiegelte. Dies geschah unter Mitwirkung des Zentrums und der Deutschen Staatspartei (zu der auch Theodor Heuss und Reinhold Maier gehörten) und unter dem Beifall von Teilen der deutschen Staatsrechtslehre, etwa von Carl Schmitt, Otto Koellreutter und Ulrich Scheuner.[118] Für diesen demokratischen Totengräberdienst, der der Machtergreifung Hitlers den Anschein der Legalität vermittelte, waren nicht das Volk, sondern die Parteien und ihre Fraktionen im Reichstag verantwortlich. Daraus nun – wie etwa Theodor Heuss – den Schluß zu ziehen, das Volk trage die Schuld und die Parteien müßten es fürderhin bevormunden und alle Entscheidungen für das Volk treffen, war eine historische Legendenbildung, eine »Fehlverarbeitung der Geschichte«,[119] die die Stellung der Parteien im Ergebnis unangreifbar machte und ihr Monopol institutionell absicherte. Diese Sichtweise wird dadurch bestärkt, daß die *Landes*verfassungen nach dem Zusammenbruch von 1945 durchweg die Volksgesetzgebung als Ergänzung zur Parlamentsgesetzgebung vorsahen, ihre Väter also die Erfahrungen von Weimar offenbar durchaus nicht als ungut empfunden hatten. Eine vorbehaltlose Überprüfung der »Plebiphobie«[120] der Verfasser des Grundgesetzes liegt um so näher, als dieses selbst mit seiner Formulierung, das Volk übe die Staatsgewalt durch Wahlen *und Abstimmungen* aus, die repräsentative und die plebiszitäre Staatswillensbildung in prinzipieller Gleichordnung nennt und dadurch quasi eine verfassungspolitische Überprüfung zu gegebener Zeit vorprogrammiert hat.[121] Im übrigen hatte selbst Heuss ausdrücklich die Situationsbedingtheit seiner Ablehnung, die Volksgesetzgebung »bereits in ein Grundgesetz hereinzunehmen«, betont und eine spätere Übernahme in die endgültige Verfassung offengehalten.[122]

Auch der Blick ins Ausland bestätigt: Volksentscheidungen sind durchaus verbreitet. Dies gilt in besonderem Maße in der Schweiz[123] und in vielen Gliedstaaten der USA, wo sie zu den normalen und alltäglichen Erscheinungsformen gehören. In der Schweiz bedarf es zur Annahme einer Verfassungsrevision auf Bundesebene der Mehrheit der Abstimmenden und der Kantone (obligatorisches Referendum für Total- und Partialrevisionen der Verfassung). Einhunderttausend Stimmberechtigte können mittels einer Initiative die Totalrevision oder den Erlaß, die Aufhebung oder Abänderung bestimmter Artikel der Bundesverfassung verlangen. Einfache Bundesgesetze sind dem Volk zur Annahme oder Verwerfung vorzulegen, wenn es von 50 000 stimmberechtigten Schweizer Bürgern oder von acht Kantonen verlangt wird (fakultatives Gesetzesreferendum). Der Beitritt zu

Organisationen für kollektive Sicherheit oder zu supranationalen Gemeinschaften untersteht dem obligatorischen Referendum des Volkes und der Stände.[124] Bei der Wahl des Nationalrats gilt das Prinzip der offenen Listen: Die Bürger können kumulieren und panaschieren. Gleiches gilt in den Kantonen, wo die Bürger auch die Exekutivspitzen direkt wählen.

Auch in zahlreichen anderen Ländern gibt es Instrumente der direkten Demokratie.[125] Keine Elemente der direktdemokratischen Sachentscheidung bestehen dagegen in England und auf Bundesebene in den USA; in Frankreich können Volksentscheide jedenfalls nicht auf *Initiative* des Volkes erfolgen.[126] (Die Abstimmung über den Maastricht-Vertrag kam auf Initiative des Staatspräsidenten Mitterrand zustande.) In diesen Ländern hat das Volk allerdings bemerkenswerterweise andere Möglichkeiten der direkten politischen Einwirkung: In den USA und in Frankreich bei der Direktwahl des Präsidenten und (wie auch in England) aufgrund des Mehrheitswahlrechts auch bei der Wahl des Parlaments.

Dort wo direktdemokratische Sachentscheidungen möglich sind, werden sie in zunehmendem Maße als äußerste Mittel gegen den Mißbrauch der Parteienherrschaft gesehen. Ein drastisches Beispiel ist die Volksabstimmung in Italien vom 20. April 1993, bei der mit großer Mehrheit eine Reihe von Gesetzen verabschiedet wurde, die allgemein als Schuß vor den Bug der Parteien interpretiert wurden, als letztes und einziges Mittel des Volkes, eine mißbräuchliche Parteienherrschaft zu Einkehr und Reformen zu zwingen: 82,7 Prozent der Abstimmenden votierten für die Einführung des Mehrheitswahlrechts für den Senat, 90,3 Prozent votierten für eine Einschränkung der staatlichen Parteienfinanzierung.[127] Ein anderes Beispiel ist die Entwicklung in den USA, wo der Unwille des Volkes über die zunehmenden Staatsausgaben in der Volksgesetzgebung ein Ventil fand. Besonders deutlich wurde dies, als 1978 in Kalifornien durch Volksentscheid über die berühmte Proposition Number 13 die property tax um mehr als die Hälfte gesenkt und weitere Begrenzungen von Staatsausgaben in der Verfassung verankert wurden. Dieser Erfolg der tax-revolt-Bewegung wirkte wie ein Fanal und hat ähnliche Initiativen in anderen Bundesstaaten angefacht. Auch die Parteien und die Abgeordneten in den Parlamenten haben sich angehängt. So haben Volksbegehren und Volksentscheid als Vehikel oder zumindest als Initialzündung gewirkt, um Ausgabenbegrenzungen in den Verfassungen festzuschreiben. Auch in der Schweiz dürften die Verfahren der direkten Demokratie eine Ursache für die dort relativ niedrigen Ausgaben- und Abgabenquoten darstellen. Auch dort gehören Finanzvorlagen zu den wichtigsten Gegenständen der Volksgesetzgebung. Eine staatliche Politikfinanzierung gibt es in der Schweiz nur auf einem sehr niedrigen Niveau.

Bei Abwägung der Vor- und Nachteile einer Einführung von Elementen der direkten Demokratie in der Bundesrepublik auch auf Bundesebene ist zunächst einmal ein Wust von vorgeschobenen Argumenten beiseite zu räumen. Daß die Volksgesetzgebung mit dem parlamentarischen System nicht vereinbar sei, kann nur jemand behaupten, der die Augen vor dem Erscheinungszustand vieler westlichen Länder verschließt, in denen beides nebeneinander besteht. Direktdemokratische Elemente sollen das repräsentative System auch nicht etwa ersetzen, sondern nur *ergänzen*. Die Gesetzgebung durch das Parlament bleibt die Regel, was – schon angesichts der Gesetzgebungsmenge – praktisch auch gar nicht anders zu bewältigen wäre. Das gilt selbst für die Schweiz und für die amerikanischen Gliedstaaten, in denen Entscheidungen des Volkes relativ häufig sind. Um so mehr gilt es für diejenigen Länder, in denen Volksbegehren und Volksentscheide in der Praxis ihren Ausnahmecharakter bewahrt haben, wie in den anderen westlichen Nachbarländern und auch in den deutschen Bundesländern und wie

es bei entsprechender Grundgesetzänderung auch auf Bundesebene zu erwarten wäre. Gleichwohl haben diese verfassungsrechtlichen Möglichkeiten schon durch ihr bloßes Dasein, also sozusagen als »Fleet in being«, eine erhebliche Wirkung. Im übrigen hat die Möglichkeit der Volksgesetzgebung in einer parlamentarischen Demokratie, in der die Mehrheit des Parlaments die Regierung stellt, typischerweise andere Rückwirkungen, weil hier Volksbegehren und -abstimmungen die Regierung in Mitleidenschaft ziehen können, als bei Volkswahl der Regierungschefs, wo dies regelmäßig nicht der Fall ist.[128] Direktdemokratische Elemente brauchen auch nicht unbedingt einseitig konservativ oder umgekehrt progressiv zu wirken; der internationale Vergleich gibt vielmehr Beispiele für beides.[129]
Festzuhalten ist in der Diskussion jedenfalls eine Konstante: Mehr Direktentscheidung des Volkes ist in einer Demokratie ein Wert an sich (wenn natürlich auch nicht der einzige).[130] Deshalb hat direkte Demokratie die Vermutung des höheren Ranges für sich[131] und im Zweifel den Vorrang vor Parlamentsentscheidungen. Diese rechtstheoretische Sicht bestätigt sich übrigens auch in der Praxis. Daß die direkte Volkswahl etwa dem süddeutschen Bürgermeister gleich einer Art demokratischer Salbung ein besonderes Maß an Legitimation verschafft, daß ein von vielen Personenstimmen gewähltes Ratsmitglied besonderes Ansehen genießt und daß eine direkt vom Volk getroffene Sachentscheidung von gesteigerter Dignität und besonderem politischen Gewicht erscheint, läßt sich in der Realität schwerlich bestreiten. (Gerade davor haben die Parteien und die lediglich von ihnen ausgewählten Repräsentanten Angst, weil vor diesem Hintergrund sie selbst und ihre Entscheidungen an demokratischem Licht einbüßen – und das mit Recht.) Eine Reihe von weiteren Argumenten gegen die Volksgesetzgebung (zum Beispiel geringe Abstimmungsbeteiligung, geringe Sachkunde und Verflüchtigung der Verantwortung der Abstimmen-

den) erledigt sich schon durch den Hinweis, daß sie in mindestens gleicher Intensität auch auf die Parlamente zutreffen. Auch im Parlament stimmt häufig nur eine kleine Gruppe von Abgeordneten über Gesetze ab. Auch die Parlamentarier dürften schwerlich von sich behaupten, sie seien alle sachverständig genug, um alle Gesetze zu machen. Im parlamentarischen Prozeß herrscht Arbeitsteilung. Es gibt für jeden Bereich Spezialisten, deren Empfehlungen regelmäßig die Entscheidung der Fraktionen bestimmen. Die große Mehrheit der Fraktionsmitglieder nickt dann lediglich mit dem Kopf zum Vorschlag ihrer jeweiligen Experten in den Fraktionsarbeitskreisen und in den Parlamentsausschüssen. Dies ist aber auch bei der Volksgesetzgebung nicht anders. Auch hier müssen die Initiatoren sich außerordentlich kundig machen, weil man von allen Seiten her versucht, ihr Projekt mit Einwänden zu kippen. Sie sind durch diesen Diskussionsprozeß oft bessere Experten als die parlamentarischen. Ein Beispiel ist das bayerische Abfallgesetz, dessen Inhalt wesentlich durch ein Volksbegehren geprägt wurde und dessen sich jetzt die Abgeordneten des Bayerischen Landtags, auch die der CSU, rühmen, obwohl sie vorher mit aller Macht versucht hatten, das Begehren zu verhindern. Die Volksgesetzgebung dauert von der Volksinitiative über das Begehren bis zum Volksentscheid regelmäßig ein bis zwei Jahre. Was sich aber in einem so langen und entsprechend intensiven öffentlichen Diskussionsprozeß – trotz der massenweisen Einwendungen der Gegner – halten und schließlich so härten kann, daß die Mehrheit der Abstimmenden ihm zustimmt, hat eine starke Vermutung des Richtigen und Angemessenen für sich, viel stärker als dies derzeit bei der Parlamentsgesetzgebung der Fall zu sein pflegt. Im übrigen ist es möglich, als Zulassungsvoraussetzung für das Volksbegehren oder den Volksentscheid eine ausgearbeitete Begründung und einen Vorschlag zur Deckung der Kosten des Gesetzes zu verlangen, was übrigens auch bei der

*Parlaments*gesetzgebung vonnöten wäre, weil auch hier Begründungen häufig fehlen. Auch der häufig gehörte Einwand, bei Volksabstimmungen ließe sich nur mit ja oder nein antworten, so daß Kompromisse unmöglich würden, schlägt nicht durch. Abgesehen davon, daß eine klare und kompromißlose Entscheidung oft besser sein kann, können Konkurrenzvorlagen des Parlaments durchaus auch die Möglichkeit eines Kompromisses offenhalten. Ebensowenig spricht der Umstand, daß auch Parteien sich des Volksgesetzgebungsverfahren bedienen können, dagegen. Auch dann bleibt nämlich ein elementarer Unterschied: Über den Erfolg entscheidet nicht das von den Parteien beherrschte Parlament, sondern allein das Volk, und das verändert den Weg und das Ergebnis der Entscheidung.
Auch wären bei Einführung der Volksgesetzgebung auf Bundesebene keine »Schweizer Verhältnisse« zu erwarten. Die Häufigkeit von Volksabstimmungen in der Schweiz hat – neben der völlig anderen politischen Kultur – auch darin ihren Grund, daß Volksabstimmungen dort nicht auf Gesetze beschränkt sind, sondern auch Einzelakte umfassen. Hinzu kommt, daß Volksabstimmungen sich in der Schweiz auch auf finanzielle Fragen beziehen, während bei uns traditionellerweise Haushaltsplan, Besoldungsordnungen und Abgabengesetze ausgenommen sind. Auch wenn man letzteres nicht für richtig hält, muß man doch realistischerweise damit rechnen, daß, wenn bei uns die Volksgesetzgebung auf Bundesebene eingeführt wird, die Vorbehaltstrias, die auch auf Landes- und Kommunalebene durchweg besteht, auf Bundesebene erst recht beibehalten wird. Ferner ist damit zu rechnen, daß plebiszitäre Momente nur hinsichtlich der Gesetzgebung eingeführt werden, nicht auch hinsichtlich sonstiger Akte.[132]
Das Hauptargument für die Volksgesetzgebung (und für die unmittelbare Volkswahl der Repräsentanten) aber sind nicht die Ergebnisse – obwohl auch diese sich sehen lassen können –,

sondern das *Verfahren*. Ein Volk, das nicht gefragt wird, entwickelt auch kein wirkliches politisches Interesse. Erst die Mitwirkungsrechte des Volkes machen ein Thema wirklich zum öffentlichen und lösen die breite und intensive öffentliche Diskussion aus, die aufklärend wirkt, die Bürger in die Verantwortung nimmt und Voraussetzung für die materielle Erfüllung echter Demokratie ist. In die Verantwortung gezogene und informierte Bürger wenden sich nicht ab.[133] Würde das Volk mitzuentscheiden haben, wäre es nicht mehr möglich, fundamentale Fragen wie die Verfassung nach der Vereinigung oder den Maastricht-Vertrag praktisch unter Ausschluß der Öffentlichkeit zu diskutieren. Und daß das Volk mitentscheiden *will*, läßt sich kaum mehr ernsthaft bestreiten. Das zeigen auch Umfrageergebnisse. Nach einer im Juli 1993 veröffentlichten Umfrage des Instituts für Demoskopie Allensbach sind in den alten Bundesländern 63 Prozent und in den neuen Bundesländern 74 Prozent »dafür, daß die Bürger mit einer Abstimmung über Gesetze entscheiden können« (und nur 22 bzw. 14 Prozent dagegen); die Zustimmungswerte haben sich seit zwei Jahren zunehmend erhöht.[134] Ein Referendum speziell über den Vertrag von Maastricht wünschten im Herbst 1992 75 Prozent der befragten Deutschen.[135]

Mögen *demoskopische Umfragen* derzeit auch die einzige Form sein, in der sich Tendenzen der Volksmeinung abfragen lassen, so können sie – entgegen gängigen Behauptungen führender Politiker –[136] Entscheidungsrechte des Volkes doch keinesfalls ersetzen, auch wenn sie »repräsentativ« sind, das heißt eine bestimmte Mindestzahl von Personen befragt wurde. Derartige Befragungen erfolgen regelmäßig »auf die Schnelle« – oft wird eine große Zahl unterschiedlicher Fragen in kürzester Zeit abgefragt –, ohne öffentliche Diskussion und ausführliche vorherige Information der Befragten. Dies erscheint ja auch entbehrlich, weil von den Antworten letztlich nichts abhängt und die

Befragten damit keine Verantwortung übernehmen. Dementsprechend schnell und unverbindlich können die Antworten ausfallen. Demoskopische Befragungen schaffen damit all das gerade nicht, um dessentwillen wir Direktentscheidungen des Volkes fordern: Sie beteiligen den Bürger nicht wirklich, nehmen ihn nicht in die politische Verantwortung, wecken kein politisches Interesse und schaffen keine öffentliche Diskussion. Gleichwohl bestimmen derartige Befragungen das Handeln der Politiker wesentlich mit – und scheinen dadurch gleichzeitig deren Vorurteil vom unmündigen Bürger zu bestätigen, eben weil sie in einem völlig anderen Verfahren und in einer anderen Situation zustande kommen als direktdemokratische Entscheidungen und ihnen deren staatsbürgerlich integrierenden, politisch erziehenden und mündig machenden Komponenten sämtlich fehlen. Erhält der Bürger dagegen politische Entscheidungsrechte, wird er zum politischen Subjekt – mit allen aus der Verantwortung resultierenden Konsequenzen.

Zusammenfassend ist festzuhalten: Auf *kommunaler* Ebene sind direkte Entscheidungen des Volkes besonders in Süddeutschland verbreitet und haben von dort aus ihren Siegeszug auch in andere Länder angetreten. Dieser Prozeß ist zu unterstützen. Die Direktwahl der Bürgermeister, die Bestimmung der personellen Zusammensetzung der Gemeinderäte durch die Bürger und der (von übermäßig restriktiven Voraussetzungen zu befreiende) Bürgerentscheid über Sachfragen müssen auf alle Länder erstreckt werden. Auf *Landes*ebene gibt es inzwischen fast überall Verfahren der Volksgesetzgebung, die die Parlamentsgesetzgebung ergänzen. Diese Verfahren sind von unangemessenen Vorbehaltsbereichen zu befreien und auch auf Verfassungsänderungen zu erstrecken. Auch insoweit gibt es bereits beachtliche Ansätze. Vor allem aber müssen die Bürger Einfluß auf die Personalauswahl der Landesparlamente erhalten und ihre Ministerpräsidenten direkt wählen können (siehe Kapitel 8, Abschnitt IV). Während das Volk also auf Kommunal- und Landesebene bereits erheblichen direkten Einfluß besitzt, ist es auf *Bundes*ebene völlig entmachtet, obwohl aufgrund der Kompetenzordnung des Grundgesetzes gerade hier die wichtigen und grundlegenden Entscheidungen fallen. Gerade auf Bundesebene gilt es deshalb, mehr Demokratie zu wagen. Der Wähler muß Einfluß auf die Zusammensetzung des Bundestags erhalten; zugleich ist die Direktwahl bestimmter Positionen (etwa des Bundespräsidenten und des Präsidenten des Bundesrechnungshofs) verstärkt zu diskutieren; auch sollte die Möglichkeit von Sachentscheidungen, die das Grundgesetz bereits in Artikel 20 anspricht (»Abstimmungen«), eingeführt werden. Die Erfahrungen mit der Gemeinsamen Verfassungskommission von Bundestag und Bundesrat, die alle derartigen Ansätze abgeschmettert hat, sind allerdings wenig ermutigend. Die von den Parteien beherrschten Parlamente scheinen von sich aus kaum bereit, ein wenig Macht abzugeben, nicht einmal an den demokratischen Souverän selbst. Anstöße könnten jedoch von den Ländern ausgehen, in denen sich durchgreifende Neuerungen notfalls auch an den Parlamenten vorbei durch Volksgesetzgebung durchsetzen lassen (siehe wiederum Kapitel 8, Abschnitt IV). Gelänge dies nur in einem Land, könnten davon durchgreifende Signale auch auf die anderen Länder und den Bund ausgehen.

3

Politische Parteien: Herrschen statt Dienen

I. Von der Überhöhung der Parteien zu ihrer Kritik

Nach Artikel 21 des Grundgesetzes *wirken* die Parteien »bei der politischen Willensbildung des Volkes *mit*«. Dieser Satz, den der Parlamentarische Rat nach dem Vorbild der Badischen Verfassung von 1947 formuliert hatte, erschien im Jahre 1949 ausgesprochen fortschrittlich, brachte er doch die legitime Rolle der politischen Parteien zum Ausdruck. Nach fünf Jahrzehnten »Parteienstaat« haben sich die Problemfronten heute aber völlig verschoben. Die Parteien *beherrschen* die politische Willensbildung, so daß die grundgesetzliche Formel nachgerade »rührend« (Richard von Weizsäcker) erscheint. Mußte es nach dem Zusammenbruch der Hitler-Diktatur erst einmal darum gehen, die Parteien zu etablieren, so sind sie heute wahrhaft etabliert genug. Es besteht kein Grund mehr, sie gegen Kritik zu immunisieren. Im Gegenteil: Wenn der Satz stimmt, daß Macht, soll sie nicht korrumpieren, Kontrolle benötigt, sind die Parteien heute besonders kontrollbedürftig. Sie haben sich fettfleckartig ausgebreitet, scheinen hinter allen staatlichen Institutionen hervor, auch dort, wo sie eigentlich nichts zu suchen haben, und suchen auch immer weitere gesellschaftliche Bereiche ihrem Einfluß zu unterwerfen.

In der Vor- und Anfangsphase der Bundesrepublik hatte sich dem Weg in den Parteienstaat kaum Widerstand entgegengestellt. Die von den Alliierten zugelassenen Parteien stießen in der Stunde Null – auch angesichts der politischen Vorbelastung mancher konkurrierender Einflußgruppen – in ein Vakuum und konnten ihre Position rasch verfestigen. In Überreaktion auf die Verketzerung demokratischer Parteien in der Weimarer Republik, die ihnen teilweise die Daseinsberechtigung abgesprochen und der nationalsozialistischen Diktatur mit in den Sattel geholfen hatte, verfiel man in der Bundesrepublik zunächst ins gegenteilige Extrem.

Die Überhöhung der Parteien fand ihren staatsrechtlichen Ausdruck in der heute völlig überspitzt anmutenden Parteienstaatsdoktrin von *Gerhard Leibholz*, der in den Parteien nicht nur Vermittler zwischen Volk und organisierter Staatlichkeit sah, sondern die Parteien mit Volk und Staat identifizierte und so den Blick für Mißstände und Fehlentwicklungen lange verstellte. Da Leibholz einflußreiches Mitglied des Bundesverfassungsgerichts wurde, schlug sich seine Auffassung auch in der Rechtsprechung nieder.

Auch die *Politikwissenschaft* wirkte ganz überwiegend parteietablierend: Sie sah anfangs ihre Hauptaufgabe darin, die bundesdeutsche Bevölkerung von der Nazi-Diktatur zur parlamentarischen Demokratie umzuerziehen. Dabei stand auch hier die (natürlich nicht bestreitbare) Unverzichtbarkeit der Parteien in der Demokratie so sehr im Vordergrund, daß die ebenfalls notwendige Diskussion über Begrenzungen und Kontrollen zu kurz kam. Auch heute fällt die kritische Betrachtung des Wirkens der Parteien einer Hauptrichtung der Politikwissenschaft noch schwer. Das hängt mit Verengungen ihres Wissenschaftsverständnisses und ihrer Methodik zusammen. Ihre positivistische Fixierung auf die Darstellung der Macht und das Fehlen eines normativen, gemeinwohlorientierten Konzepts machen es ihr unmöglich, Auswüchse auch nur in den Blick zu bekommen und einen Zugang zur aktuellen parteienkritischen Diskussion zu finden. Sie kann nach ihrem methodischen Ausgangsverständnis nur darstellen und analysieren, nicht aber fundiert kritisieren und Verbesserungsvorschläge entwickeln.[1] Manchen Vertretern dieser Richtung paßt die derzeitige parteienkritische Diskussion so wenig, daß sie (wie viele Politiker) der sachlichen Auseinandersetzung ausweichen und statt dessen die Exponenten der Kritik nach Kräften persönlich zu diffamieren suchen.[2] Das Versagen der politikwissenschaftlichen Parteienforschung vor den eigentlichen aktuellen Problemen und Fehlentwicklungen hat kürzlich Stefan Immerfall, ein jüngerer Politikwissenschaftler, in der »Zeitschrift für Parlamentsfragen« auf den Punkt gebracht:

»Sollte denn wirklich die Gefahr der Erosion der Gewaltenteilung und der Kolonisierung unabhängiger Einrichtungen durch Parteien drohen, es wäre nicht die Parteienforschung, die Alarm schlüge. Patronage und Parteienfilz ist ihr bevorzugtes Gebiet nicht. So ist es denn leider auch kein Zufall, daß es sich bei Hans Herbert von Arnim, jener Persönlichkeit, die sich große Verdienste bei der Aufdeckung und Abwehr von Tricks und Kniffs erworben hat, derer sich Parteien bedienen, um an öffentliche Gelder zu kommen, um einen Volkswirt und Juristen, jedenfalls keinen politik-soziologischen Parteienforscher handelt. Im großen und ganzen ist daher einstweilen nicht zu sehen, daß es der Parteienforschung gelungen sei, die Parteien vor der drohenden Verschärfung ihrer Defizite zu bewahren. Dabei verdienen die Parteien der Bundesrepublik – im doppelten Sinne – eine kritische Forschung.«[3]

Ähnlich hatte schon vorher der Politikwissenschaftler Göttrik Wewer den Opportunismus der etablierten Parteienforschung bemängelt. »Wo einst Ernst Fraenkel getreu seiner Maxime, Politologie sei ›kein Geschäft für Leisetreter und Opportunisten‹ gegen ›Strukturdefekte der Demokratie‹ anschrieb, da blieben seine Apologeten und Gralshüter und eine inzwischen etablierte Disziplin merkwürdig still, als in den letzten Jahren der Verfassungs- und Gesetzesbruch von Parteien und Politikern bei Beschaffung ihrer Mittel und ähnliche ›Pathologien der Politik‹ ans Licht kamen.«[4]

Die Kritik am Parteiensystem der Bundesrepublik hat sich durch den Zusammenbruch des Ostens, das Ende des Ost-West-Konflikts und die deutsche Vereinigung weiter verstärkt. Das hat verschiedene Gründe, einmal eine Art Kontrasteffekt: Im Vergleich zur diktatorischen Herrschaft der Einheitsparteien im Osten erstrahlte unser Parteienstaat, der auf der Konkurrenz mehrerer Parteien beruht, in so schmeichelndem Licht, daß die Diskussion über Reformen des politischen Systems gar nicht recht aufkommen konnte. Nach der deutschen Vereinigung und dem Zusammenbruch der kommunistischen Diktaturen entfiel nicht nur das östliche Kontrastsystem, sondern es wurden – vor allem im Osten – auch viele hohe Erwartungen enttäuscht. Hinzu kam, daß sich CDU und FDP durch machtpolitisch motiviertes Zusammengehen mit früheren Blockparteien, den sogenannten Blockflöten, die das Regime der SED gestützt hatten, in den Augen vieler diskreditierten: Die CDU fusionierte mit der Ost-CDU und der Bauernpartei, die FDP mit der FDPD und der NDPD.

Die Kritik am deutschen Parteiensystem gründet sich im wesentlichen auf vier Punkte: die Entmündigung der Bürger, das Unterlaufen der Gewaltenteilung und die mangelnde Problemlösungskompetenz bei gleichzeitiger Ausbeutung der staatlichen Institutionen und Finanzen (siehe Kapitel 1). Diese Punkte, die auf eine Verselbständigung der Politik vom Volk hinauslaufen und ihre eigentliche dienende Funktion immer mehr zurücktreten lassen, sind Gegenstand dieses Buches insgesamt. Im folgenden sollen einige unmittelbar die Parteien betreffenden Fragen skizziert werden, zunächst ihre Aufgaben und Mitglieder.

II. Aufgaben

Die Parteien haben nach Artikel 21 GG an der politischen Willensbildung des Volkes mitzuwirken. Nach § 1 Parteiengesetz liegt ihre unverzichtbare Zielsetzung darin, auf die politische Willensbildung Einfluß zu nehmen und das Volk zumindest in einem deutschen Parlament zu vertreten. Dies geschieht vornehmlich durch die Beteiligung an *Wahlen*. Die Parteien sammeln die auf die politische Macht gerichteten Kräfte und Bestrebungen, gleichen sie in sich aus und formen sie zu Alternativen, unter denen die Bürger wählen können.[5] Sie entwickeln politische Programme, sammeln politisch Gleichgesinnte, rekrutieren politisches Personal, insbesondere stellen sie Kandidaten für die Volksvertretungen auf allen Ebenen (Kommunen, Länder, Bund und Europa) auf und stellen ihr Angebot an politischen Führern heraus. *In* den Parlamenten und Kommunalvertretungen werden die Parteien zu *Fraktionen*, die sich aus den Abgeordneten derselben oder eng verwandter Parteien zusammensetzen und zu deren Aufgaben unter anderem die Bildung der Regierung und der parlamentarischen Opposition gehört. Darüber hinaus wirken die Parteien zum Beispiel über ihre Abgeordneten und die Medien ständig auf die Politik ein und werden zugleich von dieser beeinflußt. Angesichts dieser Aufgaben sind Parteien unverzichtbare Faktoren der politischen Willensbildung in der Demokratie, was allerdings nicht bedeutet, daß sie in *jeder Erscheinungsform* unverzichtbar wären und alles, was sie täten, gerechtfertigt wäre. Die Parteien haben sich vielmehr an ihren legitimen Aufgaben und Funktionen auszurichten, und sie sind auch danach zu bewerten.

Über die notwendigen Aufgaben hinaus nennt § 1 Parteiengesetz noch weitere Aufgaben, etwa die politische Bildung, bei der aber höchst fraglich ist, ob sie bei den Parteien wirklich in den richtigen Händen ist.[6] Politische Bildung heißt nicht *partei*politische Bildung. Es ist deshalb auch falsch, Leiter von Landeszentralen für politische Bildung zu »politischen Beamten« zu machen, wie in Hessen geschehen.[7] Hier haben die Parteien dem Gesetzgeber die Feder geführt und ihre Aufgaben zu extensiv umschrieben. Das geschah nicht zuletzt, um der – gerade in der Zeit der Entstehung des Parteiengesetzes – stark angehobenen staatlichen Parteienfinanzierung einen Anstrich von Legitimation zu geben.[8] In der Tat wurden – im Gleichschritt mit den seit 1959 eingeführten und schnell wachsenden Staatszuschüssen – die in den Gesetzentwürfen eines Parteiengesetzes angegebenen Aufgabenkataloge der Parteien seit 1959 immer weiter ausgedehnt und erhielten schließlich die umfassende Gestalt des heutigen Parteiengesetzes. Der Regierungsentwurf eines Parteiengesetzes von 1959 hatte noch einen moderaten Aufgabenkatalog für die Parteien enthalten, der sich dann aber von Gesetzentwurf zu Gesetzentwurf ausweitete, bis der Aufgabenkatalog im Parteiengesetz von 1967 sein extensives Maximum erreichte. Die Parteiaufgaben lassen sich in der Tat »kaum umfassender und ehrgeiziger formulieren« als in § 1 Parteiengesetz geschehen; darin stimmen erfahrene Beobachter wie Biedenkopf und Weizsäcker überein.[9] Das »hohe Pathos der Aufzählung in § 1« Parteiengesetz sollte »Schrittmacher«[10] für die Finanzierung aus öffentlichen Mitteln sein. Alles deutet darauf hin, »daß die Parteien bestrebt waren, sich durch eine sehr weitgehende, sehr extensive Aufgabenbeschreibung ihre Pfründen zu sichern«.[11] Wenn sich aber der Katalog der Aufgaben der Parteien nach dem gewünschten Finanzierungsvolumen richtet, wird alles auf den Kopf gestellt. Dann wedelt der Schwanz mit dem Hund, und die Frage der angemessenen Organisation der politischen Bildung wird parteilichen Eigeninteressen untergeordnet. Nicht weil die politische Bildung Sache der Parteien wäre, wird sie ihnen übertragen, sondern weil die Parteien sie – um ihrer Interessen an Macht und Geld willen – zu ihrer Sache machen *wollten*. Ist es aber eigentlich sinnvoll, den Kämpfern um die Macht die politische Bildung anzuvertrauen? Ist die politische Bildung nicht zuallererst Sache des auf Ausgewogenheit und Objektivität verpflichteten staatlichen Schul-, Erziehungs- und Fortbildungswesens?[12] Diese Frage wird dadurch noch drängender, daß bei der Schlußformulierung des Parteiengesetzes im Jahre 1967 die Ausrichtung der Parteien auf Interessenintegration und Gemeinwohl ausdrücklich fallengelassen wurde.[13] Muß eine *parteiliche* politische Bildung aber nicht fast zwangsläufig übergreifende Erwägungen der Sachrichtigkeit zurückdrängen, Macht, Eigeninteresse und die Sicherung von Positionen immer stärker dominieren lassen und so die Defizite noch verstärken, die uns in jüngerer Zeit immer bewußter geworden sind?

Auch die in § 1 Parteiengesetz niedergelegte Aufgabe der Parteien, an der politischen Willensbildung des Volkes »auf allen Gebieten des öffentlichen Lebens« mitzuwirken, erscheint zu weit; diese Formulierung könnte in ihrer Unbegrenztheit etwa den unzutreffenden Eindruck erwecken, als gehörte auch die parteipolitische Einwirkung auf die Ämterbesetzung im öffentlichen Dienst und in den Medien zum legitimen Einflußbereich der Parteien.[14] Insoweit handeln die Parteien jedoch nicht nur illegitim, sondern auch illegal. Ämterpatronage ist rechts- und verfassungswidrig (Näheres siehe Kapitel 4).

Es würde an sich naheliegen, den Aufgabenkatalog des Parteiengesetzes zurückzuschneiden und extensiv interpretierbare Formulierungen klarzustellen. Doch müßten die Parteien, die die Gesetzgebung beherrschen, sich dabei selbst in eigener Sache begrenzen, was nicht allzu wahrscheinlich ist. Im übrigen zeigt die Geschichte des Artikels 21 Absatz 1 GG, der nur eine *Mit*wirkung der Parteien an der politischen Willensbildung des

Volkes vorsieht, daß einschränkende Formulierungen selbst in Verfassungsvorschriften keine Gewähr für eine wirksame Begrenzung der Parteien in der Praxis bieten. Wirksamer dürfte etwa die Einschränkung der staatlichen Parteien*finanzierung*, wie sie das Bundesverfassungsgericht verlangt, und darüber hinaus auch eine stärkere Mitsprache und Kontrolle durch Mitglieder und Bürger sein.

Parteien – kein Selbstzweck

Beim Skizzieren der Aufgaben der Parteien, wie auch sonst, ist immer wieder daran zu erinnern, daß in der Demokratie nicht die Parteien, sondern das Volk der Souverän und Inhaber der letzten Entscheidung sein muß. Vom Volk geht alle Staatsgewalt aus; das Volk hat sie durch Wahlen und Abstimmungen und durch staatliche Organe, die von ihm gewählt werden, auszuüben (Artikel 20 GG). Die Parteien sind kein Selbstzweck, sondern haben als Transformatoren, als Mittler zu fungieren, durch die das *Volk* an der politischen Gestaltung des Gemeinwesens mitwirken kann. Man darf nicht müde werden, die Parteien immer wieder darauf hinzuweisen, daß sie von Verfassungs wegen nur eine *Dienst*funktion im Interesse der Bürger haben und die Bewertung ihrer Aktivitäten an diesem Maßstab gemessen werden muß. Deshalb kann es kein Ziel als solches sein, die etablierte Parteienherrschaft in ihrer bisherigen Struktur aufrechtzuerhalten, unabhängig davon, ob sie ihren Aufgaben noch gerecht wird oder nicht. Zwar sind die etablierten Parteien bemüht, das Weglaufen ihrer Gefolgschaft als Gefahr für die Demokratie auszugeben. Es entspricht einer allgemeinen Erfahrung, daß mächtige Organisationen dazu neigen, sich mit dem Ganzen gleichzusetzen und Kritik an ihrer Leistung als Gefährdung des Ganzen darzustellen. In Wahrheit ist es umgekehrt:

Wenn die politischen Parteien immer weniger Zustimmung vom Volk erhalten und Politikverdrossenheit grassiert, müssen sie sich *ändern*, oder es müssen neue Parteien an ihre Stelle treten, soll das Ganze keinen Schaden nehmen. Solche Änderungen kommen jedoch nicht von selbst zustande. Insofern haben die für die etablierten Parteien schmerzhaften Indikatoren, in denen die Parteienverdrossenheit sich äußert, eine wichtige Funktion: Den Parteien wird von Wählern und Mitgliedern sozusagen die Gelbe Karte gezeigt, was bedeutet, daß sie sich ändern müssen, wollen sie nicht an Bedeutung verlieren oder gar untergehen. Dagegen den fremdgehenden Wählern oder fortbleibenden Mitgliedern den Schwarzen Peter zuzuschieben, ihnen die Schuld für Fehlentwicklungen zu geben und neue politische Kräfte auszugrenzen und zu diskreditieren, bedeutet eine völlige Verkehrung der grundgesetzlichen Rolle der Parteien. Dies hat Kurt Biedenkopf in seinem Buch *Zeitsignale* besonders unterstrichen.[15] Die Parteien, mögen sie auch noch so etabliert sein, stellen keinen Selbstwert dar, sondern sind danach zu beurteilen, wie sie ihrer Aufgabe, den Willen des Volkes zur Geltung zu bringen, gerecht werden. Von daher verdienen die Indikatoren der Politik- und Parteienverdrossenheit gesteigerte Aufmerksamkeit, und darunter wieder besonders der Mitgliederrückgang.

III. Mitgliederschwund und andere Indikatoren des Vertrauensverlustes

Die Bundesrepublik Deutschland hat rund 80 Millionen Einwohner und 60 Millionen volljährige Wahlberechtigte. Davon sind nur etwa zwei Millionen, also weniger als vier Prozent, Mitglieder von Parteien. Betrachtet man die Entwicklung seit Beginn der Bundesrepublik, so zeigt sich ein wechselvolles Bild (siehe Tabelle 1 im Anhang). Ursprünglich war nur die SPD eine Mitgliederpartei mit entsprechender Organisation, die CDU/CSU war dagegen lange kaum mehr als ein »Kanzlerwahlverein« mit weniger als der halben Mitgliederzahl der SPD. Erst als die Union nach der Bundestagswahl von 1969 in Bonn die Regierung verlor, nahm sie den Aufbau einer effektiven Mitgliederorganisation in Angriff. So verdoppelten CDU und CSU ihre Mitgliederzahlen seit 1969 und erreichten 1980 865 700 Mitglieder. Dadurch ist der frühere große Vorsprung der SPD zurückgegangen. Der Abstand wurde auch dadurch verringert, daß die Mitgliederzahlen der SPD, die Mitte der siebziger Jahre sogar die Millionengrenze überschritten hatten, seitdem absolut abnahmen, während die der Union bis 1983 weiter wuchsen.

Faßt man die Zahl der Mitglieder *aller* Parteien ins Auge, so zeigt sich seit Ende der sechziger Jahre eine gewaltige Zunahme. Die Mitgliederzahl wuchs von etwa 1,1 Millionen im Jahre 1968 auf knapp 2 Millionen im Jahre 1980. Seit Anfang der achtziger Jahre ist bei allen etablierten Parteien, auch der FDP, ein deutlicher Rückgang der Mitglieder zu verzeichnen. Ein zwischenzeitlicher Mitgliederschub im Jahre 1990 beruht auf der deutschen Vereinigung; von ihm haben besonders CDU und FDP profitiert, da sie mit bisherigen Blockparteien der DDR zusammengingen und deren Mitglieder in sich aufnahmen. Dieses singuläre Ereignis läßt den generellen Trend der Abnahme der Mitgliedschaft in den Parteien seit Anfang der achtziger Jahre aber unberührt, ja, es könnte ihn – jedenfalls in Ostdeutschland – noch verstärkt haben; denn dort hat die Fusion der Westparteien mit den Wasserträgern der kommunistischen Diktatur und die Entsendung zahlreicher alter Genossen in die neu gewählten Parlamente viele enttäuscht.

Der Rückgang der Mitglieder erscheint besonders gravierend, wenn man berücksichtigt, daß Jüngere davon weit überproportional betroffen sind; die Parteiensoziologie spricht von einer ausgesprochenen »Parteiferne der Jugend« und einer damit korrespondierenden »Jugendferne der Parteien«.[16] Das bedeutet nicht nur, daß die Parteien ihre vermittelnde Kraft zwischen den Generationen einzubüßen drohen, sondern auch, daß sie – im wahren Sinne des Wortes – bei langfristiger Fortsetzung des Trends allmählich aussterben.

Neben dem Rückgang der Mitglieder signalisieren weitere Indikatoren eine zunehmende Parteienverdrossenheit in der Bundesrepublik:

— Die Beteiligung an den Wahlen nimmt seit 15 Jahren deutlich ab. Bei der Wahl des Hamburger Parlaments am 2.6.1991 war erstmals die Zahl der Nichtwähler größer als diejenigen, die die stärkste Partei gewählt hatten: die SPD, die die absolute Mehrheit in der Hamburger Bürgerschaft errang. In diesem Rückgang der Wahlbeteiligung wird allgemein eine Form des Protestes gesehen.
— Die etablierten Parteien CDU/CSU, SPD und FDP schrumpfen auf einen immer kleineren Anteil der abgegebenen Stimmen, während die Parteien am rechten und linken Rand immer größere Stücke vom Kuchen erringen können. Die Wahlforschung geht davon aus, daß darunter viele Protestwähler sind.

— Diese Entwicklung spiegelt sich in einem deutlichen Rückgang der sogenannten Stammwähler der etablierten Parteien. »Mit dem Stammwählerverlust steigt die Protest- und Denkzettelwahlbereitschaft. Die von den Altparteien errichteten Tabus und Sperren und die damit verbundenen individuellen Hemmschwellen greifen nicht mehr, um Wähler in größerem Ausmaß von Rechts- und Linksparteien jenseits des Volksparteienterrains abzuhalten.«[17]
— Immer beängstigender werden auch die Umfrageergebnisse. Ende 1991 war der Vertrauenswert bereits auf einen Tiefpunkt von 21 Prozent gefallen, während gleichzeitig das erklärte Mißtrauen auf die Rekordhöhe von 57 Prozent gestiegen war.[18]

Einen grafischen Überblick über die Entwicklung aller Indikatoren gibt das *Schaubild* im Anhang.[19]

Die Daten bedürfen allerdings der Interpretation. Das scharenweise Abwenden der Wähler von den etablierten Parteien zeigt nicht unbedingt, daß die Wähler Parteien als solche ablehnen, sondern lediglich, daß sie über die etablierten Parteien verdrossen sind. Diese Deutung wird dadurch unterstrichen, daß die Institutionen und das demokratische System der Bundesrepublik als solches immer noch erstaunlich gute Vertrauenswerte erzielen. Abgelehnt wird nicht die Partei als Institution, sondern die Verfassung der derzeitigen in Bund und Ländern herrschenden Parteien.

IV. Politischer Wettbewerb als Steuerungsmittel

Herzstück der Konzeption vom Parteienwirken ist die Vorstellung vom politischen Wettbewerb um die staatliche Macht auf Zeit, einem Wettbewerb, den die Wähler mit ihrer Stimmabgabe mehrheitlich entscheiden.[20] Dabei geht es einmal um den Wettbewerb der *Parteien* um die Macht, der durch die Verfassungsgrundsätze der Chancengleichheit und der Gründungsfreiheit offengehalten werden muß. Darüber hinaus geht es aber auch darum, den Wettbewerb unter den politisch interessierten und engagierten Personen um die Nominierung durch die Parteien und die Wahl durch die *Bürger* offenzuhalten, wobei die letztere Ebene lange übersehen wurde, in jüngerer Zeit aber um so deutlicher in Erscheinung tritt. Die fehlende Offenheit des Rekrutierungsprozesses in den Parteien, von der die Qualität des gesamten politischen Personals, der sogenannten politischen Klasse, abhängt, ist in letzter Zeit immer wieder mit guten Gründen bemängelt worden.

Auch der vielfach mißverstandene verfassungsrechtliche Grundsatz der Parteien*freiheit* kann nur aus der Funktion der Parteien, die politische Mitwirkung der *Bürger* – und zwar aller Bürger – zu vermitteln, abgeleitet werden. Da es letztlich um die Ermöglichung von *Bürger*mitwirkung geht, kann Parteienfreiheit nicht nur Freiheit der Parteien von staatlicher Bevormundung bedeuten, sondern sie meint wesentlich auch *Bürgernähe*, ja, geradezu Bürger*abhängigkeit* der Parteien.[21] Je abhängiger die Parteien von den Bürgern sind, desto größer ist deren Mitsprache bei der Willensbildung der Parteien, bei Aufstellung ihrer Programme und bei Nominierung ihrer Kandidaten. Umgekehrt beruht das eigentlich Bedenkliche von Etatisierungstendenzen in der Entfremdung der Parteien vom Bürgerwillen.[22] Diesen bisher schon in der Literatur vertretenen Grundsatz[23] hat das Bundesverfassungsgericht jüngst ausdrücklich übernommen und unterstrichen.[24] Der Grundsatz der Bürgernähe verlangt nicht nur Nähe zu den Parteimitgliedern, sondern echte Bürgernähe im Sinne eines Einflusses *aller* politisch interessierten Bürger. Deshalb dürfen zum Beispiel Exklusivrechte der Parteien, die die nicht den Parteien angehörenden Bürger ausschließen, etwa bei der Nominierung und Wahl von Kandidaten, nicht weiter gehen, als aus den Notwendigkeiten der Massendemokratie zwingend gerechtfertigt werden kann.

Im folgenden sollen zunächst der Wettbewerb der Parteien und die daraus folgenden Verfassungswandlungen skizziert werden. Die (mangelnde) Offenheit der Rekrutierung des politischen Personals wird später behandelt.

Der Wettkampf der Parteien um die staatliche Macht, die der Bürger bei den Wahlen entscheidet, hat Vorwirkungen auf die Nominierung der Kandidaten und das Sachprogramm, denn der Wettbewerb soll jede Partei, will sie bei den Wahlen möglichst gut abschneiden, dazu veranlassen, ihr personelles und programmatisches Angebot an den Einstellungen, Wünschen und Interessen der Bürger – und zwar möglichst *vieler* Bürger – auszurichten. Auf diese Weise soll der Wettbewerb eine gewisse Bindung an das Volk sichern – auch und gerade dann, wenn es den Konkurrenten primär um die Erringung der politischen Macht geht. Die Grundidee ist ähnlich dem wirtschaftlichen Wettbewerb, dessen Geheimnis darin besteht, daß die Unternehmer sich – wenn der Wettbewerb funktioniert – aufgrund ihres Gewinnstrebens möglichst weitgehend nach den Wünschen der Verbraucher richten.

Der Parteienwettbewerb hat – kraft innerer Zwangsläufigkeit – Auswirkungen auf Parlament und Regierung. Da Parteienpolitik praktisch durch Regierung und Parlament umgesetzt wird, kann der Wähler nur dann auswählen, wenn die Aktivitäten jeweils bestimmten Parteien zuzurechnen sind; das setzt eine Strukturierung des Parlaments in Regierungs- und Oppositionsfraktionen voraus. Dadurch wird nun aber der klassische Gegensatz zwischen Regierung und Parlament immer mehr überlagert vom Gegensatz zwischen Regierungs- und Oppositionsparteien. Die Regierung und »ihre« Mehrheit im Parlament suchen sich vor der Öffentlichkeit möglichst geschlossen zu präsentieren, weil sie fürchten müssen, sonst ihre Erfolgschancen bei Wahlen zu mindern. Die Parlamentsmehrheit spürt deshalb meist keine Lust, »ihre« Regierung öffentlich zu maßregeln und sieht ihre Rolle umgekehrt eher darin, die Regierung gegen Kritik von seiten der Opposition abzuschirmen. Dadurch verliert das Parlament als Ganzes seine Rolle als Kontrolleur der Regierung. Die Kontrolle liegt nun vor allem in der Hand der Opposition, die aber keine Mehrheit im Parlament hat (sonst würde sie ja die Regierung stellen) und deshalb nichts Wirksames gegen die Regierung unternehmen kann (z.B. Verweigerung der Zustimmung zum Haushalt oder der Entlastung), sondern auf öffentliche Appelle und Kritik beschränkt bleibt. So wurde zum Beispiel die Haushaltsüberschreitung in Milliardenhöhe, die die Bundesregierung und der Bundesfinanzminister 1973 entgegen dem Grundgesetz und der Haushaltsordnung vorgenommen hatten, von den Regierungsfraktionen im Bundestag nicht nur nicht kritisiert, sondern ausdrücklich gedeckt.

Der geschilderte Strukturwandel zieht die ganze Finanzkontrolle in Mitleidenschaft. Ihre Wirksamkeit hängt wesentlich davon ab, daß das Parlament die Mängelberichte des Rechnungshofs, der selbst keine Exekutivbefugnisse hat, aufgreift und politische Sanktionen gegen die Regierung verhängt. Während man früher aufgrund des natürlichen Gegensatzes von Monarch und Parlament davon ausgehen konnte, daß das Parlament die Rechnungshofberichte für eine wirksame Kontrolle der Exekutive nutzt, hängen die Kontrollbestimmungen heute weitgehend in der Luft. Denn der Parlamentsmehrheit fehlt auch hier der Wille, »ihre« Regierung öffentlich zu kritisieren. So wird die Finanzkontrolle von der Schwächung der überkommenen Gewaltenteilung miterfaßt.[25] Diese Feststellung ist fatal angesichts der großen Bedeutung, die die Finanzkontrolle, also die Überprüfung sämtlicher staatlicher Maßnahmen und Einrichtungen auf Wirtschaftlichkeit und Sparsamkeit – angesichts der Hunderte von Milliarden Mark, die der Staat verausgabt, und einer Staatsquote (Anteil der Staatsausgaben am Sozialprodukt) von mehr als 50 Prozent –, eigentlich haben müßte.

Auch die öffentliche Diskussion hat ihren Charakter völlig gewandelt. Sie verliert den argumentativ-sachlichen Stil, der darauf abzielt, andersdenkende Abgeordnete zu überzeugen, und der in konstruktiver Weise Teile der gegnerischen Argumentation akzeptiert und sich mit anderen Teilen mit besseren Gründen auseinandersetzt.[26] Statt dessen steht die politische Kampfsprache im Vordergrund, die an der gegnerischen Position kein gutes Haar läßt. Sie wendet sich mittels aller Methoden der modernen Massenbeeinflussung und Propaganda nicht an das Urteilsvermögen der Wähler, sondern an ihre Instinkte, zielt nicht auf die gute Lösung des jeweiligen Sachproblems, über das bereits intern in Fraktionen oder anderen Gruppierungen entschieden ist, sondern versucht, den Gegner möglichst schlecht dastehen zu lassen, schlechter jedenfalls als man selbst. Es geht nur noch um Verlautbarungen anderweit getroffener Entscheidungen und um polemische Versuche, dafür in der Öffentlichkeit Zustimmung zu erhalten.

Wie der ökonomische Wettbewerb, so verlangt auch der politische bestimmte Mindestvoraussetzungen, damit er seine Funktionen einigermaßen erfüllen kann. Erste Voraussetzung ist, daß überhaupt Alternativen bestehen, zwischen denen der Bürger als Souverän auswählen kann. Die Existenz einer Monopolpartei wie im Hitler-Deutschland oder den früheren Diktaturen des Ostblocks ist damit nicht vereinbar.

Die zweite Voraussetzung ist Fairneß des Wettbewerbs. Gesetze und sonstige staatliche Akte dürfen keinen der Wettbewerber privilegieren oder diskriminieren. Der Staat (dessen politische Leitung ja immer in den Händen der bei den letzten Wahlen siegreichen Partei[en] liegt) darf sich in den Wettbewerb der Parteien nicht einmischen und diesen dadurch verfälschen. Daraus folgt der verfassungsrechtliche Grundsatz der Chancengleichheit der Parteien.

Um eine Klüngelherrschaft innerhalb der Parteien möglichst einzudämmen und der schon von dem Soziologen Robert Michels genannten Gefahr innerer Oligarchisierung der Parteien entgegenzuwirken, verpflichtet Artikel 21 Absatz 1 Satz 3 GG zu *innerparteilicher Demokratie*. Da die Zahl der bestehenden Parteien und ihre Richtungen begrenzt sind, muß auch die *Offenheit des Systems* möglichst gewährleistet werden. Wer »seine« Partei nicht vorfindet, muß zumindest die ungehinderte *rechtliche* Möglichkeit zu einer innovatorischen Neuschöpfung haben. Von hier erhält die *Gründungsfreiheit* der Parteien (Artikel 21 Absatz 1 Satz 2 GG) ihre Bedeutung für die Sicherung eines halbwegs befriedigenden Wettbewerbs. Unter diesem Aspekt wäre auch die Fünf-Prozent-Klausel zu überprüfen.[27] (Das Aufkommen der »Grünen« hat gezeigt, daß es im Parteiensystem der Bundesrepublik tatsächlich noch zu wirkungsvollen Neugründungen kommen kann. Die »Grünen« betätigen sich auch vielfach als »Kartellbrecher«. Es sei nur darauf hingewiesen, daß sie es waren, die [neben kommunalen Wählergemeinschaften] in den letzten Jahren die Überprüfung von Auswüchsen der Politikfinanzierung durch das Bundesverfassungsgericht veranlaßt haben.)

Wettbewerbsverfälschungen und politische Kartelle

Ein Kernproblem liegt darin, wie die politischen Parteien am Mißbrauch ihrer Macht gehindert werden können. Da die Parteien Parlament und Regierung »besetzen« und parteienrelevante Regelungen sozusagen in *eigener Sache* erlassen, liegt die Versuchung nahe, die staatliche Macht für eigene Zwecke einzuspannen und die Spielregeln zu ihren eigenen Gunsten zu verändern – nach der Devise »right or wrong – my party«, sei es, daß die »etablierten« Parteien versuchen, sich gegenüber »Newcomern« einen Vorteil zu verschaffen, sei es, daß die Mehrheitsparteien versuchen, die parlamentarische Opposition im Wettbewerb zu benachteiligen, sei es schließlich, daß alle Parteien sich zusammentun, um Staat und Bürger gemeinsam auszubeuten.[28]

Derartige fraktionsübergreifende (ausdrückliche oder stillschweigende) Absprachen stellen eine Art *politisches Kartell* oder Quasi-Kartell dar.[29] So bedienen die Parteien sich beispielsweise bei der staatlichen Finanzierung der Parteien, Fraktionen und Parteistiftungen gemeinschaftlich aus der Staatskasse. In ähnlicher Weise wirken sie zusammen, wenn sie versuchen, Verwaltung, Medien und sonstige als parteiunabhängig konzipierte Einrichtungen unter ihren Einfluß zu bekommen – nur geschieht dies nicht auf Kosten der staatlichen Finanzen, sondern der staatlichen Institutionen. Hier wetteifern die Parteien im stillen um möglichst große Einflußanteile und hüten sich, die Frage, wie derartige Grenzüberschreitungen wirksam verhindert werden können, zum Wahlkampfthema zu machen. Es besteht ein politisches Quasi-Kartell, ein Kartell des Ausklammerns von dringenden Problemen, durch das der Wähler – mangels Alternative – regelrecht entmachtet wird (Näheres siehe Kapitel 4 und 5).

In die gleiche Kategorie gehört es, wenn die Parteien sich durch Gesetzgebung in eigener Sache ein Nominierungsmonopol verschaffen, durch starre Listenwahl den Einfluß der Bürger minimalisieren und so die Verteilung der politischen Pfründen gegen jede Äußerung des Wählerwillens immunisieren (Näheres siehe Abschnitte VI und VII in diesem Kapitel).

In der Praxis gibt es weitere Unvollkommenheiten des Wettbewerbs, die den Einfluß der Wähler schmälern. So sind *Regierungswechsel* in der Bundesrepublik auf Bundesebene stets, auf Landesebene häufig nicht durch Wahlen, sondern durch Bildung neuer Koalitionen zustande gekommen; konkret: Nicht der Wählerwille, sondern der Wille der FDP hatte jeweils den Ausschlag gegeben.

Der Einfluß des Wählers wird dadurch weiter gemindert, daß die von ihm jeweils bevorzugte Partei auch bestimmte von ihm abgelehnte Programmpunkte und die anderen Parteien bestimmte aus seiner Sicht bessere Punkte verfolgen, jede Partei aber nur als Ganze gewählt werden kann (»Paket-Effekt«); ja, in der Theorie läßt sich sogar zeigen, daß eine Partei bei Wahlen die Mehrheit erhalten kann, obwohl jeder ihrer einzelnen Programmpunkte der Mehrheitsmeinung widerspricht.[30]

Bei Koalitionen besteht darüber hinaus die Neigung, wichtige Entscheidungen immer mehr in kleine Koalitionszirkel zu verlegen, die alle anderen dann zu akzeptieren haben, wenn sie die Koalition nicht gefährden wollen. Das Abwandern des Entscheidungszentrums aus dem Parlament in die Regierung findet hier eine Fortsetzung im Abwandern aus der Regierung in kleine Koalitionszirkel. Damit wird nach dem Parlament nun auch die Regierung zum Vollzugsorgan von anderwärts ausgehandelten und festgezurrten Beschlüssen.[31]

Ein anderes besonders schwerwiegendes Problem liegt in der *Kurzfristorientierung* der Parteipolitik. Hier werden die Parteien sozusagen Opfer des von ihnen im politischen Wettbewerb gepflegten Kampfstils, der nicht das Denkvermögen des Wählers, seine Bereitschaft, als Staatsbürger auch notwendige Opfer zu bringen, anspricht, sondern durch Hervorkehrung vordergründiger und kurzfristiger Positionen an seine Bourgeois-Seite appelliert und dadurch die an sich gebotene »Vergütung« der Bürger versäumt. Wenn die Parteien die Bürger im Wahlkampf wie Unmündige behandeln, erliegen sie leicht dem fatalen Irrtum, sie könnten nichts Weitsichtiges von ihnen verlangen und ihnen nichts zumuten. Die tendenzielle Folge ist »eine Kurzatmigkeit des Handelns, die den nächsten Wahltermin nicht aus dem Auge verliert, langfristige strukturelle Probleme dagegen hinauszuschieben geneigt ist«.[32] Der Effekt wird dadurch verstärkt, »daß die Termine der Landtagswahlen, die vielfach als kleine Bundestagswahlen verstanden werden, über die vierjährige Legislaturperiode des Bundestags verstreut liegen«.[33] Eine ungute Frucht kurzfristiger Gefälligkeitspolitik sind sogenannte Wahlgeschenke. Ausdruck der vorherrschenden Kurzfristorientierung der Politik sind etwa auch der Übergang vom Kapitaldeckungsverfahren zum Umlageverfahren[34] bei der Finanzierung der allgemeinen Rentenversicherung und das Vorherrschen der ausschließlich kurzfristig orientierten Lehre von Keynes in den sechziger Jahren und zu Anfang der siebziger Jahre.[35] Die Kurzfristorientierung drückt sich schließlich auch in der rasanten Zunahme der Staatsverschuldung aus.[36]

V. Parteienstaat

Die Parteien haben im politischen Leben der Bundesrepublik Deutschland alle Fäden in der Hand. Kehrseite ihrer alles beherrschenden Stellung ist die Entmachtung des Volkes – jedenfalls auf der besonders wichtigen Bundesebene. Mangels Direktwahl etwa des Bundeskanzlers oder des Bundespräsidenten und mangels Volksbegehren und Volksentscheid liegt die einzige Äußerungsform für das Volk in den alle vier Jahre wiederkehrenden Bundestagswahlen. Auch hier stehen die Parteien jedoch ganz im Mittelpunkt. Sie haben das Nominierungsmonopol. Abgeordneter kann nur werden, wen die Parteigremien vorher auf den Schild gehoben haben. Ist dies geschehen, und ist der Abgeordnete auf einem »sicheren« Listenplatz plaziert oder in einem sicheren Wahlkreis nominiert, kann der Wähler ihm nichts mehr anhaben. Auch bei den Parlamentswahlen als angeblichem Königsrecht des Bürgers treffen die Parteigremien für das Gros der späteren Abgeordneten also die eigentliche Entscheidung. Der Wähler setzt nur noch die Herrschafts*anteile* der Parteien fest.

Im Bundestag beschließen die Parteien im Parlament in Form der *Fraktionen* (als Zusammenschlüsse der Abgeordneten derselben oder eng verwandter Parteien) dann die Gesetze, bewilligen den Haushalt und treffen die großen politischen Entscheidungen. Sie bestimmen als Bundestagsmehrheit den Bundeskanzler (Artikel 63 GG) und wählen ihn ab (Artikel 67 GG). Im Falle von Regierungskoalitionen – im Bund bisher meist mit der FDP – entscheidet entgegen dem Grundgesetz nicht der Bundeskanzler, sondern die FDP-Fraktion, wer die der FDP »zustehenden« Ministerposten einnimmt. Die Exponenten der Parteien begegnen uns auch als Mitglieder der Landesregierungen, die den Bundesrat bilden (Artikel 51 GG). Sie wählen in der

Bundesversammlung, die aus den Mitgliedern des Bundestags und einer gleichgroßen Anzahl von Personen, die von den Landesparlamenten gewählt werden, besteht, den Bundespräsidenten (Artikel 54 GG) und ziehen ihn gegebenenfalls über Bundestag und Bundesrat zur Rechenschaft (Artikel 61 GG: Präsidenten-Anklage).

Die Parteien entscheiden formal mit Hilfe des im Grundgesetz gar nicht vorgesehenen Wahlausschusses des Bundestags und mit Hilfe des Bundesrats,[37] tatsächlich aber durch Absprachen weniger »Vorentscheider« über die Zusammensetzung des Bundesverfassungsgerichts; sie entscheiden im Wege der Richterwahlausschüsse auch über die Berufung der anderen Bundesrichter in die fünf obersten Gerichtshöfe (Bundesgerichtshof, Bundesverwaltungsgericht, Bundesfinanzhof, Bundesarbeitsgericht und Bundessozialgericht).[38] Auch in den Ländern wählen sie die höheren Richter aus.[39] Die Parteien bestimmen die Mitglieder des Zentralbankrats als des Entscheidungsgremiums der Deutschen Bundesbank.[40]

Die Parteien berufen die sogenannten politischen Beamten, deren Kreis sie im Laufe der Zeit durch Änderung der Beamtengesetze immer weiter ausgedehnt haben, und schicken sie gegebenenfalls mit hohen Versorgungsansprüchen in den »einstweiligen« Ruhestand.[41] Sie verschaffen sich – ohne Rücksicht auf die Illegalität ihres Vorgehens – immer größeren Einfluß auch auf die Bestellung und Beförderung von Laufbahnbeamten und öffentlichen Angestellten im Bund, in den Ländern und Kommunen. Schlüsselstellungen wie Schulleiter, Sparkassendirektoren und Leiter öffentlicher Unternehmen werden von ihnen besetzt. In den öffentlich-rechtlichen Rundfunkanstalten grassiert Parteibuchwirtschaft. Über ihre Parteistiftungen, deren Subventionierung Steigerungsraten wie im Schlaraffenland aufweist, die Bundes- und Landeszentralen für politische Bildung, deren Stellen sie besetzen, die Volkshochschulen und

nicht zuletzt über die ihnen nahestehenden Professoren der Politikwissenschaft und der Staatsrechtslehre suchen sie die öffentliche Diskussion im Griff zu behalten und allzu starke Kritik an ihrem Wirken von vornherein im Keim zu ersticken.
Die politischen Parteien halten also sämtliche Stabs- und allmählich auch immer mehr Linienstellen im Staat (und zunehmend auch in der Gesellschaft) besetzt. Sie stehen hinter allen Staatsorganen, konstituieren letztlich den Staat und zwingen allen seinen Teilen ihre Gesetzlichkeit auf. Sie unterlaufen die Gewaltenteilung zwischen Parlament und Regierung, von der das Grundgesetz seinem Wortlaut nach ausgeht (Artikel 20 Absatz 2 Satz 2 GG), die im Parteienstaat aber in Wahrheit »unwirklich und fassadenhaft« (so der Staatsrechtler Werner Weber) geworden ist. An ihre Stelle soll die Gewaltenteilung zwischen Regierungs- und Oppositionsparteien treten. Oft aber machen Regierung und Opposition gemeinsame Sache, bilden politische Kartelle und unterlaufen damit auch diese Form der Gewaltenteilung. Dann ist der absolute Parteienstaat da. Einen Vorgeschmack auf die dann zu erwartende Entmachtung des Volkes und Ausbeutung des Staates geben schon jetzt die verschiedenen Erscheinungsformen der Politikfinanzierung[42] und der Ämterpatronage. Durch letztere entsteht zudem die Gefahr, daß auch solche Institutionen parteipolitisch gleichgeschaltet werden, in denen die Parteien eigentlich nichts zu suchen haben, wie die Gerichte, Rechnungshöfe, die Bundesbank und die öffentlich-rechtlichen Medien.
Die tatsächliche Rolle der Parteien besteht weniger darin, den Bürgern Einfluß auf die Politik zu geben, als darin, die Macht für kleine innerparteiliche Gruppierungen zu erringen und zu erhalten. Die Parteien stellen weniger die Bürger gegenüber dem Staat dar als umgekehrt diesen gegenüber den Bürgern.[43]
Nach alledem dürfte klar sein, daß die Norm des Grundgesetzes,

nach der die Parteien *bei* der politischen Willensbildung *mitzu*-wirken haben, weit hinter ihrer tatsächlichen Stellung zurückbleibt. In Wahrheit beherrschen die Parteien die politische Willensbildung. In dieser Diagnose sind sich so unterschiedliche Autoren wie Gerhard Leibholz[44] und Werner Weber[45] schon früh einig. Und auch diejenigen, die darauf hinweisen, daß es noch andere Machtträger im pluralistischen Staat gibt, etwa die Interessenverbände, die Medien und die Verwaltung,[46] können doch nicht bestreiten, daß die Parteien das gesamte politische Personal stellen, die politischen Entscheidungspositionen besetzen und dies auch mit aller Macht anstreben und daß sie als dominante Machtfaktoren alle politischen Entscheidungen treffen.

VI. Wie die Parteien ihre Kandidaten küren

Zu den wichtigsten Entscheidungen der politischen Parteien gehören ihre Beschlüsse über die Nominierung von Kandidaten für die Volksvertretungen. Hier besitzen die Parteien – jedenfalls auf Bundes-, Landes- und Europaebene – ein rechtliches oder doch faktisches Monopol. Wer nicht von einer Partei nominiert worden ist, hat keine Chance, Abgeordneter zu werden, und wer von seiner Partei einen »sicheren« Listenplatz oder einen »sicheren« Wahlkreis zugeteilt erhält, für den ist die Wahl durch das Volk nur noch Formsache. Die Parteien tragen also die Verantwortung für die Rekrutierung praktisch des gesamten politischen Personals in Deutschland. Die Frage, *wie* die Parteien über die Rekrutierung entscheiden, kann in ihrer politischen Tragweite also gar nicht überschätzt werden. Die einschlägige Norm enthält Artikel 21 Absatz 1 Satz 3 GG, wonach die innere Ordnung der Parteien »demokratischen Grundsätzen entsprechen« muß. Diese Vorschrift soll dem seit Robert Michels bekannten scheinbar ehernen soziologischen Gesetz der parteiinternen Oligarchie entgegenwirken. Eine Konkretisierung findet sich im Parteiengesetz (§§ 6 ff.). Speziell für die Aufstellung von Bewerbern für Wahlen zu Volksvertretungen schreibt § 17 Parteiengesetz die geheime Abstimmung vor und verweist im übrigen auf »die Wahlgesetze und die Satzungen der Parteien«. Die einschlägigen Regelungen für die Bundestagswahl finden sich in §§ 21, 27 Absatz 5 Bundeswahlgesetz.

Daß hier gleichwohl faktisch erhebliche Mißstände bestehen, ist allgemein bekannt. Im Versagen der politischen Parteien, eine ihrer wichtigsten Aufgaben, die Heranziehung des politischen Führungspersonals, noch befriedigend zu erfüllen, liegt ein wesentlicher Nährboden für das öffentliche Unbehagen an vielen Politikern. Hier hat auch die zunehmende Kritik an der Politik*finanzierung* ihre tiefere Wurzel. Je mehr Politiker in ihre Ämter kommen, die kein Vertrauen mehr genießen, um so mehr muß sich auch die Auffassung verbreiten, daß sie nicht mehr verdienen, was sie verdienen.

Das Buch *Cliquen, Klüngel und Karrieren* (1992) von Erwin und Ute Scheuch hat die Defizite einem breiten Publikum nahegebracht. »Daß in der heutigen Bundesrepublik die Art der Auswahl von Berufspolitikern und ihre Karriere die entscheidende Schwachstelle des politischen Systems sind, dürfte nicht kontrovers sein.«[47] Der Ort der tatsächlichen Entscheidungen verlagert sich regelmäßig in kleine Führungszirkel.[48] Am Beispiel der Stadt Köln zeigen die Scheuchs auf, »daß nicht die jeweiligen Wahlkreise bestimmend für den Erfolg des Kampfes um die Wiederaufstellung sind, sondern Cliquen. Sie kontrollieren über die Einflußnahme auf die Delegiertenaufstellung als ein Kartell die Zusammensetzung der Listen.«[49] Daß die Parteien bei der Personalauswahl versagen oder hier jedenfalls erhebliche Schwachstellen bestehen, darüber sind sich in der Tat alle Beobachter, auch Insider, die sich ihre Kritikfähigkeit bewahrt haben, einig. »Die Personalauswahlverfahren der Parteien bedürfen dringend der Erneuerung im Sinne einer stärkeren Durchlässigkeit«, schreibt Hans-Jochen Vogel.[50] Und der parlamentarische Geschäftsführer der CDU/CSU-Fraktion im Bundestag, Jürgen Rüttgers, bestätigt: »Gefordert ist eine umfassende Öffnung der CDU.«[51] Der Freiburger Politikwissenschaftler Wolfgang Jäger räumt trotz seiner heftigen Kritik an der Parteienschelte des Bundespräsidenten ausdrücklich ein: »Die zutreffende Kritik lautet, daß nicht der Wähler, sondern kleine Zirkel von Parteiaktivisten – die Basis – « durch Nominierung der Kandidaten regelmäßig auch deren Wahl schon besiegeln.[52] Und der Trierer Politikwissenschaftler Peter Haungs bemerkt,

»ohne Frage« werde »das von den Parteien präsentierte politische Personal heute weithin als unzulänglich empfunden«.[53] Bei dem früheren Mannheimer Politikwissenschaftler Rudolf Wildenmann heißt es zur Frage der Mitgliederrekrutierung der Parteien: »Was im Kern bleibt, sind Personen, die in ihren Berufen oder gesellschaftlichen Einbindungen nicht jene Befriedigung ihres Aktivitätsdranges finden, den sie für sich beanspruchen – und da sind wir wieder bei ›Funktionären‹ aller Art.« Das habe Auswirkungen auf »die Rekrutierung des politischen Personals für Ämter im Regierungssystem«; sie stoße »auf der Basis von Parteimitgliedschaften in deren territorialen Einheiten, also der ›Basis‹, auf eine empfindliche Grenze, sowohl dem Umfang als auch der Art nach«. Die Konsequenzen, die daraus möglichst bald zu ziehen seien, lägen auf der Hand: »Es ist an der Zeit, unser Auswahlsystem für öffentliche Ämter systematisch zu reformieren. Und eigentlich müßte es im gemeinsamen Interesse aller Bundestagsparteien liegen, diese sklerotische Lage zu überwinden – nicht zuletzt durch die Korrektur ihres eigenen Verhaltens.«[54]

Die von Scheuch zusammengestellten Fälle aus Köln zeigen, daß umfassende »Personalpakete« geschnürt werden, in die potentiell alle Positionen einbezogen werden, auf deren Besetzung die Parteien, legal oder illegal, Einfluß haben.[55] Es geht dabei nicht nur um Mandate auf *einer* Ebene, sondern es werden Mandate für *alle* Volksvertretungen (Stadtrat, Landtag, Bundestag, Europaparlament) einbezogen. Darüber hinaus erfolgt ein Verbund auch mit allen anderen Stellen, auf deren Besetzung die Parteien Einfluß haben, also neben den Funktionen in den Parteien auch die Positionen in Ämtern und öffentlichen Unternehmen, die die Parteien zum Teil ganz ungeniert im Wege der Patronage besetzen.

Die Existenz umfassender Absprachen über solche Personalpakete, die teilweise schriftlich abgefaßt und von den Beteiligten unterschrieben sind, signalisiert, daß die Unterzeichner davon ausgehen, daß sie innerparteilich den nötigen Einfluß haben, die Absprachen auch durchzusetzen. Dies gilt auch für die Besetzung des Parteivorstandes und die Nominierung von Kandidaten für Volksvertretungen, obwohl diese ja eigentlich durch geheime Wahlen und einen demokratischen innerparteilichen Prozeß von unten nach oben durchzuführen sind.

Derartige Klüngelabsprachen erreichen vor allem durch zwei Erscheinungen eine völlig neue Dimension: Einmal fördert der Umstand, daß immer mehr gutdotierte Stellen von den Parteien oder mit ihrer Hilfe zu vergeben sind, die Abschottung der Parteien nach außen. Sind die gewährten Einkommen hoch, »dann wird der Kampf gegen Konkurrenten gnadenlos«.[56] Diejenigen, die drin sind, suchen sich auch und gerade gegen begabte Newcomer zur Wehr zu setzen und diese auflaufen zu lassen, weil sie ihre eigenen Chancen schmälern könnten. Die Entwicklung der Diäten zu einem relativ hohen Berufseinkommen und die Entwicklung des Mandats zu einer Vollzeittätigkeit, auch auf Landesebene, motiviert zu »gnadenlosem« Kampf und gibt den Abgeordneten – angesichts ihrer Abkömmlichkeit im Parlament – die Möglichkeit, große Teile ihrer Arbeitskraft vor Ort auf die Vorbereitung ihrer Wiedernominierung zu verwenden und dadurch mögliche Konkurrenten praktisch chancenlos zu machen.

Dieser Effekt verstärkt sich noch, wenn die Klüngelabsprachen nicht nur *in* den Parteien, sondern über die Parteien- und Fraktionsgrenzen hinweg *zwischen* den Vertretern unterschiedlicher Parteien, vor allem zwischen SPD und Union, vereinbart werden. Auch dafür liefert Köln Beispiele.[57] Solch übergreifende Abreden sind fatal, weil sie die Politiker weitgehend unabhängig machen von den Wahlergebnissen. »Nicht so wichtig ist, jedenfalls für die beiden großen, das Abschneiden der eigenen Partei in einer Wahl; denn so viele Stimmen für ihre Parteien, wie es für die Ämter und sonstigen Vorteilnahmen der Berufspolitiker in CDU und SPD nötig ist, wird es in deren Augen allemal geben.«[58] Gelingt es den Politikern, sich auf diese Weise gegen Wahlergebnisse zu immunisieren, entfällt das einzig verbleibende Ventil gegen allzu große Kungelei, und das Bestreben des inneren Kreises, die Posten nur noch unter sich zu verteilen, kann sich ungebremst entfalten. Denn dann entfällt auch das Interesse an attraktiven Kandidaten, mit denen die Partei bei allgemeinen Wahlen mehr Stimmen erlangen kann. Parteiübergreifende Absprachen über die Besetzung von Posten fördern also erst recht die Abschließung gegenüber personeller Konkurrenz. Die für die Personalrekrutierung lebensnotwendige Offenheit wird vollends beseitigt. Die Folge sind Versteinerung und Verbonzung.

Wenn es zutrifft, daß die materiellen und beruflichen Vorteile das Verhalten der kleinen Entscheidungszirkel der Parteien maßgeblich prägen, ist es aus ihrer Sicht nur konsequent, darauf hinzuwirken, das Angebot an beruflichen Positionen, über die die Parteien verfügen, nach Kräften immer weiter auszudehnen. In diesen Zusammenhang gehören die Ausgestaltung des Abgeordnetenmandats zum vollalimentierten und mit Altersversorgung versehenen Amt auch in den Bundesländern, die schnelle Ausweitung der staatsfinanzierten Fonds für Abgeordneten-, Parteien- und Fraktionsmitarbeiter, die Ausdehnung des Kreises der politischen Beamten auch auf Mitarbeiter von Ministern, die Einführung der Institution des parlamentarischen Staatssekretärs und allmählich auch die Politisierung des gesamten öffentlichen Dienstes. Auf der Basis solch eigennütziger Geisteshaltung der politischen Funktionäre dürfte auch mit größten Widerständen gegen eine Privatisierung öffentlicher Unternehmen zu rechnen sein.

Gegen politische Kartellabsprachen, deren Ergebnisse sich in Gesetzen oder Haushaltsplänen niederschlagen, zum Beispiel in

Wahlgesetzen zugunsten der im Parlament vertretenen Parteien oder in üppiger Staatsfinanzierung, kann das *Bundesverfassungsgericht* als eine Art Kartellamt angerufen werden, das verfassungswidrige Regelungen kassiert.[59] Wer aber kontrolliert solche Absprachen, die nicht in Gesetz oder Haushaltsplan in Erscheinung treten, nur schwer beweisbar und oft nicht einmal schriftlich fixiert oder auch nur eindeutig verabredet sind, sondern nicht selten nur im Wege eines stillschweigenden Agreements wirken?

Sicher hat es Personalpakete immer in irgendeiner Form gegeben. Sie mögen auch nicht immer vermeidbar sein.[60] Doch greifen sie aufgrund der zunehmenden Professionalisierung der Politik und des fraktionen- und parteienüberwölbenden Charakters der Absprachen immer mehr um sich, und ihre Auswirkungen auf die Mitglieder werden immer gravierender, ja geradezu fatal: Die Mitglieder sind immer weniger bereit, sich im tatsächlichen oder scheinbaren Interesse der Partei beziehungsweise weniger Parteifunktionäre als Stimmvieh manipulieren zu lassen; sie werden durch dahingehende Versuche abgeschreckt und fühlen sich vergrault. Es macht sich ein »Gefühl von Minderwertigkeit an der Basis« breit,[61] das sich um so nachhaltiger durchsetzt, als die Zunahme von Partizipationswünschen ein Zug der Zeit ist, denen sich auch die Parteien nicht entziehen können, wenn sie ihre Legitimation nicht schwächen wollen. »Das Mitglied drinnen und den Interessierten draußen beschleichen der Verdacht, daß die Mitgliederorganisation nur so etwas ist wie ein lästiger Traditionsbestand der modernen Volks- und Wählerpartei. Denn eigentlich käme sie als moderner, professionalisierter Dienstleistungsapparat für die Parteiführung auch ohne breite Mitgliederbasis aus.«[62] Die durch die Medien und den zunehmenden Bildungsstand immer besser informierten und immer partizipationsbereiter werdenden Parteimitglieder finden sich nicht mehr damit ab, »was die Parteigliederungen mit ihrer konservativen Binnenstruktur noch an ritualisierten Organisationsmustern pflegen«. Das Selbstbewußtsein und Einflußstreben der Mitglieder ist immer weniger in Einklang zu bringen mit dem »Selbstverständnis als ›Parteisoldaten‹«, das ihnen die Parteiführung im wirklichen oder scheinbaren Interesse des Machterhalts für die Partei beziehungsweise ihre Führungsgruppen zumuten möchte.[63] Mit den »immer stärkeren parteienstaatlichen Expansions- und Verfestigungstendenzen« hat »das parteiendemokratische Moment« nicht »Schritt halten können«.[64] Die Mitgliedschaft in einer Partei wird für »normale« Parteimitglieder immer uninteressanter, wenn sie in der Partei nichts zu sagen haben und auch die Informationen, die sie dort erhalten, kaum über das hinausgehen, was sie aus Zeitungen und Fernsehen ohnehin erfahren können. In dieser Lage geht die Strategie von hauptberuflichen Funktionsträgern vornehmlich in zwei ganz unterschiedliche Richtungen: ihre Abhängigkeit von den Mitgliedern durch staatliche Parteienfinanzierung zu mindern und den Mitgliedern durch Patronage bei der Besetzung von Staatsstellen, mag diese auch illegal sein, einen Anreiz zu geben, der sie bei der Stange hält. Doch droht mit der staatlichen Parteienfinanzierung eine Spirale nach unten in Gang zu kommen. Ist sie erst einmal eingeführt, haben die Parteien ja stets die Möglichkeit, sie in eigener Sache noch auszuweiten, und dadurch drohen die Mitglieder in ihrem Engagement für die Parteien noch weiter abgeschreckt zu werden. Herbert Wehner, der frühere SPD-Fraktionsvorsitzende im Bundestag, sprach sich schon in den sechziger Jahren klarsichtig gegen die staatliche Parteienfinanzierung aus, weil er eine Demotivierung der Mitglieder befürchtete. Eine ähnliche Befürchtung steht hinter dem Urteil des Bundesverfassungsgerichts von 1992. Darin hat das Gericht der Staatsfinanzierung eine »absolute Grenze« gezogen und zugleich eine Umgestaltung dahin verlangt, daß sie die Verwurzelung der Parteien bei den Mitgliedern und Wählern nicht demotiviert, sondern stärkt. Die Parteien müssen sich, wollen sie staatliche Mittel erhalten, nicht nur um möglichst hohe Stimmenanteile, sondern auch um eine hohe Wahlbeteiligung und zudem um Beiträge und kleinere Spenden bemühen, die in Zukunft ihrerseits Staatszuschüsse auslösen werden (siehe Kapitel 5, Abschnitt I).

Der zweite Ausweg, die Mitglieder durch Aussicht auf Ämter an sich zu binden, ist inzwischen weit verbreitet. Selten wird dies allerdings so offen zugegeben, wie es der SPD-Vorsitzende von Brandenburg, Steffen Reiche, bei der Diskussion um die Einführung der Direktwahl von Bürgermeistern in diesem Lande tat. Er begründete seinen Widerstand gegen die Direktwahl mit dem Hinweis, dann hätte er »keine Chance, die SPD weiter aufzubauen«. Denn wenn der Weg in die Kommunalvertretung auch direkt möglich sei, lohne es sich nicht mehr, in die Partei einzutreten.[65] Hier wird das Wahlsystem also ganz unverblümt in den Dienst der Partei gestellt und damit die Dienstfunktion der Partei am Volk in ihr Gegenteil verkehrt.

Eine ähnliche Umkehrung läßt sich häufig auch außerhalb kommunaler Wahlämter beobachten. Ämterpatronage wird in soziologischen Betrachtungen ganz offen damit erklärt (und gerechtfertigt), anders ließen sich die Mitglieder nicht an die Partei binden. So schreibt etwa Horst Bosetzky, Ämterpatronage sei letztlich »unerläßlich, weil zum Überleben des gesellschaftlichen (und politischen) Systems notwendig«. »Wenn eine herrschende ... Partei ihren Funktionären, die die Arbeit tun, keine ausreichenden materiellen und ideellen Belohnungen zuteil werden« lasse, zerfalle »sie ebenso wie mit ihr das politische und gesellschaftliche System –, und gerade für das Heer dieser systemunentbehrlichen Funktionäre« gebe »es nur eine Organisation, die genügend Belohnungen zu vergeben vermag: den jeweiligen öffentlichen Dienst«.[66] Doch bleibt Ämterpatronage rechts- und verfassungswidrig und ist auch rechtspolitisch unerträglich (Näheres siehe Kapitel 4). Das wird auch innerhalb der Parteien zunehmend anerkannt und ein Rückzug aus der bisherigen Patronagepraxis immer drängender gefordert. Im übrigen, was wären das für Mitglieder, die nur mit Aussicht auf rechtswidrige Vorzugsbehandlung in die Parteien gelockt werden könnten? Das staatsbürgerliche Moment ginge verloren. Die Parteien würden vollends zu Vereinigungen skrupelloser Karrieristen.

Damit ist auch dieser Ausweg versperrt (oder sollte doch versperrt werden). Es bleibt den Parteien nur eine (legitime) Möglichkeit, ihre Mitglieder »bei Laune« zu halten und attraktiv zu bleiben; sie müssen ihnen effektive Mitsprache geben. Wird den Parteimitgliedern echte Partizipation weiterhin verweigert, so wird der Ausblutungs- und Auszehrungsprozeß, der sich besonders drastisch im Fernbleiben der Jugend widerspiegelt, fortschreiten und die Legitimation der Parteien immer weiter abnehmen. Schon aus diesem Grunde erscheint die Durchsetzung des grundgesetzlichen Gebots parteiinterner Demokratie für die Parteien geradezu lebensnotwendig. Sie könnte auch ein gewisses Gegengewicht gegen sonstige Mißstände darstellen. Scheuch schlägt vor, die Kandidaten »nach einer öffentlichen Vorstellung ihres beruflichen Werdegangs durch alle Parteimitglieder des jeweiligen Wahlkreises« direkt zu wählen. Um dies zu erleichtern, soll Briefwahl eingeführt werden.[67] Rüttgers erwähnt, der Kreisverband der CDU-Erftkreis und die CDU-Mittelrhein hätten Delegiertensysteme abgeschafft und alle Gremien für Parteimitglieder geöffnet.[68]

Die Kritik an den Verfahren der parteiinternen Kandidatenaufstellung wurde in Hamburg auf spektakuläre Weise bestätigt. Am 4. Mai 1993 erklärte das Hamburgische Verfassungsgericht die Bürgerschaftswahlen vom 2. Juni 1991 für ungültig, weil bei der Aufstellung der Kandidaten der CDU in grober Weise gegen das Gebot der innerparteilichen Demokratie und der Wahlgleichheit verstoßen worden war. Das Urteil, in dem erstmals in der Geschichte der Bundesrepublik eine Parlamentswahl für ungültig erklärt wurde, hallte wie ein Paukenschlag in ganz Deutschland wider. Die juristischen Mängel des Aufstellungsverfahrens in Hamburg lagen in folgendem: Bei den CDU-Mitgliederversammlungen, auf denen die Vertreterversammlung, die die Kandidaten aufstellte, gewählt wurde, gab es keine Kandidatenvorstellung und keine Gelegenheit, Alternativkandidaten vorzuschlagen. Die parteiinterne Opposition hatte deshalb keine Chance, personelle Alternativen zu präsentieren. Auch auf der Vertreterversammlung, die die Kandidaten nominierte, hatten Alternativvorschläge keine Chance, da bis auf die ersten fünf Listenplätze über alle weiteren Kandidaten in Zehnerblöcken abgestimmt wurde. Nur wenn ein solcher Zehnerblock bei der Abstimmung zweimal durchgefallen wäre, wären andere Wahlvorschläge möglich geworden.

Das Urteil ist sicher nur vor dem Hintergrund der kritischen öffentlichen Diskussion möglich geworden und auch nur vor diesem Hintergrund zu verstehen. »Die Entscheidung war bitter, aber auch im wahrsten Sinne des Wortes bitter nötig«, hatte der Gerichtspräsident bei der Verkündung des Urteils gesagt.[69] Die Erfahrung in Hamburg hatte gelehrt, daß sachliche Kritik wenig bewirkt und ohne größten Druck nichts Durchgreifendes geschieht. Das gilt nicht nur für die Hamburger CDU, die nach dem Urteil gelobte, die Mängel rasch zu beheben. Das Urteil wirkte auch auf andere Parteien und andere Länder wie ein Fanal.

Einen Schub in Richtung auf mehr innerparteiliche Demokratie brachte auch die – wenngleich formal unverbindliche – Urwahl des Parteivorsitzenden der SPD am 13. Juni 1993. Zweifler hatten davon abgeraten, weil sie eine Beteiligung von weniger als 15 Prozent aller Mitglieder und damit eine Blamage für die Partei befürchteten. Doch es beteiligten sich 57 Prozent der

SPD-Mitglieder und zeigten dadurch, daß sie eine Übernahme von Verantwortung wünschen. Das Überraschendste war – die Überraschung der Funktionäre. So wenig schienen sie ihre eigenen Mitglieder zu kennen, daß ihnen entgangen war, daß deren mangelndes Interesse vor allem auf mangelndem Einfluß beruht. Die Wahl demonstrierte zugleich die besonderen Qualitäten eines solchen Verfahrens: Es schaffte – trotz seiner rechtlichen Unverbindlichkeit – eine klare Entscheidung, an die sich alle Beteiligten ohne Wenn und Aber hielten und deren Autorität und integrierende Ausstrahlung so groß war, daß damit gleichzeitig auch die (eigentlich gar nicht gestellte) Frage nach dem Kanzlerkandidaten der SPD faktisch beantwortet war. Der Ablauf der Mitgliederbefragung ermutigt beziehungsweise nötigt die SPD und andere Parteien, ihren Mitgliedern in Zukunft mehr Mitsprache zu geben. Auch das Urteil des Hamburger Verfassungsgerichts wirkt in die gleiche Richtung. So wurde zum Beispiel auf einem Parteitag der nordrhein-westfälischen CDU am 3. Juli 1993 beschlossen, die Urwahl von Parlaments- und Gemeinderatskandidaten und Mitgliederbefragungen über wichtige Themen zuzulassen. Die Mitgliederzahl der nordrhein-westfälischen CDU, die Ende 1983 noch 271 000 betragen hatte, war bis zum Mai 1993 auf 214 000 abgesackt.[70]

Noch wichtiger aber erscheint es, daß nicht nur den zwei Millionen Parteimitgliedern, sondern endlich auch den 60 Millionen wahlberechtigten *Bürgern* Einfluß auf die personelle Zusammensetzung der Volksvertretungen und auf sonstige wichtige Personal- und Sachentscheidungen gegeben wird. Dieser Aspekt fehlt bei Scheuch, vielleicht auch deshalb, weil seine Zielrichtung dahin ging, bestimmten innerparteilichen Vereinigungen Einfluß zu geben.[71] Scheuchs Studie wurde als Gutachten für die Wirtschaftsvereinigung der CDU Nordrhein-Westfalen geschrieben. Wie sehr die Bürger die Auswahl ihrer Repräsentanten und die Beteiligung an wichtigen Sachentscheidungen wünschen, zeigt beispielsweise die (gleichzeitig mit der Landtagswahl durchgeführte) Volksabstimmung über die Einführung der Urwahl der Bürgermeister und Landräte in Hessen, die mit über 80 Prozent Ja-Stimmen ein mehr als eindeutiges Ergebnis hatte.

Eine Einschränkung der skizzierten fatalen Tendenzen ist allerdings kaum durch bloße Appelle zu erreichen.[72] Es bedarf des größten äußeren Drucks, damit die Parteien überhaupt reagieren, oder, wenn die bisherigen Parteien es nicht tun, andere Parteien teilweise an ihre Stelle treten und die Aufgaben übernehmen. So ist erst Bewegung in die innere Willensbildung der Parteien gekommen, nachdem ihnen die Mitglieder weglaufen, immer mehr Bürger zu extremen Protestwählern werden, dies alles öffentlich gegeißelt wird und inzwischen sogar die Gerichte ganze Parlamentswahlen wegen undemokratischer Aufstellung der Kandidaten wiederholen lassen. Um die Parteien dazu zu bringen, auch der Masse der *Bürger* ihre politischen Rechte zurückzugeben, wird es ähnlicher massiver Signale bedürfen, die etwa durch Nutzung der direktdemokratischen Möglichkeiten in den Bundesländern gesetzt werden könnten. Gelänge es dem Volk nur in einem Land, sich durch institutionelle Änderungen die ihm bisher vorenthaltenen Mitwirkungsrechte zu verschaffen, so könnte dies durchgreifende Auswirkungen auf die ganze Republik haben und auf diese Weise die allgemeine öffentliche Mißbilligung der bisherigen Zustände politisch wirksam werden. Ein Beispiel für eine mögliche Vorgehensweise habe ich in Kapitel 8, Abschnitt IV entwickelt.

VII. Auswirkungen der Professionalisierung der Politik

Professionalisierung der Politik und Kungeleien bei der Besetzung der Stellen begünstigen eine Veränderung der Geisteshaltung der Akteure. Nicht mehr das politische Gestalten, das Leben *für* die Politik, steht zunehmend im Vordergrund, sondern das Leben *von* der Politik. Es erscheint zwar plausibel, daß Vollzeit-Politiker, die die politische Arbeit machen, dafür auch angemessen bezahlt werden. Nicht mehr zu vermitteln aber ist es, wenn Teilzeit-Positionen nur um der Bezahlung willen zu Vollzeitstellen erklärt werden und sich Pseudobetriebsamkeit entwickelt, wie dies besonders in den Landesparlamenten oft der Fall ist. In den Landesparlamenten ist eine paradoxe Scherenentwicklung zu beobachten: Obwohl die Aufgaben und die Bedeutung der Landesparlamente im Laufe der Zeit stark abgenommen haben, wurde der finanzielle Status ihrer Mitglieder erstaunlicherweise stark ausgebaut (Näheres Kapitel 8, Abschnitt III). Es ist zwar üblich, die Bezahlung von Parlamentariern mit dem Argument anzuheben, dadurch solle auch den Beziehern hoher Einkommen der Zugang zum Parlament eröffnet werden. Dabei wird aber regelmäßig ignoriert, daß die *nicht*finanziellen Barrieren gegen eine Öffnung viel größer sind: Das parteiinterne Auswahlverfahren läßt Leuten, die im Beruf erfolgreich sind und die übliche »Ochsentour« scheuen, wenig Chancen. Die Tätigkeit eines Parlaments enthält im übrigen so viel Leerlauf, daß sie für erfolgsorientierte Personen wenig attraktiv ist. Gefragt ist eher der kommunikative Typ. Erhöhungen der Bezüge kommen deshalb vornehmlich denen zugute, die – vor Konkurrenz weitgehend abgeschirmt – bereits *im* Parlament sind – und führen dazu, daß diese erst recht an ihrem

Mandat »kleben«. Das Argument, durch Aufstockung der Bezüge die Offenheit des Zugangs zu erhöhen, ist in Wahrheit nur vorgeschoben. Damit stimmt die Beobachtung überein, daß fast alle Abgeordneten sich durch die Übernahme eines Mandats finanziell verbessern.[73] Es ist klar, daß für solche Politiker die Politik auch die finanzielle Lebensgrundlage darstellt und deshalb ein freiwilliger Rückzug nicht in Betracht kommt. Neben dem finanziellen fürchten sie darüber hinaus oft auch einen sozialen Abstieg. Häufig halten sie es auch nicht für zumutbar, ihrer bisherigen beruflichen Tätigkeit wieder nachzugehen und als normaler Lehrer oder sonstiger Beamter tätig zu sein. Noch krasser ist der Abstieg für Leute, die von der Schulbank direkt in die Politik gegangen sind und keinen Beruf als Rückhalt haben. Daraus ergibt sich eine Art Wiederwahlzwang bis zum Pensionsalter, der die Abgeordneten völlig von ihrer Partei abhängig macht und damit das Gegenteil von dem bewirkt, was mit der – »seine Unabhängigkeit sichernden« – Entschädigung eigentlich erreicht werden soll.

Die Abhängigkeit des Abgeordneten von der Partei nützt diese dadurch aus, daß sie dem Abgeordneten – sozusagen als Gegenleistung für ihre Aufstellung – sogenannte Parteisteuern abpreßt. Dabei handelt es sich um Zahlungen, die Abgeordnete aller Ebenen (vom Mitglied des Europäischen Parlaments bis zum gemeindlichen Ratsmitglied) zusätzlich zu ihren normalen Mitgliedsbeiträgen abzuführen haben und die wie eine finanzielle Hypothek auf dem Mandat liegen. Sie haben ein jährlichen Volumen von etwa 60 Millionen Mark. Der Löwenanteil entfällt auf die Masse der Mitglieder der kommunalen Vertretungen. Ein SPD-Bundestagsabgeordneter hat an die verschiedenen Gliederungen seiner Partei ungefähr 1 500 Mark monatlich abzuführen. Parteisteuern setzen das Verhältnis des Abgeordneten zu seiner Partei in ein schiefes Licht, erwecken den Eindruck, der Abgeordnete müsse sich der Partei für seine

Aufstellung als Kandidat – auch finanziell – erkenntlich zeigen, fördern deshalb eher den Typ des »Parteisoldaten«, der in der Tat seiner Partei alles verdankt und sich deshalb von ihr völlig abhängig weiß, vertiefen dadurch ohnehin bestehende Abschottungs- und Verkrustungstendenzen und erschweren es, »Quereinsteiger«, auf deren »Blutzufuhr« die Parteien angewiesen sind, zu gewinnen. Es ist der Politik in eigener Sache bisher aber nicht gelungen, diese mit dem freien Abgeordnetenstatus eigentlich unvereinbaren Zahlungen abzuschaffen.[74]

Der Wiederwahlzwang veranlaßt die Abgeordneten, innerhalb der Parteiämter die Schlüsselpositionen zu besetzen, um ihre Nominierung abzusichern, mit allen Mitteln um ihre Wiedernominierung zu kämpfen und Wettbewerb und »neuen Wind« möglichst zu unterbinden. Das begünstigt ein wahres Multifunktionärstum. Die Abgeordneten haben nicht nur Parteiämter auf zwei oder mehr Ebenen inne, sondern meist auch kommunale Mandate. Sie sind oft Fraktionsvorsitzende im Gemeinderat oder Kreistag. Da die Parteien letztlich über die Wiederwahl entscheiden, von der die Abgeordneten zunehmend existentiell abhängen, haben Parteiämter in den Augen der Abgeordneten oft Vorrang vor den eigentlichen Parlamentsaufgaben, für die immer weniger Zeit und Kraft bleibt. Die Hauptarbeit wird auf wenige Schultern konzentriert und aus der Sicht des Ganzen immer ineffektiver organisiert, was aus der Sicht des auf Wiedernominierung bedachten Abgeordneten allerdings umgekehrt sehr effektiv ist, weil er alle Fäden in der Hand behält. Konkurrenz durch kritischen politischen Nachwuchs hat in dieser Perspektive allerdings keinen großen Stellenwert – verständlich, denn sie könnte die eigenen politischen Chancen mindern. Auch *in* den Parlamenten nehmen zum Beispiel die Kleinen Anfragen von Abgeordneten, die sich mit örtlichen Fragen befassen und vornehmlich dem Wunsch entspringen, dem Abgeordneten eine Schlagzeile in seiner örtlichen Zeitung zu verschaffen, immer breiteren Raum ein, obwohl die Abgeordneten doch eigentlich »Vertreter des ganzen Volkes« sein sollten. So gerät auch die parlamentarische Arbeit immer mehr in den Sog persönlicher Wahlkampfstrategie. Insgesamt führt die mit der Professionalisierung verbundene Schaffung attraktiver Posten und der Wunsch ihrer Inhaber, sich den Zugriff auf sie zu erhalten, dazu, daß ein immer mehr zunehmender und unverhältnismäßig großer Teil der Arbeitskraft der Abgeordneten nicht der auf Gemeinwohl ausgerichteten Arbeit gewidmet ist, sondern den eigenen Interessen der Stelleninhaber an ihrer Wiedernominierung.[75]

Wie lähmend das Multifunktionärstum der Parteioberen sich auswirken kann, hat der CDU-Bundesminister Norbert Blüm anschaulich skizziert: »Der starke Parteivorsitzende läßt es sich nicht nehmen, auch die Stadtratsfraktion anzuführen, beherrscht als Aufsichtsratsmitglied zudem die Wohnungsbaugesellschaft, sitzt entweder dem Betriebsrat des größten Unternehmens am Ort vor oder dominiert die Industrie- und Handels- oder die Handwerkskammer. Er ist die graue Eminenz des mitgliederstärksten ortsansässigen Sportvereins und gibt auch im Rotary-Club den Ton an. Wer es mit dieser Multi-Begabung verdorben hat, der wandert am besten aus der Region aus. Er hat es schwer, einen Bauplatz zu finden, und sein Kind, einen Platz im städtischen Kindergarten. Der machtverteilende Effekt der pluralistischen Gesellschaft und die freiheitsichernde Gewaltenteilung zwischen Staat und Gesellschaft verschwinden geräuschlos im Beziehungsfilz.«[76]

Wer unter solchen Bedingungen überhaupt eine Chance in der Politik haben will, muß früh anfangen und die sogenannte Ochsentour durchlaufen, und genau das geschieht in zunehmendem Maße. Während Politiker in der Anfangszeit der Bundesrepublik in der Regel noch berufliche Erfahrungen außerhalb der Politik besaßen, hat sich dies seit etwa zwanzig Jahren grundlegend verändert. Sie treten oft schon während der Schulzeit in die Partei ein, ergreifen nach dem Abitur meist ein politiknahes Studium und werden dabei durch die Parteistiftungen und ihre Begabtenförderungswerke gestützt. Abschlußarbeiten und Promotion werden nicht selten bei parteiangehörigen Hochschullehrern absolviert. Dem Studium folgt oft eine Tätigkeit als Mitarbeiter von Abgeordneten oder Ministern oder als Fraktionsassistent, bevor ein Landtagsmandat erlangt wird. Bei einem solchen Lebensweg fehlt Berufserfahrung, die dazu beiträgt, daß man die Welt einmal anders als aus parteipolitischer Perspektive sieht. Die schnell wachsende staatliche Politikfinanzierung hat nicht nur eine Professionalisierung der Politik insgesamt begünstigt, sondern es auch erleichtert, daß der Beginn von politischen Karrieren immer weiter nach unten verschoben worden ist.[77] Wenn es aber schon in jungen Jahren möglich wird, von der Politik zu leben, so werden eigene berufliche Erfahrungen außerhalb der Parteien zwangsläufig immer seltener. Allenfalls für öffentliche Bedienstete ist die Parteikarriere noch mit einer anderweitigen beruflichen Karriere vereinbar, und auch hier führen Ämterpatronage durch politische Parteien einerseits, der immer größere Anteil von öffentlichen Bediensteten in den Parteien und in den Parlamenten andererseits allmählich zu einer Karrieresymbiose. So droht die Entwicklung einer »politischen Sonderkultur«, die in Gefahr steht, ihre Sensibilität für die gesellschaftlichen Probleme zu verlieren,[78] und der Entwicklung von gesellschafts- und bürger*fernen* inneren Einstellungen und Denkweisen Vorschub leistet. Dadurch wird es dann den Parteien erschwert, ihre Funktion als Mittler zwischen Gesellschaft und Staat noch zu erfüllen.

Die Sozialisierung in der Partei zieht eine Einübung in und Gewöhnung an den parteipolitischen Schlagabtausch nach sich, der nicht auf die sachliche Auseinandersetzung, sondern dahin zielt, den Gegner schlecht aussehen zu lassen. Die zugespitzte

Formulierung des Bundespräsidenten, ein Berufspolitiker sei bei uns »im allgemeinen weder ein Fachmann noch ein Dilettant, sondern ein Generalist mit dem Spezialwissen, wie man politische Gegner bekämpft«,[79] ist so unrichtig nicht. Kehrseite der Überbetonung der parteipolitischen Polemik ist ein relatives Desinteresse an Sachfragen. Sachliche Festlegungen können der Parteikarriere sogar hinderlich sein; opportuner ist eine »Flexibilität«, die es dem Karrieristen ermöglicht, stets auf der »richtigen Seite« zu stehen. Der ständige Kontakt zu den Medien und deren Bedeutung für die politische Auseinandersetzung läßt Sachprobleme noch weiter zurücktreten zugunsten vordergründiger 30-Sekunden-Fernsehstatements und ideologischer Vorurteile. Unter diesen Bedingungen bekommen sekundäre politische Fähigkeiten (mediengerechte Vermittlung von Politik, die dadurch leicht zum Politikersatz wird, und überzogene Abgrenzung zum politischen Gegner) beherrschendes Gewicht, nicht die Entwicklung und Durchsetzung von Konzeptionen.[80]

Derartige Entwicklungen sind, wenn überhaupt, nur durch grundlegende Systemänderungen noch einigermaßen wirksam zu bekämpfen (siehe Näheres dazu in Kapitel 8, Abschnitt IV).

4

Ämterpatronage: Staat und Verwaltung als Beute der Parteien

I. Ämterpatronage in der Verwaltung

In Bonn macht schon lange ein »Kalauer« die Runde: Bei Besetzung einer Beamtenstelle wurde allen Bewerbern die Testfrage vorgelegt: Wieviel ist 2,5 mal 2,5? Ein Bewerber antwortete 6, ein anderer 7, ein dritter schließlich 6,25. Wer hat die Stelle wohl bekommen? Antwort: Der mit dem richtigen Parteibuch. Politische Mißstände werden oft in ironisch-sarkastischer Form umschrieben, besonders dann, wenn man meint, doch nichts Wirksames dagegen unternehmen zu können. Dies gilt auch für Ämterpatronage durch politische Parteien.

Krebsgeschwür der Verwaltung

Das Zuschanzen von Stellen im öffentlichen Dienst an Parteigenossen im Wege der Ämterpatronage[1] ist die wohl schlimmste Form der Ausbeutung des Staates durch die politischen Parteien, ein fortschreitendes Krebsgeschwür im Körper von Staat und Verwaltung. Täglich werden in Hunderten von Fällen Einstellungen und Beförderungen nicht zugunsten des persönlich und sachlich Befähigten, sondern aufgrund des Parteibuchs vorgenommen. Diese Form der Korruption steht in Zusammenhang mit vielen anderen Arten parteilicher Begünstigungen: der Vergabe von günstigen Krediten und Grundstücken, von öffentlichen Aufträgen und Subventionen an parteiliche Bau- oder andere Unternehmen, an Architekten, Notare etc. Im folgenden wollen wir uns allerdings auf Ämterpatronage beschränken. Diese erfolgt nicht nur aufgrund des Parteibuchs, sondern auch des konfessionellen Gesangbuchs und der Verbandszugehörigkeit (Konfessions- und Verbandspatronage); doch soll hier die Ämterpatronage durch politische Parteien im Vordergrund stehen, die im Laufe der Zeit immer größeres Gewicht erlangt hat.[2] Das Reservoir für diese Form der Korruption und Zweckentfremdung öffentlicher Mittel scheint unerschöpflich. Bund, Länder und Gemeinden, Bahn und Post verfügen über etwa sechs Millionen Stellen. Sie alle sind mit staatlichen Einkommen, zumeist auf Lebenszeit,[3] verbunden.[4] Die Personalkosten der öffentlichen Hand betragen jährlich insgesamt etwa 400 Milliarden Mark; das Gros davon entfällt auf Länder und Gemeinden, bei denen die Hauptlast der Verwaltung liegt, da die Gesetze, auch Bundesgesetze, überwiegend von ihnen ausgeführt werden.

Patronagebestrebungen der politischen Parteien beruhen zu einem guten Teil auf dem Wunsch, nicht nur die Mehrheit im Parlament zu erringen und zu behalten und die Regierung zu stellen, sondern ihre Macht auf alle möglichen Bereiche auszudehnen. Durch Patronage in der Verwaltung hofft man, Informationen von den Patronierten zu erhalten und Einfluß auf ihre Entscheidungen zu bekommen (Eschenburg: »Herrschaftspatronage«) – und das nicht nur bis zu den nächsten Wahlen, sondern für die gesamte lebenslange Arbeitszeit des patronierten Beamten. Darüber hinaus sollen verdiente Parteiangehörige versorgt (»Versorgungspatronage«) und dadurch auch neue Mitglieder angelockt werden. Das ist das ewige Gesetz der Macht, daß sie danach strebt, sich immer weiter auszudehnen, solange sie nicht auf Grenzen stößt. Wer Macht hat, will mehr Macht. »Gefräßigkeit – wenn man so will – kennt keinen Sättigkeitsgrad.«[5]

Ämterpatronage ... beseitigt die Chancengleichheit

Ämterpatronage hat weitreichende Folgen. Sie führt dazu, daß Parteimitglieder bei Einstellungen und Beförderungen im öffentlichen Dienst privilegiert und andere diskriminiert werden. Wer kein oder nicht das richtige Parteibuch hat, kann vom Zugang zu öffentlichen Ämtern praktisch ausgeschlossen sein. (Dabei ist in Erinnerung zu behalten, daß nur 2,3 Millionen, also weniger als 3 Prozent der Bevölkerung, ein Parteibuch besitzen.) Unter den Parteimitgliedern ergeben sich oft merkwürdige Gegenseitigkeitsvorstellungen: Diejenigen, die zur Förderung ihrer Karriere in die Partei gehen, glauben häufig, einen Anspruch auf Förderung zu haben, sozusagen als Gegenleistung für die Beitragszahlungen an die Partei.

... untergräbt die Leistung

Ämterpatronage untergräbt die Leistungsbereitschaft *im Amt*. Die Motivation, sich voll *im Dienst* einzusetzen und sich durch *amts*orientierte Leistung hervorzutun, wird systematisch geschwächt, wenn parteiliche Aktivitäten, die mit dem Amt nichts zu tun haben, bei Beförderungen den Ausschlag geben. Ämterpatronage erleichtert es, Beamte für Parteireden und sonstige Parteiarbeiten einzusetzen und sie etwa Strategiepapiere für den Wahlkampf ausarbeiten zu lassen.[6] Das Engagement überschreitet bisweilen alle Grenzen und geht ins Kriminelle über, wie es in der schleswig-holsteinischen Staatskanzlei Barschels geschah.[7] Ämterpatronage begünstigt so Frust in den Amtsstuben und die Gefahr einer Art inneren Emigration der Übergangenen, wenn gerade die besseren Stellen mit Parteileuten besetzt werden und andere keine Chance haben; wenn zum Teil relativ junge Beamte in Leitungspositionen befördert werden und auf diese Weise ein organischer Aufstieg für viele befähigte Beamte, die nicht das richtige Parteibuch haben, blockiert wird.

... bläht Bürokratie auf

Ämterpatronage fördert die Tendenz zur Aufblähung des öffentlichen Dienstes. Es liegt nahe, abnehmende Leistung durch vermehrte Neueinstellungen auszugleichen. Der Wunsch, Parteileute unterzubringen, kann dazu führen, daß mehr Stellen geschaffen (oder aufrechterhalten) werden. Besonders vor und nach anstehenden Regierungswechseln pflegt Ämterpatronage sich zu verstärken. Die bisherigen Regierungsparteien suchen verdiente Parteimitglieder noch schnell unterzubringen oder zu befördern. Das gibt nach dem Regierungswechsel der neuen Mehrheit dann ihrerseits den Vorwand für Patronage mit umgekehrtem Vorzeichen. »Ein Teufelskreis: Ämterpatronage nährt Ämterpatronage«, so der Staatsrechtler Michael Kloepfer.

... gefährdet Neutralität

Ämterpatronage gefährdet die Überparteilichkeit und Neutralität der Verwaltung. »Wer befördert, befiehlt« (Theodor Eschenburg). Wenn der Beamte der Partei seine Karriere verdankt, ist zu befürchten, daß er auch bei seiner Amtsführung nicht mehr ganz unparteiisch handelt.
Ämterpatronage erleichtert es, im Wege des Durchgriffs in die Verwaltungen hinein zu regieren. In welche Verstrickungen die Verwaltung geraten kann, wenn die Loyalität zu einer Partei in Konkurrenz tritt zur Loyalität zu Gemeinwohl und Recht, haben der Fall Uwe Barschel und die Parteispendenverfahren einer breiteren Öffentlichkeit deutlich gemacht. Dies kann so weit gehen, daß diejenigen, die die Bindung der Verwaltung an Gemeinwohl und Recht auch dann ernstnehmen, wenn Parteiinteressen entgegenstehen, zu unliebsamen Außenseitern werden. Ein Beispiel war der Leiter der Bonner Steuerfahndung Klaus

Förster, der durch Zufall einen Zipfel der steuerlichen Parteispendenaffäre zu fassen bekam, dann nicht mehr losließ und so die Lawine erst auslöste, dafür aber in seinem Amt nicht Anerkennung und Unterstützung, sondern unverhohlene Zurücksetzung erntete, so daß er schließlich seinen Dienst quittierte.

Auch der parteipolitisch »beseelte« Schullehrer, der etwa in den Fächern Geschichte oder Gemeinschaftskunde seinen Schülern seine parteipolitische Vorliebe zu oktroyieren sucht, ist eine pädagogische Horrorvision.

Falsch ist die These, der Übergang vom Eingriffs- zum Leistungsstaat lasse Ämterpatronage in milderem Licht erscheinen. Im modernen Leistungsstaat mit seinen großen Gestaltungsspielräumen für die Verwaltung etwa bei der Vergabe öffentlicher Aufträge und Subventionen ist eine strikt neutrale Amtsführung eher noch wichtiger als früher. Und wer blauäugig meint, der parteilich berufene Beamte werde seines Amtes natürlich neutral ohne Ansehen von Person und Parteizugehörigkeit walten, geht, selbst wenn er im konkreten Fall wirklich Recht haben sollte, jedenfalls am Wesentlichen vorbei. Wie immer bei Fragen der Befangenheit und Voreingenommenheit ist nämlich schon der *böse Schein* zu meiden – ohne Rücksicht darauf, inwieweit im Einzelfall wirklich gekungelt wird.

... fördert Politikverdrossenheit

Ämterpatronage läßt das Vertrauen der Bevölkerung in Staat und Verwaltung schwinden. Durch die parteiliche Ausrichtung von Verwaltungspersonal wird möglichen Neigungen zur Politikverdrossenheit Vorschub geleistet. Wie der übergangene Beamte sich innerlich vom Dienst verabschiedet, so verabschiedet sich der Bürger vom Staat. Die Parteien und ihre Repräsentanten mißachten hier ihre Vorbildfunktion. Das hat gewichtige sozialpsychologische Weiterungen. Wenn sie Gesetze und Verfassungen, die ihren Interessen widersprechen, zur Makulatur erklären, können sie auch vom Bürger nicht mehr glaubwürdig Rechtstreue verlangen.

... preßt karrierebewußte Beamte in die Parteien

Ämterpatronage hat eine Art Demonstrationseffekt gegenüber potentiellen Mitgliedern. Karrierebewußte Beamte erkennen rasch den Nutzen der Parteimitgliedschaft für ihr berufliches Fortkommen. Wer Wert auf eine berufliche Karriere legt, fühlt sich leicht in eine Partei gepreßt. Mit der grundgesetzlichen Vertragsfreiheit (wozu auch das Recht gehört, Vereinigungen fernzubleiben) ist dies nur noch schwer in Einklang zu bringen.

... fördert Frust auch in den Parteien

Die Folge ist, daß unter den aktiven Parteimitgliedern diejenigen immer mehr zunehmen, die durch die Partei etwas werden wollen, so daß, wie Thomas Ellwein, selbst Mitglied einer großen Partei und früher ihr Bundestagskandidat, berichtet, andere sich zunehmend abgestoßen fühlen und sich zurückziehen.[8] Ämterpatronage führt dann nicht nur zu Frustration im öffentlichen Dienst, sondern auch in den Parteien selbst. Das ist besonders mißlich, weil gerade solche Personen, die aus ideeller staatsbürgerlicher Motivation und nicht um persönlicher Karrierevorteile willen in die Parteien eintreten, die sich also – in den Kategorien Rudolf Smends – als (Staats-)Bürger und nicht als »Bourgeois« verhalten,[9] für die Parteien und ihre Aufgaben besonders wichtig sind.

... verbeamtet Parteien und Parlamente

Der Trend, daß der Anteil der öffentlichen Bediensteten an den Parteimitgliedern zunimmt und »Staatsdiener« in den Parteien immer mehr zu sagen haben, wird noch dadurch weiter gefördert, daß sie über Fachwissen, finanzielle Sicherheit und meist über geregelte Arbeits- und damit auch Freizeit verfügen. Da überrascht es nicht, daß die Wahllisten, die die Parteien für Parlaments- und Ratswahlen aufstellen, von öffentlichen Bediensteten nur so strotzen. Im Bund sind etwa 40 Prozent, in den Ländern oft schon mehr als 50 Prozent der Abgeordneten aus der Exekutive. Betätigen sich Beamte in einer kommunalen Vertretung, so haben sie (wenn keine Unvereinbarkeitsbestimmungen bestehen) überdies einen gesetzlichen Anspruch auf den zur Wahrnehmung des Mandats erforderlichen (bezahlten) Urlaub. Sie werden insoweit also von ihren Dienstpflichten freigestellt. Der Steuerzahler bezahlt ihr politisches Engagement.[10] Das immer massivere Ausgreifen der Verwaltung auf die Parlamente aber ist seinerseits hoch problematisch. Die Verfilzung von Parteien, Parlamenten und Verwaltung ist mit den Prinzipien der Gewaltenteilung und Kontrolle kaum noch in Einklang zu bringen. Das Bundesverfassungsgericht hat bereits 1975 die Frage gestellt, ob die »Verbeamtung der Parlamente« mit einem »materiell verstandenen« Gewaltenteilungsprinzip noch vereinbar sei.[11] Und der Verwaltungswissenschaftler Frido Wagener hat die Interessenverquickung auf die sarkastische Formel gebracht: Der öffentliche Dienst ist fest in der Hand – des öffentlichen Dienstes.[12]

... beseitigt politische Handlungsfähigkeit

Der Grad der Verbeamtung von teilweise über 50 Prozent erhöht sich noch weiter, wenn man nicht aufs Plenum der Parlamente, sondern auf die für das Beamtenrecht zuständigen Parlaments*ausschüsse* blickt, die die Entscheidungen des Parlaments weitgehend präjudizieren: In den Ausschüssen für Inneres sind Beamte und ihre Verbandsfunktionäre in der Regel fast unter sich. Dies bewirkt, daß eine wirksame Kontrolle des öffentlichen Dienstes durch das Parlament kaum mehr besteht und Reformen in diesem Bereich fast unmöglich werden. Andererseits sind massive Besoldungs- und Stellenverbesserungen in der Vergangenheit um so leichter durchsetzbar gewesen. Die »Selbstbedienung des öffentlichen Dienstes mit Hilfe des Gesetzgebers« hat sich auch in einer enormen Vermehrung der Spitzenbeamten und in grundlegenden Veränderungen der Stellenkegel gezeigt. Auf den Führungsebenen ist ein »unheimliches Gedränge« entstanden, während die Eingangsgruppen kaum besetzt sind, so daß aus dem früheren Stellen-Kegel eine »Stellen-Zwiebel« geworden ist.[13]

... verkrustet das Denken

Die größten Gefahren der versuchten parteipolitischen Gleichschaltung des öffentlichen Dienstes (und anderer vom Grundgesetz als parteifrei konzipierter Einrichtungen wie der Justiz, der Wissenschaft und des öffentlichen Rundfunks) bestehen in einer Änderung der Denkweise. Die Macht- und Interessenorientierung der Parteien steht im Gegensatz zum sach- und gemeinwohlorientierten Denkstil, der das Gemeinsame der ansonsten recht verschiedenen Einrichtungen ist (oder doch sein *sollte*). Der parteipolitische Einfluß verändert auch dann, wenn er nicht von einer Partei allein ausgeht, die Motivations- und Denkweise und damit auch die Art der Willensbildung insgesamt. Wem es primär auf Mehrheiten, Bündnisse und Macht ankommt, der ist innerlich anders eingestellt und gelangt oft auch zu anderen Ergebnissen als der, dem es um wert- und erkenntnisorientierte Richtigkeit geht. Ein Redakteur, der die parteipolitische Schere im Kopf hat, verliert aufgrund des voraneilenden Gehorsams gegenüber den Machthabern leicht jede Produktivität. Gleiches gilt für Schulleiter und andere Beamte, Wissenschaftler und Richter. Wer sich nur darum sorgt, ob den Mächtigen genehm ist, was er geistig produziert, dem droht allmählich sein sachorientierter Denk- und Arbeitsstil abhanden zu kommen.

Der problematischste Effekt an den Ausdehnungstendenzen der Parteien liegt darin, daß sie alle Bereiche, die sie sich gefügig machen, in ihre machtpolitische Ausrichtung einbeziehen und mit ihrem Parteigeist überziehen, so daß die Sachorientierung immer mehr zurücktritt, obwohl sie in der Verwaltung, in Rechtsprechung, Wissenschaft und Medien eigentlich so notwendig wie die Luft zum Atmen ist. Der frühere Oberstadtdirektor von Hannover, jetzt Oberbürgermeister von Leipzig, Lehmann-Grube, hat aus seiner praktischen Erfahrung heraus gezeigt, wie steril dann die Verwaltung werden kann. Wenn diese Deformation immer mehr »Staatsdiener« erfaßt, nimmt die Reaktions- und Überlebensfähigkeit der Gemeinschaft als Ganzer ab. In diesen Zusammenhang gehört auch ein neueres Urteil des Landesverwaltungsgerichts Baden-Württemberg. Das Gericht hat einen öffentlichen Bediensteten, der sich zur Untermauerung seines Wunsches nach Beförderung auf seine guten Kontakte zu einer Partei berief und deren Mobilisierung androhte, als für eine Beförderung persönlich nicht hinreichend geeignet angesehen; denn er habe »nicht auf das Recht, sondern auf die Macht« gesetzt und dadurch gezeigt, daß »er seinerseits für entsprechende Einflußnahmen auf ihn in hohem Maße anfällig« sei.

Beispiele

Einige Beispiele mögen die Problematik veranschaulichen: Auf die Ausschreibung der Stelle eines Schulleiters einer gewerblichen Berufsschule bewerben sich drei Interessenten. Das zuständige Oberschulamt schlägt dem Kultusminister die Ernennung von A vor. Grundlage ist eine detaillierte Einzelbeurteilung der Bewerber, aus der sich ergibt, daß A der »am besten geeignete Bewerber« ist. Die zuständige Abteilung des Ministeriums schließt sich dieser Beurteilung zunächst ausdrücklich an. Auf Intervention eines Landtagsabgeordneten und Parteifreundes des Kultusministers, der »vor allem politische Gründe« gegen die Ernennung des A geltend macht, verfügt der Kultusminister jedoch schließlich, daß nicht A, sondern B ernannt wird. B gehört der Partei des Kultusministers an, A ist dagegen Mitglied der Oppositionspartei.

Bei der Besetzung einer Inspektorenstelle in einer Gemeinde bewerben sich zwei langjährige Verwaltungsangestellte, von denen der eine (A) weitaus besser qualifiziert ist als der andere (B). So hat A zum Beispiel die sogenannte mittlere Reife, B hingegen nur das Abgangszeugnis der Hauptschule; A hat die Sekretär- und die Inspektorprüfung beträchtlich früher bestanden als B und ist schon längere Zeit in einer höheren Tarifgruppe beschäftigt. Dennoch wird B, der der gleichen Partei angehört wie die Mitglieder des (in dem betreffenden Bundesland zuständigen) Gemeindevorstandes, von diesem ernannt.

Bei Besetzung der Stelle eines Regierungsvizepräsidenten wird ein FDP-Mitglied ausgewählt. Das geschah ohne Stellenausschreibung. Die zuständige Landesregierung begründete dies mit Eilbedürftigkeit. Ein Landesvorstandsmitglied der FDP äußerte jedoch öffentlich, eine Ausschreibung wäre ohnehin sinnlos gewesen, weil die Stelle bei den Koalitionsverhandlungen der Regierungsparteien der FDP zugesprochen worden sei. Auf Antrag eines leitenden Beamten des Regierungspräsidiums, der sich durch die vorgesehene Besetzung übergangen fühlte, erließ das zuständige Verwaltungsgericht eine einstweilige Anordnung, die vom zuständigen Oberverwaltungsgericht bestätigt wurde. Darin wurde der Landesregierung untersagt, die Stelle mit der in Aussicht genommenen Kandidatin zu besetzen. Darauf wurde das Verfahren wiederholt – mit dem Ergebnis, daß die Stelle mit derselben Frau besetzt wurde.

Ein Verwaltungsgericht untersagt im Wege der einstweiligen Anordnung die Ernennung eines Assistenten einer Landtagsfraktion zum Abteilungsleiter (Ministerialdirigent, Besoldungsgruppe B 6) in der Staatskanzlei des betroffenen Landes. Eine Auswahl unter mehreren Bewerbern habe gar nicht stattgefunden, die Stelle sei vielmehr – unter Übergehen des bisherigen Inhabers ähnlicher Funktionen – von vornherein für den Fraktionsassistenten bestimmt gewesen. In einem zweiten Beschluß untersagte dasselbe Verwaltungsgericht eine Umorganisation, mit der die Staatskanzlei nach Auffassung der Kammer das Ziel, den Fraktionsassistenten »aus parteipolitischen Gründen« schließlich doch noch auf die B 6-Stelle zu bringen, auf anderem Wege hatte erreichen wollen.

Nicht weniger auf Ämterpatronage deutet es hin, wenn in einem Bundesland, in dem der Verfasser früher guten Einblick hatte, das sogenannte 16er Gesetz galt: Von siebzehn Schulleiterstellen besaßen sechzehn das Parteibuch der Regierungspartei. Auf einer verwaltungswissenschaftlichen Tagung bestritt ein Vertreter des Presse- und Informationsamtes der Bundesregierung, daß bei *Einstellungen* in Bonner Ministerien die Parteizugehörigkeit ausschlaggebend sei, mußte im nächsten Atemzug aber einräumen, daß sie bei *Beförderungen* durchaus eine erhebliche Rolle spiele. Das aber ist nicht weniger bedenklich und wirkt, da es sich herumspricht, auch schon auf die Einstellung voraus: Interessenten, die sich bei der Beförderung keine Chance ausrechnen können, werden sich gleich gar nicht bewerben, es sei denn sie wären bereit, in die maßgebliche Partei einzutreten.

Über die Existenz von Ämterpatronage kann also realistischerweise kein Zweifel bestehen. Wenn auch aus naheliegenden Gründen – Rechtswidrigkeit der Praxis – exakte Angaben fehlen, so läßt sich doch aus einer Reihe von empirischen Untersuchungen rückschließen, daß Ämterpatronage nicht auf Einzelfälle beschränkt, sondern weitverbreitet ist.[14] In einer umfassenden Befragung von Spitzenbeamten und Politikern im Jahre 1987 hielten 86,3 Prozent der befragten Beamten und 71,2 Prozent der befragten Politiker die Beamtenschaft für parteipolitisiert, während dies noch 1970 »nur« 55 Prozent der Beamten angenommen hatten (für Politiker hatten noch keine repräsentativen Vergleichszahlen vorgelegen).[15] Ämterpatronage betrifft auch keinesfalls nur Spitzenpositionen im öffentlichen Dienst, sondern erfaßt in vielen Verwaltungszweigen auch untere Chargen, teils bis zum Pförtner oder Hausmeister. Besonders beängstigend ist ihre ständige Zunahme.[16]

Ämterpatronage ist illegal und illegitim

Angesichts der alltäglichen Praxis von Ämterpatronage wird oft vergessen, wie unzweideutig das Grundgesetz und die geltenden Beamtengesetze sie als rechtswidrig brandmarken. Die Berücksichtigung der Parteizugehörigkeit bei Personalentscheidungen von Laufbahnbeamten, Angestellten und Arbeitern des öffentlichen Dienstes ist von vornherein illegal. Sie verstößt vor allem gegen Artikel 33 Absatz 2 Grundgesetz, wonach öffentliche Ämter nur nach Eignung, Befähigung und fachlicher Leistung besetzt werden dürfen. Parteizugehörigkeit und politische Anschauung dürfen keine Rolle spielen, was Artikel 3 Absatz 3 und Artikel 33 Absatz 3 noch einmal ausdrücklich bestätigen. Auch Artikel 21 Grundgesetz, der den Parteien zugesteht, bei der politischen Willensbildung des Volkes mitzuwirken, ergibt nichts anderes; denn diese Vorschrift bezieht sich grundsätzlich nicht auf die Besetzung von Ämtern des öffentlichen Dienstes oder geht doch den genannten Spezialvorschriften im Range nach.[17]

Angesichts des klaren rechtlichen Befunds geißeln Staatsrechtler die Praxis in Deutschland gelegentlich mit massiven Worten: Die Parteibuchwirtschaft »sei einer der tiefsten Einbrüche in die verfassungsmäßige Ordnung der Bundesrepublik Deutschland« und eine der »Hauptbastionen des ›verfassungswidrigen Parteienstaats‹«;[18] die wachsende Ämterpatronage markiere »die eigentliche Krise des Beamtentums«[19] und stelle eines »der Hauptärgernisse unseres Staates« dar.[20]

Parteien – illegale Organisationen?

Wie aber sind vor diesem Hintergrund die Organisationen rechtlich einzuordnen, die derart grob und massenweise Rechtswidriges zwar nicht ausdrücklich betreiben, aber doch in ihrem Namen geschehen lassen: durch parteiliche »Betriebsgruppen« in den Behörden, durch Personal-Clearingstellen und Datenbanken in den Parteizentralen, die Material für Patronage liefern und dadurch der rechtswidrigen Praxis Vorschub leisten, Organisationen, die »zu informellen Großagenturen der Stellenvermittlung«[21] werden und ihre Mitglieder nicht selten mit der Aussicht auf rechtswidrige Bevorzugung im öffentlichen Dienst werben oder bei der Stange halten? Was unterscheidet die

Parteien eigentlich von anderen Organisationen, die auf Illegales aus sind? Nur noch der Umstand, daß sie die Macht im Staate haben? Ist es vielleicht nur die verbreitete Devotion vor den Mächtigen im Staat, die uns daran hindert, die Dinge beim Namen zu nennen[22] und die politischen Parteien, die derart massenhafte Rechtsbrüche fördern oder in ihrem Namen geschehen lassen, als das zu qualifizieren, was sie sind: Organisationen am Rande der Illegalität? Ist es nicht an der Zeit, wie in Andersens Märchen von des Kaisers neuen Kleidern, die vorgespiegelten Kleider der Mächtigen zu durchschauen, ihren rechtswidrigen Machtmißbrauch offenzulegen und sie in ihrer Rechtswidrigkeit nackt dastehen zu lassen? Dürfen die Parteien sich angesichts solcher Zustände noch über ihr verheerendes Ansehen in der Bevölkerung wundern, über Parteien- und Politikverdrossenheit und über die abnehmende Bereitschaft des Bürgers, sich noch in den Parteien zu engagieren?[23]

Wie sehr der Besitz der Macht dazu verführt, mit zweierlei Maß zu messen, je nachdem ob es die etablierten Parteien sind, die Rechtswidriges tun, oder aber ihre politischen Gegner, zeigt die Behandlung von Extremisten im öffentlichen Dienst. So verdient es zwar an sich Anerkennung, wenn die Einstellung von Extremisten unter Berufung auf das Verfassungsrecht[24] nachdrücklich unterbunden wird. Andererseits erscheint das laute Geschrei um die Sicherung der Verfassung – angesichts des gleichzeitigen andauernden Verfassungsbruchs durch Ämterpatronage seitens der etablierten Parteien – aber um so pharisäerhaft-verlogener.[25]

Ämterpatronage ist auch illegitim

Vielfach wird in der Praxis allerdings die Auffassung vertreten, Ämterpatronage sei eigentlich gar nicht so schlimm; sie sei zwar

»formal« rechtswidrig, aber in Wahrheit nur eine läßliche Sünde oder gar eine unausweichliche Notwendigkeit. Denn sie sei letztlich nur die Konsequenz aus dem politischen Wettbewerb in der Demokratie: Die bei Wahlen siegreiche Partei habe die politische Legitimation, nicht nur die Parlamentssitze und Regierungsbänke mit ihren Parteigängern zu besetzen, sondern auch den öffentlichen Dienst. Daß eine derartige Auffassung dem geltenden Recht widerspricht, besagt – das ist zuzugeben – noch nichts darüber, ob die Vorschriften weiterhin rechtspolitisch berechtigt sind. Sie *könnten* ja inzwischen überlebt sein und den Anforderungen eines modernen demokratischen Staates nicht mehr genügen. Man wird deshalb zusätzlich eine Argumentationsstufe tiefer ansetzen und fragen müssen, ob das Verbot verfassungs*politisch* noch berechtigt erscheint. Auch diese Frage aber ist eindeutig zu bejahen. Dies zeigt sich am deutlichsten im Vergleich zu totalitären Einparteienstaaten, die Ämterpatronage nicht nur erlauben, sondern sogar postulieren. Im nationalsozialistischen »Führerstaat« von 1933 bis 1945 galten weder Gewaltenteilung noch Neutralität der Beamten.[26] Die Beamten wurden vielmehr auf die nationalsozialistische Weltanschauung und auf ein personales Treueverhältnis zum »Führer« verpflichtet. In diesem Verständnis wurden Staatsdiener zu Parteidienern, und es war systemkonform, daß die Partei wesentlichen Einfluß auf Ernennung und Beförderung im öffentlichen Dienst, aber auch auf die Entfernung aus ihm hatte und auch jederzeit in die Verwaltung hineinregieren konnte. Wenn auch das Wunschbild Hitlers, alle Beamten sollten überzeugte Nationalsozialisten sein, nicht Wirklichkeit geworden ist, so wurde doch auf diese Weise die Institution verändert und denaturiert. Die Verpflichtung auf den »Führer« war übrigens ein Grund, warum das Bundesverfassungsgericht – entgegen dem Protest der meisten deutschen Staatsrechtslehrer – davon ausging, daß alle am 8. Mai 1945 bestehenden Beamtenverhältnisse zum Deutschen

Reich mit diesem Tag zunächst einmal als »erloschen« anzusehen seien (obwohl das »Reich« selbst als rechtlich fortexistent angesehen wurde). Ganz ähnlich war die Lage in der DDR vor der Wende. Hier erfolgte schon aufgrund der längeren Zeit von über 40 Jahren kommunistischer Einparteienherrschaft eine noch weitergehende parteipolitische Gleichschaltung der Verwaltung, aber auch der Richterschaft und aller anderen Institutionen. Gewaltenteilung gab es nicht. Die SED hatte, getreu der marxistisch-leninistischen Lehre, das vollständige Machtmonopol in der DDR erlangt. Sie hatte sämtliche Staatsorgane einschließlich der Gerichte und des Rundfunks und natürlich die gesamte Verwaltung im Griff. Von der Partei unabhängige Kräfte durfte es nach der Konzeption nicht geben, auch keine unabhängige Verfassungsgerichtsbarkeit. Die SED stand vielmehr über der Verfassung.[27] In solchen Systemen war Ämterpatronage systemkonform, sie erschien nicht nur legal, sondern auch legitim.

Es ist andererseits klar, daß dieses Bild sich nicht auf die gewaltenteilende rechtsstaatliche Demokratie des Grundgesetzes übertragen läßt, sondern Ämterpatronage hier genau die gegenteilige Bewertung erfahren muß. Daran ändert auch der Parteienwettbewerb nichts. Im Gegenteil, gerade hier müssen den Parteien strenge Grenzen gegenüber der Verwaltung und dem öffentlichen Dienst gesetzt bleiben. »Der Beamte dient dem ganzen Volk, nicht einer Partei« (§ 35 Beamtenrechtsrahmengesetz). Das folgt zwingend schon daraus, daß die demokratische Wahl Parlament und Regierung nur *auf Zeit* legitimiert, die öffentlichen Bediensteten aber grundsätzlich auf Lebenszeit bestellt werden. Wer Ämterpatronage propagiert, müßte konsequenterweise also für Beamte (und Arbeitnehmer im öffentlichen Dienst) auf Zeit im Sinne des früheren Beutesystems der Vereinigten Staaten von Amerika eintreten. Dort wurden der siegreichen Partei auch die Beamtenstellen zur Besetzung überlassen. Dies führte in der Praxis aber zu derart unerträglichen Mißständen, daß man auch in den USA ein auf Leistung beruhendes Berufsbeamtentum und eine Rekrutierung des öffentlichen Dienstes unabhängig vom Parteibuch eingeführt hat. Das bestätigt: Die Parteienherrschaft bedarf im gewaltenteilenden Rechtsstaat im Interesse der Funktionsfähigkeit des öffentlichen Dienstes und des Staates insgesamt einer Begrenzung. Parlament und Regierung haben zur Durchsetzung ihrer Politik die Mittel des Gesetzes und der Weisung, an die die Verwaltung nicht nur rechtlich gebunden ist, sondern die sie auch – davon kann grundsätzlich ausgegangen werden – loyal ausführt. Beuten die Parteien dagegen den Staat aus und schalten den öffentlichen Dienst durch parteiliche Besetzungen gleich, so verwischen sie selbst die Grenzlinie zu totalitären Staatsparteien.

Hinzu kommt, daß der gleiche Zugang zum öffentlichen Dienst für *alle* eine demokratische Errungenschaft ersten Ranges darstellt, die seit Begründung der neuzeitlichen Demokratie zu den elementaren Grundrechten des Staatsbürgers gehört und auch gegen die politischen Parteien verteidigt werden muß. Die verfassungsgeschichtlichen Vorläufer des Artikel 33 Absatz 2 GG sind entstanden als Reaktion auf die Praxis der absoluten Monarchie, bei Rekrutierung ihres Verwaltungspersonals den Adel und das ausgediente Militär zu bevorzugen. So bestimmte Artikel 6 der Französischen Erklärung der Menschen- und Bürgerrechte von 1789, alle Bürger sollten zu öffentlichen Ämtern nur aufgrund ihrer Fähigkeit ohne anderen Unterschied als den ihrer Tugenden und Talente zugelassen werden, und in § 137 Absatz 6 der Paulskirchenverfassung von 1849 hieß es: »Die öffentlichen Ämter sind für alle Befähigten gleich zugänglich.« Soll nun aber heute den politischen Parteien gestattet sein, was den Monarchen früher unter großen Kämpfen verboten wurde? Die Grundsätze der demokratischen Gleichheit müssen sich gegen jeden richten, der es unternimmt, sie durch Privile-

gierung weniger und Diskriminierung der großen Masse zu beseitigen.
Ämterpatronage ist also nicht nur illegal, sie ist auch verfassungspolitisch illegitim. Artikel 33 Absatz 2 Grundgesetz ist kein überholter Grundsatz aus vordemokratischer Zeit, sondern im Gegenteil Ausfluß demokratischer Gleichheit und zugleich Vorbedingung für die Funktionsfähigkeit des öffentlichen Dienstes insgesamt.
Wer schließlich Kritik an Ämterpatronage als Ausdruck »unpolitischen Denkens«, als Ausgeburt einer »altkonstitutionellen Vorstellung über die politische Neutralität von Beamten«[28] glaubt verächtlich machen zu können, setzt »politisch« mit »*partei*politisch« gleich, immunisiert parteipolitisches Handeln gegen Kritik, wie angreifbar es auch immer sein mag, so als gälte der Grundsatz »Parties can do no wrong«. Die Behauptung, Ämterpatronage sei eine läßliche Sünde oder gar eine Notwendigkeit, erweist sich in Wahrheit als eine Spielart des ebenso alten wie untauglichen Versuchs, rücksichtslosen Machtmißbrauch ideologisch zu verklären.

Ämterpatronage – ein Fantasieprodukt?

Trotz durchschlagender verfassungsrechtlicher und verfassungspolitischer Bedenken gegen Ämterpatronage stößt ihre Identifizierung als elementarer Fall der Ausbeutung des Staates durch die Parteien immer wieder auf Widerstände. Dies erscheint deshalb so gravierend, weil die öffentliche Diskussion erste Voraussetzung für die Aktivierung und Verbesserung der erforderlichen Kontrollen und die Beseitigung von Mißständen ist. Ohne öffentliche Diskussion kann weder das Wissen um Mißstände noch um mögliche Verbesserungen verbreitet werden und Eingang in die Köpfe der Menschen, der Fachleute, der

Journalisten, der Politiker und vor allem der interessierten Bürger finden. Ohne öffentliche Diskussion können auch die Parteien nicht überzeugt werden, daß sie sich zur Sicherung ihrer Glaubwürdigkeit und damit auch im eigenen langfristigen Interesse wirksame, alle Parteien bindende Begrenzungen auferlegen müssen (Näheres im folgenden Abschnitt »Was ist zu tun?«).

Daß es keine sicheren Statistiken über die Verbreitung von parteipolitischer Patronage gibt, ist aus der Natur der Sache zwar nicht überraschend, erleichtert es aber der politischen Praxis immer wieder, schlicht vorzuschützen, Ämterpatronage gebe es in der Bundesrepublik gar nicht; deshalb brauche man auch über eine Wendung zum Besseren nicht nachzudenken.

Eine ähnliche Flucht vor den eigentlichen Problemen des Parteienstaates zeigt sich in Teilen der Wissenschaft, besonders in der primär zuständigen Politikwissenschaft. Die Erfassung politischer Defizite setzt Bewertungsmaßstäbe voraus, die heranzuziehen weite Teile der Politikwissenschaft aber als angeblich unwissenschaftlich ablehnen. Obwohl der nackte Positivismus durchgreifend kritisiert worden ist, scheint man in der Praxis oft noch nicht über ihn hinauszukommen.[29] Auch große Teile der Staatsrechtslehre haben lange den Kopf in den Sand gesteckt und die Problematik links liegenlassen.

Die Scheu, sich mit Ämterpatronage zu befassen, wird durch die persönlichen Risiken, die ein solcher Ansatz mit sich zu bringen scheint, noch gesteigert. Wer Defizite diagnostiziert, wird nicht erwarten können, von den Verantwortlichen ans Herz gedrückt zu werden – oder vielleicht so sehr, daß ihm der Atem wegbleibt. Dagegen kann reiche Belohnung an Posten, Gutachtensaufträgen, Prozeßvertretungen, Einrichtung wissenschaftlicher Institute etc. erwarten, wer auf der Seite der etablierten Parteien agiert und die von ihnen gemeinsam zu verantwortenden Fehlentwicklungen ausblendet. So drohte das Thema lange zwischen machtpolitischen Interessen einerseits und der wertfernen Borniertheit großer Teile der Sozialwissenschaften andererseits zum Nichtthema zu werden.

Andererseits gibt die grundgesetzlich garantierte wissenschaftliche Freiheit bei voller staatlicher Alimentation dem Wissenschaftler den Status, auch unbequeme, aber für die Gemeinschaft wichtige Themen aufzugreifen. Ja, vielleicht erhält die verfassungsrechtliche Unabhängigkeit erst von daher ihre Legitimation. Ernst Fraenkel, einer der »Väter« der Politikwissenschaft in Deutschland nach 1945, hat mit Recht betont, »Politologie« sei »kein Geschäft für Leisetreter und Opportunisten«. Eine Politikwissenschaft, die nicht bereit sei, »ständig anzuecken, die sich scheuen wollte, peinliche Fragen zu stellen, die davor zurückschreckt, Vorgänge, die kraft gesellschaftlicher Konvention zu arcana societatis erklärt worden sind, rücksichtslos zu beleuchten, und die es unterläßt, freimütig gerade über diejenigen Dinge zu reden, über die ›man nicht spricht‹«, habe »ihren Beruf verfehlt«.[30]

Die Behandlung der Ämterpatronage war nach frühen kritischen Beiträgen, die der große Theodor Eschenburg in der Anfangszeit der Bundesrepublik veröffentlichte, in späteren Jahren weitgehend tabuisiert.[31] Bezeichnend ist, daß sich weder im Bericht der Studienkommission für Reform des öffentlichen Dienstrechts von 1973[32] noch in den Referaten von Walter Rudolf und Frido Wagener auf der Tagung der Vereinigung der Deutschen Staatsrechtslehrer 1978, die dem Thema »Der öffentliche Dienst im Staat der Gegenwart« gewidmet waren,[33] auch nur ein einziges Wort zum Thema Ämterpatronage fand. Das hängt sicher damit zusammen, daß auch die Staatsrechtslehre sich lange scheute, die demokratischen Parteien überhaupt zu kritisieren. Zu frisch war noch die Erinnerung daran, daß die Fundamentalkritik demokratischer Parteien etwa durch Carl

Schmitt, die ihnen die Existenzberechtigung absprach, mit dazu beigetragen hatte, den Nationalsozialismus in den Sattel der Macht zu heben. In Reaktion darauf war Kritik an demokratischen Parteien im staatsrechtlichen Schrifttum der Bundesrepublik lange verpönt. Das wurde schon erwähnt (Kapitel 3, Abschnitt I). Gerhard Leibholz hat diese Einstellung auf die Spitze getrieben, Willensäußerungen der Parteien mit solchen des Volkes gleichgesetzt und ihnen dadurch eine Art Immunitätsschutz verliehen. Heute, mehr als vier Jahrzehnte nach Gründung der Bundesrepublik, kann es aber nicht mehr darum gehen, die Parteien zu etablieren; sie sind wahrhaft etabliert genug. Vielmehr müssen bei aller Anerkennung ihrer Unverzichtbarkeit Mißbräuche offen beim Namen genannt werden. Die Demokratie erweist ihre Erneuerungsfähigkeit und Lebenskraft dadurch, daß es ihr immer wieder gelingt, Mängel zu thematisieren und so auch die Voraussetzung für ihre Eindämmung zu schaffen. Die kritische öffentliche Diskussion kam denn auch seit einer kleinen Schrift über »Ämterpatronage durch politische Parteien« (1980) aus meiner Feder[34] immer mehr in Gang, jedenfalls im juristischen Schrifttum.[35] In jüngerer Zeit sind zahlreiche einschlägige Veröffentlichungen erschienen. Der Deutsche Beamtenbund widmete seine Arbeitstagung 1982 dem Thema »Politische Parteien und öffentlicher Dienst«.[36] Die Vereinigung der Deutschen Staatsrechtslehrer griff die Problematik auf ihrer Jahrestagung 1985 unter dem Titel »Parteienstaatlichkeit – Krisensymptome des demokratischen Verfassungsstaats?« auf.[37] Ein Beispiel sind auch die kritischen Bemerkungen von Helmut Lecheler im Handbuch des Staatsrechts (1988).[38] Dieser Beitrag zeigt den Umschwung besonders deutlich; Lecheler hatte in seiner Habilitationsschrift über »Die Personalgewalt öffentlicher Dienstherren« (1977) das Thema »Ämterpatronage« noch übergangen.[39] Und seitdem der Bundespräsident das Thema Parteienkritik in den Mittelpunkt der innenpolitischen Diskussion gerückt hat, geht die Reserve vieler Wissenschaftler gegenüber der Thematik noch deutlicher zurück.

Es dürfte allerdings kaum ausreichen, daß sich der eine oder andere Wissenschaftler gelegentlich dem Thema widmet. Erforderlich sind organisierte Forschungsanstrengungen. Diese zu fördern, müßte eigentlich Sache der Innen- und Justizministerien sein. In Wahrheit schien lange das Gegenteil der Fall. In einer Kleinen Anfrage einer Bundestagsfraktion wurde die Bundesregierung im Jahre 1987 gefragt, ob parteipolitische Ämterpatronage negative Signalwirkungen auf den öffentlichen Dienst habe, zu einer Effektivitätseinbuße im Staatsdienst führe, Parteien- und Staatsverdrossenheit in der Bevölkerung fördere, welche Gegenmaßnahmen die Bundesregierung für geeignet halte und ob sie bereit sei, eine unabhängige wissenschaftliche Untersuchung über die Verbreitung parteipolitischer Patronage in Auftrag zu geben. Die Antwort war ebenso knapp wie lapidar. Nach Auffassung der Bundesregierung gebe es das Problem der Ämterpatronage nicht. Deshalb seien die gestellten Fragen sämtlich gegenstandslos; auch bestehe kein Grund, das Phänomen wissenschaftlich zu erforschen – also eine Antwort nach der Devise, daß nicht sein kann, was nicht sein darf.[40]

Die Erfahrung, die fast jeder Insider macht, sieht anders aus. Der parteilich berufene (und beförderte) Schulleiter, Krankenhauschef, Sparkassendirektor oder auch nur ganz normale Laufbahnbeamte in Staat und Gemeinde sind keine Karikatur, sondern alltägliche Wirklichkeit (Beispiele in Abschnitt I). Ämterpatronage ist leider kein Fantasieprodukt. Das hatte der jetzige Bundeskanzler Helmut Kohl schon 1982 auf einer Tagung des Deutschen Beamtenbundes in Bad Kissingen selbst eingestanden: »Wir haben uns ... zu fragen«, sagte er in bezug auf Ämterpatronage durch Parteien, »ob wir hier nicht ... an eine Grenze gekommen sind, wo es ins Unerträgliche umschlägt.«[41]

Daß die öffentliche Diskussion sich inzwischen gewendet hat und auch aus Parteiensicht die Notwendigkeit eines Umdenkens immer mehr um sich greift, zeigen auch die Veröffentlichungen des Parlamentarischen Geschäftsführers der Bundestagsfraktion der CDU/CSU, Jürgen Rüttgers, der seit kurzem die Gefahren parteipolitischer Ämterpatronage benennt und die parteipolitische Ausrichtung von Schulleitern, Direktoren von öffentlichen Unternehmen einschließlich der Sparkassen und des Personals im Rundfunk öffentlich kritisiert.[42]

Was ist zu tun?

Läßt sich etwas Wirksames gegen Ämterpatronage unternehmen oder handelt es sich um eine Klage ohne Hoffnung? Ist Abhilfe oder auch nur die Verhinderung weiterer Zunahme des Krebsgeschwüres der Ämterpatronage möglich?
Wichtig ist es zunächst einmal, an den dargestellten eindeutigen verfassungsrechtlichen und verfassungspolitischen Aussagen festzuhalten (auch wenn sie in der Praxis häufig verletzt werden) und allen Versuchen, sie aufzuweichen, entgegenzutreten, weil dies die Position derer, die gegen Patronage vorgehen, stärkt und die Mobilisierung von Gegenkräften erleichtert.
Bei der Frage nach möglichen Verbesserungen wird man sich nicht auf bloße Appelle beschränken können. Wichtig sind institutionelle Änderungen, die es für die Politiker lohnend machen, auf Ämterpatronage zu verzichten, wobei sich dann aber auch die Frage stellt, wer solche Änderungen durchsetzen kann.
Neben technischen Vorschlägen, wie zum Beispiel einer Verbesserung der Stellenausschreibung und der Ausdehnung der gerichtlichen Konkurrentenklage des von der Patronage übergangenen Bewerbers, erscheint es vor allem wichtig, den Kreis der sogenannten politischen Beamten einzugrenzen. Politische Be-

amte sind solche, die – mit den Worten des Beamtenrechts – ein Amt bekleiden, in dem sie »in fortdauernder Übereinstimmung mit den grundsätzlichen politischen Ansichten und Zielen der Regierung stehen« müssen.[43] Politische Beamte können deshalb »jederzeit in den einstweiligen Ruhestand versetzt werden« mit der Folge, daß sie – unabhängig vom Lebensalter – eine sehr großzügige Pension erhalten.[44] Aus der gesetzlichen Umschreibung des politischen Beamten ist häufig der Schluß gezogen worden, die parteipolitische Anschauung von Bewerbern dürfte bereits bei der Einstellung berücksichtigt werden. Der frühere Präsident des Bundesverfassungsgerichts Ernst Benda hat insofern zwar von einem »grotesken Mißverständnis« gesprochen,[45] doch werden politische Beamtenpositionen häufig offen und ohne Schuldgefühle parteipolitisch besetzt. Wer zum Kreis der politischen Beamten gehört, legen der Bund und die Länder jeweils für ihren Bereich in ihren Beamtengesetzen fest. Dieser Kreis ist im Laufe der Jahre durch Gesetzesänderungen immer weiter gezogen worden. In Hessen sind zum Beispiel auch Pressereferenten und persönliche Referenten in den Ministerien und beim Landtag, weiter die Oberstaatsanwälte und Polizeidirektoren, der Leiter der Landeszentrale für politische Bildung, ja sogar Assistenten der Parlamentsfraktionen zu politischen Beamten erklärt worden. Da die Einrichtung von Stellen für politische Beamte scheinbar vom Gesetzgeber legalisierte Einbruchsstellen für parteipolitische Patronage darstellt, ist die ständige Erweiterung dieser Stellen besonders bedenklich. Wenn man die Einrichtung des politischen Beamten überhaupt für legitim hält, muß sie jedenfalls auf einen sehr kleinen Kreis von Beamten beschränkt werden, die nach Art ihrer Aufgaben in besonderer Weise das politische Vertrauen der Staatsführung benötigen und von denen zu erwarten ist, daß sie bei Erschütterung des Vertrauens nicht anderweit angemessen verwendet werden können. Diese Voraussetzungen sind aber bei großen Gruppen der politischen Beamten in Wahrheit gar nicht gegeben,[46] so daß eine Einschränkung der politischen Beamtenstellen geboten ist.

Möglichkeiten, Ämterpatronage wirksam einzudämmen, wären die Einschaltung unabhängiger Kommissionen bei der Einstellung und Beförderung öffentlicher Bediensteter oder das Verbot der Parteimitgliedschaft für öffentliche Bedienstete, die möglicherweise nach englischem Vorbild auf höhere Beamtenkategorien beschränkt werden könnte (bei gleichzeitiger Beseitigung der Einrichtung des politischen Beamten). Die überwiegende staatsrechtliche Auffassung hält derartiges allerdings noch immer für verfassungswidrig: Die Einschaltung unabhängiger Personalstellen widerspreche dem Prinzip der parlamentarischen Regierungsverantwortung, zu dem auch die Personalauswahl gehöre. Ein parteipolitisches Betätigungsverbot oder gar das Verbot der Mitgliedschaft öffentlicher Bediensteter in politischen Parteien widerspreche den Grundrechten der Betroffenen. Überzeugend ist dies allerdings nicht;[47] auch in anderen Demokratien werden den Staatsdienern solche Einschränkungen im Interesse des Ansehens und der Leistungsfähigkeit des öffentlichen Dienstes zugemutet. Vom Bundespräsidenten wird auch in Deutschland erwartet, daß er seine Parteimitgliedschaft ruhen läßt. Gleichwohl können sich hinter den angeblich unübersteigbaren verfassungsrechtlichen Hürden alle Arten von politischen Widerständen gegen durchgreifende Besserungen gut verschanzen, so daß jedenfalls die beiden zuletzt genannten Vorschläge auf absehbare Zeit wenig Chancen haben dürften. Widerstände werden auch dadurch ermutigt, daß die parteipolitische Neutralität des öffentlichen Dienstes im Grundgesetz nur halbherzig durchgeführt und nicht konsequent abgesichert worden ist. Demgegenüber gilt im anglo-amerikanischen System ein grundsätzliches Verbot der parteipolitischen Betätigung von Beamten und eine strenge Trennung von Amt und Mandat. Ein

Beamter kann sich dort um einen Parlamentssitz nur bewerben, wenn er vorher sein Amt aufgibt. Die Engländer und Amerikaner haben – besonders in Reaktion auf die nationalsozialistische Gleichschaltung des öffentlichen Dienstes – 1949 versucht, dies auch in unser Grundgesetz hineinzubringen, allerdings nur mit beschränktem Erfolg. Der Parlamentarische Rat bestand selbst überwiegend aus öffentlichen Bediensteten, von denen viele eine politische Betätigung praktizierten oder sich jedenfalls vorstellen konnten. Artikel 137 Absatz 1 Grundgesetz ermächtigt den Gesetzgeber lediglich, die Wählbarkeit von Beamten, Soldaten und Richtern in eine gesetzgebende Körperschaft zu *beschränken*, nicht zu beseitigen. Es wäre hilfreich, wenn diese Ermächtigung erweitert würde.

Auf den politischen Wettbewerb zwischen den Parteien zu setzen und zu hoffen, daß sie wirksame Vorkehrungen gegen Ämterpatronage zur Debatte stellen und durchsetzen, hat sich in der Vergangenheit nicht als erfolgversprechender Weg gezeigt. Die Parteien sind vielmehr gleichgerichtet vorgegangen und haben nach der Devise »Right or wrong – my party« in gleicher Weise versucht, den öffentlichen Dienst, die öffentlich-rechtlichen Medien und sonstige als parteiunabhängig konzipierte Einrichtungen unter ihren Einfluß zu bekommen. Die Parteien wetteifern im stillen um möglichst große Patronageanteile und hüten sich, die Frage, wie derartige Grenzüberschreitungen wirksam verhindert werden können, zum Wahlkampfthema zu machen. Der Wähler steht vor einem politischen Quasi-Kartell, einem Kartell des Ausklammerns von Antworten auf dringende Probleme. Deshalb ist auch die immer wieder vorgebrachte Aufforderung an den Wähler, er möge den Parteien mit dem Stimmzettel die Antwort auf ihr Versagen geben, blauäugig. Der Wähler ist – solange die Parteien gleichgerichtet vorgehen und ihm keine Alternative anbieten – entmachtet. Wen immer er wählt, alle sind in das politische Kartell eingebunden.

Ämterpatronage ist also nicht etwa eine Folge des Parteienwettbewerbs (und schon gar nicht eine zwangsläufige), wie manche immer wieder beschwichtigend behaupten, sondern resultiert umgekehrt aus der kartellartigen Unterbindung des an sich dringend nötigen Wettbewerbs um Konzepte zur Verhinderung der Patronage. Dabei möchte ich behaupten, daß eine politische Partei, die die Bekämpfung der Ämterpatronage glaubwürdig auf ihre Fahnen schreibt und konkrete Konzepte für ihre wirksame Bekämpfung in der Zukunft anbietet, damit sogar Wahlen gewinnen könnte – ganz abgesehen davon, daß sie auch die Konkurrenzparteien unter Handlungsdruck setzen würde. Sie müßte dies allerdings vorher parteiintern durchsetzen; das ist schwer für Parteien, die ihre Mitglieder – wenn auch vielfach unausgesprochen – nicht zuletzt mit der Aussicht auf Patronage zu ködern suchen. Immerhin sind in letzter Zeit gewisse Bewegungen in den Parteien zu beobachten.
Vielleicht könnte ein Anstoß zur Besserung auch vom Bundesverfassungsgericht ausgehen. Anzusetzen wäre weniger an der Kontrolle des einzelnen Patronagefalles als an der Organisation des Auswahlverfahrens. Dieses müßte so konstruiert sein, daß Ämterpatronage auf ein Minimum zurückgeführt wird. Die Erkenntnis, daß die Richtigkeit von Einzelentscheidungen wesentlich auch von der angemessenen Organisation des Entscheidungs*verfahrens* abhängt, ist in anderen Bereichen zu einem Merkmal der Rechtsprechung des Bundesverfassungsgerichts geworden. Das Gericht hat gerade in solchen Fällen, wo Einzelentscheidungen kaum überprüfbar sind, den Gesetzgeber für verpflichtet erachtet, das Entscheidungsverfahren so zu organisieren, daß möglichst richtige Entscheidungen zustande kommen. So muß der Gesetzgeber bei der Verteilung knapper Studienplätze an den Hochschulen für die Einrichtung eines gerechten Auswahlverfahrens sorgen, das allen Bewerbern eine faire Chance läßt. Ähnliches ließe sich auch für die Verteilung

von Stellen im öffentlichen Dienst sagen. Hier wären derartige Vorkehrungen besonders wichtig, weil es um die Sicherung elementarer demokratischer Gleichheitsrechte geht, die zu den Kernbestandteilen der Verfassung gehören. Der Gesetzgeber hat hier von Verfassungs wegen eine positive Aktionspflicht. Allerdings spielt, wie jeder weiß, auch bei der Auswahl der Verfassungsrichter das Parteibuch häufig eine Rolle, und es ist nicht auszuschließen, daß dieser Umstand auf die Bereitschaft des Verfassungsgerichts zurückschlägt, etwas Wirkungsvolles gegen Ämterpatronage zu unternehmen. Andererseits darf man den sogenannten Becket-Effekt nicht unterschätzen, nach welchem ein Amtsträger oft über sich hinauswächst und den Amtspflichten zu Lasten früherer Loyalitäten Vorrang gibt, ein Effekt, der durch die zwölfjährige Amtsdauer des Verfassungsrichters und den Ausschluß seiner Wiederwahl gefördert werden soll.

Als wirkliches Gegengewicht gegen Machtmißbrauch der politischen Parteien kommt letztlich wohl nur die Aktivierung des Volkes selbst in Betracht. Dabei geht es nicht nur um die Ausweitung von direkten Sachentscheidungen des Volkes, wie sie als Ergänzung des repräsentativen Systems auf Landes- und Kommunalebene bereits teilweise vorgesehen sind, sondern auch um die Einführung der Direktwahl bestimmter Amtsinhaber und um die Stärkung des Einflusses der Bürger auf die Kandidatenlisten bei der Wahl von Volksvertretungen. Hier liegen die Werkzeuge, mit denen sich durchgreifende Verbesserungen auch gegen anfänglichen Widerstand der Parteien durchsetzen ließen, mag der Gedanke zunächst auch ungewohnt erscheinen. Angesichts dessen, was auf dem Spiele steht, muß aber auch Undenkbares gedacht werden. Wie oft hat die Geschichte gelehrt, daß gestern noch scheinbar Utopisches sich über Nacht plötzlich als durchaus machbar erwiesen hat. Genau genommen ist die Entwicklung auch schon im Gange, besonders auf kommunaler Ebene.

Das süddeutsche Kommunalrecht vermittelt Erfahrungen mit der Direktwahl von Amtsinhabern. Der baden-württembergische Bürgermeister, dessen Kompetenzen auch dadurch gestärkt sind, daß er Verwaltungschef und zugleich Vorsitzender des Gemeinderats ist, wird vom Volk gewählt. Natürlich ist auch er, besonders in größeren Gemeinden und in Städten, auf die Unterstützung durch politische Parteien angewiesen. Dennoch gibt es keine Inhaber politischer Ämter in der Bundesrepublik, die ein vergleichbares Maß an Unabhängigkeit von den Parteien besitzen. Das gilt für Bürgermeister in Baden-Württemberg in besonders starkem Maße (noch stärker als etwa in Bayern). Ihre Wahl ist zeitlich von der Gemeinderatswahl abgekoppelt, und ihre Parteizugehörigkeit darf bei der Wahl nicht genannt werden. Es fällt auf, daß parteipolitische Patronage nach vorliegenden Untersuchungen im Bereich der baden-württembergischen Gemeindeverfassung deutlich geringer ist als in Norddeutschland. Hier herrschen eben andere politische »Spielregeln«. Der norddeutsche Gemeindedirektor wird durch den *Rat* gewählt und wiedergewählt. Er ist deshalb auf die Fraktionen im Rat angewiesen. Er erleichtert seine Wiederwahl, wenn er sich ihren Patronagewünschen fügt. Bei der baden-württembergischen Direktwahl des Bürgermeisters liegen die Dinge genau umgekehrt. Er muß, um sein Vertrauen bei der Bevölkerung nicht aufs Spiel zu setzen, Distanz zu den Parteien halten, auch zu derjenigen, der er möglicherweise angehört; die Hälfte der Bürgermeister in Baden-Württemberg hat überhaupt kein Parteibuch. Spräche sich herum, daß Stellen im Gemeinderat nach Parteibuch vergeben würden, würde dies dem Bürgermeister in den Augen der Bürger schaden und seine Wiederwahl gefährden. Die Volkswahl macht es für den Gewählten also lohnend, sich den Patronageansinnen der Parteien zu widersetzen.

Die starke und auf das Wohl der Gemeinde bezogene Stellung

des urgewählten Bürgermeisters verdient auch unter einem anderen Gesichtspunkt Beachtung. Wie im folgenden Kapitel dargelegt wird, läuft die unter dem Druck der Interessenverbände stehende parlamentarische Demokratie Gefahr, allgemeine und langfristige Interessen zugunsten aktueller, schlagkräftig organisierter Partikularinteressen zu vernachlässigen.[48] Daraus hat der Verwaltungswissenschaftler Fritz Scharpf die Konsequenz gezogen, der politische Prozeß müsse so ausgestaltet werden, daß die »Entscheidungen in relativer Unabhängigkeit von Pressionen der organisierten Interessengruppen ... durchgesetzt werden können« und »die Politik ... gerade auf jene Bedürfnisse, Interessen, Probleme und Konflikte reagieren kann, die innerhalb der pluralistischen Entscheidungsstruktur nicht ausreichend berücksichtigt werden«.[49] Diesen Anforderungen entspricht der volksgewählte Bürgermeister in hohem Maße, ohne daß seine demokratische Legitimation darunter litte. Er ist als der vom Gemeindevolk direkt Gewählte stark genug, jenen abträglichen Tendenzen im Interesse der Gemeinde als Ganzer wirksam Paroli bieten zu können. Er ist sozusagen der geborene Patron des Gemeindewohls.

Derartige Gedanken setzen sich in letzter Zeit immer mehr durch und spiegeln sich auch darin, daß die süddeutsche Gemeindeverfassung inzwischen zum Modell auch für andere Bundesländer geworden ist, die sie in zunehmendem Maße übernehmen, etwa Rheinland-Pfalz und einige der neuen Bundesländer (Näheres siehe Kapitel 2, Abschnitt VI).

Man darf allerdings nicht bei der Reform der Gemeindeverfassung stehenbleiben, sondern muß auch die Landesverfassungen einbeziehen. Ein direkt vom Volk gewählter Ministerpräsident könnte ein gewaltiges Bollwerk gegen den zersetzenden Parteieneinfluß auf die Verwaltung und den öffentlichen Dienst eines Landes darstellen. Dies ist in Kapitel 8 ausführlich dargelegt. Eine dahingehende Reform wäre auch unter fast allen anderen Aspekten günstig zu beurteilen und als durchgreifender institutioneller Fortschritt anzusehen, mit dem ein Abbau der Politikverdrossenheit eingeleitet werden könnte. Die praktische Realisierung dieses Vorschlages erscheint – entgegen dem allerersten Eindruck – keineswegs utopisch. Verfassungsänderungen lassen sich in manchen Bundesländern auch durch Volksbegehren und Volksentscheid herbeiführen. Und welche Attraktivität die Direktwahl seiner Repräsentanten für den Bürger besitzt, hat die hessische Volksabstimmung vom Januar 1991 gezeigt, durch die dort die Direktwahl von Bürgermeistern und Landräten mit überwältigender Mehrheit eingeführt wurde.

Vieles von dem, was auf den vorstehenden Seiten für die Verwaltung und den öffentlichen Dienst im allgemeinen geschrieben wurde, läßt sich auch auf spezielle Bereiche übertragen: die öffentlichen Unternehmen, den öffentlich-rechtlichen Rundfunk und die Rechtsprechung. Doch sollen sie im folgenden gesondert betrachtet werden, weil Ämterpatronage in ihnen teils besonders verbreitet ist, teils besonders gefährliche Auswirkungen hat.

II. Öffentliche Unternehmen

Zu den größten Patronagereservoirs gehören die öffentlichen Unternehmen, das heißt die Wirtschaftsbetriebe in staatlicher Hand. Da die meisten öffentlichen Unternehmen im Besitz der Gemeinden sind,[50] besteht auf dieser Ebene auch die umfangreichste Patronagemasse. Hier sind es neben den Sparkassen und den Verkehrsbetrieben vor allem die Unternehmen, die die Gemeinde mit Strom, Gas und Wasser, bisweilen auch mit Fernwärme versorgen und die die Entsorgung von Müll vornehmen, die zu »Versorgungs«unternehmen in einer ganz anderen Bedeutung des Wortes zu werden drohen, werden sie doch von den Parteien in immer schamloserer Weise zur Versorgung des politischen Personals mißbraucht.

Die Möglichkeiten der Parteien, sich öffentliche Unternehmen zur Beute zu machen, hängen nicht zuletzt von der *Rechtsform* ab, in der die Unternehmen betrieben werden. In Betracht kommen vor allem zwei »Rechtskleider«:

— der öffentlich-rechtliche Eigenbetrieb und
— die privat-rechtliche Gesellschaft (insbesondere Gesellschaft mit beschränkter Haftung [GmbH] oder Aktiengesellschaft [AG]), deren Anteile in der Hand der Muttergemeinde sind (sogenannte Eigengesellschaften).

Eigengesellschaften sind seit einiger Zeit scheinbar unaufhaltsam im Vordringen. Zwar wird in Bayern und Baden-Württemberg – aufgrund des dort in den Gemeindeordnungen verankerten Vorrangs des Eigenbetriebs, dem der direkt gewählte Bürgermeister aufgrund seiner starken Stellung Nachdruck verleihen kann – nach wie vor ein großer Teil der Versorgungs- und Verkehrsbetriebe in der Rechtsform des Eigenbetriebs geführt.[51] In anderen Ländern nehmen die Eigengesellschaften aber immer mehr zu. Und unter den Großstädten sind selbst in Süddeutschland nur die Münchner Stadtwerke noch ein Eigenbetrieb geblieben. In sämtlichen anderen Großstädten werden die Unternehmen als Gesellschaft mit beschränkter Haftung oder Aktiengesellschaft betrieben.

Das übliche Argument für derartige Umstellungen der Rechtsform ist die Schaffung größerer wirtschaftlicher Beweglichkeit. Für Eigenbetriebe gelten in der Tat eine Reihe von öffentlich-rechtlichen »Beschränkungen«. Die praktisch wohl wichtigste (wenn sie auch selten beim Namen genannt wird) ist: Eigenbetriebe unterliegen bei der Bezahlung ihrer Leitung (der sogenannten Werkleiter) bestimmten Obergrenzen, die in der sogenannten Werkleiterbesoldungsverordnung enthalten sind. Darin ist zum Beispiel bestimmt, daß der Erste Werkleiter (mindestens) eine Besoldungsgruppe *unter* dem Spitzenbeamten der Muttergemeinde, also dem Bürgermeister oder Stadtdirektor, eingruppiert sein muß.[52] Privatrechtlich organisierte Unternehmen unterliegen dieser Verordnung nicht, auch dann nicht, wenn ihre Anteile zu hundert Prozent in der Hand kommunaler Träger sind. Der Übergang zur privaten Rechtsform scheint oft nur einen einzigen wirklichen Grund zu haben: von den Beschränkungen der Werkleiterbesoldungsverordnung wegzukommen. Alles andere ist oft mehr oder weniger vorgeschützt. Das führt dazu, daß die Bezüge von Vorstandsmitgliedern oder Geschäftsführern privatrechtlich organisierter kommunaler Versorgungsunternehmen bei sonst gleichen Umständen (Umsatz, Bilanzsumme, Personal) meist auf höherem, bisweilen auf doppeltem oder noch höherem Niveau liegen.[53] Die Bewertung dieser Flucht aus den öffentlich-rechtlichen Begrenzungen ist ambivalent:[54] Geht es um die Bezahlung von wirklich qualifiziertem Führungspersonal, so kann es sinnvoll sein, höhere Bezüge zu gewähren, um im Wettbewerb mit der Privatwirtschaft bestehen zu können. Dort werden häufig höhere (Aktiven-)Gehälter gezahlt. Doch ist der Vergleich oft einseitig, denn abgesehen davon, daß beim Vergleich der Bezüge auch zu berücksichtigen ist, daß die Altersversorgung von Führungskräften in der privaten Wirtschaft regelmäßig sehr viel ungünstiger ist und nur etwa 35 bis 40 Prozent der Aktivenbezüge beträgt,[55] kippt die Beurteilung vollends, wenn und soweit es um die Bezahlung von *Versorgungs*posten geht. Für Begünstigte von Versorgungspatronage ist praktisch jedes Gehalt zu hoch. Die entscheidende Frage lautet deshalb, wie groß in der Praxis der Anteil der von den Parteien Versorgten ist. Aus naheliegenden Gründen gibt es natürlich keine Statistiken. Praktiker gehen jedoch gesprächsweise davon aus, daß parteipolitische Ämterpatronage bei kommunalen Versorgungsunternehmen stark verbreitet ist. Selbst Jürgen Rüttgers nennt die kommunalen Unternehmen einen der zentralen Bereiche, in denen Patronage durch politische Parteien am ausgeprägtesten sei. Das Bemerkenswerte: Rüttgers ist Parlamentarischer Geschäftsführer der CDU/CSU-Bundestagsfraktion, also ein Exponent der für Patronage verantwortlichen Parteien, und dürfte deshalb schwerlich zu Übertreibungen neigen. Beispiele für die Besetzung von Führungspositionen gemeindlicher Unternehmen mit Parteipolitikern gibt Erwin Scheuch für Köln. Doch lassen sich die Beispiele beliebig vermehren. Auch andere öffentliche Unternehmen sind Patronageobjekte. Dazu zählen auch die Präsidenten der Landeszentralbanken und der Landesbanken. Ein spektakulärer Fall war der des Ex-Oberbürgermeisters von Saarbrücken, Koebnik, den der saarländische Ministerpräsident Lafontaine zum Chef der saarländischen Landeszentralbank berief, obwohl schon damals absehbar war, daß das Saarland bald über keine eigene Landeszentralbank mehr verfügen würde. Der Skandal wurde schließlich dadurch gemildert, daß der rheinland-pfälzische Ministerpräsident Scharping sich einverstanden erklärte, daß der Posten der aus Rheinland-Pfalz und dem Saarland zusammengelegten Landeszentralbank Koebnik übertragen wurde.

Je stärker die Unternehmen sich schon im Griff der Parteien befinden, desto weniger können hohe Gehälter tatsächlich noch dazu beitragen, qualifiziertes Personal zu gewinnen. Sie sind ja nicht nur geeignet, Spitzenkräfte anzulocken, sondern auch dazu angetan, Politiker, die auf Versorgung aus sind, begehrlicher zu machen. Und jede Hoffnung, der wirtschaftliche Wettbewerb oder die öffentliche Kontrolle würden eine mangelnde Qualifikation der Führung gegebenenfalls offenbaren und über kurz oder lang ihre Ablösung erzwingen, geht an den spezifischen Gegebenheiten völlig vorbei: Erstens sind kommunale Versorgungsunternehmen Monopolunternehmen und können bei steigenden Kosten notfalls ihre Tarife heraufsetzen, ohne daß Wettbewerb sie daran hindert; zweitens können sie Kostensteigerungen durch Senkung der Abführungen an die Muttergemeinde (bzw. durch Steigerung der Zuführungen von der Gemeinde), also zu Lasten der Konsumenten und der Steuerzahler, abdecken, und drittens ist die Kontrolle durch die Muttergemeinde und die Öffentlichkeit ohnehin stark eingeschränkt und nimmt beim Übergang vom Eigenbetrieb zur Eigengesellschaft noch weiter ab.[56]

Gehaltsanhebungen auf Vorstandsebene können darüber hinaus auf das Einkommensniveau des ganzen Unternehmens durchschlagen. Denn wenn der Vorstand vorangeht, können dem Betriebsrat bzw. den Arbeitnehmervertretern im Aufsichtsrat Wünsche nach Anhebungen für die gesamte Belegschaft kaum abgeschlagen werden. Stellen in privatrechtlich organisierten Unternehmen sind so häufig höher eingestuft als in Eigenbetrieben. Diese Entwicklung wird neben dem erwähnten Fehlen von Wettbewerb und öffentlicher Kontrolle dadurch erleichtert, daß in kommunalen Aktiengesellschaften die Arbeitnehmerseite (soweit man sie nicht nur technisch, sondern auch »ideologisch« versteht) strukturell regelmäßig die Mehrheit besitzt. Denn auch die von einer SPD-Fraktion des Gemeinderats in den Aufsichtsrat gesandten Mitglieder werden nicht selten der Arbeitnehmerseite zuneigen, so daß oft keine wirkungsvolle Kontrolle gegen Anhebungen des Gehaltsniveaus zu erwarten sein dürfte. Da der Aufsichtsrat das einzige Gremium ist, über das (wenn überhaupt) eine Aktiengesellschaft gesteuert und kontrolliert werden kann, ist die Einschränkung der Funktionsgerechtigkeit dieses Gremiums besonders gravierend.[57]

Angesichts derartiger – mangels Kontrolle – fast unbegrenzter Möglichkeiten der parteipolitischen Patronage und der Versorgung mit Privilegien verwundert es nicht, daß gegen *Privatisierung* von öffentlichen Unternehmen von seiten der Politik und der Gewerkschaften erhebliche Widerstände bestehen.

Dabei gilt die oben entwickelte rechtliche Bewertung der Ämterpatronage auch für die Besetzung von Positionen in öffentlichen Wirtschaftsunternehmen, und zwar auch dann, wenn diese privatrechtlich organisiert sind. Ämterpatronage ist auch hier nicht nur illegitim, sondern auch illegal. Ebensowenig wie ein Unternehmen in der Hand der Gemeinde bei der Auftragsvergabe Angehörige einer bestimmten Partei bevorzugen darf (vergleiche auch Artikel 3 Absatz 3 Grundgesetz), darf es bei Personalentscheidungen unsachliche Kriterien anwenden. Die Auswahl eines Vorstandes oder Geschäftsführers einer kommunalen Eigengesellschaft nur unter Parteileuten ist ebenso rechts- und verfassungswidrig wie die Bevorzugung eines Parteianhängers bei der Auswahl eines Krankenhausarztes oder kommunalen Sparkassendirektors. Dies ist festzuhalten, weil die größere Beweglichkeit, die die private Rechtsform gewährt, auch in besonderem Maß zum Mißbrauch verleitet.

Die Parteien nutzen öffentliche Unternehmen noch auf eine

zusätzliche Weise für ihre Zwecke. Es fällt nämlich nicht schwer, die in den Vorstand patronierten Günstlinge zu »Spenden« an ihre Parteien zu veranlassen und dadurch Dankbarkeit für die rechtswidrige Karriereförderung zu demonstrieren. Doch kommen diese Spenden nicht (nur) aus dem persönlichen Einkommen des Patronierten; dieser nutzt vielmehr seine Stellung als Organ der Gesellschaft und veranlaßt die Zahlungen in ihrem Namen und auf ihre Rechnung. Bekanntgeworden ist der Fall der Stadtwerke Bremen AG, die zu 80 Prozent in der Hand der Stadt sind. Ihr Vorstandschef Czichon ist früherer SPD-Senator; Vorsitzender des Aufsichtsrats ist der Bremer Bürgermeister Wedemeier. Die Gesellschaft leistete eine große Zahl von Geld- und Sachspenden unter anderem direkt an die SPD in Bremen und darüber hinaus auch an die SPD in Bonn, die ihrer Bremer Tochter vorher mit hohen Krediten ausgeholfen hatte, ferner zugunsten einzelner Amtsträger, zu denen auch Wedemeier selbst gehört, dessen Arbeits- und Schlafzimmer in der Bremer Landesvertretung in Bonn von den Stadtwerken mit Möbeln für 32 000 Mark ausgestattet wurde.[58] Der Fall der Bremer Stadtwerke ist kein Einzelfall, sondern, wie erfahrene Insider berichten, in vielen Städten normale Praxis. Die Parteien machen sich dabei die öffentlichen Unternehmen gleich zweimal »zur Beute«: bei der Instrumentalisierung ihrer Personalstellen *und* ihrer Finanzen. Aus der Sicht der Parteistrategen scheint hier fürwahr das Ei des Kolumbus gefunden zu sein, eine Art perpetuum mobile der Parteienfinanzierung, die sich aus der Patronage fortwährend regeneriert. Genau besehen, handelt es sich allerdings um eine Form der verschleierten und damit verfassungswidrigen Staatsfinanzierung der Parteien.

III. Rundfunk und Rechtsprechung

Weit fortgeschritten ist auch die Parteipolitisierung des öffentlich-rechtlichen Rundfunks. Besonders nachdem Mitte der siebziger Jahre eine Art Trendwende in der (vorher eher zurückhaltenden) Einschätzung der politischen Wirkung der Medien zu beobachten war (Noelle-Neumann: »Return to the concept of powerful media«), haben sich die Bemühungen der Parteien, die Rundfunkanstalten mit Parteigängern zu besetzen, verstärkt.[59] Bei der Personalrekrutierung spielt die Parteinähe der Bewerber eine wesentliche Rolle.[60] Besonders ausgeprägt war der Einfluß der Parteien beim Aufbau der öffentlich-rechtlichen Anstalten in den neuen Ländern nach der deutschen Vereinigung. Parteipolitiker bestimmen heute zu einem guten Teil, was auf die Tagesordnung der öffentlich-rechtlichen Medien kommt.[61] Der alles beherrschende Parteienproporz und die ständige »programmbegleitende Protestpraxis« (so der Kommunikationswissenschaftler N. Schneider) durch die Parteien bewirken »weniger eine Ausgewogenheit der Kritik als eine Ausgewogenheit im Verschweigen«, wie der Staatsrechtler Dieter Grimm zutreffend bemerkt hat. Dadurch wird die Informations-, Kritik- und Kontrollfunktion des Rundfunks gemindert, ja teilweise bereits lahmgelegt. Dieser Effekt wird noch verstärkt durch die Eigenheiten des Fernsehens, die die Darstellung von Zusammenhängen, Hintergründen und langfristigen Entwicklungen, die das kritische Nachdenken anregen, bis zur Unmöglichkeit erschweren.[62] Der Verlust der Kontrollfunktion geht aus der Sicht der Staats- und Verfassungslehre an den Nerv des Systems, weil unabhängige Information und kritische Kontrolle durch den Rundfunk gerade im Parteienstaat an sich unverzichtbar sind.[63] Die Regierung und Parlamentsmehrheit sind hier miteinander verklammert, die zwischenparteiliche Zusammenarbeit in den

Parlamenten ist einer öffentlichen Austragung von Problemen hinderlich, und die durch die Parteien vermittelte Verzahnung von Parlament und Verwaltung erschwert eine parlamentarische Steuerung und Kontrolle der Verwaltung. Aus diesen Gründen wäre eine unabhängige und wirksame Kontrolle durch die modernen Medien an sich besonders wichtig; um so fataler ist es, wenn diese versagen.

Auch hier dürfte das System des Parteienwettbewerbs aus eigener Kraft kaum zu einer Umkehr oder auch nur zu einer Abbremsung der Entwicklung zu immer stärkerer Parteipolitisierung fähig sein. Es bedarf der Initiative durch Gegenkräfte, die von den Parteien weitgehend unabhängig sind.[64]

Das Bundesverfassungsgericht hatte zur Einwirkung der Parteien auf den Rundfunk ursprünglich nicht Stellung genommen, sondern im ersten Fernsehurteil 1961 aus der Rundfunkfreiheit des Artikel 5 Grundgesetz nur abgeleitet, der Rundfunk dürfe »weder dem Staat noch *einer* gesellschaftlichen Gruppe ausgeliefert« werden.[65] Auf dieser Basis hatte man noch argumentieren können, auch den Parteien stehe als wichtigen gesellschaftlichen Gruppierungen Einfluß auf den Rundfunk zu. Jedenfalls hatten die Parteien dies wie selbstverständlich für sich in Anspruch genommen. Diesem Verständnis hat das Gericht in einer Entscheidung von 1982 eine Absage erteilt und das Begehren der FDP, im Rundfunkrat des Norddeutschen Rundfunks beteiligt zu werden, abgelehnt. Dies wurde damit begründet, die Tätigkeit im Rundfunkrat gehöre nicht zur politischen Willensbildung im Sinne des Artikel 21 Grundgesetz, an der die Parteien mitzuwirken berechtigt seien.[66]

Hier deutet sich eine wichtige Unterscheidung an, nämlich die zwischen parteipolitischer Willensbildung einerseits und sonstiger politischer Willensbildung andererseits. In der Tat besteht ein grundlegender Unterschied: Parteien zielen auf die politische Macht, suchen die öffentliche Meinung im Sinne ihrer

Interessen zu beeinflussen und tendieren deshalb dazu, unerwünschte Meinungen möglichst zu unterdrücken. Dagegen soll der Rundfunk als Sachwalter der Interessen der Allgemeinheit Informationen und Meinungen in möglichst umfassendem Sinne vermitteln. Ihm muß es deshalb um umfassende und ausgewogene Information und Meinungsdarbietung gehen. Wörtlich stellt das Gericht fest: »Die Aufgaben der politischen Parteien und des Rundfunkrates unterscheiden sich also nach Ziel und Zweck in grundsätzlicher Weise voneinander.«[67]

Daraus läßt sich möglicherweise der Grundsatz ableiten, daß *partei*politischer Einfluß auf den Rundfunk rundheraus illegitim ist. Damit würde das Erfordernis der Distanz des Rundfunks gegenüber dem Staat zum Erfordernis der Distanz gegenüber politischen Parteien überhaupt ausgeweitet[68] und der Erkenntnis entsprochen, daß es letztlich Parteien sind, die den Staat »tragen«.[69] Eine klärende Entscheidung des Bundesverfassungsgerichts wäre allerdings hilfreich.

Die Unterscheidung zwischen *partei*politischem Wirken einerseits und sonstiger, den Parteien verschlossener politischer Willensbildung andererseits läßt sich, wie eingangs dieses Kapitels schon angedeutet, auch auf andere Bereiche übertragen, die eigentlich von den Parteien abgeschottet bleiben sollten. Der Grund ist auch hier die spezifische Machtorientierung der Parteien, die im Gegensatz steht zu den erkenntnis- und wertorientierten Denk- und Arbeitsweisen, die das charakteristische Gemeinsame für ansonsten so verschiedene Einrichtungen wie die öffentliche Verwaltung, die Rechnungshöfe, die Bundesbank, die Gerichtsbarkeit und die Wissenschaft sind (oder doch sein sollten). Entscheidend ist, daß auch die Herstellung von parteipolitischer Ausgewogenheit in diesen Institutionen das Problem nicht zu entschärfen vermag, weil der parteipolitische Einfluß die *Qualität* der Motivations-, Denk- und Arbeitsweise und damit auch die Qualität der Willensbildung insgesamt verändert.

Auch hinsichtlich des Rundfunks würde sich anbieten, die Bestellung der Aufsichtsgremien einer unabhängigen, aber voll demokratisch legitimierten Instanz zu übertragen. Peter Glotz hat vorgeschlagen, sie (ebenso wie die Bestellung bestimmter Richter) in die Hand des vom Volk zu wählenden Bundespräsidenten zu legen;[70] dafür wäre allerdings – auch angesichts der Zuständigkeit der Länder – eine Grundgesetzänderung erforderlich.[71]

Auch im Bereich der *Dritten Gewalt* wird Parteipolitisierung immer mehr zum Problem. Rechtlich fällt die Beurteilung einer parteipolitischen Auswahl von Richtern bei der Einstellung und Beförderung genauso eindeutig aus wie bei Verwaltungsangehörigen. Artikel 33 Absatz 2 Grundgesetz gilt auch für Richter. Zwar unterliegen sie in der Regel einer engeren Gesetzesbindung und haben deshalb meist weniger Gestaltungs- und Ermessensspielraum als die Verwaltung. Andererseits ist die Unabhängigkeit beim Richter besonders wichtig und durch Artikel 97 GG ausdrücklich hervorgehoben: »Die Richter sind unabhängig und nur dem Gesetze unterworfen.« Zudem privilegiert Ämterpatronage auch hier die mit dem richtigen Parteibuch zu Lasten aller anderen und kann praktisch zu einer Zulassungssperre für Kandidaten ohne Parteibuch werden. So heißt es in einer Würdigung des großen Staatsrechtlers Günter Dürig: »Eine Berufung ans Bundesverfassungsgericht, der er wohl gefolgt wäre, gedieh nicht auf dem Sandboden des parteipolitischen Besetzungsproporzes.«[72] Es ist ein offenes Geheimnis, daß in den beiden achtköpfigen Senaten des Bundesverfassungsgerichts Christ- und Sozialdemokraten jeweils drei Posten mit Parteimitgliedern besetzen, wobei ein eventueller Koalitionspartner von der Regierungspartei mitversorgt wird. Auf jeweils eine Planstelle berufen die großen Parteien »neutrale« Richter ihrer Präferenz. »Die Politik rekrutiert also die höchsten Richter nicht aus dem (Juristen-)Volke, sondern aus einer Kaste, deren Homogenität und Exklusivität durch ein Stück Papier bestimmt wird: das Parteibuch.«[73] Auch bei den Landesverfassungsgerichten werden die Richtersitze faktisch im Verhältnis der Fraktionsstärken aufgeteilt.[74] Bei der Wahl der Richter zu den obersten Bundesgerichten spielt das Parteibuch ebenfalls eine wesentliche Rolle;[75] daß der frühere Präsident des Bundesverwaltungsgerichts Horst Sendler, der dieses Amt von 1980 bis 1991 innehatte, »beharrlich parteilos«[76] war, wurde immer mehr als Überbleibsel einer vergangenen Zeit angesehen. Ämterpatronage geht, wenn auch mit unterschiedlicher Intensität, durch alle Bereiche und Gerichtszweige. Vor kurzem wurde ein drastisches Beispiel bekannt: Bei der Schöffenwahl für die Gerichte der Stadt Augsburg übernahm der Wahlausschuß die von den Fraktionen des Gemeinderats vorgelegte Vorschlagsliste, in der in zwei Fällen ganz überwiegend, in einem Fall sogar ausschließlich Parteimitglieder aufgeführt waren.[77]

Zum Schutz der Gerichtsbarkeit muß man hier erst recht über durchgreifende Gegenmittel, etwa ein Verbot der Mitgliedschaft oder zumindest der aktiven Betätigung von Richtern in politischen Parteien, nachdenken. Der internationale Vergleich zeigt, daß die Richterschaft in vielen westlichen Demokratien weitgehend neutralisiert ist.[78] In Kanada ist dem Richter das aktive Wahlrecht verwehrt. In England besteht die ungeschriebene Regel, daß jeder Berufsrichter sich nach seiner Ernennung jeder parteipolitischen Tätigkeit zu enthalten hat. Ein solcher Grundsatz gilt zum Beispiel auch in Belgien und Irland, wo den Richtern jede politische Aktivität verboten ist. In Japan und der Schweiz ist zwar die Parteizugehörigkeit gestattet, die politische Betätigung aber verboten.

Die Zugehörigkeit von Richtern zu politischen Parteien und erst recht ihre aktive parteipolitische Betätigung kann zum Verlust der erforderlichen richterlichen Distanz führen. Dabei geht es nicht nur um mögliche Versuche einer Partei, auf bestimmte

Gerichtsverfahren Einfluß zu nehmen. Es geht weniger darum, daß der Richter etwa einem (verfahrensbeteiligten) Parteifreund helfen oder einem (beteiligten) parteipolitischen Gegner schaden will. Größer erscheint die Gefahr, die daraus resultiert, daß der Richter sich bei seinen Entscheidungen darüber klar ist, daß ein bestimmtes Urteil wegen der darin zum Ausdruck kommenden Tendenz innerhalb der Partei Anerkennung finden und die Fortkommenschancen des dafür verantwortlichen Richters verbessern wird. »Ein Richter, der sich vergegenwärtigen muß, daß seine rechtsprechende Tätigkeit unter der Perspektive einer politischen Gruppe betrachtet und für Beförderung gewürdigt wird, ist in der Ausübung seines Richteramts innerlich nicht mehr frei.«[79] Richterliche Unabhängigkeit aber ist *die* Funktionsbedingung der Rechtsprechung. Ein parteilicher Richter ist kein Richter mehr. Auch hier gilt, daß es nicht auf die tatsächliche Beeinflussung ankommt, vielmehr bereits der böse Schein zu meiden ist.

5

Politikfinanzierung:
Selbstbedienung aus der Staatskasse

Die Probleme staatlicher Politikfinanzierung sind jung, weil die Staatsfinanzierung selbst erst ein Produkt der jüngsten Geschichte ist. Bei Abfassung des Grundgesetzes waren seine »Väter« (und wenigen »Mütter«) im Parlamentarischen Rat noch davon ausgegangen, die Politik finanziere sich vornehmlich aus privater Quelle. Staatliche Subventionen für Parteien und ihre Hilfsorganisationen erschienen noch unvorstellbar. Heute beziehen Parteien, Fraktionen und Partei-»Stiftungen« in Deutschland die höchsten Zuschüsse der Welt. Die Bezahlung für Abgeordnete, die nach der ursprünglichen Konzeption eine Aufwandsentschädigung für ein Ehrenamt war, ist zu einer »Vollalimentation« mit großzügiger Altersversorgung geworden. Das trifft auch auf die Landtagsabgeordneten zu, obwohl die Aufgaben der Landesparlamente im Laufe der Zeit stark abgenommen haben. Minister haben zwar schon immer ein Gehalt bezogen. Sie haben sich jedoch, besonders in den Bundesländern, zahlreiche Privilegien (steuerfreie Aufwandsentschädigungen, überzogene Übergangsgelder, Ruhestandsgehälter und sonstige Versorgungsregelungen) verschafft. Der Kreis der sogenannten politischen Beamten wurde immer weiter gezogen und ihre Versorgungsansprüche üppiger ausgestaltet. Auch mit den Parlamentarischen Staatssekretären wurde eine Kategorie geschaffen, deren Existenzberechtigung zweifelhaft ist. Vor den Augen der Öffentlichkeit gut getarnt, hat sich die »politische Klasse« teilweise völlig unangemessene finanzielle Pfründen genehmigt. Sollte diese Entwicklung in Zukunft so weitergehen, würde sich das parlamentarische System leicht selbst diskreditieren. Hat der Bürger erst das Gefühl, die politische Klasse bediene sich aus der Staatskasse, so schwindet sein Vertrauen und damit auch die Fähigkeit der politischen Führung, ihre Aufgaben noch wahrzunehmen.
Die Mängel der Politikfinanzierung gehen in ihrer Bedeutung weit über die fiskalische Belastung der öffentlichen Haushalte

hinaus; sie sind deshalb so beängstigend, weil sie weithin als Symptome und Erscheinungsformen von Mängeln der Politik insgesamt und damit auch als wesentliche Ursache für die zunehmende Politikverdrossenheit der Bürger angesehen werden (Näheres siehe unten in Abschnitt V dieses Kapitels).

I. Parteien

In der staatlichen Finanzierung der Parteien und ihrer Hilfsorganisationen wird der aufgedunsene Parteienstaat besonders augenfällig. Die staatliche Parteienfinanzierung ist Spiegel der Stärke der Parteien und zugleich Mittel, ihre Macht immer weiter auszubauen. Geld schafft Verfügung über Personal und Ressourcen aller Art. Die Einführung und Ausweitung der Staatsfinanzierung der Parteien steht im Zusammenhang mit der Überdehnung ihrer Aufgaben, in die zum Beispiel auch die politische Bildung einbezogen wurde (Näheres siehe Kapitel 3, II). Während die »Väter« des Grundgesetzes davon ausgegangen waren, die Parteien finanzierten sich allein aus Mitgliedsbeiträgen und Spenden von Sympathisanten, erhalten die Parteien heute zwischen 60 und 70 Prozent ihrer Mittel direkt oder indirekt aus der Staatskasse. Zu derartigen Subventionen gehören nicht nur direkte Zuwendungen, sondern auch die steuerliche Begünstigung von Spenden und Beiträgen.[1] In den fünfziger Jahren war man noch als selbstverständlich davon ausgegangen, staatliche Zuschüsse an Parteien seien, wenn sie denn überhaupt eingeführt würden, nur dann gerechtfertigt, wenn gleichzeitig private Spenden an Parteien verboten und dadurch die Gefahren, daß privates Kapital sich politischen Einfluß erkauft, eingedämmt würden. So hatte sich etwa Bundesfinanzminister Schäffer im Jahre 1954 für eine Finanzierung der Parteien durch den Staat ausgesprochen, um die Parteien aus der Abhängigkeit der wirtschaftlichen Interessen und Organisationen zu lösen. Den Parteien sollte zu diesem Zweck gesetzlich die Annahme von Spenden verboten werden.[2] Auch eine vom Bundesminister des Innern eingesetzte Parteienrechtskommission ging in ihrem Bericht von 1957 davon aus, die Einführung einer staatlichen Parteienfinanzierung käme allenfalls dann in Betracht, wenn die Leistung von Spenden von privater Seite unterbunden würde.[3] Diese gedankliche Voraussetzung für die Staatsfinanzierung geriet jedoch später in Vergessenheit. Die in eigener Sache entscheidenden Parteien bewilligten sich ab 1959 rasch zunehmende Staatssubventionen, ohne gleichzeitig Spenden zu verbieten; selbst hohe und höchste Spenden blieben vielmehr unbegrenzt zulässig. Ab 1984 wurden Spenden, auch Großspenden, obendrein noch steuerlich massiv begünstigt. Das ursprüngliche Argument für die Einführung einer Staatsfinanzierung erwies sich also nur als vorgeschützt. Am Ende hatten die Parteien beides: Staatsgeld *und* Spenden.

Die staatliche Finanzierung begünstigte zugleich eine Verkrustung der inzwischen etablierten Parteien, die immer unabhängiger vom finanziellen Engagement ihrer Mitglieder und Sympathisanten wurden. Schon die erwähnte Parteienrechtskommission hatte davor gewarnt, die Parteien könnten bei Subventionierung durch den Staat das Vertrauen der Wählerschaft verlieren und ihre Legitimation schwächen. Die Kommission äußerte ferner »die Besorgnis, daß bei einer derart gesicherten Finanzierung die Parteien sich im Laufe der Zeit auf die öffentliche Hilfe zu sehr verlassen würden und ihr Interesse an der Werbung der Mitglieder erlahmen könnte«.[4] Auch der frühere Vorsitzende der SPD-Bundestagsfraktion Herbert Wehner hatte vor der Staatsfinanzierung gewarnt, weil sie die Mitglieder leicht demotiviere und die Parteiführung von ihrer Unterstützung unabhängig mache. Und genau dieser Effekt stellte sich mit der raschen Zunahme der in eigener Sache bewilligten Staatsmittel ein.

Bis zum Inkrafttreten der Neuregelung, die nach einem Urteil des Bundesverfassungsgerichts von 1992 notwendig wurde, berechnete sich die staatliche Subvention nach einem merkwürdigen Schlüssel: Die Parteien erhielten je Wahlberechtigten (nicht je Wähler) einen bestimmten Betrag, der ursprünglich 2,50 Mark und zuletzt fünf Mark ausmachte. Diese Zahlung erhielten die Parteien nicht nur für Bundestagswahlen, sondern auch für Landtagswahlen und Europawahlen in gleicher Höhe, obwohl bei beiden die Wahlkampfaufwendungen sehr viel niedriger sind als auf Bundesebene. Anfangs hatte noch Konsens bestanden, daß für Landtagswahlen wegen des niedrigeren Aufwandes nur 60 Prozent des Bundesbetrages zu zahlen seien. Nachdem die Zahl der Wahlberechtigten durch die deutsche Vereinigung von rund 47 auf 60 Millionen gestiegen war, erhielten die Parteien rund 300 Millionen je Wahlebene (Bund, Länder und Europa), zusammen also rund 900 Millionen Mark »Wahlkampfkostenerstattung« pro vier- oder fünfjähriger Legislaturperiode, die proportional zu den jeweiligen Wahlergebnissen auf die Parteien verteilt wurden. Da die Gesamtsumme sich nach der Zahl der Wahl*berechtigten* berechnete, blieb sie auch bei zurückgehender Wahlbeteiligung unverändert. Die Parteien erhielten auf diese Weise also auch für Nichtwähler fünf Mark pro Kopf. Die CDU/CSU oder die SPD bekamen bei 40 Prozent der Stimmen zum Beispiel bei Bundestagswahlen immer 120 Millionen Mark, egal, ob sie diesen Anteil bei 80 Prozent Wahlbeteiligung (das wären dann 19,2 Millionen Stimmen) oder bei 60 Prozent Wahlbeteiligung (mit 14,4 Millionen Stimmen) erreichten.

Interessant ist die Rolle, die das *Bundesverfassungsgericht* für die Entwicklung und Begrenzung der staatlichen Parteienfinanzierung spielte. Über das Parteienrecht, auch die Parteienfinanzierung, entscheiden die Parteien, die die Parlamente beherrschen, in eigener Sache, so daß gesteigerter Kontrollbedarf besteht. Für eine solche Kontrolle kommt – mangels direktdemokratischer Rechte des Volkes – neben der Öffentlichkeit vornehmlich die Verfassungsrechtsprechung in Betracht. Ihr Einfluß war in der Praxis jedoch ambivalent. Einerseits erklärte das Bundesverfassungsgericht 1958 unter dem Eindruck der Parteienstaatsdoktrin von Gerhard Leibholz die Staatsfinanzierung der Parteien in einer Nebenbemerkung für zulässig und gab dadurch den Weg frei, ohne gleichzeitig irgendwelche Begrenzungen mitzunennen.[5] Berücksichtigt man, daß die staatliche Finanzierung der Parteien in der Anfangsphase der Bundesrepublik als verfassungsrechtlich dubios galt, so wird die Bedeutung dieses Urteils als Startschuß der Staatsfinanzierung deutlich. Das Gericht hat wohl kaum vorausgesehen, was es damit in Gang setzen würde. Die Parteien griffen die »Anregung« des Gerichts unverzüglich auf, aber nicht etwa durch Erlaß des damals schon seit zehn Jahren überfälligen Parteiengesetzes. Denn dies hätte auch eine Durchsetzung der vom Grundgesetz vorgeschriebenen Transparenz der Einnahmen verlangt. Vielmehr wurden die staatlichen Mittel ohne gesetzliche Regelung schlicht in den Bundeshaushalt eingestellt, 1959 erstmals 5 Millionen Mark. Damit war erstmals in Europa eine staatliche Parteienfinanzierung eingeführt. Dies wäre sogar eine Weltpremiere gewesen, hätten nicht Argentinien und Costa Rica vorher schon eine Staatsfinanzierung geschaffen. Empfänger der Bundesmittel waren ausschließlich die im Bundestag vertretenen Parteien, also solche mit mehr als 5 Prozent der Wählerstimmen. War die staatliche Politikfinanzierung aber erst einmal eingeführt, so war nun kein Halten mehr. Die staatlichen Mittel stiegen in wenigen Jahren auf jährlich 39 Millionen Mark. Ein Gesetzentwurf der CDU/CSU- und der FDP-Fraktionen des Bundestags von 1964 sollte das Gesamtvolumen der Staatszuschüsse sogar auf 90,8 Millionen Mark pro Jahr hochdrücken. Unter dem Eindruck dieses explosionsartigen Wachstums zog das Gericht dann 1966 sozusagen die Notbremse und ließ als Staatszuwendung nur noch die Erstattung der »notwendigen Kosten eines angemessenen Wahlkampfs« zu.[6] Das Urteil wurde allerdings erst möglich, nachdem vorher Gerhard Leibholz wegen Befangenheit ausgeschlossen worden war.[7] Die Wahlkampfkostenerstattung entwickelte sich in der Praxis aber immer mehr zu einer allgemeinen staatlichen Parteienfinanzierung, weil sie durch Abschlagszahlungen auf die Legislaturperiode verteilt, auch auf Landtags- und Europawahlen erstreckt und später durch einen erfolgsunabhängigen »Sockelbetrag« und einen »Chancenausgleich« ergänzt wurde. (Der »Chancenausgleich« sollte die hohe Steuerbegünstigung von Spenden, in deren Genuß bestimmte Parteien gelangten, für die anderen Parteien mit weiteren Staatsmitteln ausgleichen.) Dieser Entwicklung hatte das Gericht durch eine weitere Entscheidung aus dem Jahre 1968 selbst Vorschub geleistet, als es die Gewährung von Abschlagszahlungen verfassungsrechtlich billigte.[8] In dieser Entscheidung hatte das Gericht aber gleichzeitig angedeutet, die staatliche Kostenerstattung dürfe grundsätzlich nicht schneller wachsen als die allgemeine Kostenentwicklung und damit die Notwendigkeit einer halbwegs wirksamen verfassungsrechtlichen Begrenzung des in eigener Sache entscheidenden Parlaments anerkannt.[9] Die Zahlungen an Hilfsorganisationen der Parteien wie Fraktionen und Stiftungen oder Abgeordnetenmitarbeiter wurden von dieser Begrenzung allerdings nicht erfaßt und stiegen dementsprechend in der Folgezeit rasant an. Auch die indirekte staatliche Förderung der Parteienfinanzierung durch Steuervergünstigungen von Beiträgen und vor allem Spenden wurde im Laufe der Zeit immer weiter ausgedehnt. Als das Bundesverfassungsgericht 1986 sogar eine steuerliche Begünstigung von Spenden bis zu 100 000 Mark (für getrennt veranlagte Steuerzahler 200 000 Mark) und zusätzlich den sogenannten Chancenausgleich für verfassungsrechtlich zulässig erklärte,[10] schienen die verfassungsrechtlichen Dämme gebrochen. Die einhellige Kritik dieses Urteils in der Öffentlichkeit (die sich auch auf ein Minderheitsvotum des Richters Böckenförde[11] stützen konnte) und der Umstand, daß die Parteien diese Entscheidung als eine

Art Freibrief verstanden, die Staatsfinanzierung noch weiter auszubauen, einen »Sockelbetrag« einzuführen und den »Chancenausgleich« auszuweiten,[12] dürfte das Gericht schließlich zur Umkehr bewogen haben, wobei der Entschluß dazu sicher auch durch die zunehmende Politikverdrossenheit in der Bundesrepublik gefördert wurde. In seinem Urteil vom 9.4.1992[13] erklärte es fast die gesamte staatliche Parteienfinanzierung für verfassungswidrig, entwickelte die Grundstruktur für ein neues System und verpflichtete den Gesetzgeber, dies bis zum Anfang des Jahres 1994 in Kraft zu setzen. Das Gericht macht im wesentlichen drei verfassungsrechtliche Vorgaben:

— Es erklärt die bisherige »Wahlkampfkostenerstattung« (einschließlich des »Sockelbetrags«) und den »Chancenausgleich« für verfassungswidrig. In Zukunft müssen die Staatsleistungen sich nach den Wählerstimmen, den von den Parteien eingeworbenen Mitgliedsbeiträgen und kleineren und mittleren Spenden richten; auch kommunale Wählergemeinschaften müssen einbezogen werden.
— Das Gericht entwickelt ausdrücklich eine »absolute« Obergrenze für die direkte Staatsfinanzierung, die in Zukunft nicht höher sein darf als die Leistungen, die die Parteien im Durchschnitt der vergangenen Jahre aus der Staatskasse erhalten haben (= 230 Millionen Mark jährlich); das Gericht bestätigte damit die erwähnten Ansätze in seiner Entscheidung von 1968. Eine Anpassung der Zahlungen an die Geldentwertung und an eventuelle einschneidende Änderungen der Verhältnisse soll dadurch aber nicht ausgeschlossen werden. Das Gericht hielt auch an der schon 1966 erstmals formulierten »relativen« Obergrenze fest, wonach die Staatsmittel nicht höher sein dürfen als die privaten Zuwendungen.
— Die bisherige steuerliche Begünstigung von Großspenden wird (abweichend von der Entscheidung von 1986) für ver-

fassungswidrig erklärt. Die steuerliche Begünstigung darf nur so hoch sein, daß ein durchschnittlicher Einkommensbezieher sie auch ausschöpfen kann. (Das dürfte, wie später die Parteienfinanzierungskommission konkretisierte, bei Zuwendungen bis etwa 2 000 Mark jährlich [für zusammenveranlagte Ehegatten 4 000 Mark] der Fall sein.) Sonst würden Reiche – und Parteien, die besonders von Reichen unterstützt werden – gleichheitswidrig begünstigt.

Der Grundgedanke des verfassungsgerichtlichen Urteils liegt darin, die staatliche Parteienfinanzierung in die Hände der Bürger (der Wähler, der Mitglieder und der Spender von Parteien) zu legen und damit ihre Verwurzelung in Volk und Partei zu stärken. Durch Einbeziehung der Kommunalebene soll die Verwurzelung der Parteien gerade auf der besonders wichtigen Ortsebene gefördert und die Gleichbehandlung kommunaler Wählergemeinschaften mit den Parteien ermöglicht werden. Die doppelte Begünstigung von Beiträgen und Spenden – durch Steuerabzug beim Geber und staatlichen Zuschlag bei der Partei – soll die Motivation von Mitgliedern und Spendern fördern, der Partei Mittel zukommen zu lassen; zugleich erhöht sich der Anreiz für die Parteien, sich ihrerseits um vermehrte Zuwendungen zu bemühen. So sollen die staatlichen Zahlungen von beiden Seiten her Parteiführung, Basis und Umfeld »am goldenen Zügel« aufeinander zuführen. Auf diese Weise soll der Demotivierung von Mitgliedern und Spendern, zu der die Staatsfinanzierung ansonsten leicht führt, gezielt entgegengewirkt und die zunehmende Parteienferne der Bürger und die Bürgerferne der Parteien möglichst überwunden werden.

Das Urteil veranlaßte den Bundespräsidenten, im Sommer 1992 eine Kommission zu berufen (der auch der Verfasser dieses Buches angehörte). Ihre Aufgabe bestand darin, die Vorgaben des Gerichts zu konkretisieren und – innerhalb der Obergrenzen – Vorschläge für die Struktur und das Niveau der staatlichen Parteienfinanzierung zu entwickeln. Zugleich sah die Kommission ihre Aufgabe darin, die mit der Parteienfinanzierung zusammenhängenden Nachbarbereiche, die das Gericht nicht hatte behandeln können, weil sie nicht Gegenstand seiner Entscheidung waren, einzubeziehen, besonders die Finanzierung der Fraktionen und der Parteistiftungen (Näheres siehe den folgenden Abschnitt II). Die Kommission legte ihren Bericht im Februar 1993 vor.[14]

Doch auch dieses Mal konnten die Schatzmeister der etablierten Parteien, die dem Gesetzgeber die Feder führten, der Versuchung nicht widerstehen, die vom Gericht gesetzten Grenzen zu eigenen Gunsten zu überdehnen. Das neue Gesetz, das Anfang 1994 in Kraft trat,[15] widerspricht dem Urteil in mehreren Punkten:[16]

— Spenden und Beiträge sind bis zu 6000, bei Ehegatten bis zu 12 000 Mark steuerlich begünstigt, ein Betrag, der dreimal so hoch liegt wie von der Parteienfinanzierungskommission ermittelt und den ein Durchschnittsverdiener offensichtlich nicht mehr ausschöpfen kann. Diese Überhöhung ist um so gravierender, als derartige Zuwendungen nicht nur beim Geber steuerbegünstigt sind, sondern bei der nehmenden Partei auch noch Staatszuschüsse in Höhe von 50 Prozent der Zuwendung auslösen. Das (nicht immer offengelegte) Motiv für die überhöhte Festsetzung: Es sollten auch die »Parteisteuern« erfaßt werden, die Abgeordnete neben ihrem normalen Mitgliedsbeitrag an ihre Partei abführen und die bei Bundestags- und Europaabgeordneten bis zu 12 000 Mark jährlich, bei der SPD und den Grünen noch mehr betragen können; sie stellen eine nicht unerhebliche Einnahmequelle der Parteien dar. Da diese Beträge aus der staatlichen Abgeordnetenentschädigung gezahlt werden und sich ihnen kein Abgeordneter entziehen kann, wenn er die Wiedernominierung durch seine Partei nicht gefährden will, sind sie eine indirekte staatliche Parteienfinanzierung, die eigentlich illegal ist; allerdings ist es bisher nicht gelungen, sie zu unterbinden. Doch *daß* diese rechtswidrig abgepreßten Gelder nun auch noch zweifach Staatszuwendungen auslösen – beim Geber als Steuervergünstigung, bei der Partei als direkten Staatszuschuß –, ist geradezu abwitzig.

— Die Parteien erhalten nicht mehr pro Stimm*berechtigten* fünf Mark je Wahlperiode, sondern eine Mark je tatsächlich *abgegebener* Stimme pro Jahr; zusätzlich gibt es 50 Pfennige Staatszuschuß jährlich auf jede eingeworbene Mark an Mitgliedsbeiträgen und Kleinspenden. Doch sind diese Beträge so hoch bemessen, viel höher als die Parteienfinanzierungskommission vorgeschlagen hatte, daß damit stets der Maximalbetrag von 230 Millionen Mark erreicht wird – unabhängig von der Wahlbeteiligung. Der Grundgedanke der neuen Konzeption ist an sich, daß die Zahlungen an den *Erfolg* der Parteien gekoppelt sind. Das gilt auch für die Wahlbeteiligung: Je höher sie ist, desto mehr sollen die Parteien erhalten. Doch durch die hohe Bemessung der Beträge wird die Obergrenze stets erreicht, so daß insoweit von Erfolgsorientierung keine Rede mehr sein kann.

— Das Gesetz geht in folgenden Punkten noch über die Obergrenze von 230 Millionen Mark hinaus: Mittel an die Jugendorganisationen der Parteien (derzeit weit über zehn Millionen Mark jährlich) werden noch zusätzlich gewährt. Auch Leistungen aus dem sogenannten Chancenausgleich werden in den Jahren 1994 und 1995 weiter gezahlt (noch einmal rund 30 Millionen Mark pro Jahr), obwohl das Gericht den Chancenausgleich für verfassungswidrig erklärt und die Fortgeltung der betreffenden Regelungen über den 1.1.1994 hinaus verboten hat. Dabei waren weitere rund 100 Millionen

Mark, die das Gesetz ebenfalls vorsieht und die die Parteien – entgegen den Empfehlungen der Parteienfinanzierungskommission – im Jahre 1994 zur nachträglichen Anhebung früherer Abschlagszahlungen erhalten haben, noch nicht berücksichtigt.
— Die Parteien erhalten für jede Stimme, die sie bei Bundestags-, Landtags- und Europawahlen erhalten, nicht nur eine Mark jährlich aus der Staatskasse, sondern für die ersten fünf Millionen erzielten Wählerstimmen noch einmal zusätzlich 30 Pfennige pro Stimme jährlich. Ermutigt wurden sie dazu durch ein nichtveröffentlichtes Gutachten des Osnabrücker Professors Jörn Ipsen für die FDP.[17] Die neue Regelung widerspricht den Empfehlungen der Parteienfinanzierungskommission und dem Urteil des Bundesverfassungsgerichts. Das Gericht hat zwar für diejenigen Parteien, die an der Fünfprozentklausel scheitern, einen höheren Markbetrag pro Stimme zugelassen. Dies aber nur, um ihnen auf diese Weise einen Ausgleich für die größere Werbekraft der *im Parlament* vertretenen Parteien zu bieten. Das neue Gesetz gesteht den erhöhten Betrag dagegen auch den im Parlament vertretenen Parteien zu, für die gar keine Notwendigkeit für einen Ausgleich besteht.
— Die kommunalen Wählergemeinschaften bleiben – entgegen dem Urteil des Bundesverfassungsgerichts – von der direkten Staatsfinanzierung ausgeschlossen.

Das neue Gesetz geht also in mehreren Punkten über das Urteil des Bundesverfassungsgerichts und die darauf fußenden Empfehlungen der Parteienfinanzierungskommission hinaus. Im Entstehungsstadium des Gesetzes fürchteten deshalb einige Politiker, das Gesetz werde ihnen »um die Ohren« fliegen.[18] Um die öffentliche Kritik in Grenzen zu halten, veranstaltete deshalb der Innenausschuß des Bundestags im letzten Oktober ein Hearing,[19] dessen Verfahren einem Schauprozeß östlicher Provenienz alle Ehre gemacht hätte. Von den 15 geladenen Personen waren sechs die Schatzmeister der Parteien selbst. Andere »Sachverständige« standen bestimmten vom Gesetz begünstigten Parteien nahe, noch andere hatten – angesichts chronischer Überlastung und kurzer Ladungsfristen – keine Möglichkeit, sich in die komplizierte Materie gründlich einzuarbeiten. So kam am Ende das von Anfang an von der großen Koalition aus Union, SPD und FDP in »demokratischer Einigkeit« gewünschte Ergebnis heraus. Nachhaltig kritisiert wurde der Gesetzentwurf nur vom Vorsitzenden der Parteienfinanzierungskommission, Prof. Horst Snedler, dem früheren Präsidenten des Bundesverwaltungsgerichts, und dem Verfasser dieses Buches.[20] Doch auch ihre Ausführungen wurden dadurch behindert, daß in »Anbetracht der großen Zahl« der geladenen Personen eine Redezeitbegrenzung von zehn Minuten verhängt wurde. So konnten die Parteien sagen, die Mehrheit der angehörten Sachverständigen hätte dem Gesetz seine Unbedenklichkeit bescheinigt.[21] Die Landesregierung von Schleswig-Holstein verweigerte gleichwohl ihre Zustimmung im Bundesrat und begründete ihre »schwerwiegenden verfassungsrechtlichen Bedenken« in einer zu Protokoll gegebenen ausführlichen Erklärung.[22] Fünfzehn Bundestagsabgeordnete der SPD gaben Erklärungen zu Protokoll, warum sie das neue Parteiengesetz für verfassungswidrig halten und ihm nicht zustimmen konnten.[23] Der Bundespräsident unterschrieb das Gesetz schließlich zwar, aber nur unter größten Bedenken, die er in einer gleichzeitig vom Bundespräsidialamt veröffentlichten Presseerklärung ausführlich begründete – ein bisher einmaliger Vorgang in der bundesdeutschen Verfassungsgeschichte. Der Bundespräsident unterschrieb nur deshalb, weil er sich in Sachen Verfassungsprüfung nicht an die Stelle des Verfassungsgerichts setzen wollte. Damit war ein neues Verfahren in Karlsruhe programmiert. Eine kommunale Wählergemeinschaft hat Klage erhoben. Doch wird es bis zu einer Entscheidung wiederum Jahre dauern, während deren die Parteien die erhöhten Zahlungen erhalten, und zur Rückzahlung verfassungswidriger Leistungen hat das Gericht die Parteien bisher noch nie verurteilt.

II. Fraktionen, Parteistiftungen und Abgeordnetenmitarbeiter

Die staatliche Parteienfinanzierung hängt eng zusammen mit der Finanzierung von Abgeordneten, Parlamentsfraktionen und Parteistiftungen. Rechtlich besteht hier zwar eine strenge Trennung, tatsächlich gibt es aber enge Verbindungen. Das kommt schon daher, daß sie in den Augen der Wähler zusammengehören und die Arbeit der Abgeordneten, Fraktionen und Parteistiftungen ihren jeweiligen Mutterparteien weitgehend zugerechnet wird. Während aber für die Finanzen der *Parteien* inzwischen durchgreifende verfassungsrechtliche Transparenzgebote und Begrenzungen gelten (Gesetzesvorbehalt, öffentliche Rechenschaftslegung und Obergrenzen), werden derartige Auflagen und Grenzen für Fraktionen, Parteistiftungen und Abgeordnetenmitarbeiter bisher nicht angewendet, obwohl hier die gleichen Gründe vorliegen, die auch bei der Parteienfinanzierung schließlich Transparenz und Begrenzung unabweisbar machten:

— Über die staatlichen Zahlungen an Fraktionen, Parteistiftungen und Abgeordnetenmitarbeiter entscheiden die Parlamente – ähnlich wie über die Parteienfinanzierung im engeren Sinne – in eigener Sache. Da die Zahlungen allen denjenigen zugute kommen, die im Parlament sitzen, fehlt regelmäßig das korrigierende Element gegenläufiger politischer Interessen; auch die Opposition ist meist eingebunden.
— Dem Entscheidungsverfahren über die Zahlungen an die genannten parteinahen Organisationen fehlt in besonders krasser Weise die Transparenz.

Parteinähe, Entscheidungen in eigener Sache, Undurchsichtigkeit und fehlende Begrenzung begründen die Gefahr einer unkontrollierten Ausweitung der Staatsmittel und bilden eine für die Glaubwürdigkeit der parlamentarischen Demokratie brisante Mischung. Solange die Parteien selbst noch keiner Kontrolle unterlagen, wurden die staatlichen Mittel direkt an sie geleistet; Umwege waren noch nicht erforderlich. Das änderte sich, als das Bundesverfassungsgericht 1966 die staatliche *Parteien*finanzierung begrenzte und ein Parteiengesetz und die öffentliche Rechenschaftslegung für Parteimittel erzwang. Diese Entscheidung markiert deshalb zugleich den Beginn eines gewaltigen Wachstums der Staatsmittel für Fraktionen, Parteistiftungen und Abgeordnetenmitarbeiter.

Die Zahlungen an die Fraktionen des Bundestags haben sich von 1966 (3,4 Millionen Mark) bis 1994 (99 Millionen Mark) fast verdreißigfacht; die Zahlungen an die Landtagsfraktionen sind im gleichen Zeitraum von 7 auf 135 Millionen und die Zahlungen an die Parteistiftungen von 14 auf 620 Millionen Mark hochgeschossen, haben sich also verneunzehnfacht beziehungsweise vervierundvierzigfacht – Wachstumsraten wie im Schlaraffenland. (Auch wenn man die durch die deutsche Einigung bedingten Erhöhungen und die zweckgebundenen Zuschüsse an die Stiftungen abzieht, bleiben Wachstumsraten, die weit über alle wirtschaftlichen Vergleichsindikatoren hinausgehen.)[24]

Die sogenannten Globalzuschüsse an die Parteistiftungen, die freier verwendet werden können als die zweckgebundenen Zuwendungen, wurden 1968 eigens geschaffen, und eine der Stiftungen, die Hanns-Seidel-Stiftung der CSU, wurde 1967 eigens gegründet, damit auch diese Partei die auf ihre Organisation entfallenden Mittel in Empfang nehmen konnte, ein Vorgang, der sich Ende der achtziger Jahre in bezug auf die Grünen wiederholte: Als es ihnen nicht gelungen war, die Globalzuschüsse an die Stiftungen der etablierten Parteien durch das

Bundesverfassungsgericht für verfassungswidrig erklärt zu bekommen, gründeten sie, um einen Empfänger für die umstrittene »Staatsknete« zu haben, den Stiftungsverband Regenbogen.

Auch bei der »Erfindung« der Mitarbeiterfonds für Abgeordnete stand, wenn auch öffentlich kaum je ausgesprochen, der Wunsch mit Pate, die durch das Bundesverfassungsgericht vorgenommene Begrenzung der Parteienfinanzierung wettzumachen und »auf dem Wege über Hilfskräfte, die bei den Abgeordneten einzustellen wären, die Parteiapparate wieder zu besetzen«.[25] Die Bezahlung von Abgeordnetenmitarbeitern des Bundestags wurde 1969 eingeführt und für sie im Gründungsjahr 3,25 Millionen Mark in den Haushaltsplan eingestellt, 1994 waren es rund 154 Millionen Mark, also mehr als die öffentlichen Mittel für Bundestagsfraktionen. In den Ländern wurden 1994 rund 78 Millionen Mark für Abgeordnetenmitarbeiter bewilligt.

Das von der Öffentlichkeit weitgehend unbemerkte Hochschießen der Staatsmittel für Fraktionen, Parteistiftungen und Abgeordnetenmitarbeiter hat zu einer völligen Gewichtsverlagerung geführt: Während die Zahlungen an Fraktionen und Stiftungen Mitte der sechziger Jahre nur einen Bruchteil desjenigen ausmachten, was die *Parteien* selbst erhielten, und Abgeordnetenmitarbeiter noch gar nicht finanziert wurden, haben diese Mittel die staatliche Parteienfinanzierung inzwischen vielfach überflügelt. Dieses Wachstum hängt mit dem Fehlen jeder rechtlichen Ordnung und Disziplinierung zusammen. Das Zuviel an Staatsleistungen ist die Kehrseite der fehlenden Transparenz und Begrenzung.

Die direkte und indirekte Staatsfinanzierung der Parteien, Fraktionen und Parteistiftungen betrug im Jahre 1992 rund 1 400 Millionen Mark. Im Durchschnitt der Jahre 1968 bis 1971 waren es noch 115 Millionen Mark gewesen. In rund 23 Jahren haben sich die Staatsleistungen also verzwölffacht (Steigerungen um 1 117 Prozent) und sind damit sehr viel schneller gewachsen als alle wirtschaftlichen Vergleichsindikatoren.

Die Bundesrepublik war und ist im internationalen Vergleich der Vorreiter der Staatsfinanzierung. Nicht nur die direkte staatliche Parteienfinanzierung wurde in der Bundesrepublik als erstem europäischen Land 1959 eingeführt. Auch die Finanzierung des Umfeldes der Parteien über die massive Subventionierung der parteinahen »Stiftungen« ist eine bundesdeutsche Erfindung. Die Bundesrepublik ist vorgeprescht, und andere Länder sind gefolgt. Staatlich finanzierte Parteistiftungen gibt es inzwischen auch in Israel, den Niederlanden, Österreich und den USA.[26] Die Bundesrepublik hat ihren »Vorsprung« aber bis heute gewahrt. Das gilt besonders für die unglaublich schnell gewachsene Staatsfinanzierung der Parlamentsfraktionen und der parteinahen »Stiftungen«.

Nicht zuletzt aufgrund der öffentlichen Kritik gehen die Parlamente in jüngster Zeit daran, *Fraktionsgesetze* zu erlassen. Als erstes Land hat Bayern im März 1992 ein Fraktionsgesetz beschlossen. Andere Länder folgten. Auch der Bund hat inzwischen ein Gesetz verabschiedet, das zum Beginn des Jahres 1995 in Kraft getreten ist.[27] Alle diese Gesetze genügen den verfassungsrechtlichen Anforderungen allerdings nicht:[28] Zwar sollen Fraktionen in Zukunft verpflichtet werden, über ihre Einnahmen, ihre Ausgaben und ihr Vermögen im nachhinein öffentlich Rechenschaft zu legen. Die vorgesehene Veröffentlichung ist jedoch noch nicht ausreichend differenziert und zeitnah genug.

Vor allem fehlt in fast allen Gesetzen und Gesetzentwürfen die konkrete Nennung der Zahlungen, die die Fraktionen erhalten. Die Nennung der konkreten Beträge ist wie bei anderen finanziellen Bewilligungen des Parlaments in eigener Sache (Abgeordnetenentschädigung, Ministerbezüge, staatliche Parteienfinanzierung) aber – neben der nachträglichen Rechenschaftslegung – unverzichtbar. Es gilt kraft zwingenden Verfassungsrechts ein sogenannter Gesetzesvorbehalt. Das hat die Parteienfinanzierungskommission beim Bundespräsidenten nachdrücklich unterstrichen.[29] Der beliebte Weg, die Öffentlichkeit dadurch auszuschalten, daß die staatlichen Zuwendungen lediglich im Haushaltsplan bewilligt werden, muß unterbunden werden. Selbst gewaltige Erhöhungen einzelner Beträge gehen im Haushaltsplan mit seinen Tausenden von Titeln unter. In dem zeitlichen eng begrenzten Haushaltsverfahren kann das öffentlich verhandelnde Plenum des Parlaments nicht jeden einzelnen Titel erörtern, und die Titel über die staatliche Politikfinanzierung, über die die Regierungs- und Oppositionsfraktionen sich einig sind, *will* es regelmäßig auch nicht erörtern, so daß die Öffentlichkeit nichts bemerkt; einzelne Angaben im Haushaltsplan nimmt also praktisch niemand Außenstehender wahr. Selbst bei gewaltigen Steigerungen wird das Parlament deshalb nicht zur öffentlichen Begründung und Rechtfertigung gezwungen. Die Öffentlichkeit wird um so mehr unterlaufen, als sich bei derartigen Staatsleistungen eine Art *Geheimverfahren* eingespielt hat. Geplante Erhöhungen werden nicht schon in den zu Beginn des Verfahrens vorgelegten Planentwurf, sondern in der Regel erst in der letzten Sitzung des Haushaltsausschusses, kurz vor der endgültigen Beschlußfassung im Plenum des Parlaments, in den Haushalt eingefügt. Das Fehlen einer spezialgesetzlichen Regelung, die die öffentlichen Leistungen genau beziffert, leistet rasanten Steigerungsraten Vorschub. Aus der Diagnose folgt die Therapie. Öffentliche Leistungen an die Fraktionen müssen in vollem Umfang durch Gesetz geregelt werden, um ein Mindestmaß an öffentlicher Kontrolle zu ermöglichen. Eine spezielle gesetzliche Regelung, die bei jeder Erhöhung der Zahlungen gesondert geändert werden muß, indem ein Gesetzentwurf eingebracht, dieser als eigener Tagesordnungspunkt in mehreren Lesungen im Plenum des Parlaments öffentlich verhandelt und im Gesetzblatt veröffentlicht werden muß, ist eher geeignet, die nötige Öffentlichkeitskontrolle zu aktivieren, obwohl auch sie zur Kontrolle der in eigener Sache Entscheidenden nicht immer ausreicht.

Erforderlich ist zusätzlich eine wirksame Obergrenze für die Fraktionsfinanzierung. Die »absolute Obergrenze«, die das Bundesverfassungsgericht für politische Parteien schon 1966 im Ansatz entwickelt und 1992 ausdrücklich bestätigt hat, muß von Verfassungs wegen auch auf Fraktionen erstreckt werden. Die Gründe (Gefahr einer unkontrollierten Ausweitung der Staatsmittel bei Entscheidungen des Parlaments in eigener Sache) bestehen auch bei Fraktionen. Dies zeigt die Erfahrung zur Genüge. Ohne Begrenzung besteht die Gefahr explosionsartiger Mittelausweitung. Die Obergrenze für die staatliche Parteienfinanzierung dürfte eine wesentliche Ursache dafür sein, daß diese seit den sechziger Jahren sehr viel moderater gestiegen ist als die Finanzierung der Fraktionen (und der Parteistiftungen). Die Zahlungen an die Fraktionen des Bundestags und der Länderparlamente sind seit 1966, bezogen auf die Zahl der Wahlberechtigten, viermal so schnell wie die staatlichen Zuwendungen an die Parteien gestiegen. Um so notwendiger ist eine absolute Begrenzung auch für Fraktionen, die in den vorliegenden Fraktionsgesetzen und Entwürfen bisher aber nicht vorgesehen ist. Wirklich nötige Flexibilität wird dadurch nicht ausgeschlossen. Es sei daran erinnert, daß die absolute Obergrenze, so wie das Bundesverfassungsgericht sie entwickelt hat, eine Anhebung entsprechend den Steigerungen der Kosten und bei grundlegender Änderung der Verhältnisse nicht verbietet.

Die Begrenzung ist auch deshalb erforderlich, weil die bisher für die Fraktionen vorgesehenen Gesetze und Gesetzentwürfe keine wirksame Einschränkung der (mit Staatsmitteln finanzierbaren) Aufgaben der Fraktionen enthalten; im Gegenteil: Die neuen Fraktionsgesetze erlauben den Fraktionen sogar Öffentlichkeitsarbeit. Eine Klausel im Fraktionsgesetz ermöglicht es gar der Fraktion, die Öffentlichkeitsarbeit jedes einzelnen Bundestagsabgeordneten aus Fraktionsmitteln zu finanzieren. Das schließt dem Wortlaut nach die Finanzierung von Broschüren, Postwurfsendungen und Zeitungsanzeigen ein. Zwar haben die Fraktionen auch in der Vergangenheit Broschüren verteilt und Zeitungsanzeigen geschaltet. Dies geschah aber mit schlechtem Gewissen und deshalb nur vereinzelt. Denn diese Praxis widerspricht dem Grundgesetz und wurde deshalb von den Rechnungshöfen und der Parteienfinanzierungskommission beim Bundespräsidenten nachdrücklich beanstandet. Das Bundesverfassungsgericht hat in seinem Urteil von 1989 den Sinn staatlicher Fraktionsmittel allein in der Koordination der Parlamentsarbeit gesehen. Die Klage des fraktionslosen Abgeordneten Wüppesahl, der an den Fraktionsmitteln beteiligt werden wollte, wurde seinerzeit mit der Begründung abgewiesen, daß es bei einem einzelnen fraktionslosen Abgeordneten »an einem solchen Koordinationsbedarf« fehle.[30] Wenn das neue Fraktionsgesetz nunmehr vorsieht, daß der einzelne Abgeordnete mit Fraktionsmitteln Öffentlichkeitsarbeit betreiben darf, so widerspricht dies jenem Urteil offensichtlich. Da in den Augen der Wähler praktisch kein Unterschied zwischen der Werbung einer Fraktion und der ihrer Mutterpartei gemacht wird, ist damit der Weg für eine Umgehung der engen Grenzen für die staatliche *Parteien*finanzierung eröffnet. Damit wird die ganze Diskussion, ob das Parteienfinanzierungsgesetz die vom Bundesverfassungsgericht vorgeschriebene Obergrenze für Staatsmittel von 230 Millionen Mark jährlich einhält, zur Farce.

Noch keinerlei gesetzliche Regelung ist bisher für die *Parteistiftungen* vorgesehen; hier fehlt es bisher völlig an Transparenz und öffentlicher Kontrolle. Solche »Stiftungen« haben inzwischen alle im Bundestag vertretenen Parteien: die SPD die (schon 1925 gegründete) Friedrich-Ebert-Stiftung, die CDU die (1964 gegründete[31]) Konrad-Adenauer-Stiftung, die FDP die (1958 gegründete) Friedrich-Naumann-Stiftung, die CSU die (erst 1967 gegründete) Hanns-Seidel-Stiftung[32] und die Grünen den 1987 gegründeten Stiftungsverband Regenbogen. Hinzu kommen noch einige regionale Parteistiftungen.

Die Bezeichnung ist allerdings irreführend. Das Wort »Stiftung« vermittelt den Eindruck, hier würde von privater Seite ein Vermögen für gemeinnützige Aufgaben »gestiftet«. Das trifft nicht zu. Es handelt sich – mit Ausnahme der Friedrich-Naumann-Stiftung – nicht um »Stiftungen« im Rechtssinne, die der Stiftungsaufsicht unterlägen, sondern um eingetragene Vereine. In einer rechtlichen und politischen Grauzone haben sie sich zu gewaltigen Unternehmungen entwickelt. Allein im Inland beschäftigen sie fast 1500 hauptberufliche Kräfte. Sie finanzieren sich auch nicht aus privaten Spenden, sondern fast ganz aus Staatsmitteln. Diese Subventionen sind in den vergangenen drei Jahrzehnten explosionsartig gewachsen. Das ist kein Zufall, sondern systembedingt und beruht auf folgender Konstellation:

— der Parteinähe der Stiftungen, die bewirkt, daß ihre Aktivitäten den Mutterparteien bis zu einem gewissen Grade zugute kommen und diese deshalb an einer Ausweitung der Mittel interessiert sind,
— dem Umstand, daß das Parlament auch hier in eigener Sache entscheidet,
— der völligen Intransparenz der Stiftungsfinanzierung und
— der defizitären Rechtsprechung des Bundesverfassungsgerichts, die der staatlichen *Parteien*finanzierung Grenzen zog, nicht aber der Finanzierung der Stiftungen und dadurch die unkontrollierte Steigerung der Stiftungsmittel mit auslöste.

Ihre heutige politische Bedeutung verdanken die »Stiftungen« einem großangelegten Umgehungsmanöver. Kaum hatte das Gericht den Parteien 1966 Grenzen gezogen, lenkten der Bundestag und die hinter ihm stehenden Parteien die Staatsmittel für politische Bildungsarbeit, die sie selbst nicht mehr entgegennehmen durften, an ihre Stiftungen um. Das ist die Idee, die hinter den sogenannten Globalzuschüssen für die politische Bildung steht, die die Parteistiftungen 1968 erstmals in einer Höhe von 9 Millionen Mark aus einem Haushaltstitel des Bundesinnenministeriums erhielten und die seitdem steil angestiegen sind – auf 196 Millionen Mark im Jahre 1994.

Mit diesen Mitteln betreiben die Stiftungen politische Bildungsarbeit, wissenschaftliche Forschung sowie Begabtenförderung und widmen sich der internationalen Zusammenarbeit. Sie unterhalten Archive und Bibliotheken, veröffentlichen Arbeitsmaterialien und Schriften und stellen Tagungsstätten bereit. Die Leistungen sind formal zumeist offen für die Allgemeinheit. In der Sache aber wird das Umfeld der jeweiligen Mutterpartei besonders gefördert: durch Schulung und Bildung von Anhängern und Funktionären, durch Förderung des politischen Nachwuchses und durch sozialwissenschaftliche Grundlagenforschung und angewandte Forschung, die der jeweiligen Mutterpartei nützt und ihr »Herrschaftswissen« zur Verfügung stellt.[33]

Schlaraffenländische Wachstumsraten weisen auch die sonstigen Mittel auf, die die »Stiftungen« zumeist für Projekte im Ausland erhalten. Diese Mittel fließen aus zahlreichen Titeln des Bundeshaushalts, vor allem vom Bundesministerium für wirtschaftliche Zusammenarbeit, dem Bundesministerium für Bildung und Wissenschaft und dem Auswärtigen Amt und sind für Entwicklungshilfe, Stipendien, die Unterstützung des Integrationsprozesses in West- sowie des Reformprozesses in Mittel- und Osteuropa und für Forschungsvorhaben bestimmt. Diese

projektbezogenen Zuschüsse betrugen 1994 rund 424 Millionen Mark. Zusammen mit den Globalzuschüssen erhalten die Parteistiftungen 620 Millionen Mark aus dem Bundeshaushalt. 1966 lagen die Zahlungen noch bei 14 Millionen Mark.
Die öffentlichen Mittel der Parteistiftungen sind von völliger Undurchsichtigkeit. Was die Stiftungen erhalten, wird zwar einheitlich von dem (nicht öffentlich beratenden) Haushaltsausschuß des Bundestages festgelegt. In diesem Gremium fällt also die eigentliche Entscheidung, nicht bei der späteren Einzelbewilligung der Mittel durch die Ministerien, die, wenn die üblichen Voraussetzungen gegeben sind, ohne weiteres erfolgt. Der Haushaltsausschuß geht dabei, genau wie bei der Fraktionsfinanzierung, in dem oben geschilderten Blitzverfahren vor und richtet sich nach einem nur ihm bekannten internen Schlüssel für die Verteilung der Mittel unter die Stiftungen.[34] Wie hoch die Beträge wirklich sind, wieviel die Stiftungen insgesamt erhalten und wie die Mittel sich auf die verschiedenen Stiftungen verteilen, wird dadurch für die Öffentlichkeit vernebelt, daß sie völlig unübersichtlich in einer Vielzahl von Titeln unterschiedlicher Einzelpläne enthalten sind, aus denen oft nicht einmal ersichtlich ist, daß sie überhaupt den Parteistiftungen zugute kommen. Selbst bei den Globalzuschüssen wird die Verteilung eines wichtigen Postens (Zuwendungen für die Errichtung von Bildungsstätten) im Haushaltsplan nicht angegeben. Die totale Intransparenz bewirkt, daß die Öffentlichkeit nicht verfolgen kann, wofür die Parteistiftungen wieviel Staatsgeld bekommen, und selbst bei enormen Erhöhungen nicht öffentlich dargelegt zu werden braucht, wofür das in eigener Sache bewilligte Geld benötigt wird, ob die bisherigen Leistungen sinnvoll verwendet worden sind, ob nicht die Finanzierung anderer öffentlicher Aufgaben dringender ist und wieviel Vermögen die Parteistiftungen angesammelt haben.
Durch die völlige Intransparenz sind die Wachstumsraten der

Vergangenheit erst ermöglicht worden. Es fehlt an jeder äußeren Kontrolle der in eigener Sache Entscheidenden. Der Rechnungshof prüft zwar die Parteistiftungen, aber er konzentriert sich auf die Kontrolle der administrativen *Verwendung* der Mittel; das Hauptproblem liegt aber in ihrer politischen *Bewilligung*. Wie bei der staatlichen Finanzierung der Parteien und Fraktionen muß auch für die Stiftungen Transparenz der Finanzen und des Gesetzgebungsverfahrens hergestellt und eine wirkungsvolle Begrenzung geschaffen werden. Bei der gesetzlichen Regelung der Finanzierung der Parteistiftungen ist sicherzustellen, daß die genauen Beträge, die sie erhalten, im Gesetz niedergelegt und auf diese Weise übersichtlich zusammengefaßt werden, so daß Erhöhungen eine ausdrückliche Gesetzesänderung verlangen. Es gilt auch hier von Verfassungs wegen ein Gesetzesvorbehalt,[35] wenn das Bundesverfassungsgericht die Frage auch noch offengelassen hat.[36] Zugleich müssen die Stiftungen zur öffentlichen Rechenschaftslegung über ihre Einnahmen, Ausgaben und ihr Vermögen gezwungen und eine Obergrenze festgelegt werden, also diejenigen verfassungsrechtlichen Anforderungen durchgesetzt werden, die inzwischen für die Parteien anerkannt sind. Diese Anforderungen müssen auf Stiftungen erst recht erstreckt werden, weil sie sich fast zu 100 Prozent aus Staatsmitteln finanzieren. Mangels dieser Transparenzanforderungen und Begrenzungen sind die staatlichen Zahlungen an die Parteistiftungen seit 1966, bezogen auf die Zahl der Wahlberechtigten, mehr als sechsmal so schnell gestiegen wie die Zahlungen an die Parteien.

Die Finanzierung der Stiftungen steht auch aus einem anderen Grund auf sehr dünnem verfassungsrechtlichen Eis. Es fehlt dem Bund nämlich die Kompetenz, die politische Bildung zu finanzieren.[37] Bildung ist Ländersache, sofern das Grundgesetz dem Bund nicht eine ausdrückliche Kompetenz dazu gibt. Solange die *Parteien* die Zuschüsse für die politische Bildung erhielten, konnte man die Bundeskompetenz aus Artikel 21 Absatz 3 Grundgesetz ableiten, wonach die Regelung der Parteienfinanzierung Sache des Bundes ist. Seitdem das Bundesverfassungsgericht dies aber untersagt hat und die »Stiftungen« diese Mittel nur erhalten dürfen, wenn sie von den Parteien rechtlich und organisatorisch streng abgeschottet sind,[38] ist eine Grundlage für die Kompetenz des Bundes nicht mehr ersichtlich.[39] Damit sind jedenfalls die Globalzuschüsse für die politische Bildung verfassungsrechtlich unzulässig. Dies hat auch die Parteienfinanzierungskommission gesehen und eine Ergänzung des Grundgesetzes vorgeschlagen, die dem Bund die Gesetzgebungskompetenz für eine Rahmenregelung über »die allgemeinen Grundsätze der politischen Bildungsarbeit einschließlich der parteinahen Stiftungen« gibt.[40] Die Mehrheit der Kommission versäumte es aber, gleichzeitig die Verankerung eines Gesetzesvorbehalts, der öffentlichen Rechenschaftslegung über Einnahmen, Ausgaben und Vermögen und einer Obergrenze im Grundgesetz vorzuschlagen, durch die zumindest die nötige Transparenz und Begrenzung erzwungen würden.[41]

Zudem wäre zu fragen, ob die Fortführung der von den Stiftungen mit Steuergeldern wahrgenommenen Aufgaben im bisherigen – explosionsartig zugenommenen – Umfang sinnvoll ist. Ja, man könnte nicht nur die Frage nach der *Höhe*, sondern auch nach dem *Ob überhaupt* einer staatlichen Finanzierung der »Stiftungen« stellen. Ist es eigentlich sinnvoll, die politische Bildung in die Hand von Einrichtungen zu legen, die den Parteien, also den Kämpfern um die politische Macht, nahestehen? Droht eine parteinahe politische Bildung nicht in den Sog machtorientierter Überlegungen zu geraten und so die Defizite noch zu verstärken, die uns in jüngerer Zeit immer bewußter geworden sind?

Die meisten anderen Tätigkeiten der »Stiftungen« lassen sich auch von anderen Einrichtungen wahrnehmen – und dies vielleicht noch besser:

— die Begabtenförderung von der Studienstiftung des deutschen Volkes oder den Universitäten;
— die sozialwissenschaftlichen Forschungen der »Stiftungen« von Universitäten oder privaten Einrichtungen;
— Entwicklungshilfeprojekte – zumindest zu einem großen Teil – unmittelbar von den zuständigen Ministerien oder von anderen Einrichtungen;
— und soweit »Stiftungen« Kaderausbildung und Politikberatung der Parteien betreiben, sollten diese Arbeiten gleich auf die Parteien übertragen werden.

Bei einer Anhörung, die die »Stiftung Regenbogen« der Grünen Anfang 1994 veranstaltete, waren sich fast alle Sachverständigen darin einig: Bei den meisten Aktivitäten der »Stiftungen« bestehe kein sachlicher Grund, daß sie gerade von diesen wahrgenommen oder überhaupt aus Staatsmitteln finanziert werden müßten.[42] Damit bleibt das bloße Besitzstandsargument: Die »Stiftungen« sind nun mal da. Das ist als Sachargument aber wenig überzeugend – in einer Zeit, in der die öffentlichen Prioritäten neu geordnet, alte Zöpfe abgeschnitten und überholte Subventionen abgebaut werden müssen.

Überblickt man das gesamte Feld der Parteienfinanzierung, so ist das Ergebnis zum Verzweifeln. Schon das neue Parteienfinanzierungsgesetz enthält viele verfassungsrechtlich unhaltbare Vorschriften. Für die Parteistiftungen, die 1994 mit 620 Millionen Mark mehr Geld aus der Staatskasse erhalten als Parteien und Fraktionen zusammen, fehlen Regelungen noch völlig. Und die neuen Fraktionsgesetze bereiten sogar noch eine Ausweitung der Finanzierung in offensichtlich verfassungswidrige Bereiche vor.

Noch im August 1993 hatte Bundestagspräsidentin Süssmuth in ihrem Parteienfinanzierungsbericht ausdrücklich gemahnt, »das zur Zeit negative Ansehen der Parteien zu verbessern« und darauf zu achten, »daß das neue Gesetz keine verfassungsrechtlichen Risiken in sich birgt«. Tatsächlich taten die Parteien, die Fraktionen und Abgeordneten das Gegenteil und nahmen sogar offensichtliche Verfassungswidrigkeiten in Kauf – möglicherweise in der Hoffnung, es werde sich kein Kläger finden, der zum Bundesverfassungsgericht geht, oder ein Urteil werde jedenfalls so lange auf sich warten lassen, daß die in der Zwischenzeit bezogenen Gelder den kalkulierten Verfassungsverstoß lohnten. Fast scheint es so, als wäre die »politische Klasse« unfähig, die Zeichen der »Politikverdrossenheit« zu bemerken oder daraus jedenfalls die Konsequenzen zu ziehen.

III. Abgeordnete

Ähnliche Fehlentwicklungen gab es bei den Abgeordnetendiäten.[43] Der »hessische Diätenfall« ist ein Lehrbeispiel dafür, daß Macht – besonders bei Entscheidungen des Parlaments in eigener Sache – erfinderisch macht.[44]

Der hessische Diätenfall

Der hessische Landtag hatte sich seit Mitte der siebziger Jahre in mehreren von der Öffentlichkeit zunächst kaum bemerkten Schritten erstaunliche – verfassungsrechtlich und politisch unvertretbare – Privilegien verschafft. Das Faß zum Überlaufen brachte schließlich eine Gesetzesänderung vom Februar 1988, die den Abgeordneten mit den Stimmen aller etablierten Fraktionen im Schnellverfahren kräftige Diätenerhöhungen, hohe steuerfreie Zusatzleistungen und unhaltbare Doppelbezüge einbrachte. Die Initiatoren hatten dies damit begründet, hessische Abgeordnete bildeten im Vergleich mit anderen deutschen Parlamenten das finanzielle Schlußlicht. In Wahrheit waren sie bereits vor der Gesetzesänderung in der Spitzengruppe und übernahmen danach die alleinige Spitze, teilweise noch vor den Bundestagsabgeordneten. Als der Bund der Steuerzahler diesen Sachverhalt einige Monate später durch ein Gutachten aus meiner Feder publik machte, mußte das Gesetz nach vierwöchiger öffentlicher Kritik zurückgenommen werden; der Präsident und der Vizepräsident des Landtags, die die Öffentlichkeit über Inhalt und Voraussetzungen unzutreffend informiert hatten, mußten zurücktreten.

Der Parlamentsskandal hatte die Öffentlichkeit hellhörig gemacht. Das Abgeordnetengesetz mußte völlig überarbeitet und eine Reihe von weiteren Privilegien abgebaut werden. Das Gesetz trat in der neuen Struktur im Herbst 1989 in Kraft. Es enthielt aber wiederum anfechtbare Regelungen. Die Entschädigung, die die hessischen Abgeordneten neben der Erstattung mandatsbedingter Kosten erhielten, war nämlich auf 10 200 Mark monatlich hochgesetzt worden. (Heute beträgt sie rund 11 000 Mark.) Das ist weit mehr als alle anderen Landesparlamentarier und sogar mehr als Bundestagsabgeordnete erhalten. Gleichzeitig wurde auch die staatsfinanzierte Altersrente auf ein einmalig hohes, alle anderen deutschen Parlamente in den Schatten stellendes Niveau gebracht – und das alles für ein Mandat, von dem viele, auch die früheren Ministerpräsidenten Wallmann und Späth, der frühere rheinland-pfälzische CDU-Vorsitzende Wilhelm und der frühere Bundestagspräsident von Hassel sagen, es ließe sich von den Aufgaben her leicht auch als Halbtagsbeschäftigung organisieren (wie dies in den Staatenparlamenten der USA auch fast durchweg der Fall ist). Auch die von der Bundestagspräsidentin eingesetzte Diätenkommission bezweifelt, »ob die Tätigkeit eines Landtagsabgeordneten generell als so umfassend anzusehen ist, daß sie als Ausübung eines ›Hauptberufs‹ gewertet werden muß«.[45] Der Landtag hatte sich zur Begründung der monatlichen Entschädigung von 10 200 Mark und der daran anknüpfenden Versorgung an die Empfehlungen eines vom neuen Landtagspräsidenten berufenen Beirats gehalten und war davon auch dann nicht abgegangen, als sich herausstellte, daß der Kommissionsbericht schwere logische und methodische Fehler aufwies, die die Vorschläge völlig diskreditierten. Der Beirat hatte seinen Vorschlag damit begründet, auch Freiberufler verdienten im statistischen Durchschnitt genau 10 200 Mark im Monat; er hatte dabei aber übersehen, daß Freiberufler aus diesem Bruttoverdienst noch ihre gesamte Versorgung für Alter, Invalidität, Krankheit und Hinterbliebene selbst finanzieren müssen, während Abgeordnete diese Leistungen ohne eigene Beiträge aus der Staatskasse finanziert bekommen. Der Beirat hatte also Äpfel mit Birnen verglichen. Statt nun aber auf die zusätzlich zu der hohen Entschädigung gewährte Versorgung zu verzichten (oder es bei einem geringeren Entschädigungsniveau zu belassen), hielt der Landtag an den Ergebnissen des Beirats (Gewährung der erhöhten Entschädigung *und* der staatsfinanzierten Versorgung) dennoch fest und suchte lediglich, die fehlerhafte Begründung des Beirats durch eine neue »eigenständige« zu ersetzen. Diese »Begründung«, die der Vorsitzende der zuständigen Landtagskommission in der zweiten Lesung des Gesetzentwurfs auf einer halben Seite des Landtagsprotokolls unternahm, war in Wahrheit aber nur eine Scheinbegründung, die an den eigentlich relevanten Fragen vorbeiging und zudem in sich widersprüchlich und unvollständig war.[46] Der Landtag hatte nach dem Diätenskandal im Jahre 1988 öffentlich gelobt, ein vorbildliches, wohlbegründetes Gesetz vorzulegen. Tatsächlich war dann schließlich ein Jahr später das Gegenteil der Fall.

Nachholbedarf im Bund?

Das hessische »Vorbild« hat anscheinend auch den Bundestag inspiriert. Der Hessische Landtag hatte gezeigt, wie man mit Hilfe einer Kommission, die mit prominenten Funktionsträgern höchster Einkommenskategorien besetzt ist, selbst dann die vom Parlament in eigener Sache gewünschten Regelungen erreichen kann, wenn der Bericht grob fehlerhaft ist. Von diesem Muster hat sich anscheinend auch der Deutsche Bundestag leiten lassen. Um den gehörigen Abstand zu der Entschädigung hessischer Abgeordneter wiederherzustellen, unternahm der Bundestag zwei Anläufe. In einem sogenannten »Bericht der unabhängigen Persönlichkeiten über die Beratung der Präsidentin bei Überprüfung der für die Mitglieder des Deutschen Bundestags bestehenden materiellen Regelungen und Bestimmungen« (er nannte sich tatsächlich so!) vom 15.6.1990[47] wurde empfohlen, die Entschädigung von Bundestagsabgeordneten »um mindestens 3 000 Mark monatlich« auf einen Betrag zwischen 12 000 und 13 000 Mark anzuheben und auch die steuerfreie Kostenpauschale zu erhöhen. Um den finanziellen Abstand zwischen Bundes- und Landtagsabgeordneten wieder deutlich zu machen, sollten also nicht etwa die hessischen Diäten gesenkt, sondern die Bundestagsdiäten heraufgesetzt werden.

Von Unabhängigkeit des Beratungsgremiums konnte bei allem guten Willen der einzelnen Persönlichkeiten in Wahrheit aber wohl kaum die Rede sein, wenn man bedenkt, daß die Berater »unter Vorsitz der Bundestagspräsidentin und Beteiligung der Vizepräsidenten sowie von Fraktionsgeschäftsführern« (so der Bericht) tagten und damit dem Informationsvorsprung und dem von Eigeninteressen geprägten Vorverständnis der Betroffenen und ihrer Stäbe ausgeliefert waren. Entsprechend einseitig fiel der Bericht des Beratungsgremiums aus. Es empfahl nur die Erhöhung des finanziellen Niveaus der Abgeordneten, behandelte aber die zahlreichen Mißstände nicht, von Abhilfevorschlägen ganz zu schweigen.

Der Bericht von 1990 wäre wahrscheinlich schon längst Gesetz geworden, hätte nicht bald nach seiner Vorlage der Hamburger Diätenskandal auch Bonn aufgeschreckt und dazu beigetragen, daß selbst Bundestagspräsidentin Süßmuth den Bericht nicht mehr als maßgeblich ansah und im Sommer 1992 eine zweite (soeben schon erwähnte) Diäten-Kommission berief, die ihren Bericht im Juni 1993 vorlegte.[48] Auch hier hatte der Bundestag seine Kontrolleure aber wieder selbst ausgewählt. Auch hier war die Mehrheit der Mitglieder[49] wieder auf einem Auge blind. Die Kommission machte zwar einige Vorschläge zur Eindämmung von Privilegien. So soll zum Beispiel das Übergangsgeld gekürzt und die Doppelalimentation von Ministern, die gleichzeitig Abgeordnete sind, eingeschränkt werden. Andere Privilegien bleiben jedoch unangetastet.

Die Kommission schlägt eine Anhebung der Entschädigung für Bundestagsabgeordnete auf 14 000 Mark zum 1.1.1995 vor und gelangt damit zu einer ähnlichen Größenordnung wie die frühere gescheiterte Kommission. Die vorgeschlagene Anhebung wird unter anderem mit dem Argument begründet, die Unabhängigkeit der Abgeordneten müsse gesichert werden. Dieses Argument erscheint jedoch bloß vorgeschützt, weil die Kommission gleichzeitig die nötigen Vorkehrungen gegen andere Zahlungen, die die Unabhängigkeit der Abgeordneten besonders massiv gefährden können, versäumte. Die Erfahrung zeigt, daß die Bereitschaft, Geld von Interessenten zu nehmen und sich dadurch in finanzielle Abhängigkeit zu begeben, von der Höhe der Entschädigung der Abgeordneten unabhängig ist und auch durch ihre großzügige Bemessung keineswegs gebannt werden kann. Zur Sicherung der Unabhängigkeit der Abgeordneten wäre deshalb zuallererst erforderlich, Zahlungen an Interessenten, die in einen Pseudoberater- oder einen Pseudoarbeitsvertrag gekleidet sind, und sogenannte Spenden wirksam zu unterbinden (wie dies auch die Parteienfinanzierungskommission beim Bundespräsidenten empfohlen hatte). Derartige Überlegungen aber wies die Kommission – mit vordergründigen Erwägungen – zurück.[50] Gerade solche die Abgeordneten leicht korrumpierenden Zahlungen zu unterbinden, erscheint besonders wichtig, weil davon auch das Vertrauen in Politiker und Parlamente mit abhängt (Näheres in Abschnitt VI in diesem Kapitel).

Mißverständliches Diätenurteil fördert Fehlentwicklung

Auch in Sachen Abgeordnetendiäten hat die Rechtsprechung des Bundesverfassungsgerichts – ähnlich wie bei der Parteienfinanzierung – eine zwiespältige Rolle gespielt. Das Diätenurteil des Bundesverfassungsgerichts von 1975[51] erklärte zwar neben der Steuerfreiheit eine Reihe weiterer Privilegien, die das Parlament sich im Laufe der Zeit in eigener Sache bewilligt hatte, für verfassungswidrig. Das Urteil war jedoch in manchen Punkten so unklar, daß es den Parlamenten, besonders den Landesparlamenten, die Möglichkeit gab, es in ihrem Interesse zu interpretieren. Das Bundesverfassungsgericht hatte die Frage unentschieden gelassen, ob auch in den Landesparlamenten eine »Vollalimentation« zu gewähren sei. Offen blieb ausdrücklich auch, welche Auswirkungen das Diätenurteil auf landesverfassungsrechtliche Vorschriften habe, die eindeutig vom nebenamtlichen Landtagsabgeordneten ausgehen, wie in Bayern, Hessen, Bremen, Hamburg und wohl auch Rheinland-Pfalz. Die Landesparlamente nutzten das Fehlen scharf konturierter verfassungsrechtlicher Schranken, um auch auf Landesebene das Füllhorn der vom Verfassungsgericht nicht ausdrücklich versperrten Möglichkeiten bis zur Neige zu leeren und sich, wie in Hessen, immer wieder nachzuschenken. Die Landesparlamente, jedenfalls die der Flächenstaaten, qualifizieren das Mandat zunehmend als »Vollzeittätigkeit«, obwohl es für Landtagsabgeordnete faktisch oft möglich wäre, ihren Beruf weiterzuführen, und diese Möglichkeit bei einer Straffung der Parlamentsarbeit noch erweitert werden könnte. Früher hatte die Entschädigung der Landesparlamente etwa die Hälfte des Bundestagsniveaus betragen, jetzt wurde sie diesem angenähert. Die Landesparlamente gerierten sich als eine Art Bundestag in den Ländern und bewilligten sich den ganzen Strauß der teilweise schon auf

Bundesebene verfassungsrechtlich anfechtbaren Leistungen, beispielsweise:

— Eine staatsfinanzierte Altersversorgung, die schon nach einem halben Arbeitsleben voll »erdient« ist, mit dem vollendeten 55. Lebensjahr zu laufen beginnt und deren ökonomischer Gegenwert zusammen mit der ebenfalls staatlich finanzierten Hinterbliebenen-, Invaliden- und Krankenversorgung an den Wert der aktiven Entschädigung heranreichen kann. Bedenkt man, daß der Abgeordnete in dieser Hälfte seines Arbeitslebens oft nur einer Teilbeschäftigung im Landesparlament nachgeht, so kann man auch zugespitzt formulieren: Landtagsabgeordnete sind die einzige Gruppe, die für ein Viertel ihrer Lebensarbeitszeit eine volle Versorgung aus der Staatskasse bezieht.
— Übermäßige Übergangsgelder, die in Höhe der bisherigen Entschädigung noch bis zu zwei oder zweieinhalb[52] Jahre nach dem Ausscheiden der Abgeordneten aus dem Parlament weitergezahlt werden und selbst dann anfallen, wenn der Abgeordnete aus freien Stücken aus dem Parlament ausgeschieden ist und oft selbst dann, wenn er ein ausreichendes Einkommen aus privater Berufstätigkeit bezieht.
— Laxe Vorschriften bei mehrfachen Bezügen aus der Staatskasse, die Doppelalimentation erlauben.
— Steuerfreie Kostenpauschale von teilweise gewaltiger Höhe.
— Zugleich fehlen auch in den Landesparlamenten wirksame Vorkehrungen gegen Lobbyzahlungen und Spenden aller Art und gegen sogenannte Parteisteuern.

Die Verwunderung des früheren Verfassungsrichters Willi Geiger, eines Mitverfassers des Diätenurteils, über die »merkwürdige Perspektive« der Landesparlamente, die zu diesen Regelungen führte, und die »unerfindliche Selbstverständlichkeit, mit der die Landtage davon ausgehen, die Tätigkeit ihrer Mitglieder sei als ›full time job‹ zu qualifizieren«,[53] vermochte die Entwicklung nicht mehr zu korrigieren. Als die Fehlentwicklung sich abzuzeichnen begann, versuchte Geiger zwar in einem Vortrag vor der Deutschen Vereinigung für Parlamentsfragen im Mai 1978 noch gegenzuhalten. Er betonte, die Einführung der geplanten Abgeordnetenrente werde »dem demokratischen Gebot der Transparenz der Verhältnisse, die nach der Auffassung des Gerichts die Grundlage für das Vertrauen des Bürgers zu den Regierenden« bildet, nicht mehr gerecht. Die Abgeordnetenpension sei ein mit dem Diätenurteil des Bundesverfassungsgerichts unvereinbarer »Mißbrauch«.[54] Auch die vorgesehenen Übergangsgelder seien »mit der Konzeption des Gerichts unvereinbar«.[55] Geiger war von der Fortzahlung der Bezüge allenfalls für eine kurze Zeitspanne ausgegangen – er sprach von drei Monaten.[56] Die Kritik Geigers gilt erst recht für Landesparlamentarier, von denen ein großer Teil neben dem Mandat die berufliche Tätigkeit zumindest teilweise beibehält. Für solche Abgeordneten sind die Umstellungsschwierigkeiten beim Ausscheiden aus dem Parlament relativ gering. Gleiches gilt für Abgeordnete aus dem öffentlichen Dienst, die nach Ablauf des Mandats einen Anspruch auf Wiedereinstellung besitzen.

Auch hinsichtlich der hohen steuerfreien Kostenpauschale gelang keine Korrektur mehr. Zwar hatte Geiger die »Verfassungswidrigkeit der gegenwärtigen Regelung der Aufwandsentschädigung«[57] betont. Auch das Gericht selbst hatte versucht, in einer Entscheidung vom 20. Juni 1978 zu retten, was noch zu retten war, und die engen verfassungsrechtlichen Grenzen für steuerfreie Pauschalen unterstrichen. Mangels Antragsbefugnis des in diesem Verfahren klagenden Bürgers (des pensionierten Oberlandesrichters Speckmann) kam es aber zu keiner Sachentscheidung,[58] so daß der Bremsversuch des Gerichtes folgenlos blieb. Auch die öffentliche Schelte der drastischen Erhöhungen der Diäten der Landesparlamente (und aller daran geknüpften Leistungen, besonders der Altersrenten) durch Bundespräsident Scheel[59] brachte keine Umkehr. Das Ergebnis der Entwicklung ist, daß die Abgeordneten sich einen mehrfach privilegierten finanziellen Status verschafft haben.

Inzwischen hat das Gericht offenbar eingesehen, welche Fehlentwicklung es mit seinem Diätenurteil von 1975 angerichtet hat. In einer Entscheidung von 1987 rückte das Gericht ausdrücklich davon ab und stellte eine Verpflichtung des Gesetzgebers zur Einführung einer Vollalimentation (selbst für Bundestagsabgeordnete) in Abrede. Anders als bei Beamten, für deren finanziellen Status das Alimentationsprinzip gelte, kenne das Verfassungsrecht für Abgeordnete »keine Garantien dieser Art«.[60]

IV. Minister, Parlamentarische Staatssekretäre und politische Beamte

Die Bezüge und die Versorgung von Ministern waren ursprünglich kein Thema in der Bundesrepublik. Sie wurden es erst durch den Hamburger Diätenfall von 1991: Nach einem von allen etablierten Fraktionen eingebrachten neuen Diätengesetz sollten der Präsident der Bürgerschaft – so heißt das Parlament in Hamburg – und die Fraktionsvorsitzenden die fünffache Entschädigung der normalen Abgeordneten, nämlich fast 20 000 Mark monatlich, erhalten. Der in einem unleserlichen Gesetz gut verpackte Clou bestand darin, daß die genannten Spitzenparlamentarier schon nach dreieinhalb Jahren Amtszeit einen dynamisierten Anspruch auf eine Altersversorgung von 10 500 Mark monatlich, zahlbar ab dem 55. Lebensjahr, erlangen sollten (wenn sie nur vorher fünf Jahre Abgeordnete waren). Begründet wurde dies mit der Altersversorgung von Senatoren, also der Hamburger Minister, die in der Tat ähnlich üppig ausgestaltet war. Die Nachprüfung ergab, daß die Versorgung von Senatoren auf einem Gesetz beruhte, das 1987 unmittelbar vor der Auflösung des Parlaments – unter Verletzung einer Vielzahl von Bestimmungen der Hamburger Verfassung – an einem einzigen Tag durch das Parlament und seine Ausschüsse gepeitscht worden war. Das Gesetz war in Wahrheit gar nicht »eingebracht« worden, weil es – von niemandem unterschrieben, sondern als Anlage eines Ausschußberichts – den Parlamentariern als Tischvorlage unmittelbar vor den Abstimmungen untergeschoben worden war. So wurde das Vorhaben camoufliert und die Öffentlichkeit unterlaufen; anderenfalls hätte das Gesetz nicht die geringste Chance gehabt, verabschiedet zu werden. Initiatoren waren eine Handvoll Spitzenpolitiker – im wesentlichen dieselben, die dann 1991 von der Pensionsregelung für Präsident und Fraktionsvorsitzende profitieren sollten, die nach dem Vorbild der Senatorenversorgung gestaltet war. Als der Verfasser im November 1991 diese Zusammenhänge in einer Stellungnahme für den Bund der Steuerzahler aufgedeckt und den Camouflage-Charakter des Gesetzes von 1987 publik gemacht hatte, war nicht nur das Diätengesetz zum Scheitern verurteilt; auch das Gesetz über die Erhöhung der Senatorenpension von 1987 mußte schließlich ersatzlos gestrichen werden, mochten die Betroffenen anfangs auch noch so wild verbal um sich schlagen.[61]

Die Hamburger Diskussion hatte den Blick auf die finanziellen Bezüge und Versorgungen von Ministern in Deutschland insgesamt gelenkt. Eine Untersuchung ergab, daß es in anderen Ländern teilweise noch unhaltbarere Privilegien gibt als in Hamburg. Das Saarland ragt hervor, was angesichts der dortigen großen Haushaltsprobleme besonders prekär erscheint. Dort kann ein Minister sogar schon nach einem einzigen Amtstag die Höchstversorgung von etwa 13 000 Mark monatlich, zahlbar ab dem 55. Lebensjahr, erwerben, wenn er nur vorher lang genug (13 1/3 Jahre) im Parlament war. Das kommt daher, daß die ersten Amtsjahre doppelt zählen und vorangehende Parlamentsjahre wie Ministerjahre gerechnet werden. Für Bundesminister gibt es nichts dergleichen; sie benötigen dreiundzwanzig Amtsjahre, um eine volle Altersversorgung zu erwerben.

Die saarländische Regelung ist schon vor Jahren zustande gekommen, und zwar noch unter einer CDU-Regierung. Aber auch die seinerzeitige SPD-Opposition trägt Mitverantwortung, weil sie sich in keiner der drei Lesungen des Gesetzentwurfs im Parlament zu Wort meldete, von Kritik ganz zu schweigen. Grund war wohl die Verdoppelung der Zahlungen an die Fraktionen, die durch eine Änderung des Verteilungsmodus überwiegend der Opposition zugute kam, und die Erhöhung der

Abgeordnetendiäten; beides mußte offenbar als eine Art politisches Schmiermittel zur Herstellung der »Einigkeit der Demokraten« herhalten. Der heutige Ministerpräsident Lafontaine war damals Mitglied des zuständigen Parlamentsausschusses und stellvertretender Vorsitzender der SPD-Fraktion. Er hat, als die Angelegenheit durch ein Gutachten aus meiner Feder im Mai 1992 veröffentlicht wurde, zunächst – ganz ähnlich wie vor ihm die Hamburger – versucht, das Gesetz »ohne Einschränkung« zu verteidigen, die Kritiker persönlich zu beschimpfen und die Medien mit der Nazi-Presse auf eine Stufe zu stellen.[62]
Auch die Ministergesetze anderer Bundesländer enthalten nicht zu rechtfertigende Privilegien. Auch hier liegen die Probleme nicht in den offen ausgewiesenen Gehältern der Minister, sondern in den kleingedruckten, aber ökonomisch gewichtigen Zusatzleistungen, die einen Millionenwert haben können, in groteskem Mißverhältnis zu den normalen Aktivenbezügen stehen und durch eine Flucht aus der Öffentlichkeit gekennzeichnet sind. Neben den erwähnten Auswüchsen der Versorgung und überzogenen Übergangsgeldern[63] sind hier zum Beispiel überhöhte Aufwandsentschädigungen zu nennen, die in Wahrheit ein steuerfreies Zusatzeinkommen darstellen. So erhalten bayerische Minister, wenn sie zugleich Abgeordnete sind, neben ihren steuerpflichtigen monatlichen Bezügen als Minister und dem halben Abgeordnetengehalt (von zusammen etwa 25 000 Mark) noch steuerfreie Kostenpauschalen von fast 6 000 Mark monatlich zusätzlich. Solche Pauschalen sind verfassungsrechtlich aber allenfalls zulässig, wenn sie sich am amtsbedingten Aufwand orientieren. Das ist aber – angesichts der zusätzlich vorgehaltenen großzügigen sächlichen und personellen Amtsausstattungen – sicher nicht der Fall, wie sich auch daran zeigt, daß die steuerfreien Beträge bayerischer Minister höher sind als im Bund und rund viermal so hoch wie in Hessen und Niedersachsen.[64]

Auch zum Beispiel in Rheinland-Pfalz bestehen für Minister sehr viel günstigere Versorgungsregelungen als im Bund. Ein rheinland-pfälzischer Minister kann schon nach einem Tag Amtszeit eine Pension von 55 Prozent und nach fünf Jahren Amtszeit von 70 Prozent seiner Aktivenbezüge erwerben, wenn zehn Parlamentsjahre vorangehen. Die Regelung wurde – auch insoweit ähnlich wie im Saarland – schon vor langen Jahren eingeführt, damals noch unter der Regierung von Helmut Kohl. Die Oppositionsfraktionen der SPD und FDP kritisierten den Regierungsentwurf auch in Rheinland-Pfalz nicht, sondern hielten sich durch massive Anhebungen der Fraktionsmittel (die durch Änderung des Verteilungsmodus vornehmlich der Opposition zugute kamen) und der Abgeordnetendiäten schadlos. Einmal mehr erfolgte ein Hochschaukeln zu Lasten der Steuerzahler ohne Rücksicht auf die Unangemessenheit der Regelungen. Damit wird auch klar, warum Lafontaines Gegenattacke gegen die Kritiker der saarländischen Regelungen ausgerechnet bei Kohl öffentlichen Beistand fand.

Die Versorgung westdeutscher Minister wurde im Wege der »Amtshilfe« durch westliche Berater auch auf die neuen Länder übertragen. So sind zum Beispiel nach dem Thüringer Ministergesetz vom 14. Mai 1991 – wie in Rheinland-Pfalz, das die Betreuung Thüringens übernommen hatte – bis zu zehn vorangehende Jahre in einem Parlament auf die Altersversorgung anzurechnen, selbst dann, wenn sie außerhalb Thüringens und lange vor der Entstehung dieses Landes abgeleistet wurden. Ein Nutznießer ist Jochen Lengemann, der frühere Präsident des Hessischen Landtages, der nach dem dortigen Diätenfall seinen Hut nehmen mußte. Er war nach Gründung des Landes für kurze Zeit Thüringer Minister »für besondere Aufgaben« und vergoldete dadurch seine früheren Jahre als hessischer Landtagsabgeordneter.

Diese Beispiele lassen die Vielzahl von Privilegien erahnen, die sich im Laufe der Jahre in den Landesministergesetzen angesammelt haben. Bemerkenswert ist nicht nur der Inhalt der Gesetze, sondern beinahe mehr noch die Art und Weise ihres Zustandekommens. Die jeweilige Opposition war in der Regel dadurch gleichgeschaltet und damit meist auch die Öffentlichkeit unterlaufen worden, daß finanzielle Kompensationen in Form etwa von erhöhten Fraktionsmitteln oder Abgeordnetenentschädigungen gegeben wurden, auf welche die Opposition sich regelmäßig besonders angewiesen glaubt. Die Folge war ein Hochschaukeln der verschiedenen Teile der staatlichen Politikfinanzierung ohne Rücksicht auf ihre sachliche Notwendigkeit und ihre Angemessenheit – ein wahrhaft fataler Mechanismus. Die Entstehungsgeschichte der Ministerprivilegien bietet somit auch einen Schlüssel zur Erklärung der rasanten Steigerungsraten in anderen Feldern der staatlichen Politikfinanzierung. Es wird deutlich, daß das Ausmaß der Problematik weit über einzelne Paragraphen der Ministergesetze hinausgeht. Hier zeigt sich der politische Mechanismus in seltener Klarheit, der die Politikfinanzierung in »Einigkeit der Demokraten« mit so hoher Geschwindigkeit in Deutschland vorwärtstreibt und ohne dessen Domestizierung es beinahe zwangsläufig und von innen heraus zu schweren Vertrauenskrisen kommen muß, eine Feststellung, die auch die Dringlichkeit des Gegenhaltens unterstreicht.

Inzwischen ist die Berechtigung der öffentlichen Kritik an der Überversorgung der Landesminister anerkannt. Das Saarland und sechs weitere Länder (Niedersachsen, Rheinland-Pfalz, Hessen, Bayern, Bremen und Mecklenburg-Vorpommern) haben ihre Ministergesetze geändert, eine Reihe von Privilegien beseitigt und die Altersversorgung dem Bundesministergesetz angepaßt.[65] Dies geschah allerdings ohne große Öffentlichkeit – wohl deshalb, weil durch die Gesetzesänderung die Berechtigung der Kritik, die zunächst vehement bestritten worden war, stillschweigend anerkannt wurde,[66] gleichwohl die Gesetze zumeist nur für die *Zukunft* geändert wurden, den *amtierenden* Ministern dagegen die Privilegien erhalten blieben. Dafür wird ein angeblich verfassungsrechtlich geschützter »Besitzstand« reklamiert, ein Argument, das einer Nachprüfung aber nicht standhält. Es gibt keine Verfassungssperre. Das bestätigt die Rechtsprechung des Bundesverfassungsgerichts.[67] Es scheint aber schwer zu sein, in eigener Sache auf Vorrechte zu verzichten, mögen sie sachlich noch so unberechtigt sein. Immerhin, unmöglich ist es nicht: Die 1987 eingeführten Versorgungsprivilegien für Hamburger Senatoren waren 1992 nicht nur für alle aktiven, sondern auch für die ehemaligen Senatoren und ihre Hinterbliebenen beseitigt worden. Ebenso wurden in Mecklenburg-Vorpommern die Privilegien auch den amtierenden und früheren Ministern genommen und dadurch ein bemerkenswertes Vorbild gesetzt.[68] In acht Bundesländern fehlt aber noch jeder Ansatz, ihre überzogene Ministerversorgung dem Bundesministergesetz anzupassen.[69]

Parlamentarische Staatssekretäre

Das Amt des Parlamentarischen Staatssekretärs ist im Grundgesetz nicht vorgesehen; es wurde erst 1967 unter der großen Koalition durch ein einfaches Gesetz[70] eingeführt; 1974 wurde seine finanzielle Ausstattung erheblich ausgebaut.[71] Als Amtsbezüge erhalten Parlamentarische Staatssekretäre drei Viertel des Amtsgehalts des Bundesministers, also ein Staatssekretärsgehalt, und einen Ortszuschlag wie der Bundesminister, zusammen etwa 17 500 Mark monatlich, eine steuerfreie Dienstaufwandsentschädigung von 450 Mark monatlich und eine Pauschale von 300 Mark monatlich für den Fall, daß sie ihren Haushalt nicht nach Bonn verlegen können. Hinzu kommen, da der Parlamentarische Staatssekretär definitionsgemäß gleichzeitig Abgeordneter ist, die (nur teilweise gekürzten) Bezüge als Bundestagsabgeordneter, also etwa 5 200 Mark Abgeordnetenentschädigung, und etwa 4 500 Mark steuerfreie Aufwandsentschädigung monatlich.[72]

Nach dem Gesetz von 1967 erhielten Parlamentarische Staatssekretäre nur eine Entschädigung von 75 Prozent des Amtsgehalts eines Bundesministers, nicht also auch die anderen Bestandteile der Amtsbezüge von Ministern, auch keine Versorgung. Beides wurde erst 1974 eingeführt. Seitdem erhalten Parlamentarische Staatssekretäre und ihre Hinterbliebenen Versorgung in entsprechender Anwendung der Regelungen des Bundesministergesetzes; sie erwerben also nach zwei Amtsjahren 15,33 Prozent und nach vier Amtsjahren 29 Prozent ihrer Staatssekretärsbezüge als Ruhegehaltsanspruch, beginnend mit vollendetem 55. beziehungsweise 60. Lebensjahr. Zusätzlich erhalten sie mit ihrem Ausscheiden ein überhöhtes Übergangsgeld, das nach nur drei Jahren Amtszeit bereits drei Jahre lang gezahlt wird.

Ursprünglich gab es nur sieben Parlamentarische Staatssekretäre, unter der Regierung Kohl im Jahre 1990 war ihre Zahl auf 33 angewachsen. Die Parlamentarischen Staatssekretäre »unterstützen die Mitglieder der Bundesregierung, denen sie beigegeben sind, bei der Erfüllung ihrer Regierungsaufgaben«, so heißt es im Gesetz. Zunächst war vorgesehen, daß sie nur Ministern großer Ressorts, wie dem Auswärtigen Amt oder dem Finanzministerium, beigegeben werden und die Verbindung zwischen Parlament und dem jeweiligen Ministerium halten sollten, zum Beispiel durch Beantwortung parlamentarischer Anfragen. Diese Posten waren für fähige Nachwuchspolitiker bestimmt, die später zu Ministern aufrücken sollten. Zu einem solchen Aufrücken kam es im Laufe der Jahre aber immer seltener. Auch eine sinnvolle Eingliederung in den Arbeitsablauf der Ministerien erfolgte häufig nicht. Das hing auch mit der Besetzungspraxis zusammen. Zunehmend wurden reine Versorgungsfälle berufen. Bisweilen war die Aufgabenstellung des Amtsinhabers ganz unbestimmt. Die Besetzung der Stellen wurde zum machtpolitischen Instrument, die Regierungsfraktionen bei der Stange zu halten, politisch gefügiges Verhalten zu belohnen und auf diese Weise die Fraktionen durch den goldenen Zügel der Vergabe von begehrten Ämtern zu disziplinieren.

In jüngerer Zeit wurde diese Praxis in der Öffentlichkeit zunehmend kritisiert. Man erinnerte sich an den schon Rainer Barzel zugeschriebenen Ausspruch, Parlamentarische Staatssekretäre seien »unnötig wie ein Kropf«; sie erledigten keine Arbeit, sondern machten nur welche, eine Formulierung, die ein beamteter Staatssekretär im Bundesinnenministerium dahin variiert hat: »Sie nehmen uns Arbeit ab, die es nicht gäbe, wenn wir sie nicht hätten.«[73] Die verbreitete Überzeugung, daß bestimmte Politiker nicht verdienen, was sie verdienen,[74] hat sich bei Parlamentarischen Staatssekretären in besonderer Weise festgemacht. Hier zeigt sich deutlich, daß der eigentliche Kern der Kritik an der staatlichen Politikfinanzierung nicht die absolute Höhe der Zahlungen ist, sondern – neben unhaltbaren Privilegien – der Eindruck mangelnder Leistung der Politiker, die in einem Mißverhältnis zu ihrer finanziellen Ausstattung steht. Erscheinen die Amtsinhaber gar als überflüssig, sind alle Bezüge zu hoch, wie auch immer sie ausgestaltet sein mögen. Der Kritik zollte schließlich auch Bundeskanzler Kohl Tribut und entließ bei einem Revirement Mitte Januar 1993 sieben Parlamentarische Staatssekretäre in den wohlversorgten Ruhestand, was aber keinesfalls ausreicht.

Politische Beamte

Die sogenannten politischen Beamten haben sich, von der Öffentlichkeit noch kaum bemerkt, groteske Versorgungsprivilegien verschafft. (Zur »Verbeamtung« der Parlamente und ihrer Innenausschüsse, die Beamtenregelungen praktisch zu Insichgeschäften macht, siehe Näheres in Kapitel 4.) Während ein normaler Beamter vierzig Jahre benötigt, um seine volle Versorgung von 75 Prozent zu erhalten, kann ein politischer Beamter jederzeit in den »einstweiligen« Ruhestand versetzt werden und erhält dann eine üppige Versorgung. Drei Monate lang werden die vollen Bezüge weiterbezahlt. Danach erhält er fünf Jahre lang 75 Prozent der ruhegehaltfähigen Dienstbezüge aus der Endstufe der Besoldungsgruppe. Nach Ablauf der fünf Jahre wird je nach Amtszeit ein Ruhegehalt zwischen 35 und 75 Prozent der ruhegehaltfähigen Dienstbezüge gezahlt, wobei die vorangehenden Jahre im einstweiligen Ruhestand als »ruhegehaltfähige Dienstzeit« gerechnet werden.

Diese Regelung wurde 1976 eingeführt. Bis dahin erhielten politische Beamte im einstweiligen Ruhestand im Bund und in vielen Ländern fünf Jahre lang »nur« 50 Prozent der Aktivenbezüge. Diese 50 Prozent bezogen sich damals noch auf das tatsächliche Gehalt, nicht auf die höchste Stufe der Besoldungsgruppe. Auch zählten jene fünf Jahre nicht als ruhegehaltfähige Dienstzeit, erhöhten die folgende Versorgung also nicht. Die heutigen Regelungen wurden erst durch das Beamtenversorgungsgesetz von 1976 eingeführt. »Begründet« wurde diese – mit den Worten eines bekannten Beamtenrechtlers[75] – »sachlich völlig unberechtigte« Neuerung damit, daß Beamte, die ihr Amt »durch Gebietsreform oder Umwandlung von Behörden verlieren«,[76] gut abgesichert sein müßten. Diese Argumentation trifft auf politische Beamte aber gar nicht zu. Ein anderer Kommentator spricht deshalb mit Recht vom Vorschützen eines

Feigenblattes.[77] Die Versorgungsregelungen sind aus mehreren Gründen extrem großzügig:

— Das Ruhegehalt beginnt – unabhängig vom Lebensalter – sofort nach Ablauf der dreimonatigen Übergangszeit zu laufen, wohingegen ein Beamter darauf normalerweise bis zum Ablauf seines 65. Lebensjahres warten muß.
— Das Ruhegehalt fällt an ohne Rücksicht darauf, wie lange der politische Beamte sein Amt innegehabt hat, also im Grenzfall auch dann, wenn der Beamte nach einem einzigen Amtstag in den einstweiligen Ruhestand versetzt wird.
— Die Höhe des Ruhegehalts ist mit 75 Prozent in den ersten fünf Jahren extrem hoch. Bei Beamten der Besoldungsgruppe A mit je nach Dienstalter steigenden Gehältern – dazu gehören Beamte bis zum Ministerialrat – bemessen sich diese 75 Prozent stets nach der höchsten Gehaltsstufe, selbst wenn der Beamte aufgrund seines geringen Dienstalters noch weit von ihr entfernt war. So beträgt das Grundgehalt eines Ministerialrats nach der Besoldungsgruppe A 16 je nach Dienstaltersstufe derzeit zwischen 4 235 und 7 658 Mark, und die Bemessungsgrundlage für das 75prozentige Ruhegehalt des in den einstweiligen Ruhestand versetzten politischen Beamten ist immer der höchste Betrag. Er kann dann in der Praxis leicht 100 Prozent seines letzten Gehalts bekommen.
— Auch nach Ablauf der fünf Jahre bleibt die Regelung sehr großzügig, weil auch diese fünf Jahre voll als ruhegehaltfähige Zeit zählen, obwohl der Betreffende keine Dienste mehr geleistet hat; in jedem Fall erhält er 35 Prozent des Aktivengehalts.

Diese Kumulation von Vergünstigungen führt dazu, daß beispielsweise ein politischer Beamter im Alter von 32 Jahren, wenn er nach einem halben Jahr Dienstzeit in den einstweiligen Ruhestand versetzt wird, ein lebenslängliches Ruhegehalt bezieht, das in den ersten fünf Jahren und drei Monaten bis zu 100 Prozent seines letzten Aktivengehalts betragen kann, danach mindestens 35 Prozent, ohne daß er dafür etwas tun müßte. Man spricht nicht von ungefähr von den »teuersten Spaziergängern Deutschlands«.

Die Regelung mag, sofern man die Einrichtung der politischen Beamten überhaupt für erforderlich hält, zumindest vom Ansatz her nachvollziehbar sein für die Gruppe von politischen Beamten, für die sie ursprünglich gedacht war, also für Spitzenbeamte, die beispielsweise die Position als Staatssekretär am Ende ihrer Beamtenkarriere in fortgeschrittenem Alter erreichen. Ihnen im Falle ihrer Versetzung in den einstweiligen Ruhestand eine hohe Versorgung zu garantieren, erscheint nachvollziehbar, wenn man erreichen will, daß sie ein wirtschaftliches Interesse behalten, über die Stelle des höchsten nichtpolitischen Beamten hinaus auf die risikobehafteten Stellen von politischen Beamten zu wechseln. Eine faktische Aufstockung auf 100 Prozent erhalten sie ohnehin nicht, weil sie als Spitzenbeamte Einheitsgehälter ohne Dienstaltersstufen (nach der sogenannten Besoldungsgruppe B) beziehen. Und auch die gesetzlich vorgesehene Gewährung von 75 Prozent und die Einbeziehung der zusätzlichen fünf Jahre während des einstweiligen Ruhestandes in die ruhegehaltfähige Dienstzeit bedeuten für sie oft keine Verbesserung, weil sie aufgrund ihrer regulären Dienstzeit regelmäßig ohnehin bereits die Höchstversorgung von 75 Prozent erdient haben.

Völlig anders muß die Beurteilung der Versorgungsregelung aber ausfallen, wenn der Kreis der politischen Beamtenpositionen derart ausgeweitet oder die Ernennungsvoraussetzungen rechtlich oder praktisch derart abgeschwächt werden, daß sie schon in jüngeren Jahren erlangt werden können. Und genau das ist in zunehmendem Umfang der Fall. Der Katalog der politischen Beamten ist im Laufe der Zeit ausgeweitet und die Stellen sind im Durchschnitt mit immer jüngeren Personen besetzt worden. Neben besonders politiksensiblen Bereichen, wie dem Auswärtigen Dienst, dem Verfassungsschutz und dem Bundesnachrichtendienst, bei denen im Bund auch Beamte von der Besoldungsgruppe A 16 (Ministerialräte) an aufwärts zu den politischen Beamten gehören, haben vor allem manche Bundesländer den Kreis immer weiter nach unten ausgedehnt und auch persönlichen Referenten und Pressesprechern bei der Landesregierung und in Hessen sogar Assistenten der Landtagsfraktionen den Status von politischen Beamten verschafft. Es ist auch unübersehbar, daß die ursprüngliche Annahme, Staatssekretäre und andere hohe politische Beamtenstellen würden regelmäßig erst von Personen in fortgeschrittenem Alter mit großer Erfahrung erreicht, nicht mehr zutrifft. Der mit 31 Jahren berufene Staatssekretär, der mit 32 in den einstweiligen Ruhestand tritt, die prominente Sportlerin, die, zur Staatssekretärin berufen, nach kürzester Zeit in den einstweiligen Ruhestand versetzt wird, weil sie dem Amt nicht gewachsen ist, sind keine Erfindungen. Ein 32jähriger Mann hat eine statistische Lebenserwartung von weiteren 44 Jahren, und seine Ehefrau überlebt ihn nach der Wahrscheinlichkeitsrechnung um etwa zehn Jahre (mit 60 Prozent Witwenrente). Wenn auch die frühere Möglichkeit, daß der einstweilige Ruheständler aus privater Quelle unbeschränkt dazuverdienen kann, inzwischen durch eine Anrechnungsvorschrift eingeschränkt ist (§ 53a Beamtenversorgungsgesetz), bleibt doch die Regelung, daß ein Beamter schon in jungen Jahren nach kurzer Dienstzeit in den einstweiligen Ruhestand versetzt werden kann und dann für sein ganzes Leben ausgesorgt hat, ein groteskes, sachlich nicht zu rechtfertigendes Privileg. Damit gerät aber die Institution des politischen Beamten ins Zwielicht. Wenn ein politischer Beamter schon in jungen Jahren eine überzogene lebenslange Versorgung erlangen kann, ist etwas faul im Staate.

Das gilt um so mehr, als bei den meisten derartigen Stellen die mangelnde Berechtigung, sie zu politischen Beamtenstellen zu machen, auf der Hand liegt. Persönliche Referenten und ähnliche Beamte haben regelmäßig Stellen einer Gehaltskategorie inne, die es erlaubt, sie – im Falle einer Störung des politischen Vertrauensverhältnisses – anderweitig im Ministerium auf »unpolitischen« Stellen unterzubringen, wenn es nicht überhaupt sinnvoller wäre, sie im Angestelltenverhältnis zu beschäftigen. Darüber hinaus stellt sich ganz grundsätzlich die Frage, ob die Institutionen des politischen Beamten überhaupt gerechtfertigt oder ob ihre angebliche Unverzichtbarkeit nicht ihrerseits Folge einer exzessiven Patronagepraxis ist. Gewiß: Wenn die Vorgängerregierung die Stellen mit eingefleischten Parteigängern besetzt hat, wird nach einem parlamentarischen Mehrheitswechsel die Nachfolgeregierung bestrebt sein, die gegnerischen gegen eigene Anhänger auszuwechseln. Ämterpatronage nährt dann Ämterpatronage, und das Übel zieht immer weitere Kreise. Institutionell unausweichlich ist eine derartige Entwicklung aber keineswegs. Das zeigt das englische Beispiel, in dem Spitzenbeamte gehalten sind, sich parteipolitisch zurückzuhalten, um jeder Regierung loyal dienen zu können.

V. Politikfinanzierung – Indikator von Mängeln der Politik

Man darf die Politikfinanzierung nicht nur isoliert-technisch sehen, will man nicht das Wichtigste *über*sehen. Die Politikfinanzierung ist Teil des politischen Kampfes um die Macht, und das Politikfinanzierungsrecht ist deshalb ein zentraler Teil der Ordnung dieses Kampfes unter dem Gesichtspunkt des Gemeinwohls (oder *sollte* es doch sein). Die Politikfinanzierung muß deshalb im Zusammenhang mit der von den Parteien und der politischen Klasse wesentlich geprägten gesamten politischen Willensbildung betrachtet werden.

Die Mängel der Politikfinanzierung werden weithin als Symptome und Erscheinungsformen von Mängeln der Politik insgesamt und damit auch als wesentliche Ursache für die Politikverdrossenheit der Bürger angesehen, die – so eine Hauptthese dieses Buches – auf Systemfehlern unserer politischen Ordnung beruht: der Entmündigung der Bürger, der Aufweichung der Gewaltenteilung, der beschränkten Problemlösungskompetenz der Politik bei gleichzeitiger Tendenz der politischen Klasse, die staatlichen Institutionen und Finanzen auszubeuten. Daß diese Systemfehler, die sich gegenseitig bedingen und verstärken, sich in der staatlichen Politikfinanzierung wie durch eine Lupe vergrößert zeigen, scheint uns der tiefere Grund dafür zu sein, warum die Öffentlichkeit so empfindlich auf Auswüchse reagiert. Wie sehr sich die genannten Systemfehler gerade in der Politikfinanzierung widerspiegeln, soll anhand einiger Beispiele aufgezeigt werden.

Das *Versagen der Politik* vor der Lösung anstehender Probleme zeigt sich darin, daß es ihr bisher nie aus eigener Kraft gelang, die Parteienfinanzierung befriedigend zu regeln, ja, sie überhaupt nur gesetzlich zu regeln, sondern das Bundesverfassungsgericht sie dazu zwingen mußte.

Das Parteiengesetz ließ achtzehn Jahre auf sich warten, obwohl das Grundgesetz es in Artikel 21 Absatz 3 zwingend verlangt. Damit blieb auch die vom Grundgesetz ebenfalls vorgeschriebene öffentliche Transparenz der Finanzquellen der Parteien unerfüllt, ein drastisches Beispiel für gesetzgeberisches Versagen. Erst als das Bundesverfassungsgericht 1966 das teilweise Fortbestehen der einige Jahre vorher eingeführten Staatsfinanzierung von einer gesetzlichen Grundlage abhängig machte, mußten die Parteien das Gesetz erlassen, wenn sie nicht ganz auf Staatsfinanzierung verzichten wollten. So kam im Jahre 1967 schließlich doch noch das Parteiengesetz zustande.

Die gesetzliche Regelung der Parteistiftungen und Abgeordnetenmitarbeiter steht aber noch aus. Ohne gesetzliche Regelung fehlen Transparenz und Begrenzung, was die (in Abschnitt II dieses Kapitels) beschriebenen schlaraffenländischen Wachstumsraten ermöglicht hat. Seit 1966 haben sich deshalb die finanziellen Gewichte völlig verschoben. Die Staatszuschüsse an Fraktionen, Parteistiftungen und Abgeordnetenmitarbeiter lassen die staatliche Parteienfinanzierung inzwischen weit hinter sich. Während die Parteien jährlich 230 Millionen Mark erhalten,[78] bekamen die Fraktionen des Bundes und der Länder, die Parteistiftungen und Abgeordnetenmitarbeiter 1992 rund 1100 Millionen Mark. Eigentlich wären gesetzliche Regelungen, die Transparenz herstellen und die staatlichen Subventionen begrenzen, hier mindestens so dringend, wie sie es seinerzeit für die Parteien waren. Daß derartige Regelungen bisher dennoch fehlen, ist wiederum ein krasser Fall von Politikversagen. Die Parlamente des Bundes und mehrerer Bundesländer haben zwar in jüngster Zeit für Fraktionen Gesetze erlassen. Diese weisen jedoch an entscheidenden Stellen noch Defizite auf und sind mangelhaft (Näheres wiederum in Abschnitt II dieses Kapitels).

Ein weiteres Beispiel ist die Besteuerung der Abgeordnetenentschädigung. Obwohl seit den sechziger Jahren klar war, daß die Fortdauer der früheren Steuerfreiheit ein unhaltbares Privileg geworden war, brachte der Bundestag es von sich aus nicht fertig, sie zu beseitigen, bis das Bundesverfassungsgericht die Besteuerung schließlich durch sein Urteil von 1975 erzwang.

Die Entwicklung der Politikfinanzierung zeigt aber auch, wie sehr die Parteien dazu neigen, die Bürger immer mehr zu *entmündigen*. Dies kann auf verschiedene Weise geschehen, zum Beispiel durch Diskriminierung von möglichen Konkurrenten der etablierten Parteien. Solche Diskriminierungen beeinträchtigen die Offenheit des politischen Prozesses, erschweren das Aufkommen neuer Parteien und mindern die Auswahlmöglichkeit für die Wähler. Eine andere Möglichkeit sind Absprachen zwischen den Etablierten, wodurch den Wählern die Alternative genommen wird. Ein weiterer Ansatz besteht in der Einbindung der öffentlich-rechtlichen Medien, der politischen Bildung und Wissenschaft, um die öffentliche Kritik in Grenzen zu halten, eine vierte Stufe schließlich in der Abkapselung der wenigen »Vorentscheider« in den politischen Parteien vor unliebsamer Konkurrenz bei der Verteilung der immer lukrativer gewordenen politischen Positionen.

Auch dafür einige Belege, zunächst für die Diskriminierung von Konkurrenten der etablierten Parteien:

— Die 1954 eingeführte Steuerbegünstigung von Parteispenden war auf Parteien *im* Bundestag begrenzt und schloß alle anderen aus. Das Bundesverfassungsgericht mußte diese Form von closed shop 1957 wegen Verstoßes gegen den strengen Gleichheitssatz für verfassungswidrig erklären.[79]
— Kommunale Wählergemeinschaften, die auf örtlicher oder Kreisebene mit den Parteien in Wettbewerb stehen, blieben lange von allen Steuervergünstigungen für Spenden und

Beiträge ausgeschlossen, selbst als diese ab 1983 ein gigantisches Volumen erreichten. Eine teilweise Einbeziehung der Wählergemeinschaften erfolgte erst, nachdem ein Spruch aus Karlsruhe dies 1988 erzwungen hatte.[80]

— In den Genuß der 1959 eingeführten direkten staatlichen Zahlungen an die Parteien kamen wiederum nur *Bundestags-*parteien. Das Bundesverfassungsgericht erklärte dies 1966 für gleichheitswidrig.[81] Es bedurfte allerdings noch eines weiteren Nachfassens des Gerichts im Jahre 1968, um die Schwelle auf 0,5 Prozent der Wählerstimmen zu senken.[82] Im Parteiengesetz von 1967 hatten die Parteien sie zunächst noch auf 2,5 Prozent festgesetzt.

— Auch von der direkten Staatsfinanzierung blieben die kommunalen Wählergemeinschaften wiederum ausgeschlossen, was dadurch erreicht wurde, daß für Wahlen auf kommunaler Ebene formal keine Wahlkampfkostenerstattung gezahlt wurde. Gleichzeitig wurde aber die Kostenerstattung für Landtagswahlen, an denen nur Parteien teilhaben, überzogen festgesetzt und konnte deshalb von den Parteien teilweise auch für die Kommunalwahlen mitverwendet werden. Die Gleichheitswidrigkeit dieser Regelung hat das Bundesverfassungsgericht 1992 angemerkt.[83] Dennoch hat das neue Parteiengesetz, das seit Anfang 1994 in Kraft ist, dem nicht abgeholfen.

— Auch von den Zahlungen an Fraktionen, Stiftungen, Abgeordnete und ihre Mitarbeiter profitieren nur die in den Parlamenten vertretenen Parteien; alle anderen, die die Fünfprozentklausel nicht überschritten haben, werden benachteiligt. Das ist zwar hinsichtlich der Fraktionen, der Abgeordneten und ihrer Mitarbeiter unvermeidbar, solange an der Fünfprozentklausel festgehalten wird, verlangt aber um so mehr Transparenz, Kontrolle und Begrenzung auch dieser Zahlungen, woran es bisher eben noch fehlt.

Der Abschottung des politischen Wettbewerbs nach außen gegenüber Newcomern entspricht die gezielte Einschränkung oder gar Beseitigung des Wettbewerbs *unter* den Etablierten. Auch dafür einige Beispiele:

— Als 1988 der sogenannte Sockelbetrag eingeführt, der sogenannte Chancenausgleich modifiziert und ausgeweitet und die Publikationsgrenze für Parteispenden von 20 000 auf 40 000 Mark verdoppelt wurde, war dies von den Schatzmeistern der CDU, CSU, SPD und FDP untereinander abgesprochen und von den Parteivorsitzenden Kohl und Hans-Jochen Vogel bei einem Frühstück abgesegnet worden – ganz so, wie man sich ein Sektfrühstück unter Oligopolunternehmern, die ihre Kundschaft ausnehmen wollen, gemeinhin vorstellt. Parlament und Öffentlichkeit sahen sich dadurch weitgehend vor vollendete Tatsachen gestellt. Auch als sich überraschend heftige öffentliche Kritik regte, gingen jedem Änderungsvorschlag Ergänzungsabsprachen der Parteischatzmeister voraus, die diese wie Regierungsverlautbarungen öffentlich mitteilten. Öffentlichkeit und parlamentarische Gremien wurden präjudiziert, so als wären sie nur »Vollzugsorgane von Schatzmeister-Runden«, wie der Bundestagsabgeordnete Conradi kritisch anmerkte. Sockelbetrag, Chancenausgleich und Verdoppelung der Publizitätsgrenze wurden 1992 vom Bundesverfassungsgericht für verfassungswidrig erklärt.

— Im Herbst 1990 wurde in Nordrhein-Westfalen der Pro-Kopf-Betrag bei der Wahlkampfkostenerstattung von 5 auf 6,25 Mark je Wahlberechtigten erhöht und rückwirkend ein Sockelbetrag auf Landesebene eingeführt. Dies beruhte auf einer Absprache von SPD und CDU und erhöhte die Staatsfinanzierung um 40 Prozent. Der Verfassungsgerichtshof Nordrhein-Westfalen hat die Regelung am 19. Mai 1992 für verfassungswidrig erklärt.

— Die groteske Altersversorgung von Landesministern, die schon nach kurzer Zeit eine überzogen hohe Versorgungsanwartschaft erwerben können, beruht gleichfalls regelmäßig auf derartigen Absprachen. Stichproben etwa in Hamburg, im Saarland und in Rheinland-Pfalz haben ergeben, daß die unangemessenen Privilegien einvernehmlich von Regierungs- und Oppositionsfraktionen beschlossen wurden; der Preis für das Stillhalten der Opposition war eine Verdoppelung der Fraktionszuschüsse und Erhöhungen der Abgeordnetendiäten.
— In Hessen wie in Hamburg wurden die Diätenskandale durch Gesetzesvorlagen ausgelöst, auf die die etablierten Parteien sich geeinigt hatten, um dem Wähler keine Alternative zu lassen und den öffentlichen Protest in Grenzen zu halten.
— In Hessen wurden die Fraktionsassistenten durch ein – verfassungswidriges – Gesetz zu politischen Beamten gemacht, auf das man sich fraktionsübergreifend geeinigt hatte.[84]

Zur Absicherung des Kartells gehört auch die Einbindung der öffentlich-rechtlichen Medien, der politischen Bildung und großer Teile der Wissenschaft. Hinsichtlich der Medien ist dies häufig genug erörtert worden, als daß es hier wiederholt werden müßte (siehe Näheres Kapitel 4). Die Einbindung der politischen Bildung erfolgt einmal dadurch, daß sie in den Aufgabenkatalog der politischen Parteien nach § 1 Parteiengesetz, bei der die Parteien dem Gesetzgeber die Feder geführt haben, einbezogen wird, was wiederum die Einflußnahme der Parteien auf die Einrichtungen der politischen Bildung rechtfertigen soll. Hinzu kommt die Übernahme von Aufgaben der politischen Bildung durch die Parteistiftungen und schließlich die Verpflichtung immer weiterer Kreise gerade derjenigen Wissenschaften, die sich mit den Parteien beschäftigen, durch Gutachten, Prozeßvertretungen, Finanzierung von Instituten, Gewährung einer Fülle von Informationen und unmittelbaren Zugang zum Machthaber.

Die Entmündigung der Bürger durch Ausschaltung der Konkurrenz und Einbindung scheinbar neutraler Kräfte leistet der Ausbeutung des Staates durch die Parteien Vorschub. Die Ausbeutung äußert sich einerseits in einem Immer-Mehr, andererseits in einer Tabuisierung vermeintlicher Besitzstände. Das Hochschießen der staatlichen Parteienfinanzierung vor der Begrenzung durch das Bundesverfassungsgericht im Jahre 1966 und danach die schlaraffenländischen Wachstumsraten bei der staatlichen Subventionierung von Fraktionen, Parteistiftungen und Abgeordnetenmitarbeitern sind oben geschildert worden, ebenso die grotesken Versorgungsprivilegien von Landesministern und politischen Beamten, die bei offener Diskussion nie eine Chance der Verwirklichung gehabt hätten. Bezeichnend ist auch, daß zwar die Kritik an der überzogenen Versorgung von Landesministern inzwischen als berechtigt anerkannt ist, der »Besitzstand« der derzeitigen und früheren Minister gleichwohl in den meisten Ländern nicht angetastet worden ist.

Die Kartellsituation erleichterte es zudem, daß man sich bei der staatlichen Parteienfinanzierung regelmäßig auf den größten gemeinsamen Nenner einigte:

— 1983 beschloß man nicht nur die von der SPD gewünschte Anhebung des Pro-Kopf-Betrages der Wahlkampfkostenerstattung von 3,50 auf 5 Mark, die teilweise sogar rückwirkend auf die schon längst stattgefundene Bundestagswahl erstreckt wurde, sondern auch die von Union und FDP gewünschte gewaltige Ausweitung der steuerlichen Begünstigung von Spenden. Die Parteienrechtskommission von 1957 war bekanntlich noch davon ausgegangen, eine Staatsfinanzierung der Parteien dürfe nur eingeführt werden, um die Parteien vom Einfluß des Wirtschaftskapitals durch Spenden zu befreien, der Preis für die Staatsfinanzierung sei also ein Spendenverbot. 1983 war dieses Korrespondenzverhältnis vergessen. Nun blieb neben der direkten Staatsfinanzierung nicht nur die Gewährung von Spenden unbegrenzt zulässig, sondern sie wurde auch noch steuerlich massiv gefördert, eine verfassungsrechtlich unhaltbare Regelung, die durch noch weitere Staatsleistungen (Chancenausgleich und Kleinspendenbegünstigung) geheilt werden sollte, aber gleichwohl 1992 durch das Bundesverfassungsgericht insgesamt für verfassungswidrig erklärt wurde.

Einige Jahre nach Einführung des Chancenausgleichs im Jahre 1983 hatte sich bereits gezeigt, daß dieser die Falschen begünstigte, also nicht die SPD, die am wenigsten Spenden erhält, sondern die Grünen, die FDP und die CSU trotz ihrer hohen Spendenaufkommen. Man traute sich aber nicht, den kleinen Parteien die ungerechtfertigten Vorteile aus dem Chancenausgleich zu nehmen, weil dann das Kartell hätte gefährdet werden können. Um sie zu befrieden, wurde deshalb zugleich mit der Änderung des monströsen Chancenausgleichs der nicht weniger monströse Sockelbetrag eingeführt.

Die explosionsartige Ausweitung der staatlichen Politikfinanzierung hat ihrerseits Rückwirkungen auf den Auswahlprozeß des politischen Personals, der in der Hand der Parteien monopolisiert ist. Die Wähler besitzen keinen Einfluß auf die Auswahl der Kandidaten bei Parlamentswahlen, sie können sich nur für das von den Parteien auf starren Listen präsentierte Personal en bloc und in der vorgegebenen Reihenfolge entscheiden, deren parteiinterne Aufstellung die eigentliche Entscheidung enthält, wer ins Parlament kommt. Und innerhalb der Parteien liegt die wahlentscheidende Nominierung faktisch in der Hand sehr kleiner Zirkel. Dies war zwar in der Bundesrepublik tendenziell schon immer so, hat aber durch die enorme Anhebung des Niveaus der Politikfinanzierung und die Professionalisierung eine neue, für das ganze System immer gefährlicher werdende Qualität bekommen. Profis gehen beim Kampf um Geld und Positionen nun mal kompromißlos vor. Die ohnehin bestehenden Abschottungstendenzen im Kreis der innerparteilichen »Vorentscheider« werden verstärkt, weil eine Öffnung nicht nur den Verlust von politischem Einfluß, sondern auch von Einkommen, ja, von wirtschaftlichen Existenzen bedeutet. Vollalimentierte Abgeordnete sind zudem wirtschaftlich abkömmlich gestellt und können vor Ort ihre Wiedernominierung mit ganzer Kraft sichern. Sie können dazu in immer größerem Umfang auch staatsfinanzierte Mitarbeiter einsetzen und dadurch ihre parteiinterne Stellung fast unangreifbar machen. Begabte Newcomer werden als potentielle Konkurrenten um die lukrativen Positionen eher abgewehrt. Und daß sie vielleicht mehr Wähler für die Partei anziehen könnten, tritt in der Bilanzierung von Profis gegenüber der Sicherung der eigenen parteiinternen Nominierung leicht zurück. Das ist das Gegenteil von Offenheit der Personalrekrutierung.

Damit aber droht ein Teufelskreis. Denn die Mängel bei der Auswahl des politischen Personals sind ihrerseits zentrale Ursachen für die Politikverdrossenheit. Nicht nur die Selbstbewilligung von Privilegien ist das Problem, sondern auch die Selbstbedienung bei Ämtern und Posten. Das Unbehagen hängt wesentlich damit zusammen, daß die Auswahlmechanismen für die Besetzung von Spitzenämtern in der Bundesrepublik nicht mehr stimmen und darüber hinaus die Berechtigung vieler Ämter überhaupt zweifelhaft ist. Der Wähler hat praktisch keinen Einfluß. Das Vertrauen in die parteiinternen Auswahlmechanismen aber ist dahin. Spätestens seit den Enthüllungen der überparteilichen Hamburger DemO (»Demokratische Offenheit«) und von Erwin und Ute Scheuch ist offenbar, in welchem Ausmaß hier kleine Cliquen klüngeln. Das Urteil des Hamburger Verfassungsgerichts von 1993 hat die Skepsis bestätigt. Wer aber ein Amt nicht verdient, der verdient auch die daran geknüpfte Besoldung nicht, wie hoch oder niedrig sie sein mag. Im Versagen der politischen Parteien, eine ihrer wichtigsten Aufgaben, die Heranziehung des politischen Führungspersonals, noch befriedigend zu erfüllen, liegt zum guten Teil der Nährboden für das öffentliche Unbehagen an der Politikerbesoldung. Ein Gegenmodell, das zeigt, daß es – zumindest in der Tendenz – auch anders gehen könnte, ist die Direktwahl der Bürgermeister und Landräte, wie sie in Süddeutschland seit langem praktiziert wird. Hier werden die Gewählten vom Vertrauen der Mehrheit getragen und verdienen deshalb in ihren Augen auch, was sie verdienen. Auch das Thema Politikfinanzierung lenkt den Blick also auf die zentrale Bedeutung einer befriedigenden Auswahl der Politiker.

Die skizzierten Beispiele illustrieren nicht nur die genannten Politikmängel – das Versagen des Staates (und der hinter ihm stehenden Parteien), die Entmündigung der Bürger und die Ausbeutung des Staates –, sondern sie zeigen auch, daß diese Faktoren zusammenhängen und sich gegenseitig bedingen. Eine Fülle von verfassungsgerichtlichen Urteilen bestätigt, daß die Parteien immer wieder den Erlaß der nötigen Regelungen verzögert oder sich ungerechtfertigte Selbstbegünstigungen bewilligt haben. Das Gericht mußte die Richtung weisen und dabei mehr schlecht als recht zum Ersatzgesetzgeber werden. In welchem Umfang sich hier Versagen manifestiert, zeigt der Umstand, daß große Teile der Politikfinanzierung durch die – dabei allerdings immer wieder folgenschwer irrenden – Karlsruher Richter vorgezeichnet wurden, dies aber eben nicht aus richterlichem Imperialismusstreben, sondern wegen des Versagens des Parlaments und der Politik.

VI. Was das Volk von seinen Repräsentanten erwartet

Rechtsordnung und Erwartungen des Volkes stimmen in ihren grundsätzlichen Anforderungen an die Repräsentanten weitgehend überein. Abgeordnete und Minister haben dem Gemeinwohl zu dienen und dürfen die große ihnen anvertraute Macht nicht zum eigenen Nutzen mißbrauchen. Sie erhalten ihre Bezahlung aus der Staatskasse gerade zu dem Zweck, sich nicht in die Abhängigkeit von Geldgebern begeben zu müssen. Das Grundgesetz gibt Bundestagsabgeordneten ausdrücklich einen Rechtsanspruch auf eine »angemessene, ihre *Unabhängigkeit* sichernde Entschädigung« (Artikel 48 GG) und verweist sie gleichzeitig darauf, daß sie »Vertreter des ganzen Volkes« und »nur ihrem Gewissen unterworfen« sind (Artikel 38 GG). Diese Bindung an das Gemeinwohl ist kein Überbleibsel aus »verfassungsrechtlicher Steinzeit«, sondern unverzichtbare Basis für das Funktionieren unserer Demokratie. Würde auf das Gemeinwohlgebot verzichtet, so gäben wir den Staatsgedanken selbst preis. Die Bürger müssen sicher sein, daß die Politiker die riesige ihnen anvertraute Macht nur für das Gemeinwohl einsetzen, nicht für ihre eigenen persönlichen Interessen. Dieses Vertrauen, von dem die Demokratie lebt,[85] wird besonders nachhaltig geschädigt, wenn Politiker finanzielle Leistungen von privaten Interessenten annehmen. Denn so entsteht der Eindruck mangelnder Unabhängigkeit. Unabhängigkeit aber ist Voraussetzung für gemeinwohlbezogenes Handeln.

Otto Normalverbraucher ist keine staatliche Macht über andere anvertraut. Ihn trifft die gesteigerte Verantwortung nicht, die Politiker tragen; darin liegt der Unterschied. Es mag mehr als fraglich sein, ob die Maßstäbe für das Verhalten normaler Menschen so absinken dürfen, wie wir das im Zeichen verbreiteter Permissivität, besonders der zunehmenden Gleichgültigkeit gegenüber Gesetzen, teilweise beobachten können. Die Gesellschaft nimmt es oft nicht mehr so genau, und Delikte wie Versicherungsbetrug, Steuerhinterziehung, Arbeitslosengeldbetrug, Korruption scheinen zuzunehmen. Sicher aber ist, daß deshalb nicht auch die Maßstäbe für Politiker gesenkt werden dürfen, soll der Staat nicht auf Dauer kaputtgehen. In Rede steht also weniger eine Frage der Moral als der Staatsraison. Politiker sind zwar keine besseren Menschen; die frühere Hoffnung, im Parlament würden sich die Besten der Nation zusammenfinden, hat sich als wenig realistisch erwiesen. Aber die Ansprüche an sie sind höher und müssen – im Interesse der Funktionsfähigkeit des Staates – auch höher sein. Die öffentliche Meinung hat hier ein Wächteramt. Der Umstand, daß in jüngerer Zeit so viele Politiker wegen finanzieller Affären ihren Hut nehmen mußten, scheint im Grunde ein Zeichen für die Geltungs- und Durchsetzungskraft der genannten Prinzipien und damit auch für die Lebens- und Funktionsfähigkeit unserer Demokratie zu sein.

Darüber hinaus haben Politiker eine Vorbildfunktion. Würde die Öffentlichkeit bei ihnen eine Instrumentalisierung des Amtes für eigene Interessen akzeptieren, müßte dies eine geradezu zersetzende Wirkung auf Pflichtgefühl und Gemeinwohlorientierung aller anderen Staatsbediensteten bis hin zum »kleinen Beamten« und darüber hinaus auch auf alle Staatsbürger und Steuerzahler haben. Deswegen ist es auch so sehr bedenklich, daß die Korruption von Abgeordneten lange überhaupt nicht unter Strafe stand und das 1994 erlassene Gesetz eher eine Alibimaßnahme darstellt, weil nur die Einflußnahme auf Abstimmungen im Parlament (die in der Praxis kaum je nachweisbar sein dürfte), nicht aber die finanzielle Einflußnahme auf andere Aktivitäten der Abgeordneten unter Strafe gestellt ist.[86]

Nach den sogenannten Verhaltensregeln, die der Bundestag[87] sich 1972 nach dem »Fall Geldner« gegeben und die er 1986 nach dem »Fall Barzel« geändert hat, ist es einem Bundestagsabgeordneten zwar untersagt, »Spenden, die erkennbar in Erwartung eines bestimmten wirtschaftlichen oder politischen Vorteils gewährt werden«, also Bestechungsgelder oder wie man schamhaft auch sagt: »finale Spenden«, anzunehmen.[88] Wirksame Sanktionen zur Durchsetzung dieses Verbots fehlen aber. Es gibt keine Instanz, die unparteiisch feststellen könnte, ob die Regel verletzt ist. Dies überprüft im Einzelfall weder Polizei noch Staatsanwaltschaft oder Gericht (weil die Verletzung nicht unter Strafe steht) noch die Öffentlichkeit (weil der Abgeordnete selbst hohe Zuwendungen nicht zu publizieren braucht[89]). Der Abgeordnete selbst aber ist in eigener Sache ein schlechter Richter. Wer behauptet, mit derart unkontrollierbaren Regeln könne etwas gegen Korruption ausgerichtet werden, ist naiv oder Partei. Die »Verhaltensregeln« (die es nicht einmal in allen Landesparlamenten gibt) sind kaum mehr als eine Alibimaßnahme.

Im übrigen sind Zuwendungen an Abgeordnete von privater Seite grundsätzlich zulässig, und zwar in unbeschränkter Höhe.[90] Gleichwohl werden auch »nichtfinale« Zuwendungen, die die politische Praxis verniedlichend als »Spenden« bezeichnet, meist in Erwartung allgemein bevorzugter Behandlung gegeben (von Brauchitsch: »zur Pflege der Bonner Landschaft«) und können die Abgeordneten beeinflussen, indem sie sie dankbar stimmen oder auf eine Fortsetzung des »Spenden«-flusses hoffen lassen. Wie verbreitet solche Zuwendungen sind, wissen wir spätestens seit dem Flick-Skandal.[91] Presseveröffentlichungen über die Praxis großer Wirtschaftszweige,[92] etwa der Pharmaindustrie oder der Versicherungswirtschaft, und wissenschaftliche Spezialuntersuchungen[93] haben das Bild abgerundet. Der jetzige Bundesminister für Arbeit und Sozialordnung Norbert

Blüm wird sicher nicht der einzige sein, zu dessen »eisernen Prinzipien« es gehört, keine Personenspenden anzunehmen, wie er in einem Brief an einen Möchtegern-Spender schrieb;[94] doch ist diese Haltung keinesfalls mehr selbstverständlich.

Wo aber Geldzuwendungen an Abgeordnete in großem Stil einreißen, da besteht – unabhängig von der Nachweisbarkeit im Einzelfall – Korruptionsverdacht. Darauf hat Theodor Eschenburg schon früh hingewiesen.[95] Es geht um eine massive, schwelende, sich gelegentlich in Skandalen manifestierende Gefährdung unserer politischen Kultur – mit immanenten Ausdehnungstendenzen. Wenn Abgeordnete auf Bundes- und Landesebene mit üppigen Geldgeschenken »geschmiert« werden können, wenn dies (außerhalb des engen strafrechtlichen Tatbestandes) kein strafbares Unrecht ist, wer will dann noch einsehen, daß dies bei Mitgliedern von Gemeinderäten und der Verwaltung insgesamt so ganz anders gewertet werden muß? Die Zulässigkeit von »Spenden« an Abgeordnete schafft Signale auch für andere Bereiche; sie begünstigt ein Klima, in dem nicht mehr zwischen Staat, Gemeinde und Verwaltung insgesamt unterschieden wird. So muß man die Frage stellen, ob der Bundestag und die Landtage nicht durch Permissivität gegenüber ihren eigenen Mitgliedern Mitverantwortung für die zunehmenden Korruptionsskandale in Berlin, Frankfurt und andernorts tragen. »Frankfurt ist überall« (»Frankfurter Allgemeine Zeitung«).

Kann es eigentlich – das wäre die provokative Frage – dem Verwaltungsbeamten noch angesonnen werden, auf der peinlichen Befolgung von Gesetzen im Kleinen zu beharren, die von Abgeordneten, die ungestraft im Großen Geld nehmen dürfen, erlassen worden sind? Kann vom Bürger noch verlangt werden, solche Gesetze strikt zu befolgen, ehe die offensichtlichen Defizite auf Parlamentsebene behoben sind? Was mußte »der kleine Mann« für einen Eindruck gewinnen, als vor einigen Jahren im

Prozeß gegen von Brauchitsch, Graf Lambsdorff und Friderichs zutage trat, daß im Auftrag Flicks massenweise Bargeld in Kuverts an höchste politische Bannerträger überreicht worden war, ohne daß diese als Abgeordnete dafür belangt werden konnten? Mußte sich bei ihm nicht zwangsläufig der Eindruck festsetzen, dann bräuchte auch er, sei es im Amt, sei es als gesetzesunterworfener Staatsbürger, es nicht mehr so genau zu nehmen? Hier bestehen sozialpsychologische Zusammenhänge, die von der grundsätzlichen Zulässigkeit von Spenden an Abgeordnete hin zu den sich häufenden Korruptionsfällen in den Amtsstuben der Behörden und den zunehmenden Regelverletzungen der Bürger laufen und deren grundlegende Bedeutung für das öffentliche Bewußtsein lange vernachlässigt wurde.

Der Fall des Leiters der Kriminalpolizei Konstanz Rainer Magulski[96] dürfte nur die Spitze eines Eisbergs sein. Magulski quittierte unter ausdrücklichem Hinweis auf den Flick-Skandal und das Fehlen wirksamer rechtlicher Regelungen gegen Abgeordnetenkorruption den öffentlichen Dienst, weil er, wie er in einer Petition an den Bundestag schrieb, nicht mehr »Erfüllungsgehilfe eines Gesetzgebers« sein könne, der sein »Vertrauen« verloren habe. Mögen nur wenige wie Magulski bereit sein, um ihrer rechtsstaatlich-demokratischen Überzeugung willen ihre berufliche Existenz aufs Spiel zu setzen, so bleibt doch die Feststellung, daß die unangemessene Großzügigkeit der Parlamente gegenüber sich selbst unerhörte Auswirkungen auf die innere Einstellung der Verwaltung (und der Bürger) zu Staat und Recht haben kann.

Solche »Spenden« müßten, wenn sie schon nicht verboten werden, den Wählern zumindest *offengelegt* werden. Auch daran fehlte es in der Bundesrepublik lange völlig. Die »Verhaltensregeln« bringen nicht etwa eine Durchleuchtung von Geldzuwendungen an Abgeordnete, sondern sie legalisieren ihre Abdunkelung vollends. Denn danach brauchen »Spenden« aller Art, die

Abgeordnete erhalten, nicht veröffentlicht zu werden.[97] (Über Zuwendungen, die dem Abgeordneten »für seine politische Tätigkeit zur Verfügung gestellt werden«, hat er »gesondert Rechnung zu führen«, »Spenden« über 10 000 Mark im Kalenderjahr muß er lediglich der Bundestagspräsidentin anzeigen[98] – alles Vorschriften, die natürlich keine Öffentlichkeit schaffen und zudem leicht zu umgehen sind.[99])

Wie kraß dieses Privileg ist, wird daran deutlich, daß sogar Spenden an *Parteien* ab einer bestimmten Höhe (bis 1988 20 000 Mark, ab 1989 40 000 Mark[100]) mit dem Namen des Spenders von Verfassungs wegen[101] veröffentlicht werden müssen, damit der Wähler sieht, wer finanziell hinter den Parteien steht,[102] ein Gebot, dem das Bundesverfassungsgericht in einem Urteil aus dem Jahre 1979 »zentrale Bedeutung« für das Funktionieren der Demokratie beigemessen hat.[103] Die Möglichkeit, einzelne *Abgeordnete* zu beeinflussen, und damit die Notwendigkeit einer Publizierung von Direktspenden an Abgeordnete, ist aber eigentlich viel größer und tritt schon bei sehr viel geringeren Spenden auf. Damit drängt sich publizitätsscheuen Spendern die Umgehung geradezu auf.

Da das Parlament sich in eigener Sache als unfähig erwiesen hat, eine Veröffentlichungspflicht durchzusetzen, ist das Bundesverfassungsgericht einmal mehr an seine Stelle getreten. Das Urteil vom 9.4.1992 hat die Publizitätsgrenze für Spenden an Parteien wieder auf 20 000 Mark herabgesetzt und die Publizitätspflicht auch auf Direktspenden an Abgeordnete erstreckt.[104]

Bemerkenswert ist auch die steuerliche Behandlung. »Spenden« an Abgeordnete kann der Geber zwar nicht als Sonderausgaben und regelmäßig auch nicht als Betriebsausgaben steuerlich absetzen. Sie unterliegen beim Abgeordneten aber grundsätzlich nicht der Einkommensteuer, weil sie nicht unter die sieben Einkunftsarten des Einkommensteuergesetzes fallen, sondern lediglich der *Schenkungsteuer.* Das gilt auch, wenn die

»Spende« für Wahlkampfzwecke gewährt wird, denn dann bleiben dem Abgeordneten »im Umfang der Zuwendungen eigene Aufwendungen erspart«.[105] Bei einer »Spende« von 50 000 Mark sind das bei einem Freibetrag von 3 000 Mark und einem Steuersatz von 20 Prozent 9 400 Mark,[106] also nur ein gutes Drittel von dem, was die Einkommensteuer ausmachen könnte. Abgeordnete, die »Spenden« annehmen, werden gegenüber normalen Einkommensbeziehern also auch noch steuerlich begünstigt, obwohl solche »Spenden« auch dann oft das private Einkommen erhöhen, wenn sie für die Abgeordnetentätigkeit bestimmt sind. Denn für die Abgeordnetentätigkeit stehen dem Abgeordneten ohnehin steuerfreie Pauschalbeträge und spezielle Fonds für die Beschäftigung von Mitarbeitern aus der Staatskasse zur Verfügung. So erhält ein Bundestagsabgeordneter neben seinem Einkommen von etwa 125 000 Mark eine Kostenpauschale von über 70 000 Mark[107] und für die Beschäftigung von Mitarbeitern zusätzlich einen Bruttobetrag von über 200 000 Mark jährlich.[108]

Von interessierter Seite wird gelegentlich beschwichtigt: »Spenden« an Abgeordnete seien in einer pluralistischen Gesellschaft gar nicht schlimm. Das Beharren auf der Unabhängigkeit der Abgeordneten und ihrem Schutz vor Beeinflussung durch interessierte Finanziers sei Ausdruck eines »frühkonstitutionellen Rigorismus«.[109] Wenn Artikel 38 GG bestimme, die Abgeordneten seien »Vertreter des ganzen Volkes, an Aufträge und Weisungen nicht gebunden und nur ihrem Gewissen unterworfen«, so garantiere diese Vorschrift auch die Freiheit, sich in die Abhängigkeit von Geldgebern zu begeben, sofern der Abgeordnete nur glaube, auch dies mit seinem Gewissen vereinbaren zu können.[110] Deshalb sei es auch zulässig, wenn die Bezüge von Angestellten eines interessierten Unternehmens oder Verbandes, die in ein Parlament gewählt werden, neben den Abgeordnetendiäten »aus Kulanz« weiterlaufen oder Abgeordnete sogenannte Beraterverträge mit Interessenten abschließen, auch wenn dadurch die Gefahr finanzieller Einflußnahme auf den Abgeordneten entstehe. In dieser Weise hatte der Bundestag sich 1975 im Diätenverfahren vor dem Bundesverfassungsgericht in der Tat eingelassen.[111] Die Freiheit des Abgeordneten wird hier kurzerhand umgedeutet zur Freiheit, sich von Interessenten bezahlen zu lassen.[112] Diese Perversion des Grundsatzes des freien Mandats erinnert ungut an das Umbiegen von Verfassungsnormen in ihr Gegenteil, das wir aus Diktaturen kennen, und ist mit dem Grundgesetz unvereinbar. Das Grundgesetz gibt den Abgeordneten einen »Anspruch auf eine angemessene, ihre Unabhängigkeit sichernde Entschädigung« aus der Staatskasse (Art. 48 III 1 GG), gerade um zu verhindern, daß sie ihren politischen Einfluß zu Geld machen. Das Bundesverfassungsgericht hat denn auch im Diätenurteil von 1975 klargestellt, daß Zahlungen von Interessenten an Abgeordnete verfassungswidrig sind, und den Gesetzgeber für verpflichtet erachtet, gesetzliche Vorkehrungen dagegen zu treffen.[113] Dieses Gebot ist bisher vom Bundestag und fast allen Landesparlamenten nicht beachtet worden.[114] (Die Abgeordneten Mann und Conradi haben dies am 10.12.1986 im Bundestag mit vollem Recht moniert.[115]) Nach wie vor können Abgeordnete von ihren bisherigen Arbeitgebern weiterbezahlt werden, nicht für die nach dem Vertrag geschuldete Arbeit, sondern zur Nutzung des parlamentarischen Einflusses des Abgeordneten.[116] Ausnahmen bestehen nur in Niedersachsen und Bremen.[117]

§ 27 III und IV des Abgeordnetengesetzes Niedersachsen lautet:

»(3) Abgeordneten dürfen mit Rücksicht auf ihr Mandat keine anderen als die in diesem Gesetz vorgesehenen Zuwendungen gemacht werden. Insbesondere darf einem Abgeordneten eine Vergütung aus einem Dienst- oder Werkverhältnis nur gewährt werden, soweit sie dem Wert einer

vom Abgeordneten tatsächlich erbrachten und mit seinem Mandat nicht zusammenhängenden Tätigkeit entspricht. Besondere Dienste, die der Abgeordnete seiner Fraktion leistet, dürfen vergütet werden.
(4) Wer eine ... nach Absatz 3 verbotene Zuwendung empfängt, hat sie oder, falls dies nicht möglich ist, ihren Wert an das Land abzuführen. Der Präsident des Landtages macht den Anspruch geltend.«[118]

Die meisten *anderen Länder* und der Bund bleiben dahinter noch weit zurück.[119] Eine bloße Aufnahme des Leitsatzes des Bundesverfassungsgerichts in die Geschäftsordnung des Parlaments (oder eine Anlage zur Geschäftsordnung) reicht nicht aus, schon deshalb, weil die Geschäftsordnung kein Gesetz ist. Auch schafft die bloße Wiederholung des vom Bundesverfassungsgericht formulierten Grundsatzes noch keine wirksamen Vorkehrungen gegen seine Verletzung.
Im übrigen werden solche Zahlungen kunstvoll vor den Blicken der Öffentlichkeit oder sonstiger möglicher Kontrollinstanzen abgeschirmt. Die Anzeigepflichten, die der Bundestagsabgeordnete nach den »Verhaltensregeln« gegenüber der Bundestagspräsidentin hat, lassen die nötigen Feststellungen nicht zu. Abgeordnete brauchen ihr bisheriges Einkommen der Bundestagspräsidentin nicht anzuzeigen, und Rechtsanwälte und andere beratende Berufe fallen ohnehin aus der Anzeigepflicht heraus, so daß die Präsidentin von vornherein keine Anhaltspunkte für die Ermittlung von unzulässigen Interessentenzahlungen erhält.[120] So wird die Existenz solcher Zahlungen »abgedunkelt« – die gleiche Vorgehensweise wie bei der Abdunkelung von »Spenden«.
Es geht nicht um ein Internum der Parlamente, sondern um eine Schlüsselfrage für die Legitimation unseres parlamentarischen Systems insgesamt. Es ist höchste Zeit, daß die nötigen Vorkeh-

rungen endlich getroffen werden. Bisher sind die halbherzigen Versuche der Mehrheit, zu einer befriedigenden Regelung zu kommen, immer wieder am ganzherzigen Widerstand von Betroffenen gescheitert. Zustande kam schließlich nur eine zahnlose Alibivorschrift gegen Abgeordnetenbestechung. Auch wenn »die übergroße Mehrheit dieses Hauses nicht käuflich ist«, wie der Abgeordnete Conradi im Bundestag sicher mit Recht gesagt hat, so ist ihm auch darin nachdrücklich zuzustimmen, daß die beharrliche Verzögerungsstrategie »dem Ansehen des Parlaments und dem Ansehen der Republik« schweren Schaden zufügt.[121]

Auch in anderen Fällen hat das Bundesverfassungsgericht den Gesetzgeber für verpflichtet erachtet, wichtige Rechtsgüter unter wirkungsvollen strafrechtlichen Schutz zu stellen.[122] Gleiches muß auch hier gelten. Artikel 38 Absatz 3 und Artikel 48 Absatz 3 Satz 3 des Grundgesetzes verpflichten den Gesetzgeber, die nötigen Vorkehrungen zum Schutz der Unabhängigkeit der Abgeordneten zu treffen.[123]

Das *Minimum* für die längst überfällige Regelung wäre:

— aktive und passive Abgeordnetenbestechung muß wirkungsvoll unter Strafe gestellt werden,[124]
— laufende Interessentenzahlungen an Abgeordnete sind durch Erlaß der erforderlichen gesetzlichen Regelungen zu verbieten,[125] den Abgeordneten ist eine schriftliche Versicherung abzuverlangen, daß sie keine verbotenen Bezüge erhalten, und es sind spürbare Sanktionen bei Verstößen vorzusehen,[126]
— »Spenden« an Abgeordnete sind zu verbieten, wie dies auch die Parteienfinanzierungskommission empfohlen hat,[127] und auch hier bei Verstößen wirksame Sanktionen vorzusehen.[128]

Demgegenüber hat die von Bundestagspräsidentin Süssmuth im Benehmen mit dem Ältestenrat eingesetzte Kommission in ihren im Juni 1993 vorgelegten Empfehlungen zwar vorgeschlagen, die Entschädigung für Abgeordnete im Interesse ihrer Unabhängigkeit auf 14 000 Mark anzuheben, es aber gleichzeitig versäumt, Zahlungen der genannten Art zu unterbinden, die die Unabhängigkeit der Abgeordneten sehr viel massiver beeinträchtigen können. Die Kommission lehnte einen Straftatbestand der Abgeordnetenbestechung, ein Spendenverbot und ein Verbot laufender Interessentenzahlungen ab. Das geschah in wenigen Sätzen, ohne auf die Problematik wirklich einzugehen (siehe oben Abschnitt III).[129] Zugrunde lag die oben zurückgewiesene Vorstellung, die die Freiheit des Abgeordneten von der subjektiven Belastbarkeit seines Gewissens, äußerstenfalls auch von seiner Gewissenlosigkeit, abhängig macht.

Bei Ministern gelten die vorstehenden Grundsätze erst recht. Sie üben ein Amt auch im strafrechtlichen Sinne aus und unterliegen deshalb – anders als Abgeordnete – den strafrechtlichen Korruptionsvorschriften für öffentliche Bedienstete. Zwar sind sie keine Beamten im öffentlich-rechtlichen Sinn, weshalb die für diese geltenden spezifischen Dienstpflichten nicht unmittelbar anwendbar sind, ebensowenig das beamtenrechtliche Disziplinarverfahren. Gleichwohl zeigen die Skandale und Rücktritte der jüngeren Zeit, daß die öffentliche Kritik hier eine wichtige Ersatzfunktion ausüben kann.

Es ist deshalb eine merkwürdige Verkehrung der Verantwortung, wenn immer mehr Politiker versuchen, die Schuld für zunehmende Skandale den Medien zuzuschieben, so etwa, wenn Lafontaine von »Schweinejournalismus« spricht und die Kritik der Presse an von ihm mitzuverantwortenden Skandalen sogar mit dem Vorgehen der Nazipresse eines Goebbels vergleicht.[130] Im Gegenteil, es bestehen bei öffentlichen Auseinandersetzungen immer noch einige rechtliche Privilegien zugunsten der Politiker, die eigentlich längst beseitigt gehörten. So kann ein Politiker gegen jede falsche Behauptung zu seinen Lasten gerichtlich vorgehen, durch Gegendarstellung, zivilrechtliche Unterlassungs- und Schadensersatzklagen oder, bei Beleidigung oder übler Nachrede, auch auf strafrechtlichem Wege. Abgeordnete aber genießen ihrerseits Schutz gegen gerichtliche Verfolgung. Sie können für ihre Äußerungen im Parlament nicht belangt werden, auch wenn sie aus der Sicherheit der gerichtlichen Unangreifbarkeit heraus ihre Kritiker beleidigen und mit Schmähungen überziehen. Dafür gibt es leider viele Beispiele.[131] Das eigentlich längst überholte Privileg der sogenannten »Indemnität« beseitigt die Waffengleichheit bei gerichtlichen Auseinandersetzungen zwischen Politikern und ihren Kritikern, so berechtigt die Kritik auch sein mag.

Die Anlässe, deretwegen Minister in letzter Zeit den Hut nehmen mußten, waren allerdings bisweilen gering im Vergleich zu anderen Mißbräuchen der staatlichen Macht zum eigenen Vorteil, die ungesühnt blieben. Dafür zwei Beispiele: Die hessische Frauenministerin Heide Pfarr mußte wegen 50 000 Mark Umzugs- und Einrichtungskosten zurücktreten. In ihrer nur kurzen Amtszeit hat sie jedoch eine monatliche Rente von vielen tausend Mark erworben, eine schwer verständliche Regelung für alle, die vierzig oder fünfzig Berufsjahre benötigen, um ihre Altersversorgung zu erwerben. Grob ausbeuterisch ist auch die Regelung im Saarland, wo ein Landesminister, wie bereits ausgeführt, sogar nach einem einzigen Amtstag schon eine lebenslange Rente von 13 000 Mark monatlich erlangen kann. Der wirtschaftliche Wert solcher Rentenansprüche beläuft sich auf mehrere Millionen Mark und steht in grobem Mißverhältnis zur Leistung. Dennoch sind die für solche Gesetze Verantwortlichen bisher nicht zur Rechenschaft gezogen worden.

Ein anderes Beispiel für die Unausgewogenheit öffentlicher Kritik ist die massenhafte Korruption und Zweckentfremdung öffentlicher Mittel durch die sogenannte Parteibuchwirtschaft. Parteipolitische Ämterpatronage ist, völlig unstreitig, rechts- und verfassungswidrig (siehe Kapitel 4). Hier geht es in der Tat um völlig andere Größenordnungen, als wenn ein Minister oder eine Ministerin 6 000 Mark (wie im Fall Krause) oder auch 50 000 Mark zweifelhafte Umzugskostenerstattung in Empfang nimmt. Auch hier muß endlich der Finger auf die Wunde gelegt und dieses Krebsgeschwür öffentlich diskutiert werden mit dem Ziel, Möglichkeiten zu seiner Eindämmung zu finden (Näheres dazu siehe in Kapitel 4).

Fazit also: Es ist richtig, daß wir in Sachen des Staates, der von Zwangsbeiträgen der Steuerzahler und vom staatspolitischen Vertrauen der Bürger lebt, strenge Maßstäbe anlegen. Dies ist für die Überlebensfähigkeit und Stärke einer auf Gemeinschaft angewiesenen Demokratie sogar unerläßlich. Aber wir dürfen uns nicht darauf beschränken, diese Maßstäbe nur auf einzelne, im Rampenlicht der Öffentlichkeit stehende Politiker anzuwenden, sondern müssen sie zum Beispiel auch auf offensichtlich mißbräuchliche Gesetze, mit denen Kungeleien der politischen Klasse nur vordergründig legalisiert erscheinen, und auf die massenhaft eingerissene rechtswidrige Praxis der Ämterpatronage erstrecken. Wir dürfen insoweit dem verständlichen Trend der Medien nach Personalisierung und Hervorhebung von Einzelfällen nicht vollständig nachgeben.

Gelingt es darüber hinaus, die Auswahl der Politiker vom bisherigen Parteiinternum verstärkt zu einer Sache des Volkes zu machen, wie in diesem Buch vorgeschlagen, dann würden die Wertungen des Volkes stärker zur Geltung kommen können. Je mehr Einfluß das Volk auf die Auswahl seiner Repräsentanten erhält, desto eher können sich seine Vorstellungen durchsetzen.

VII. Aktivierung des Volkes als Gegengewicht

In Kapitel 2 wurde dargelegt, wie sehr das Volk in der Bundesrepublik entmündigt ist. Diese Feststellungen haben auch für die Politikfinanzierung große Relevanz, und zwar in einem zweifachen Sinne. In der Entmündigung des Volkes liegt – das ist eine Hauptthese dieses Buches – ein wesentlicher Grund dafür, daß die Politikfinanzierung in Deutschland so ins Kraut geschossen ist und die Mißbräuche überhandnehmen. Umgekehrt folgt daraus aber auch, daß eine wirksame Bekämpfung der Mißbräuche nicht ohne Aktivierung des Volkes geschehen kann. Die Chancen für wirklich durchgreifende Reformen mögen zwar auf den ersten Blick schlecht stehen, angesichts dessen, daß die Schaltstellen der Macht und damit auch die Hebel für Reformen in der Hand derer liegen, die durch solche Reformen zu kontrollieren und zu domestizieren sind. Es bleibt (jedenfalls im Bund, solange es dort keine Elemente der direkten Demokratie gibt) im wesentlichen nur der Einfluß über die öffentliche Meinung. Die öffentliche Diskussion ist das einzige Forum, auf dem grundlegende Mängel und Fehlentwicklungen überhaupt erörtert werden können und das – über die Jahre hinweg – das nötige Umdenken in den Köpfen der Menschen bewirken kann, was Voraussetzung für alles weitere ist, auch für nötige Verfassungsänderungen (und die Änderung des Verfahrens, in dem Verfassungsänderungen zustande kommen). Es wäre nicht das erste Mal, daß auf diese Weise lange scheinbar Utopisches plötzlich doch noch realisierbar wird. Jedenfalls ist das unsere einzige Chance, und wir müssen diese *selbst* ergreifen und dürfen nicht immer nur alles von anderen erwarten.

Was Entscheidungen des Gesetzgebers über Politikfinanzierung anlangt, die ja regelmäßig in eigener Sache ergehen, hat das Bundesverfassungsgericht in seinem Diätenurteil von 1975 einiges Grundsätzliches zur Problematik gesagt und die Bedeutung der öffentlichen Diskussion und Kontrolle hervorgehoben:

> »In einer parlamentarischen Demokratie läßt es sich nicht vermeiden, daß das Parlament in eigener Sache entscheidet, wenn es um die Festsetzung der Höhe und um die nähere Ausgestaltung der mit dem Abgeordnetenstatus verbundenen finanziellen Regelungen geht. Gerade in einem solchen Fall verlangt aber das demokratische und rechtsstaatliche Prinzip (Art. 20 GG), daß der gesamte Willensbildungs*prozeß* für den Bürger durchschaubar ist und das Ergebnis vor den Augen der Öffentlichkeit beschlossen wird. Denn dies ist die einzige wirksame Kontrolle. Die parlamentarische Demokratie basiert auf dem Vertrauen des Volkes; Vertrauen ohne Transparenz, die erlaubt zu verfolgen, was politisch geschieht, ist nicht möglich.«[132]

Diese Sätze des Bundesverfassungsgerichts sind allerdings etwas eng; sie beziehen sich nämlich nur auf den *Bund,* nicht unbedingt auch auf die Länder, und sie interpretieren die *gegebene* Verfassungslage, können Änderung durch verfassungspolitische Neuerungen folglich nicht ausschließen. Nur wenn man die gegebene Verfassungslage zugrunde legt, ist im Bund »Gesetz« mit »Parlamentsgesetz« gleichzusetzen, weil das Grundgesetz bisher eine allgemeine »Volksgesetzgebung« durch Volksbegehren und Volksentscheid nicht kennt. Nur im Bund läßt es sich also derzeit »nicht vermeiden, daß das Parlament in eigener Sache entscheidet«.

Anders ist es in fast allen deutschen Bundes*ländern*. Dort eröffnen die Landesverfassungen ausdrücklich den Weg der Volksgesetzgebung als Alternative zur Parlamentsgesetzgebung.[133]

In den Ländern können, soweit sie die Gesetzgebungszuständigkeit besitzen, Fragen der Politikfinanzierung also regelmäßig auch im Wege der Volksgesetzgebung geregelt werden. So hatte zum Beispiel der Bund der Steuerzahler im Jahre 1978 in Nordrhein-Westfalen ein Volksbegehren angedroht, um zu verhindern, daß der nordrhein-westfälische Landtag die üppige Diätenregelung, die der Bayerische Landtag sich bewilligt hatte, übernahm.[134] Der Bund der Steuerzahler nahm von der angedrohten Initiative erst Abstand, als der Landtag einlenkte und eine unabhängige Diätenkommission unter Vorsitz von Willi Weyer einsetzte, die dann zu moderateren Vorschlägen gelangte. Damals hatte die nordrhein-westfälische Staatskanzlei auch die Frage geprüft (und abgelehnt), ob die Regelung der Abgeordnetenentschädigung eine »Besoldungsordnung« sei oder eine »Finanzfrage« darstelle. Nach Artikel 68 der Verfassung für das Land Nordrhein-Westfalen ist ein Volksbegehren »über Finanzfragen, Abgabengesetze und Besoldungsordnungen unzulässig«. In den anderen deutschen Ländern mit Volksgesetzgebung findet sich regelmäßig eine ähnliche dreifache Vorbehaltsklausel (siehe Kapitel 2, Abschnitt VI). In den meisten Ländern ließe es sich – im Gegensatz zur Formulierung des Bundesverfassungsgerichts im Diätenurteil – also, jedenfalls in bestimmten Fällen, durchaus vermeiden, daß das Parlament in eigener Sache entscheidet. Schon die bloße *Möglichkeit* des Volkes, selbst Gesetze zu initiieren und zu beschließen, wäre geeignet, Mißbräuche des parlamentarischen Gesetzgebers einzudämmen. So hat in Hessen die Drohung des Bundes der Steuerzahler mit einem Volksbegehren dazu beigetragen, daß das maßlose Diätengesetz im Sommer 1988 nach vier Wochen öffentlicher Kritik zurückgenommen wurde. Hätte es in Hamburg ebenfalls die Möglichkeit der Volksgesetzgebung gegeben, hätte es dort im Herbst 1991 sicher nicht vier Monate gedauert, bis das Parlament von seinen grob unangemessenen

Diätenplänen abließ. Allerdings wird die Präventivwirkung durch die in den meisten alten Bundesländern noch sehr hohen Quoren für ein Volksbegehren bisher übermäßig beeinträchtigt.

Auch im *Bund* könnte das Grundgesetz geändert und ein Verfahren der unmittelbaren Volksgesetzgebung eingeführt werden.[135] Auch hier hätte schon die *Möglichkeit* der Volksgesetzgebung Vor-Wirkung. Das zeigen die schweizerischen Erfahrungen. In der Schweiz stellt die Befugnis, jedes Gesetz dem Volk zur Entscheidung zu unterbreiten, einen wirkungsvollen präventiven »Domestizierungsmechanismus« dar,[136] der bisher die staatliche Parteien- und Fraktionsfinanzierung und die Abgeordnetenentschädigung auf einem geringen Niveau gehalten hat.[137] (Dort sind die verfassungsrechtlichen Hürden für eine Volksabstimmung niedrig.) Es spricht manches dafür, daß einige Parteien sich nicht zuletzt deshalb so sehr gegen die überfällige Einfügung direkt-demokratischer Elemente ins Grundgesetz[138] zur Wehr setzen, weil dann ein für allemal Schluß mit der parlamentarischen Selbstbedienung wäre.

Übertragung der Entscheidungskompetenz auf Kommissionen?

Die Diäten- und Versorgungsskandale der letzten Jahre hatten zu dem Vorschlag geführt, dem Parlament die Entscheidung in eigener Sache ganz oder teilweise zu entziehen und die Entscheidungskompetenz (also nicht nur die Beratungskompetenz) auf eine Kommission von Unabhängigen zu übertragen. Der große Parteienrechtler Wilhelm Henke hatte 1992, kurz vor seinem Tod, für eine solche Kommission votiert. Henke hielt die Entscheidungen des Parlaments in eigener Sache – über das Diätenurteil des Bundesverfassungsgerichts hinausgehend –

wegen Verstoßes gegen das Rechtsstaatsprinzip für verfassungswidrig. Er schlug eine vom Bundespräsidenten zu berufende Kommission unabhängiger Sachverständiger vor, die die rechnerische und tatsächliche Prüfung der vom Parlament beabsichtigten Entscheidung vornehmen und ein bindendes Vetorecht gegen die vom Parlament beschlossenen Vorlagen haben sollte.[139] Henkes These, daß Entscheidungen in eigener Sache »zu politisch oder sachlich unerträglichen Ergebnissen« führen und deshalb gegen das Rechtsstaatsprinzip verstoßen, hat sicher dazu beigetragen, dem Kernproblem in der jüngsten Diskussion den Stellenwert zu geben, den es verdient. Allerdings bleiben bei genauer Betrachtung einige im Ergebnis wohl unüberwindbare politische und verfassungsrechtliche Einwände. Es besteht vor allem die Gefahr, daß eine solche Kommission mit Vetorecht das Parlament erst recht in Versuchung führen könnte, sie gleichzuschalten und zu einer »Hofkommission« zu degradieren. Gelänge es aber der politischen Klasse, die Kommission organisatorisch, prozedural und personell in den Griff zu bekommen, wären Gefälligkeitsgutachten zu befürchten, die den Bürger und Steuerzahler vollends schutzlos machen und alle Bremsen gegen die Ausbeutung des Staates durch seine Diener beseitigen würden. Dann würde das Parlament die Kritik, so berechtigt sie sachlich auch sein mag, von sich weisen und die Zustimmung der Kommission als scheinbare Rechtfertigung vorschieben. Diese aber bräuchte vom Volk nicht gewählt zu werden, wäre ihm nicht verantwortlich und deshalb gegen öffentliche Kritik weitgehend immun. Und der politische Druck zur Gleichschaltung der Kommission wäre gewaltig, viel größer noch als bei lediglich *beratenden* Kommissionen – angesichts dessen, was materiell für die politische Klasse auf dem Spiele stände. Mag man beim derzeitigen Bundespräsidenten noch darauf vertrauen, daß er Einflußversuchen erfolgreich widerstände, so wäre dafür in Zukunft keine Gewähr mehr. Es wäre vielleicht sogar zu befürchten, daß künftige Bundespräsidenten vor ihrer Wahl durch geheime Absprachen ihre Zustimmung zu den personellen Vorschlägen der Parteien für die Besetzung der Kommission (sogenannte Wahlkapitulationen) geben müßten.[140]

Auch verfassungsrechtlich wäre die Einrichtung einer solchen Kommission zweifelhaft, selbst wenn sie durch Verfassungsänderung erfolgte. Denn es fehlt ihr wohl an der erforderlichen demokratischen Legitimation, die über Artikel 79 Absatz 3 und Artikel 20 GG für alle Einrichtungen mit staatlicher Entscheidungsbefugnis unverzichtbar ist.[141]

Um Entscheidungen in eigener Sache über Fragen der Politikfinanzierung zu vermeiden, würde es sehr viel näher liegen, das Volk selbst einzuschalten. Solange allerdings ein allgemeines Volksgesetzgebungsverfahren fehlt, verdient ein Vorschlag des Staatsrechtslehrers Klaus Vogel Interesse, Entscheidungen überall dort, wo eigene Interessen der Parlamentarier berührt sind, von einer Bestätigung durch die Wähler abhängig zu machen.[142]

Ein Schritt in diese Richtung wäre es auch, wenn das Parlament Regelungen über Politikfinanzierung jeweils nur mit Wirkung für die zukünftige Legislaturperiode vornehmen dürfte. In den USA trat eine dahingehende Verfassungsänderung im Jahre 1992 in Bezug auf die Abgeordnetendiäten in Kraft. Eine ähnliche auf die staatliche Politikfinanzierung bezogene Grundgesetzänderung hat die Parteienfinanzierungskommission beim Bundespräsidenten Anfang 1993 empfohlen. Sie hätte zur Folge, daß die Abgeordneten beschlossene Änderungen vor ihrem Inkrafttreten im Wahlkampf vertreten müßten und ihnen Mißbräuche vorgehalten werden könnten, was einen disziplinierenden Effekt hätte.

6
Verbände: Dominanz des organisierten Egoismus

Interessenverbände sind Organisationen, denen es (nicht nur vorübergehend) darum geht, Interessen ihrer Mitglieder durch Einwirkung auf Gemeinschaftsentscheidungen zu fördern.[1] Auf die Beeinflussung politischer Entscheidungen kommt es allerdings auch den politischen *Parteien* an. Der Unterschied liegt darin, daß die Parteien nach der *Übernahme der Regierungsverantwortung* streben und sich zu diesem Zweck der gesamten Bürgerschaft im Wahlkampf stellen, während Interessenverbände dies nicht tun. Sie suchen, Gemeinschaftsentscheidungen entweder indirekt, durch Einwirkung auf die Parteien und die von diesen gestellten politischen Entscheidungsorgane,[2] zu beeinflussen, oder sie legen im Zusammenspiel mit der tariflichen Gegenseite die Arbeitsbedingungen selbst fest – auch hier aber wieder, ohne durch Volkswahlen legitimiert zu sein und ohne die Regierungsverantwortung übernommen zu haben.

Zu den relevanten Interessenverbänden gehören in einer Wirtschaftsgesellschaft wie der der Bundesrepublik vor allem die Organisationen der Arbeitnehmer, die Gewerkschaften, und die Arbeitgeberverbände. Daneben stehen die Unternehmensverbände, die formal von den Arbeitgeberverbänden getrennt sind, wegen ihrer parallelen Interessen aber weitestgehend mit diesen zusammenarbeiten (wichtiger Dachverband: Bundesverband der Deutschen Industrie [BDI]). Daneben spielen zahlreiche andere Verbände eine wesentliche Rolle, wie etwa die Bauern- und Kriegsopferverbände, die Ärzte- und Beamtenverbände.[3]

Ähnliche Macht und ähnlichen Einfluß wie Interessenverbände können größere *Wirtschaftsunternehmen* entfalten: sie suchen ihre Interessen vorwiegend im lokalen Bereich durch Einflußnahme auf Politik und Verwaltung zu fördern. Großunternehmen unterhalten darüber hinaus sogar oft in Bonn Verbindungsstellen, die parallel zu ihren dort ebenfalls tätigen Wirtschaftsverbänden operieren. Solche Unternehmen tun eben das, weswegen uns der Einfluß von Interessengruppen interessiert: Sie nehmen als außerstaatliche Organisation auf Politik und Verwaltung Einfluß und müssen deshalb zumindest mit im Blick behalten werden.[4]

I. Gründe und Ansatzpunkte für den Verbandseinfluß

Politiker und politische Parteien reagieren auf den Druck von Verbänden, weil sie deren Unterstützung brauchen, um an die Macht zu gelangen oder an der Macht zu bleiben. Zu diesem Zweck wird dreierlei benötigt: *Geld, Sachverstand* und letztlich vor allem *Wahlstimmen*. Die Interessenverbände können den Parteien diese »politischen Ressourcen« in relativ hohem Maße liefern, weil sie im allgemeinen über eine stärkere Organisation und über sehr viel mehr Mitglieder verfügen als die Parteien. So haben die Wirtschaftsverbände in der Bundesrepublik nach einschlägigen Schätzungen achtmal mehr Mitglieder als die politischen Parteien.

Besonders interessant ist die Rolle, die der Sachverstand und die wirtschaftliche Macht – ständig, also auch außerhalb von Wahlkampfzeiten – für den Verbandseinfluß spielen.

Interessierter Sachverstand

Angesichts der unerhörten Zunahme der vom Staat zu erledigenden Aufgaben und der außerordentlichen Komplizierung der Zusammenhänge verfügt der Parteipolitiker regelmäßig nicht über alle Informationen, die für die Beurteilung einer zur Diskussion stehenden Maßnahme relevant sind. Für ihn als typischen Generalisten (»*spécialiste du général*«) und für die veröffentlichte Meinung, die ihrerseits wieder die Auffassungen der Wähler wesentlich mitprägt, ist es meist nicht möglich, die sachliche Berechtigung einer zur Diskussion stehenden politischen Maßnahme und die Stichhaltigkeit einzelner dafür oder dagegen vorgebrachter Argumente zu überprüfen. Dazu bedarf es spezialisierten Sachverstandes, über den Wähler, Parteipolitiker, Presse- und Rundfunkleute meist nicht oder nur in beschränktem Maß verfügen und auf den sie deshalb regelmäßig angewiesen sind. Spezialisierter Sachverstand erhält dadurch großen Einfluß. Er ist in der Politik jedoch häufig interessiert und interessengebunden, weil gerade Verbände aufgrund ihrer finanziellen Mittel Fachleute engagieren können, die rasch zu Spezialisten für die jeweiligen Teilgebiete werden, auf die der Verband sich konzentriert. Verbandsvertreter sind aber in der Regel nicht in der Lage, ein Sachproblem wie unabhängige Gutachter zu behandeln. Wo Interessen berührt sind, ist die Objektivität getrübt. Verbandsvertretern kommt es typischerweise nicht auf sachgerechte, sondern auf interessentenorientierte Politik an. Sachverstand hat für sie meist nur insofern Bedeutung, als er als »Waffe im politischen Machtkampf« (so der bekannte Staatsrechtler der zwanziger Jahre Hermann Heller) verwendbar ist. Nur weltfremdes, im Verbandswesen unerfahrenes oder ideologisch eingefärbtes Denken kann dies bestreiten. Bewußt oder unbewußt wird auch bei denjenigen Interessenvertretern, die Ämter in politischen Entscheidungsgremien innehaben oder in einem Fachbeirat sitzen, die Loyalität zu dem Interessenverband, dem sie ihren Einzug in das Gremium verdanken, oft dominieren: »Right or wrong – my pressure group« (so der zeitgenössische Staatsrechtler Martin Kriele). Der halbherzige Versuch, das Gemeinwohl zu wahren, wird vom energisch und mit ganzer Kraft vorgetragenen Partikularinteresse sozusagen erschlagen.

Zwar werden Verbandsvertreter selten so weit gehen, bewußt sachlich unrichtige Fakten vorzubringen, schon weil dies, falls es aufgedeckt wird, die Betreffenden für die Zukunft abwerten und damit auch die Basis für den Einfluß ihres Verbandes schwächen könnte. Hingegen sind sie darin geübt, die ihrer

Sache förderlichen Fakten besonders herauszustreichen. Dadurch wird verhindert, daß diese Tatsachen übersehen werden und unberücksichtigt bleiben; dies ist durchaus gemeinwohlkonform. Aber durch Betonung der günstigen Fakten und Vernachlässigung anderer, dem Verbandsinteresse entgegenlaufender Gesichtspunkte erhält das vom einzelnen Verbandsvertreter gezeichnete Gesamtbild zugleich eine interessentenbedingte Schlagseite (»Gemeinwohl Marke BDI«). Es ist diese gängige, aber mißbräuchliche Verwendung des Terminus Gemeinwohl als Etikett für Gruppenforderungen, die die Gemeinwohlidee in den Augen vieler generell abgewertet hat.

Wirtschaftliche Macht

Die Bedeutung, welche die wirtschaftliche Marktmacht für den Einfluß organisierter Interessen auf politische Entscheidungen besitzt, hat der politische Ökonom Peter Bernholz herausgearbeitet: »Besitzen ein Verband oder die ihn bildenden Mitglieder als Monopol, Kartell oder Oligopol erheblichen Einfluß auf bestimmten Märkten, so kann dieser durch Drosselung der Produktion, durch Streiks, Liefersperren, Entlassungen von Arbeitnehmern usw. auch Wählerkreise beeinflussen, die als Abnehmer, Lieferanten, Arbeitnehmer oder Kapitaleigentümer nicht zu den Mitgliedern des Verbandes zählen. Gelingt es, für die durch solche Maßnahmen hervorgerufenen Nachteile in den Augen der Betroffenen die Regierung verantwortlich zu machen (wie dies regelmäßig mindestens bis zu einem gewissen Grad zu erwarten ist),[5] kann ein zusätzliches Wählerpotential gegen die Regierung mobilisiert werden. In diesem Fall wird oft schon die Androhung einer entsprechenden Verwendung der Marktmacht genügen, um die staatlichen Stellen zur Berücksichtigung der Verbandswünsche zu bewegen.«[6] Diese Zusammenhänge zeigten sich etwa bei der Verabschiedung des Mitbestimmungsgesetzes von 1951, welches von den Sozialpartnern unter Mitwirkung des Bundeskanzlers vollständig formuliert und dann dem Parlament zur Verabschiedung vorgelegt worden war. Sowohl während der Verhandlung der Sozialpartner als auch während der Beratungen im Bundestag wurde vom DGB mit Streikdrohungen Druck ausgeübt.[7] Ein anderes Beispiel: Vor der Bundestagswahl 1957 erklärten einige Markenartikelfabrikanten, sie würden ihre Preise trotz gestiegener Kosten konstant halten. Ziel ihres Stillhalteversprechens war es, die Wahlchancen des Wirtschaftsministers und seiner Partei zu verbessern. Von einem umgekehrten Fall berichtete die Presse vor der Bundestagswahl 1971, als eine Reihe von nordrhein-westfälischen Brauereien Absprachen über Preiserhöhungen traf mit dem Hintergedanken, dadurch die Wahlaussichten der Regierungsparteien zu verschlechtern. Hierher gehört schließlich auch die 1975 gegenüber dem Bundeskanzler ausgesprochene Drohung von fünf führenden Wirtschaftsverbänden, 40 000 zusätzlich bereitstellbare Ausbildungsplätze für Lehrlinge zurückzuhalten, wenn bei der anstehenden Reform der beruflichen Bildung ihre Vorstellungen keine Berücksichtigung fänden. Die Möglichkeit, wirtschaftliche Macht politisch einzusetzen, zeigte sich auch vor der Bundestagswahl 1983, als von Unternehmerseite teilweise verlautete, die für einen wirtschaftlichen Aufschwung notwendige Ausdehnung der Investitionsaufträge würde nur im Falle eines Wahlsiegs der Unionsparteien erfolgen. In ähnlicher Weise versuchten die Ärzte in den letzten Jahren, ihre Klientel gegen die Reformen des Krankenversicherungssystems durch die Bundesminister Blüm und Seehofer zu mobilisieren.

Ein wichtiger Sonderfall wirtschaftlich bedingten Verbandseinflusses auf die Politik sind schließlich Arbeitskampfmaßnahmen gegen die öffentliche Hand, so etwa der Bummelstreik der

Fluglotsen 1973/74 und der Streik der Gewerkschaft ÖTV Anfang 1974, aufgrund dessen Lohnerhöhungen im öffentlichen Dienst durchgesetzt wurden, die vorher der Bundeskanzler und der Bundeswirtschaftsminister als gesamtwirtschaftlich unverantwortlich bezeichnet hatten.

Entgrenzung der Staatsaufgaben

Die für den modernen Sozialstaat charakteristische »Entgrenzung der Staatsaufgaben«, die sich auch in einer starken Zunahme des finanziellen Staatsanteils widerspiegelt, erlaubt es, in einem – vormals undenkbaren – Umfang Gesetze und sonstige Maßnahmen zugunsten scheinbar oder wirklich benachteiligter Gruppen zu treffen. Die Möglichkeit zu umfassenden Interventionen schwächt aber zwangsläufig den Widerstand der Amtsinhaber gegen Interventionswünsche von Interessenten. Wer legal Sonderinteressen fördern darf, dem wird es schwerfallen, entsprechende Anliegen abzuschlagen, zumal, wenn er auf Wiederwahl angewiesen ist. In den Augen der politischen Klasse werden dann die milliardenschweren Aktions- und Interventionsmöglichkeiten des modernen Staates, über die sie verfügt, zum Instrumentarium zur Verbesserung der eigenen Chancen auf Machterhalt (und des sonstigen politischen oder wirtschaftlichen Status).[8] Der Nobelpreisträger für Ökonomie von Hayek spricht unverblümt von einer Neigung zur »inhärenten Korruption«. Diese Konstellation muß die Interessenverbände beinahe zwangsläufig auf den Plan rufen und den Staat mehr und mehr zu ihrem Zielobjekt werden lassen. Es lohnt sich also, immer mehr und besser ausgestattete Verbände zu organisieren, die durch Einwirkung auf die staatliche Willensbildung ihrerseits die Förderung von Gruppeninteressen durch den Staat erhöhen und damit wiederum Anlaß zu einer noch weiteren Verstärkung der Verbandstätigkeit geben. So schaukeln sich die Bedeutung der staatlichen Tätigkeit für die Gruppen und das Ausmaß des Einflusses ihrer Organisationen nach Art eines kumulativen *Spiraleneffekts* gegenseitig hoch. Hinzu kommt, daß die im Zuge dieser Entwicklung erfolgte Ausdehnung des öffentlichen Sektors eine unerhörte *Komplizierung* bewirkte. Dadurch verstärkt sich der Einfluß von Verbänden noch weiter; ihre Einwirkung beruht ja zu einem wesentlichen Teil auf ihrem besonderen Sachverstand, dessen Bedeutung mit zunehmender Komplizierung aber notwendigerweise immer größer wird. Interessenverbände finden im modernen Sozialstaat also einerseits einen idealen Nährboden und tragen andererseits durch ihr Wirken gleichzeitig zu seiner Ausweitung bei. Der Verbandseinfluß hat selbstverstärkende Wirkung. Auf diese Weise werden – ganz abgesehen von den daraus resultierenden Schieflagen (Näheres sogleich in Abschnitt II) – auch immer mehr hochwertige personelle und sachliche Ressourcen in den Verbänden gebunden, die – angesichts der Knappheit der Ressourcen insgesamt – nicht mehr für eine Erhöhung des volkswirtschaftlichen Produktionsniveaus zur Verfügung stehen, sondern allein dem Gruppenkampf um die Verteilung gewidmet sind.

Einfluß von außen und von innen

Die vielfältigen Wege, auf denen die Verbände Einfluß auf die politischen Entscheidungen nehmen, kann man in zwei Kategorien einteilen: die Einflußnahme »von außen« und die Einflußnahme »von innen«.
Einflußnahme »von außen« erfolgt dadurch, daß Verbandsvertreter versuchen, etwa einen Minister, einen Abgeordneten oder einen Bürgermeister im Sinne ihres Interesses zu beeinflussen. Dieser Weg der Einflußnahme verlangt einen ständi-

gen, möglichst unmittelbaren Kontakt. Deshalb unterhalten die Interessenverbände in der Bundesrepublik – soweit sie auf die Bundes- und Landespolitik Einfluß nehmen wollen – durchweg sogenannte *Verbindungsstellen in Bonn* und in den Landeshauptstädten. Ihre Aufgabe ist es, die Verbindung mit Regierungsmitgliedern, Abgeordneten und Behörden zu pflegen, den Verband über politische Entwicklungen auf dem laufenden zu halten und diese möglichst auch im Verbandsinteresse zu lenken, sei es, bestimmte Entwicklungen zu fördern, sei es, andere abzublokken. Seit einiger Zeit müssen die Interessenverbände und ihre Verbindungsstellen in Bonn sich registrieren lassen.[9] (Andernfalls werden sie von den Verbands-Hearings ausgeschlossen.) Die Liste der registrierten Verbände und ihrer Verbindungsstellen wird jährlich im Bundesanzeiger veröffentlicht und umfaßt inzwischen rund 1 500 Organisationen, Anfang der achtziger Jahre waren es noch etwa 1 000.

Beispiele für Einflußnahmen von außen sind ganze Spendenfeldzüge, die etwa die Pharmaindustrie und die Versicherungswirtschaft unternommen haben. Bekanntgeworden sind auch umfangreiche Barzahlungen, die die Flick-Unternehmen an Politiker »zur Pflege der Bonner Landschaft« geleistet haben. Derartiges ist in der Bundesrepublik nach wie vor zulässig, und zwar nicht nur dann, wenn die Zahlungen an die politischen Parteien, sondern auch, wenn sie direkt an Parlamentsabgeordnete geleistet werden. Nach dem Parteienfinanzierungsurteil des Bundesverfassungsgerichts aus dem Jahre 1992 sind derartige Zahlungen zwar beim Geber nur noch begrenzt einkommensteuerlich absetzbar und müssen ab 20 000 Mark veröffentlicht werden; sie bleiben aber – anders als etwa in den Vereinigten Staaten von Amerika – in unbegrenzter Höhe zulässig. Ursprünglich war klar, daß eine staatliche Finanzierung der Parteien nur eingeführt werden dürfe, um die Unabhängigkeit der Parteien zu stärken und deshalb notwendigerweise mit einem Verbot von privaten Großspenden verbunden werden müßte. Gleichwohl haben die den Gesetzgeber beherrschenden Parteien ein solches Verbot in eigener Sache zu verhindern gewußt. Noch prekärer ist es, wenn *Abgeordnete* von potenten Finanziers abhängig gemacht werden. Um sie vor solchen Abhängigkeiten zu schützen, wäre an sich dreierlei erforderlich: ein Verbot von Spenden, von Zahlungen aus Pseudoberaterverträgen und die Einführung eines wirksamen Straftatbestandes der Abgeordnetenkorruption. Das Parlament konnte sich bisher aber nicht dazu aufraffen, hier die nötigen Barrieren zu errichten. Deutschland ist eines der wenigen Länder, in denen die Abgeordneten den finanziellen Verlockungen von Interessenverbänden fast ungeschützt ausgesetzt sind (siehe Kapitel 5, Abschnitt VI).

Die Einflußnahme »von innen« ist dadurch gekennzeichnet, daß Verbandsvertreter selbst in die Parteien, Parlamente, Regierungen und Behörden und damit direkt an die Schalthebel der politischen Macht gelangen. Ein Beispiel ist die Besetzung von Bundestagsausschüssen mit Interessenvertretern. So sind die Bundestagsausschüsse, die wirtschaftliche und soziale Fragen behandeln, weitgehend in der Hand von Vertretern der »zuständigen« Verbände: Im Ausschuß für Arbeit und Soziales dominieren Gewerkschaftsfunktionäre, im Innenausschuß Beamte und Beamtenvertreter, im Landwirtschaftsausschuß Landwirte und Bauernverbandsfunktionäre.[10]

II. Unausgewogenheit des Verbandsdrucks

Die Anerkennung der grundsätzlichen verfassungsrechtlichen Zulässigkeit der Verbände und ihres Wirkens steht einer kritischen Beurteilung von bestimmten Auswirkungen nicht entgegen. Hier stellt sich vor allem die zentrale Frage nach der Ausgewogenheit des Verbandsdrucks in seiner Gesamtheit.

Durchsetzungsschwäche allgemeiner Interessen

Der schwerwiegendste Mangel besteht darin, daß dabei *allgemeine* Interessen zu kurz kommen. Dies wird bereits deutlich bei der Bestimmung der Arbeitsbedingungen im Wege von *Tarifautonomie und Arbeitskampf*. Die Problematik des kollektiven Lohnbestimmungsverfahrens hat sich gerade in den letzten Jahren auch in der Bundesrepublik gezeigt und findet ihren Ausdruck in der Diskussion um die *Grenzen* der Tarifautonomie. Die Gewerkschaftsbewegung und ihr Beitrag zur Lohnbildung haben ihre geschichtliche Funktion weitgehend erfüllt und das gestörte Kräftegleichgewicht zwischen Arbeitgeber und einzelnem Arbeitnehmer wiederhergestellt. In jüngster Zeit wird aber immer deutlicher erkannt, daß Streiks und Aussperrungen, mit denen bestimmten Forderungen Nachdruck verliehen werden soll, nicht nur die Interessen der Verbandsmitglieder, sondern auch die unbeteiligter *Dritter* und letztlich die *aller* Bürger berühren. Die Beeinträchtigung der Allgemeinheit durch Arbeitskämpfe hat mit der zunehmenden Spezialisierung und Arbeitsteilung in der modernen Wirtschaft ein immer größeres

Ausmaß, letztlich eine ganz neue Dimension gewonnen: Ein Streik der Hafenarbeiter kann die Außenwirtschaft, ein Streik der Transportarbeiter die ganze Volkswirtschaft zum Erliegen bringen.

Aber nicht nur Streik und Aussperrung selbst, sondern auch der Inhalt von abgeschlossenen Tarifverträgen kann die Interessen der Allgemeinheit beeinträchtigen. Vor allem können zu starke Lohnanhebungen eine Erhöhung des Preisniveaus bewirken. Diese Zusammenhänge werden in der öffentlichen Diskussion mit dem Schlagwort »Lohn-Preis-Spirale« gekennzeichnet.[11] Damit ist der Zusammenhang gemeint, daß die Unternehmen versuchen, Lohnerhöhungen, die über ein bestimmtes Maß hinausgehen, auf die Konsumenten abzuwälzen, indem sie ihre Absatzpreise erhöhen. Je größer die Unternehmen die Überwälzungschancen einschätzen, desto geringer wird der Widerstand auch gegen sehr hohe Lohnsteigerungen sein. Gewerkschaften und Arbeitgeber sind, soweit dieser »Ausweg in die Inflation«[12] offensteht, also weniger Gegner als Verbündete, und zwar Verbündete zu Lasten der Allgemeinheit der Verbraucher und Sparer, auf deren Kosten die Preiserhöhungen gehen.

Das Zukurzkommen allgemeiner Interessen zeigt sich auch bei dem auf den *Staat* und seine Entscheidungen zielenden Interessentendruck. Die Einflußnahme der Verbände auf Parteien, Verwaltung, Regierung und Parlament ist allerdings – entgegen der tarifvertraglichen Auseinandersetzung zwischen Gewerkschaften und Arbeitgebern – rechtlich nicht geregelt. Man könnte deshalb erwarten, daß Konsumenten, Sparer und Träger anderer allgemeiner Interessen sich ebenfalls zu schlagkräftigen Gruppen organisieren und so den nötigen *Gegen*druck ausüben werden. Man wußte zwar schon immer, daß Jedermanns- und Zukunftsinteressen, weil sie sich in der Perspektive der betroffenen Menschen sozusagen verdünnen, von jedem einzelnen tendenziell als schwächer und weniger dringlich empfunden werden als direkte Sonderinteressen. Man schien aber doch erwarten zu können, die von allen Menschen empfundenen allgemeinen Interessen könnten sich durch Zusammenschluß der Masse der Betroffenen angemessene Geltung verschaffen, so daß die Quantität der Interessenträger in die Qualität der Interessenwahrnehmung und -durchsetzung umschlagen würde. In diesem Bild vom ausgewogenen Wirken der Interessenverbände schlägt in der Theorie alles zum Besten aus: Die organisierten Interessen halten sich gegenseitig in Schach und pendeln sich aus. Bei Überwiegen eines Anliegens bildet sich über kurz oder lang eine »counter-veiling-power« (so der amerikanische Wirtschaftswissenschaftler John Kenneth Galbraith), so daß der politische Interessentendruck in ähnlicher Weise zu einem ausgewogenen Ganzen tendiert wie dies im Modell des *wirtschaftlichen* Wettbewerbs angenommen wird. Viele Pluralismus-Theoretiker setzen die Ergebnisse des Interessentendrucks geradezu mit dem »Gemeinwohl« gleich.

Aber diese Ausgleichshoffnung trügt in der Realität. Das pluralistische Harmoniemodell verfehlt die Wirklichkeit ganz erheblich. Die Erfahrung zeigt nämlich, daß langfristige und allgemeine Interessen, die quer durch alle Bevölkerungsgruppen gehen, sich kaum wirksam in Verbänden organisieren lassen. Die scheinbar einleuchtende Erwartung, mit der Vielzahl der Interessenten steige zwangsläufig die Durchsetzungschance ihres Anliegens, hat sich als unzutreffend erwiesen. Verbraucher, Sparer, Steuerzahler und andere Jedermanns-Interessen verfügen in Wahrheit nur über relativ schwache Organisationen.

Zur Erklärung dieses Befundes hat der amerikanische Sozialökonom Mancur Olson mit seinem 1965 veröffentlichten Werk »Logik des kollektiven Handelns«[13] wesentlich beigetragen. Seine Erklärung beruht im Kern auf dem sogenannten Trittbrettfahrerargument: Der Erfolg von politischen Verbänden, die allgemeine Interessen vertreten, fällt regelmäßig auch denjenigen in den Schoß, die keine Mitglieder sind. Wenn der Verbandserfolg aber auch den Nicht-Organisierten zufällt, lohnt es sich offenbar nicht, Verbandsmitglied zu werden. Was ist dann, sofern der einzelne die freie Wahl hat und der Verband keine »selektiven Anreize« anbietet – das heißt Leistungen (zum Beispiel besondere Dienstleistungen, Informationen usw.),[14] von denen Nichtmitglieder ausgeschlossen werden können –, für ein vom eigenen Interesse geleitetes Individuum naheliegender, als den Verband *nicht* zu unterstützen?

Aus diesen Zusammenhängen erklärt Olson, warum allgemeine Interessen sich nicht in Verbänden organisieren lassen und von diesen vertreten werden können, es sei denn, die Verbände bieten ihren Mitgliedern neben den unteilbaren Kollektivgütern auch teilbare, private Güter, deren Preis sozusagen über den Mitgliedsbeitrag gezahlt wird, oder die Mitgliedschaft kann auf irgendeine Weise erzwungen werden.

Anders können die Dinge bei *kleineren* Gruppen mit gleichen Interessen liegen, da hier das Verhalten des einzelnen sehr wohl Einfluß auf die Erlangung des erstrebten politischen oder sonstigen kollektiven Vorteils hat, macht doch in diesem Fall der einzelne Beitrag einen *spürbaren* Anteil der vom Verband benötigten Mittel aus. Zusätzlich können bei kleinen Verbänden alle Faktoren wirksam werden, die die Soziologie als für den Zusammenhalt von Gruppen bedeutsam erkannt hat, die in großen anonymen Gruppen aber nicht mehr wirksam sind.

Wenn aber die wirksame und schlagkräftige Organisierung großer Gruppen (ohne selektive Anreize oder Beitrittszwang) gar nicht möglich ist, wird dem Konzept vom *Gleichgewicht* der Interessen durch Druck und Gegendruck von Verbänden der Boden entzogen; denn dieses Konzept geht ja davon aus, negativ betroffene Interessenträger könnten sich zu Verbänden organisieren und dadurch verhindern, daß Partikularverbände ihren Einfluß überziehen. Die Vorstellung, die Verbandsorganisation sei das gegebene Medium zum Ausgleich vereinzelt ohnmächtiger Interessen, bricht damit zusammen. Wenn viele machtlose Interessen sich nicht schlagkräftig verbandlich organisieren können, wohl aber wenige, die häufig schon als einzelne nicht ganz machtlos sind (z.B. Unternehmen eines oligopolistischen Gewerbezweiges), dann tendiert die Verbandsorganisation offenbar dazu, die Durchsetzungsmacht ohnehin mächtiger und im politischen Kräftespiel virulenter Interessen zu stärken, während sie den vielen ohnmächtigen Interessen kaum Einfluß verschaffen kann.

Die größere Virulenz von schlagkräftig organisierten Partikularinteressen zu Lasten von Jedermanns-Interessen wird deutlich, wenn Gewerkschaften und Arbeitgeber sich bei ihren Tarifabschlüssen auf Kosten der Preisstabilität und damit der Verbraucher einigen, welche die Güter mangels eigener machtvoller Gegenorganisationen zu entsprechend höheren Preisen kaufen müssen. Das Zukurzkommen von Steuerzahlerinteressen zeigt sich etwa bei Gewährung von Subventionen: Den gut organisierten Partikularverbänden, welche für die Einführung oder den Fortbestand von Finanzhilfen und Steuervergünstigungen eintreten, damit eine durchgreifende Vereinfachung des Steuerrechts blockieren und Steuerentlastungen erschweren, steht nach der bisherigen Erfahrung kaum ein ausreichendes Widerlager gegenüber. Die Benachteiligung der Sparer zeigt sich auf beiden Ebenen, am Markt und in der Politik. Am *Markt* können sie den mächtigen Bankinstituten als Kreditnachfragern mangels wirksamer Artikulation ihrer Interessen nichts Gleichwertiges entgegensetzen und müssen sich wohl oder übel mit Habenzinsen für Spareinlagen abfinden, die oft nicht einmal die Entwertungsraten abdecken. Der Staat *partizipiert* an der Ausbeutung der Sparer sogar noch selbst, einmal als Schuldner, dessen Schuld durch die laufende Geldentwertung (bei gleichzeitigem Verbot von Indexklauseln) real immer mehr abnimmt, zum anderen durch die steuerrechtliche Gestaltung. Die Zinsen unterliegen nämlich grundsätzlich, das heißt von gewissen Freibeträgen abgesehen, in vollem Umfang der Einkommensteuer, und zwar auch insoweit, als sie zum Ausgleich der Geldentwertungsverluste dienen und deshalb in Wirklichkeit gar kein Einkommen darstellen. Geldentwertung und Besteuerung zehren deshalb die Zinsen oft völlig auf und können in wirtschaftlicher Betrachtung sogar zu einer 100 Prozent übersteigenden Belastung führen.[15]

Zu den allgemeinen »Interessen«, die der Verbandspluralismus gefährdet, gehören in einem weiteren Sinne auch ideelle Belange. So finden, um Beispiele zu nennen, Gesetzestreue und Gesamtverantwortung der Bürger oder das gemeinwohlorientierte Pflichtbewußtsein der Beamten in einer von den Forderungen der Interessengruppen (nach mehr Einkommen, weniger Arbeit, mehr Vergünstigungen und weniger Verpflichtungen) beherrschten Atmosphäre nur schwer eine Stütze, die ihre schleichende Auszehrung zu verhindern in der Lage wäre. Im Gegenteil: Die – eben durch das Wirken von Interessenverbänden geförderte – Anspruchshaltung der Menschen droht, jene Belange immer weiter zurückzudrängen. Hier zeigt sich, daß das Emporkommen der Interessenverbände auch tiefgreifende sozial-psychologische Auswirkungen hat, die in ihrem Gewicht kaum überschätzt werden können. Sie begünstigen eine Forderungshaltung, die lieber vom *Staat* begehrt, als sich *selbst* zu bemühen, die Entlastung auch von selbst zu verantwortenden Risiken und von den Auswirkungen mangelnder eigener Leistungen verlangt, die, indem sie immer nur fordert, Werte wie Leistung und Verantwortung (sei es für sich selbst, sei es für die Gemeinschaft) mit der Zeit zunehmend erdrückt.

Schlagwortartig und typisierend kann man formulieren: Sonderinteressen lassen sich in der Regel schlagkräftiger organisieren als Allgemeininteressen, Gegenwartsinteressen wirksamer als

Zukunftsinteressen, wirtschaftliche leichter als ideelle, Einkommenserwerbsinteressen leichter als Ausgabeninteressen.[16] Was aber nicht organisiert ist, ist regelmäßig auch nicht geschützt. Diese in der pluralistischen Normalsituation gültigen Typisierungen schließen allerdings nicht aus, daß auch ein verbandlich nur schwach organisierbares Interesse durch demokratische *Politisierung* aufgewertet und seine Durchsetzungskraft dadurch gesteigert wird. Die skizzierten Typisierungen gehen vom Menschenbild des Privatmannes aus, des homo oeconomicus, des Bourgeois. Seine eigennützigen Interessen und seine privatistische Perspektive werden durch die geschilderten Verbandsorganisationen tendenziell noch weiter verstärkt. Die Dominanz des organisierten Egoismus kann aber in dem Maße zurückgedrängt werden, in dem es gelingt, den homo politicus, den Staatsbürger, zu aktivieren und die im Wirken der Verbandsorganisation zu kurz kommenden Belange zu stärken. Das gegebene Instrument dafür ist die Aktivierung der politischen Äußerungsmöglichkeiten des Volkes selbst. Ein Beispiel ist der Umweltschutz. Seine Vernachlässigung führte zum Aufkommen der neuen Partei »Die Grünen«, deren Erfolg auch die etablierten Parteien dazu nötigte, dem Umweltschutz verstärktes Gewicht einzuräumen. Doch blieb die Stärkung eines allgemeinen Interesses durch das Aufkommen einer Ein-Thema-Partei ein Einzelfall. Die Entmündigung des Volkes, die Kartellierung der politischen Macht unter den Etablierten und die dadurch bedingte extreme Erschwernis für jede neue parteipolitische Kraft bilden einen Wall, der es der politischen Klasse erlaubte, für andere zentrale Interessen unempfindlich zu bleiben. Hier ist die Politisierung zur Stärkung notleidender Belange auf die unmittelbare Aktivierung der Allgemeinheit der Bürger angewiesen (siehe dazu auch sogleich in Abschnitt III).

Organisationsschwäche von Randgruppen

Soziologische Untersuchungen haben weiter ergeben, daß auch bestimmte – oft gerade besonders bedürftige – Randgruppen kaum wirksam in Verbänden organisiert werden können, wie zum Beispiel nichteheliche Kinder, Obdachlose, Strafgefangene, Kriegsdienstgegner, Gastarbeiter. Hier fehlt es meist an der nötigen »Konfliktfähigkeit«, weil die betreffenden Personen keine für den ungestörten wirtschaftlichen Ablauf wichtigen Beiträge leisten und folglich auch nicht durch Verweigerung dieser Beiträge politischen Druck ausüben können.[17] Den Gastarbeitern fehlt zudem das (aktive und passive) Wahlrecht, was die Durchsetzung ihrer Interessen natürlich gleichfalls erschwert.

Verbandsinterne Schlagseite

Ein anderes Organisationsproblem besteht schließlich darin, daß *innerhalb* des Verbandes leicht ein Übergewicht bestimmter Teilgruppen besteht. Schon der Umstand, daß die Verbandsorganisation Geld kostet, ist geeignet, wirtschaftlich starken Mitgliedern besonderen Einfluß zu verschaffen. Darüber hinaus verlangt die Verbandstätigkeit – auch die ehrenamtliche – mehr oder weniger viel Zeit, die bei finanzieller Unabhängigkeit natürlich leichter erübrigt werden kann. So stellen innerhalb der Bauernverbände die Großbauern und Großgrundbesitzer regelmäßig die Verbandsführung, in Wirtschaftsverbänden geben meist die größeren Unternehmen des Wirtschaftszweiges den Ton an, und auch in den Gewerkschaften dominieren die »sozial Höherstehenden«. Die amerikanische Pluralismuskritik bezeichnet diese Schlagseite der innerverbandlichen Struktur treffend als *upper class bias*. Der Mangel des Pluralismus ist nach

Schattschneiders berühmtem Wort, daß der Chor der Verbände mit einem starken »upper class accent« singe.[18] Es besteht also nicht nur keine Chancengleichheit der *Organisation* (siehe soeben die Abschnitte »Durchsetzungsschwäche allgemeiner Interessen« und »Organisationsschwäche von Randgruppen«), sondern auch keine Chancengleichheit der *Organisierten*.

Von der Gruppenungerechtigkeit zur Gemeinwohlwidrigkeit

Das Zukurzkommen allgemeiner Interessen ist besonders bedenklich unter dem Aspekt der Demokratie. Die Gemeinwohlwertigkeit von Interessen bemißt sich in der Demokratie (neben der Fundamentalität der Interessen) nach der Zahl der berührten Interessenträger. Je mehr Menschen betroffen sind, desto größer müßte eigentlich die Durchsetzungskraft ihrer Interessen sein, und sie müßte ihren höchsten Grad erreichen, wenn die Gesamtheit aller Staatsbürger betroffen ist. Haben Interessen nun aber in der Realität um so weniger Durchsetzungskraft, je allgemeiner sie sind, besitzen also gerade die allgemeinsten Interessen die geringste Durchsetzungskraft, so liegt darin eine Art »Mechanismus umgekehrt proportionaler Demokratie« (so der Politikwissenschaftler Nicklas). Das unverzichtbare Postulat eines ausgewogenen demokratischen Willensbildungsprozesses wird nicht mehr erfüllt. Zwischen den Leistungen des Systems und den Anforderungen des Gemeinwohls nach balancierter Willensbildung klafft eine immer größere Lücke.

Dieser Befund ist heute, in den neunziger Jahren des 20. Jahrhunderts, aufs höchste beunruhigend. Die Schwäche allgemeiner Interessen kann nicht ein für allemal gleich beurteilt werden, sondern hängt von den geschichtlichen Herausforderungen ab, denen die Gemeinschaft als Ganzes gegenübersteht. In ruhigen

Zeiten ohne große Herausforderungen fallen die Defizite des Systems wenig ins Gewicht, besonders wenn starke wirtschaftliche Wachstumsraten es erlauben, neue Aufgaben aus Teilen des jeweiligen Mehr zu finanzieren. Das hohe reale Wirtschaftswachstum in den vergangenen Jahrzehnten ermöglichte es, aus einem stark wachsenden Sozialprodukt den Wünschen der Partikularverbände in erheblichem Maße entgegenzukommen und dennoch Gesamtinteressen bis zu einem gewissen Grad zu wahren. Diese Bedingung dürfte in Zukunft, wenn überhaupt, nur noch in beträchtlich geringerem Maße vorliegen. Mit der Abnahme des Wirtschaftswachstums geht aber auch seine konfliktmindernde Kraft verloren. Der Verteilungskampf wird sich verschärfen mit der Folge, daß die angemessene Durchsetzung allgemeiner Interessen noch mehr als bisher erschwert werden wird. Die pluralistischen Blockierungen, die verbandlich bedingten Defizite der staatlichen Willensbildung, werden zu einer öffentlichen Gefahr. Zugleich nehmen die Herausforderungen, denen sich die Gemeinschaft gegenübersieht, schlagartig zu. Die deutsche Vereinigung, die Entwicklung in Europa und die neue außenpolitische Verantwortung, die einem vergrößerten Deutschland zuwächst, verlangten eigentlich eine stärkere Bündelung der Kräfte. Die mangelnde Durchsetzungskraft allgemeiner Interessen läuft dem entgegen und wird damit vollends problematisch.

Die Hauptfrage des Pluralismus ist heute also nicht nur und nicht einmal in erster Linie eine solche der Verteilungsgerechtigkeit. Selbst wenn es für jeden einzelnen zuträfe, daß er für das Zukurzkommen allgemeiner Interessen als Mitglied einer Sondergruppe einkommensmäßig entschädigt würde, käme doch das Gemeinwohl, das heißt zentral wichtige Belange aller, zu kurz. Die Schwäche allgemeiner Interessen bedeutet *nicht* eine Unausgewogenheit *zwischen den Gruppen* und sozialen Klassen; die Interessendisharmonie ist vielmehr gerade dadurch gekennzeichnet, daß sie gleichsam *in* die *Gruppen und* in die *Individuen hinein*verlagert ist. Die Problematik liegt in einem unausgewogenen Einsatz der wirtschaftlichen und staatlichen Kräfte, in einer Desorientierung der Allokation der Ressourcen des Volkes. Die Demokratie steht damit heute nicht vor Problemen der ausgleichenden Gerechtigkeit, sondern des Gemeinwohls.[19] Damit erweist sich die Frage, wie der Pluralismus der Parteien und Verbände unter die Kontrolle der Gemeinschaft gebracht werden kann, heute mehr denn je als eines der Kardinalprobleme, dem sich Staat und Gesellschaft am Ende des 20. Jahrhunderts gegenübersehen.[20]

III. Wer kann gegenhalten?

An sich wäre es Aufgabe der vom Volk gewählten Repräsentanten, hier gegenzuhalten. Doch geschieht dies nur sehr halbherzig. Allgemeine Interessen zu wahren, scheint im Prozeß der parlamentarischen Demokratie eine undankbare Sache zu sein. Der Politiker, der für mehr Wirtschaftlichkeit, für Subventionsabbau oder für die Einschränkung der öffentlichen Kreditfinanzierung eintritt und die Zurücknahme von Ansprüchen der Gruppen an den Staat fordert, sieht sich mit dem erbitterten Widerstand aller Partikularverbände zugleich konfrontiert, zumal wenn er *konkrete* Vorschläge macht, ohne daß ihm die Gesamtheit der Bürger, in deren Interesse er handelt, den entsprechenden politischen Rückhalt vermitteln kann; denn die Gesamtheit kommt bislang nicht zu Wort, die Mehrheit bleibt schweigend.

Als Gegenmittel kommen vor allem in Betracht: die Aufklärung über die grundlegenden Zusammenhänge, aus denen sich ergibt, daß sich alle bei mehr Disziplin besser ständen, die Stärkung unabhängiger Einrichtungen und vor allem die politische Aktivierung des Volkes als Ganzen.

Aufklärung tut not

Besonders wichtig ist es, den Bürgern die Zusammenhänge nahezubringen. Allerdings trifft der Versuch von Verantwortlichen in Parteien und Staat, eine solche Aufklärung zu bewirken, auf ganz ähnliche Schwierigkeiten, wie sie auch einer verbandlichen Organisierung allgemeiner Interessen entgegenstehen. Aufklärung über die Zusammenhänge ist unpopulär. Sie muß sich gegenüber den Partikularverbänden und ihren Funktionären behaupten, die davon leben, daß sie für ihre Mitglieder möglichst hohe Forderungen stellen und nach Möglichkeit durchsetzen, auch wenn die Mitglieder dafür an anderer, den Verbänden und ihrem Wirken nicht zugerechneter Stelle bezahlen müssen.[21] Die Botschaft kommt bei den Menschen nur schwer an: Die Funktionäre der Verbände verfälschen durch übermäßiges Kriegsgeschrei und Säbelrasseln die Informationen und erwecken leicht den Eindruck, jeweils gerade *ihre* Mitglieder kämen zu kurz, wodurch eine gewisse Einäugigkeit der Betroffenen gefördert wird. So drohen die mächtigen Partikularverbände und ihre Funktionäre, Entscheidungen, die für die sinnvolle Fortentwicklung der Gemeinschaftsordnung notwendig sind, zu erschweren oder gar zu blockieren. Sie streben (bewußt oder unbewußt) dahin, die Zusammenhänge zu vernebeln, da diese geeignet sind, ihr Wirken als das bloßzustellen, was es zu einem guten Teil ist: ein *totes Rennen*, bei dem insgesamt niemand gewinnen und alle (außer den Verbandsfunktionären selbst) nur verlieren können. Die fatale Rolle, welche die Verbände und ihre Funktionäre hier spielen, führt in der Tendenz dazu, daß die klare Sicht der Bürger, oft auch die der Politiker, auf die Zusammenhänge getrübt wird. In Wahrheit ist der Bürger, wenn er nur angesprochen und ihm die Notwendigkeit einsichtig gemacht wird, sicher klüger und eher bereit, auf Ansprüche in viel weiterem Umfang zu verzichten, als dies gemeinhin angenommen wird. Wer sich sträubt, sind die Funktionäre der Partikularverbände, die nicht zu Unrecht befürchten, bei einer allgemeinen Akzeptierung der genannten Grundzusammenhänge werde ihre Funktion eingeschränkt und ihr Status gemindert.

Stärkung unabhängiger Einrichtungen

Die Kräfte und Institutionen sind zu stärken, die vom politischen Kräftespiel der Parteien und Verbände relativ unabhängig sind, wie die Gerichte, die unabhängige Bundesbank und die Rechnungshöfe. So verdankt die Bundesbank als für die Geldpolitik zuständige »Nebenregierung« ihre Existenz der Überzeugung, daß die Sicherung der Geldwertstabilität nicht in die Hände der von den Parteien und Verbänden abhängigen Tagespolitik gelegt sein darf. Deshalb ist die Bundesbank von der Bundesregierung und dem Bundestag unabhängig gestellt. Für die Gerichte und die Rechnungshöfe ist Unabhängigkeit ohnehin unverzichtbare Bedingung eines funktionsgerechten Wirkens. Doch trägt dieser Weg wohl nur in Grenzen, schon deswegen, weil mit dem stärkeren sachlichen Einfluß dieser Institutionen wohl auch die Versuche, sie parteipolitisch gleichzuschalten – zumindest über die personelle Besetzung –, noch zunehmen dürften. Gelänge aber eine wirkliche Distanzierung, so würde die demokratische Legitimation immer fraglicher.

Aktivierung des Volkes

Als wirkliches Gegengewicht kommt letztlich wohl nur *ein* Akteur in Betracht: das Volk selbst. Das Zukurzkommen allgemeiner Interessen hängt wesentlich damit zusammen, daß *die* Organisationsform für ihre Geltendmachung, die Artikulation des Volkes als Ganzen, in der Bundesrepublik so sehr beschränkt und das Volk so weitgehend entmündigt ist. Die erforderliche Aktivierung des Volkes, die zugleich eine Politisierung wichtiger allgemeiner Belange impliziert, bedeutet nun nicht unbedingt vorrangig ein Plädoyer für Sachentscheidungen durch das Volk, sondern vor allem für mehr direkte Einwirkungen auf die

Personalauswahl. Ist der direkt gewählte Bürgermeister in Baden-Württemberg nicht ein Beispiel dafür, daß Demokratie nicht notwendig entscheidungsschwach sein muß? Die Monographie der Kommunalwissenschaftler Wehling und Siewert über den baden-württembergischen Bürgermeister[22] hat gezeigt, daß das Volk nicht Freibier-Bürgermeister wählt, sondern typischerweise eine geglückte Mischung aus Sachverstand und politischer Ausstrahlung. Trifft hier nicht beides zusammen, was unsere Demokratie braucht: mehr Einfluß des Volkes *und* mehr Entscheidungskompetenz? Liegt hier nicht auch ein Rezept gegen die beschriebene Gefahr, daß allgemeine und langfristige Interessen zugunsten aktueller Partikularinteressen vernachlässigt werden?

Die Defizite des Verbändestaates haben einen scharfsichtigen Beobachter zu der Forderung veranlaßt, der politische Prozeß sei so auszugestalten, daß die »Entscheidungen in relativer Unabhängigkeit von Pressionen der organisierten Interessengruppen ... durchgesetzt werden können« und »die Politik ... gerade auf jene Bedürfnisse, Interessen, Probleme und Konflikte reagieren kann, die innerhalb der pluralistischen Entscheidungsstrukturen nicht ausreichend berücksichtigt werden«.[23]

Diesen Anforderungen entspricht der volksgewählte Bürgermeister in hohem Maße, ohne daß ihm die demokratische Legitimation fehlte. Er ist stark genug, jenen Tendenzen im Interesse der Gemeinde als Ganzen wirksam paroli bieten zu können. Er ist als vom Gemeindevolk insgesamt Gewählter, der die Verantwortung für die Gemeinde als Ganzes trägt, *der* Patron des Gemeindevolks. Nicht umsonst ist die baden-württembergische Gemeindeverfassung mit ihren drei Komponenten: Direktwahl des Bürgermeisters, starkem Einfluß des Wählers auf die Auswahl auch der Ratsmitglieder bei den Gemeinderatswahlen durch Kumulieren und Panaschieren und dem gemeindlichen

Bürgerentscheid über wichtige Sachfragen inzwischen zu einem Exportschlager auch für andere Bundesländer geworden. Dieser Gedanke erscheint über den Gemeindebereich hinaus ausbaufähig (siehe Kapitel 8, Abschnitt IV).

7

Politikversagen:
Die Weichen sind falsch gestellt

I. Auseinanderfallen von Verantwortung und Entscheidung

Der zentrale Grund für politische Fehlentwicklungen ist das Auseinanderfallen von Entscheidung und Verantwortung für die daraus entstehenden Lasten. Kann der Politiker die politischen Kosten einer Maßnahme auf andere abwälzen, aber gleichzeitig den politischen Vorteil aus der Maßnahme voll für sich verbuchen, wird seine Entscheidungsgrundlage unausgewogen. Er wird dann leicht auf dem Kostenauge blind mit der Folge, daß er Maßnahmen in einem Umfang beschließt, wie er es nie täte, wenn er auch für die Kosten voll verantwortlich gemacht würde. Diese einfachen Zusammenhänge sind der gemeinsame Nenner für Fehlentwicklungen in allen öffentlichen Bereichen.
Zwar herrscht in Deutschland noch viel Verantwortung für das Ganze vor. Es gibt durchaus noch Staatsdiener. Klassische Pflichtwerte sind in Verwaltung und Politik noch verbreitet, jedenfalls verbreiteter als die häufige Politik- und Verwaltungsschelte glauben macht. Doch trifft es andererseits auch zu, daß derartige Einstellungen immer mehr zurückgehen. Und je mehr dieser innere Erosionsprozeß fortschreitet, desto stärker treten die Folgen eines überlebten institutionellen Arrangements in Erscheinung.
In diesem Kapitel werde ich einige exemplarische Fälle von mangelhafter Politik anführen. Es wird sich dabei zeigen, daß das gemeinsame Kennzeichen darin liegt, daß die bestehenden Institutionen das Verfolgen von Individualinteressen der Akteure belohnen und diesen auf diese Weise kaum praktikable Alternativen lassen, indem kollektiv verantwortungsvolles Handeln bestraft und Verantwortungslosigkeit prämiert wird; die politischen Anreize gehen eben in die falsche Richtung. Und die

falschen Anreize werden durch das Wirken der Parteien, Verbände und Medien noch verstärkt. Ohne institutionelle Änderungen, die dazu führen, daß gemeinwohlorientiertes Handeln sich wieder lohnt, dürften Verhaltensänderungen kaum zu erreichen sein. Bloße Appelle sind oft nichts anderes als Ausdruck von Hilflosigkeit.

Es geht im folgenden um die Besinnung auf einfache Grunderkenntnisse, von deren Richtigkeit sich jeder leicht überzeugen kann, und ihre Anwendung auf die staatliche Willensbildung. Angesichts der falschen Weichenstellung der Institutionen folgt daraus mit fast mathematischer Gewißheit, daß die staatliche Willensbildung zu abwegigen Ergebnissen führen muß. Das war früher, als die staatlichen Mittel noch relativ gering waren, weniger gravierend, zumal das hohe Wirtschaftswachstum erlaubte, vieles zu überspielen und den Sand im öffentlichen Getriebe zu überhören. Jetzt aber, wo Hunderte von Milliarden Mark jährlich bewegt werden und eine wahre Gesetzesflut im Gange ist, während zugleich die früheren wirtschaftlichen Wachstumsraten abbröckeln, aber die Herausforderungen zunehmen, drohen die Mängel der Politik sich zu immer schwerer hinnehmbaren Fehlentwicklungen auszuwachsen und die Quantität in die Qualität umzuschlagen. Toleranz, Nachsicht und Schonung gegenüber den strukturellen Ursachen erscheint – angesichts dessen, was auf dem Spiel steht – nicht mehr angebracht.

Ein großer Teil der folgenden Beispiele ist aus dem Bereich der öffentlichen Finanzpolitik entnommen, weil sich Entwicklungen und Fehlentwicklungen des Staates im Gelde stets besonders deutlich widerspiegeln.

Ein privates Experiment

Das erste Beispiel entstammt einer eigenen Erfahrung als Familienvater; seine Gültigkeit kann jeder andere in ähnlicher Lage leicht bestätigen. Geht ein Vater mit seinen Kindern auf den Jahrmarkt, so werden diese bei jeder gebotenen Attraktion um das nötige Kleingeld bitten. Da die Kinder nicht selbst die Kosten tragen – und sei es auch nur in der Form, daß sie bei Wahrnehmung eines Angebots auf andere verzichten müssen –, werden sie praktisch alle Attraktionen mitmachen wollen, ohne Rücksicht darauf, ob diese – in ihren eigenen Augen – den geforderten Preis wirklich wert sind. Ihre ökonomische Perspektive ist verzerrt. Weil sie den Genuß haben, ohne aber gleichzeitig die Kosten tragen zu müssen, sind sie sozusagen auf dem Kostenauge blind. Der leidgeprüfte Vater könnte nun aber auch zu einer Art von Selbststeuerung übergehen und jedem Kind am Anfang einen festen finanziellen Betrag in die Hand drücken, den es für beliebige Attraktionen verwenden oder auch sparen dürfte. Ein solches familieninternes Experiment führt regelmäßig zu dem Ergebnis, daß eine Prüfung vorgenommen wird, ob die Ausgabe sich wirklich lohne, eine Abwägung, die manche Ähnlichkeit mit dem hat, was in der Politik Prioritätensetzung heißt. Zudem wird das Kind oft auch den zweifelhaften Wert vieler Angebote erkennen, so daß ein beträchtlicher Rest des Budgets übrigbleibt (und dem Sparschwein zufließt).

Der simple Fall macht auf einen Blick fast alles deutlich, worum es auch bei öffentlichen Entscheidungen geht. Politiker, Beamte oder wer immer staatliche Entscheidungen trifft, sind ja keine unbefangenen Richter, sondern selbst am Ergebnis ihrer Entscheidungen interessiert: positiv, weil sie sich von den von ihnen initiierten Gemeinschaftsprojekten etwas versprechen; negativ, weil sie die dafür aufgewendeten öffentlichen Ressourcen verantworten müssen. Sie haben – entsprechend der Gemeinwohlformel – darzulegen, daß die Vorteile für die Gemeinschaft, die aus der Realisierung des Projekts zu erwarten sind, die Nachteile überwiegen, der Saldo also insgesamt positiv ist. Können die Kosten nun aber auf andere abgewälzt werden, sieht die Bilanz völlig anders aus. Dann braucht der »Vorentscheider« nicht mehr darzulegen, daß der Nutzen aus dem Projekt die Kosten übersteigt, sondern nur noch, daß das Projekt – unabhängig von den Kosten – überhaupt einen positiven Wert für die Gemeinschaft besitzt. Diese Änderung der Perspektive senkt den Anspruchspegel erheblich. Wer Kosten auf andere abwälzen kann, wird auch solche Projekte noch befürworten, auf die er bei voller eigener Kostentragung wohlweislich verzichten würde. Wenn die Kosten keine Rolle spielen, wird er also auch Leistungen in Anspruch nehmen, die übertextert, für ihn an sich nicht vorrangig oder aus anderen Gründen in seinen Augen ihren Preis gar nicht wert sind, eben weil *er* den Preis nicht zu bezahlen hat.

Mischfinanzierung und Finanzausgleich

Eine ganz ähnliche Konstellation begegnet uns bei zweckgebundenen Zuweisungen, die zum Beispiel Gemeinden vom Land oder vom Bund für bestimmte Projekte erhalten. Einschlägige Beispiele kennt jeder politisch Interessierte aus eigener Anschauung zur Genüge. Auch hier verschiebt sich die Perspektive. »Geschenktes Geld« abzuweisen glaubt sich kein Politiker leisten zu können. Bekommt eine Gemeinde zum Beispiel ein Hallenbad aufgrund eines Landeszuschusses zum stark ermäßigten Preis, wird dieses gebaut, selbst wenn es den Gesamtaufwand eigentlich nicht lohnt, andere Projekte aus Sicht der Gemeinde viel dringender wären und die Nachbargemeinde schon ein Schwimmbad baut, das auch für die Einwohner der eigenen Gemeinde zugänglich ist. Aber die konkurrierenden (eigentlich viel dringenderen) Projekte hätte die Gemeinde selbst voll zu bezahlen; deshalb unterbleiben sie zugunsten des höchst nachrangigen, aber von dritter Seite bezuschußten Projektes. Oft werden über der suggestiven Wirkung des Wortes »Zuschuß« auch noch die Folgekosten übersehen, die die Gemeinde zu tragen hat.

Nicht weniger problematisch sind große Teile des bundesdeutschen Finanzausgleichssystems insgesamt. Dieses gewährt finanzschwachen Ländern und finanzschwachen Gemeinden Ausgleichszahlungen. Dadurch kommt es aber häufig dazu, daß es sich für notleidende Länder und Gemeinden praktisch nicht mehr lohnt, sich aus eigener Kraft um eine Verbesserung ihrer Finanzsituation zu bemühen. Die finanzielle Verantwortung für solche Art von Erfolglosigkeit der politischen Repräsentanten eines Landes oder einer Gemeinde wird auf andere verlagert.

Kostenexplosion im Gesundheitswesen

Ähnlich liegt die Problematik beim öffentlichen Gesundheitswesen. Hier wird die Entscheidung über die Inanspruchnahme von Leistungen von solchen Personen getroffen, die daran interessiert sind. Sie profitieren von den Leistungen, ohne aber ihre Kosten tragen zu müssen: der Patient, der ärztliche Dienste in Anspruch nimmt, der Arzt, der die Diagnose stellt, die Therapie festlegt und damit nicht nur erhebliche wirtschaftliche Folgeentscheidungen trifft, sondern auch seine eigenen Einkünfte mitbestimmt. Auch hier ist die Perspektive verzerrt, die Entscheidung über die Inanspruchnahme der Leistungen liegt beim Arzt und beim Versicherten, ohne daß diese aber die Verantwortung für die finanziellen Folgen der Entscheidung zu tragen haben.[1] Sie profitieren, indem sie ärztliche Leistungen (Patienten) oder Honorare erhalten (Ärzte); die Kosten ihrer Entscheidungen aber werden auf die Versicherungsgemeinschaft abgewälzt.[2] Bei derartigen Konstellationen *muß* es förmlich zu »Kostenexplosionen« kommen, wie sie im öffentlichen Gesundheitswesen inzwischen sprichwörtlich sind. Inwieweit die neuen, von Bundesminister Seehofer angestrengten Gesetzesänderungen hier eine durchgreifende Besserung bringen, bleibt abzuwarten.

Die Hochschule verschenkt sich

Ein weiteres Beispiel ist die Finanzierung der Hochschulen in Deutschland. Der Abiturient bürdet mit seiner Entscheidung für ein Studium der Allgemeinheit, die die Universitäten bezahlt, Kosten von Zehntausenden oder Hunderttausenden von Mark auf, die sein Studienplatz während der Dauer seines Studiums verursacht, ohne sich dessen auch nur bewußt zu sein, geschweige denn für eine derartig gravierende Entscheidung zu Lasten der Gesamtheit der Steuerzahler irgendeine finanzielle Verantwortung zu übernehmen. Das Auseinanderfallen von Entscheidung und finanzieller Folgenverantwortung, die völlige Blindheit auf dem Kostenauge, führt auch hier in die Irre, nämlich zu exzessiver Inanspruchnahme, die in der Explosion der Studentenzahlen, in unerträglicher Überfüllung der Hochschulen und in extrem langer durchschnittlicher Verweildauer zum Ausdruck kommen.

Die ausschließliche Finanzierung der Hochschulen durch die Allgemeinheit wurde ursprünglich mit zwei Erwägungen begründet: Einmal befürchtete man, es würden sich zu wenig Studenten finden, wenn man ihnen die tatsächlich entstehenden Kosten des Studiums ganz oder teilweise anlasten würde. Diesem Argument ist heute angesichts des übergroßen Andrangs die Basis entzogen. Das zweite Argument lebt vom Gedanken der Chancengleichheit. In der Tat muß es auch Kindern aus finanziell schlechter gestellten Familien ermöglicht werden zu studieren. Das rechtfertigt aber keinesfalls das Fortbestehen des gegenwärtigen Systems. Dieses bewirkt nämlich umgekehrt eine gewaltige Umverteilung zugunsten derjenigen, die zum großen Teil ohnehin aus besserverdienenden Familien kommen und zudem später selbst zu den Besserverdienenden gehören werden. Da die Hochschulkosten aus den allgemeinen Steuermitteln finanziert werden, die sich vor allem aus dem Aufkommen der Umsatzsteuer und der Lohnsteuer speisen, stellt die *staatliche* Finanzierung der Hochschulen den Gedanken der sozialen Umverteilung praktisch auf den Kopf: Die Zahlungen laufen schwerpunktmäßig von den Armen zu den Reichen.[3]

Man sollte deshalb ernsthafter als bisher über den Vorschlag nachdenken, den Studierenden die auf sie entfallenden Finanzierungskosten der Hochschulen (oder Teile davon) aufzuerlegen, ihnen aber gleichzeitig die Möglichkeit der Kreditfinanzierung anzubieten, so daß sie die Kosten erst später nach Eintritt ins Berufsleben in erträglichen Raten zurückzuzahlen hätten. Das Zusammenführen von finanzwirksamer Entscheidung und Verantwortung hätte zur Folge, daß der Bewerberstrom eingedämmt, die Kosten im Hochschulbereich leichter aufgebracht und die Motivation, das Studium zügig durchzuziehen und abzuschließen, erhöht würden. Verstände man es, auch die Hochschullehrer verstärkt für die Lehre zu motivieren – eine Möglichkeit wäre die Wiedereinführung von Kolleggeldern bei gleichzeitiger Senkung der Festgehälter –, so könnte die dramatische Situation an den Hochschulen sehr rasch der Vergangenheit angehören.

Warum öffentliche Sparsamkeit sich nicht lohnt

Bund, Länder und Kommunen sind durch ausdrückliche Rechtsvorschriften zu »Wirtschaftlichkeit und Sparsamkeit« verpflichtet.[4] Für geeignete Projekte sind sogar Nutzen-Kosten-Untersuchungen verbindlich vorgeschrieben.[5] Fragt man jedoch den Praktiker nach der Relevanz dieser Vorschriften, so muß man sich auf ironische bis zynische Antworten gefaßt machen,[6] obwohl – angesichts der Zunahme des Staatsanteils – eigentlich alles getan werden müßte, um Wirtschaftlichkeit und Sparsamkeit durchzusetzen. Während der Anteil des Sozialproduktes, der in die öffentlichen Kassen fließt, vor dreißig Jahren noch ein Drittel betrug, beläuft er sich heute schon auf die Hälfte.

Warum werden so gutgemeinte Vorschriften, die mehr Rationalität sichern sollen, in der Praxis so wenig ernst genommen? Die Antwort läßt sich wiederum auf einen einfachen Nenner bringen: Es lohnt sich nicht, die Vorschriften einzuhalten. Die Spielregeln für das Vorwärtskommen in der Verwaltung und für den Erwerb der politischen Macht sind derart ausgestaltet, daß sie eher den kalkulierten Bruch jener Vorschriften zu belohnen scheinen als ihre Einhaltung.

Die persönlichen, auf Gewinn von Macht, Prestige, Geld und Freizeit orientierten Interessen von öffentlichen Bediensteten wirken sich – auf eine Kurzformel gebracht – dahin aus, den bürokratischen Apparat möglichst auszuweiten. Die Schaffung zusätzlicher Personalstellen entlastet die bisherigen Bediensteten und erhöht ihre Aufstiegschancen, während umgekehrt eine Minderung der Stellen in die gegenteilige Richtung wirkt. Da die tatsächlichen Leistungen einer Behörde für einen Außenstehenden nur schwer zu beurteilen und schon gar nicht genau zu messen sind, richten sich Prestige und Aufstiegschancen eines Behördenleiters häufig an Vordergründigem aus, wie der Zahl seiner Untergebenen und dem Volumen der finanziellen Mittel, über die er verfügt. Dies gilt erst recht, wenn bei der Dienstpostenbewertung die Zahl der Untergebenen ein Entscheidungskriterium darstellt. In dieser Situation Nachdruck auf personal- und kostensparende Verwaltung zu legen, verlangt von ihm eine schon beinahe heroische Pflichtauffassung, die man realistischerweise nicht (oder jedenfalls immer weniger) voraussetzen darf. In der Praxis herrscht immer mehr die gegenteilige Tendenz vor. Die Bestrebungen, zu Einsparungen zu gelangen, stoßen auf den erbitterten Widerstand der Bediensteten, so daß es sich als überaus schwer erweist, überlebte Behörden abzuschaffen und personell überbesetzte Ämter zu verkleinern.

Die mangelnde Bereitschaft der Verwaltung, auf Personal und Geld zu verzichten, auch wenn sie es gar nicht mehr benötigt, »infiziert« das gesamte öffentliche Haushaltsverfahren auf das schwerste. An sich sind die öffentlichen Mittel dort einzusetzen, wo sie am dringendsten gebraucht werden, und dort abzuziehen, wo sie nicht mehr oder nicht mehr in gleichem Maße benötigt werden; erforderlich sind also Prioritätsentscheidungen, um den Nutzen für die Allgemeinheit möglichst groß zu halten. Dies setzt aber einen vielfältigen Überblick und das Wissen darüber voraus, wo »Luft« in der Verwaltung ist. Der Finanzminister, der für die Aufstellung des Gesamthaushaltsplanes vornehmlich zuständig ist, besitzt diese Kenntnisse aber nur sehr eingeschränkt. Der Finanzminister und die Beamten seines Ministeriums sind weit weg von der »Front«, die sie in ihrer tausendfachen Vielgestaltigkeit nicht aus eigener Wahrnehmung kennen können. Sie sind deshalb auf die Akteure vor Ort angewiesen, um zu erfahren, wo einerseits besonders dringender Bedarf besteht und andererseits Mittel erübrigt werden können, etwa weil Personal überflüssig oder zu hoch eingruppiert ist, Investitionen unnötig oder übertuert sind oder weil Sozialleistungen die Falschen begünstigen oder Subventionen das angestrebte Ziel verfehlen.

Wie die Erfahrung lehrt, weisen nun aber die Informationen, die bei Vorbereitung des Haushalts von unten nach oben gegeben werden, eine typische Schlagseite auf. Gründe für Mehrausgaben werden ausführlich dargelegt, nicht aber diejenigen Gründe, die umgekehrt für Minderausgaben und eine entsprechende Verringerung der Haushaltsansätze sprechen. Das liegt einmal daran, daß untere Verwaltungseinheiten meist gar nicht wissen, ob ihre Mittel, falls sie woanders eingesetzt würden, dort höheren Nutzen für die Gemeinschaft brächten, weil sie die anderweitigen Möglichkeiten nicht übersehen können. Vor allem aber rührt die Informationsasymmetrie daher, daß Mittelkürzungen den Eigeninteressen der Betroffenen zuwiderlaufen. Je mehr Mittel, desto mehr Einfluß, Ansehen und Status (siehe oben). Einsparungsmöglichkeiten werden deshalb von den Betroffenen »abgedunkelt« und nur höchst widerwillig preisgegeben. Daß Behörden auch bei rückläufigem Aufgabenbestand dazu tendieren, weiter vor sich hin zu arbeiten, ohne von sich aus die nötigen Einsparungen zu initiieren, hat sich in jüngerer Zeit zum Beispiel in Rheinland-Pfalz an den Beispielen der Wiedergutmachungs-, der Lastenausgleichs- und der Straßenbauverwaltungen sowie der Kulturämter gezeigt. Insoweit sind Verwaltungsleute nicht mehr unbefangen, sondern selbst Partei. (Die populärste Analyse dieser Zusammenhänge geht auf Parkinson zurück.[7] Seine ironisch-sarkastischen Übertreibungen haben bisweilen dazu geführt, daß auch der berechtigte Kern nicht ernst genommen wurde. Selbst die Finanzwissenschaft hat Parkinsons Thesen lange belächelt; hier zeigt sich aber seit einiger Zeit ein grundlegender Wandel.)

Zu ähnlich einäugiger Darstellung der Wirklichkeit, die den Nutzen von Projekten herausstreicht, ihre Kosten aber möglichst ausblendet, pflegen neben Verwaltungsleuten auch Politiker zu neigen. Das versteht sich, soweit es auf unzureichenden Informationen der Verwaltung beruht, von selbst. Politikern ist darüber hinaus aber auch aus eigener Motivation eine Tendenz zur Asymmetrie der Wahrnehmung und des Verhaltens eigen. So sind die Initiatoren einer Maßnahme, etwa eines Gesetzes, erfahrungsgemäß versucht, die Beschlußfassung über ihr Projekt dadurch zu erleichtern, daß sie die Kosten möglichst verharmlosen und im dunkeln lassen, mag der Initiator nun ein Fachminister, ein Fachausschuß des Parlaments oder ein Interessenverband sein. Diese Einseitigkeit der Wahrnehmung bewirkt schiefe Entscheidungen. Ein Parlament, das auf dem Kostenauge geblendet ist, kann keine ausgewogenen Entscheidungen treffen, für die eine Abwägung des Nutzens *und* der Kosten erforderlich ist. Deshalb schreiben Haushalts- und Parlamentsrecht vor, daß die Kosten eines beantragten Gesetzes im Vorblatt des Entwurfs genannt werden müssen. Dadurch soll auch die – gerne ausgeblendete – Kehrseite des gewünschten politischen Erfolges in die Abwägungsbilanz mit hineingezwungen werden. Was aus diesen Anforderungen unter der Hand in der Praxis geworden ist, hat der hessische »Diätenfall« im Juli 1988 einem breiten Publikum vor Augen geführt. Aus dem Gesetzentwurf der Februar-Novelle zum hessischen Abgeordnetengesetz ergaben sich für den Vierjahreszeitraum, auf den sich die gestaffelten Erhöhungen der Entschädigung bezogen, Mehraufwendungen von insgesamt 3,5 Millionen Mark.[8] In Wahrheit waren Mehraufwendungen von an die 15 Millionen Mark zu erwarten. Aufschlußreich ist, daß die Angaben im Vorblatt nicht etwa eine einmalige Entgleisung waren. Die Kostenangabe wurde vielmehr von Fraktionssprechern des Landtages damit gerechtfertigt, die Berechnungsmethode entspräche genereller Praxis. Es würden eben nicht die Gesamtkosten, sondern nur die Mehrkosten gegenüber dem Vorjahr berücksichtigt.[9]

Alle Kosten zu berücksichtigen und in die Abwägung einzubeziehen entspricht einem zentralen Gebot gemeinwohlorientierter Politik, das im übrigen nicht nur für die finanzielle Seite, sondern für sämtliche Kosten im weiteren Sinne gilt, z. B. auch für Umweltbelastungen. Dadurch sollen negative Neben- und Fernfolgen bei der Entscheidungsbildung einbezogen werden, die der politische Pragmatiker nur allzugerne ausblenden möchte. Ihm geht es oft gar nicht um eine sachliche Abwägung des Pro und Kontra, sondern etwa um die Befriedigung von Wünschen bestimmter Gruppen und sonstiger Klientel, mit der man sich politische Unterstützung verschaffen oder erhalten kann. Daher rührt es, daß jeder Fachminister von Jahr zu Jahr auf möglichst große Ausweitung seiner finanziellen Verfügungsmasse zu drängen pflegt; die Höhe der Ausgaben eines Ressorts gilt gemeinhin als Gradmesser für seine Bedeutung und die Wachstumsraten als Zeichen für die politische Stärke des Ressortchefs. Daher rührt es auch, daß die Vorsitzenden von Gemeinderatsausschüssen vornehmlich an einem Mehr der Mittel für ihren jeweiligen Spezialbereich interessiert sind.

Ganz ähnliche Schieflagen der Bewertung herrschen vor, wenn es um die Frage geht, ob Gesetze die ihnen zugedachte Wirkung erreicht haben. Politikern reicht es regelmäßig aus, den *Anschein* zu erwecken, sie hätten etwas gegen Mißstände unternommen. »Symbolische« Politik nennt man das in sarkastischer Umschreibung des Phänomens. Die tatsächlichen Wirkungen interessieren oft kaum noch. Politiker sind deshalb an Untersuchungen über die Wirksamkeit von Gesetzen meist nicht interessiert. Erfolgskontrollen führen ein Schattendasein. Die Frage, ob die Bürger und sogar die Verwaltung in vielen Bereichen die Masse der einschlägigen Normen vielleicht gar nicht mehr alle kennen, geschweige denn befolgen können, wird weitgehend ausgeblendet. In dem von kurzfristiger Aktualität bestimmten politischen Getriebe kann man sich viel eher profilieren mit dem Erlaß neuer Gesetze oder der Bewilligung zusätzlicher Haushaltsmittel. Inwieweit die damit verfolgten Zwecke dann wirklich erreicht werden, ist eine Frage, die leicht in den Schatten der politischen Aufmerksamkeit gerät.

Wie uninteressiert die Politik wirklich an Rationalität ist, zeigt sich auch darin, daß in der Praxis mit aller Kraft vermieden wird, konkrete Zwecke für Maßnahmen festzulegen. Derartige Zwecksetzungen sind an sich Voraussetzung für rationale Entscheidungen und erlauben zugleich Überprüfung auf Rationalität. Gerade an solchen Zwecksetzungen fehlt es aber durchgehend. Dieser Mangel macht es fast unmöglich, staatliches Handeln auf seine Berechtigung zu überprüfen. Und genau das ist der Grund für ihr Fehlen. Kaum jemand hat ein Interesse daran, staatliche Aktivitäten wirklich überprüfbar zu machen. Denn solche Überprüfbarkeit hat ambivalente Auswirkungen. Zwar ist sie Voraussetzung für Verbesserungen. Andererseits bietet sie aber auch der parteipolitischen Opposition Material für Kritik, und letztere Überlegung schlägt regelmäßig durch und verhindert die Konkretisierung der Zwecke. Dafür möchte ich einige Beispiele nennen.

Das Fehlen konkreter Ziele erschwert die Einführung vermehrter Erfolgskontrollen, so wichtig diese für die Sicherstellung von Wirtschaftlichkeit eigentlich auch wären. Denn Erfolgskontrollen setzen Ziele voraus, an deren Erreichungsgrad man den Erfolg messen kann. Das hat eine Untersuchung des Bundesbeauftragten für Wirtschaftlichkeit in der Öffentlichen Verwaltung unterstrichen. Für solche Zielsetzungen aber ist die Politik zuständig, die ihrerseits oft kein Interesse an einer Messung des Erfolgs zu haben scheint. Ein ähnliches Dilemma zeigt sich bei der Überprüfung staatlicher Subventionen. Auch hier fehlt es regelmäßig an der klaren Festlegung der Zwecke, denen sie dienen sollen. Auf diese Weise wird eine rationale Kontrolle erschwert – und soll wohl auch erschwert werden. Denn sie würde ergeben, daß viele Subventionen lediglich zur Befriedigung mächtiger Gruppenwünsche gewährt werden. Und an dieser Aufdeckung, die die Politik in Zugzwang brächte, besteht wiederum kein Interesse. Ein weiteres Beispiel entstammt der staatlichen Beteiligungspolitik. Nach § 65 der (insoweit übereinstimmenden) Bundes- und Landeshaushaltsordnungen sollen der Bund oder ein Land sich an privatrechtlichen Gesellschaften nur beteiligen, wenn ein wesentliches Interesse des Bundes oder eines Landes daran besteht. An der Festlegung dieses Interesses fehlt es aber regelmäßig wiederum. Dadurch wird die Kontrolle erschwert oder unmöglich gemacht und die Identifizierung irrationalen staatlichen Handelns verhindert. Auch das Fehlen eines stärker ziel- und programmorientierten Haushaltswesens bis hin zu einem die staatlichen Leistungen und Kosten widerspiegelnden Rechnungswesen scheint mir vornehmlich am mangelnden politischen Interesse zu liegen. Denn es wäre darauf ausgerichtet, Irrationalitäten erkennbar zu machen, und das ist nicht immer erwünscht. In all diesen Fällen liegt das Hauptproblem darin, daß machtorientiertes Handeln nicht an der Festlegung konkreter Ziele interessiert ist, an denen der Erfolg des eigenen politischen Handelns gemessen werden könnte. Denn das gäbe der politischen Konkurrenz und der Öffentlichkeit Ansätze für Kritik, die die Machterhaltung gefährden könnten. Machtpolitik dominiert über Sachpolitik, Irrationalität über Rationalität.

Die administrative und politische Schwäche von Wirtschaftlichkeits- und Sparsamkeitsbestrebungen ist Insidern wohlbekannt. Um gegenzuhalten, gibt es Rechnungshöfe, deren Aufgabe darin besteht, Sparsamkeits- und Wirtschaftlichkeitsreserven zu ermitteln und öffentliche Verschwendung einzudämmen. Die Rechnungshöfe sind zu diesem Zweck rechtlich unabhängig gestellt und aus dem politischen Kräftespiel herausgenommen. Regierung und Parlament können ihnen keine Weisungen erteilen. Das Defizit ist also erkannt, ebenso die Notwendigkeit, institutionell gegenzuhalten. Die Rechnungshöfe sind in Wahrheit aber viel zu schwach und der gigantischen Aufgabe nicht mehr gewachsen. Sie prüfen primär die Verwaltung, bisher noch kaum die Politik, obwohl gerade im politischen Bereich eine Hauptwurzel von Irrationalität und Verschwendung liegt. Doch dafür sind sie in der Tat wenig gerüstet. Ihre Spitze wird von der Politik gewählt,[10] ihre Haushalts- und Stellenpläne werden von dieser bewilligt. Die Bereitschaft, Fehlentwicklungen massiv gegenzusteuern, ist deshalb begrenzt. Sie haben auch keine Entscheidungsbefugnisse. Als die Rechnungshöfe vor fast 300 Jahren entstanden, waren sie noch Hilfsorgane der aufgeklärten absoluten Fürsten, die ihre Verwaltung in Ordnung halten wollten und gegen Mißstände und Verschwendung, die ihnen der Rechnungshof berichtete, energisch durchgriffen. Genau daran aber fehlt es heute. Diejenigen Instanzen, denen die Rechnungshöfe zuarbeiten, sind an Wirtschaftlichkeit und Sparsamkeit nicht mehr wirklich interessiert. Angesichts der fehlenden politischen Sparsamkeitsmotivation besteht deshalb die Gefahr, daß Feststellungen und Empfehlungen der Rechnungshöfe zu wenig beachtet werden. Und die Rechnungshöfe selbst setzen sich dagegen auch öffentlich nicht ausreichend zur Wehr, schöpfen ihr Potential, durch öffentlichen Druck zu mehr Wirtschaftlichkeit beizutragen, also nicht aus. Das hängt sicher auch mit institutionellen Gegebenheiten zusammen. Man stelle sich einmal die Auswirkungen auf die Intensität der Kontrolle vor, wenn die Präsidenten der Rechnungshöfe nicht von denen gewählt würden, die sie eigentlich zu kontrollieren hätten, den Parlamenten, sondern unmittelbar vom Volk, für das die Kontrolle eigentlich vorzunehmen und das an einer wirklich durchgreifenden Kontrolle auch interessiert ist.

Wer sorgt für stabiles Geld?

Eine geradezu exemplarische Anfälligkeit für Politikversagen besteht im Bereich der Geldpolitik. Nach geschichtlicher Erfahrung und ökonomisch-politischer Analyse sind im politisch-parlamentarischen Prozeß typische Gefahren für die Geldwertstabilität angelegt. Das Interesse einzelner Politiker an ihr ist gering, so daß sie Gefahr läuft zu kurz zu kommen. Auch ohne verwantwortungsloses exzessives Laufenlassen der Notenpresse neigen Tarifverbände und das Kräftespiel in der parlamentarischen Demokratie dazu, sich auf Kosten der Geldwertstabilität, eines allgemeinen und deshalb verbandlich schwer wirksam zu organisierenden Interesses, zu einigen. Die Wahrung der Geldwertstabilität und die geldpolitischen Instrumente (Ausgabe von Notengeld, Festsetzung des Diskontsatzes etc.) sind deshalb einer von Weisungen der Bundesregierung und des Parlaments unabhängigen Instanz, der Deutschen Bundesbank, anvertraut. Der Staatsrechtler Ernst Forsthoff hat dies auf die Formel gebracht, die Bundesrepublik schütze sich durch Errichtung der unabhängigen Bundesbank vor sich selbst.[11] In der Tat handelt es sich hier um ein bewußt errichtetes Organ der demokratischen Selbstdisziplinierung, das der Gesetzgeber selbst inthronisiert hat, um eine möglichst gute Geldpolitik zu ermöglichen.[12]

Verführung durch Kreditfinanzierung

Eine ähnliche Verzerrung der Perspektive bewirkt die Möglichkeit, Staatsausgaben mit Krediten zu finanzieren.[13] Sie erlaubt es Regierung und Parlament, vermehrte Ausgaben zu bewilligen, ohne die Bürger (sogleich) mit zusätzlichen Zwangsabgaben belasten zu müssen. Tatsächlich können die kreditfinanzierten staatlichen Leistungen aber nur aus dem laufenden

Sozialprodukt abgezweigt werden und gehen deshalb bei Auslastung der Kapazitäten notwendigerweise auf Kosten des privaten Sektors, wobei – im Vergleich zur Steuerfinanzierung – eher die Investitionen und damit das zukünftige Wachstum eingeschränkt werden. Die Kreditfinanzierung führt in Wahrheit also keineswegs zu einer geringeren Gesamtbelastung als die Steuerfinanzierung von Staatsausgaben. Daß dieser Tatbestand durch die Verlagerung der Lasten in die Zukunft zunächst verschleiert wird, macht das zentrale Bedenken aus. Die Finanzierung von Staatsausgaben mittels der leichter durchsetzbaren Verschuldung führt die Politiker in Versuchung, auch weniger dringlich erscheinende Aufgaben zu finanzieren, Aufgaben, für die eine unverschleierte, das heißt sofortige, steuerliche Belastung den Bürgern nicht zugemutet werden dürfte. Die Möglichkeit der Kreditfinanzierung begründet also die Gefahr, daß es zu Verzerrungen der politischen Willensbildung und in ihrem Gefolge zu einer übermäßigen Ausdehnung der Staatshaushalte kommt, sozusagen am eingeschläferten Widerstand der Staatsbürger vorbei. Die Möglichkeit, staatliche Ausgaben mit Krediten zu finanzieren, ist geeignet, die ohnehin bestehende vorherrschende Kurzfristperspektive der Politik in der Demokratie weiter zu verstärken. Es ist für Politiker natürlich verführerisch, sich durch Bewilligung zusätzlicher Ausgaben politische Unterstützung zu verschaffen, ohne aber die normale Kehrseite – den Unwillen der Bürger über die höhere Steuerbelastung zur Finanzierung der Mehrausgaben – hinnehmen zu müssen. Die Last wird durch ihre Verlagerung in die Zukunft vielmehr zunächst einmal ausgeblendet.

II. Pluralismusdefizite

Staats- und Politikversagen lassen sich auch von einem anderen analytischen Ansatz her angehen, der mit den vorstehenden Überlegungen aber weitgehend konvergiert. Es wurde in diesem Buch bereits dargelegt, daß unsere Vorstellungen von einem halbwegs ausgewogenen politischen Prozeß auf bestimmten Vorstellungen beruhen, die aber häufig nicht vorliegen.

Zu den Voraussetzungen des Wettbewerbsmodells gehört es, daß zwischen den politischen Parteien Wettbewerb besteht und aufrechterhalten bleibt. Daran fehlt es jedoch oft – gerade bei besonders heiklen Regelungen. Ein Beispiel ist die Politikfinanzierung. (Überhaupt macht die Politikfinanzierung Strukturmängel der Politik besonders deutlich. Im Gelde spiegeln sich Entwicklungen und Fehlentwicklungen der Politik seit je besonders deutlich wider; Näheres siehe Kapitel 5.) Gerade die verrücktesten Regelungen der Politikfinanzierung beruhen durchweg auf ausdrücklichen oder stillschweigenden Vereinbarungen von Regierung und Opposition, also auf politischen Kartellen. Weitere Beispiele bieten die Altersversorgung von Landesministern, die schon nach ganz kurzer Zeit Anspruch auf eine sehr hohe Altersversorgung erwerben. Diese Regelungen wurden oft durch Absprachen mit der Opposition ermöglicht, die sich ihr Schweigen durch Erhöhungen der Zahlungen an die Fraktionen, besonders an die der Opposition, abkaufen ließen.

Einen Fall von Staatsversagen markiert auch das Parteiengesetz. Sein Erlaß war eigentlich seit 1949 im Grundgesetz zwingend vorgeschrieben.[14] Die Parteien zögerten das Gesetz aber immer wieder hinaus, weil dann auch die grundgesetzliche Auflage der Parteien, öffentliche Rechenschaft über die Herkunft ihrer Mittel zu legen, hätte eingelöst werden müssen. Dagegen waren sie sich 1959 darin einig, daß die Bundesrepublik als erstes europäisches Land eine staatliche Parteienfinanzierung einführte, und stellten die Mittel ohne Gesetz in den Haushaltsplan ein. Dies wäre sogar eine Weltpremiere gewesen, hätten nicht Argentinien und Costa Rica schon vorher eine Staatsfinanzierung der Parteien begründet. Den Anstoß zum Erlaß des Gesetzes gab schließlich das Bundesverfassungsgericht, als es in seinem Parteienfinanzierungsurteil von 1966 erklärte, daß eine Auszahlung der einige Jahre vorher begonnenen staatlichen Parteienfinanzierung nur auf gesetzlicher Grundlage zulässig sei. Das Parteiengesetz von 1967 ist auch in zahlreichen inhaltlichen Punkten kaum mehr als die notarielle Wiedergabe einer ganzen Reihe von einschlägigen verfassungsgerichtlichen Urteilen, besonders zum Thema Parteienfinanzierung. Das Verfassungsgericht ist hier immer wieder als Ersatzgesetzgeber tätig geworden, zuletzt in seinem Urteil vom 9.4.1992, in dem es fast die gesamte bisherige Staatsfinanzierung der Parteien für verfassungswidrig erklärte und den Gesetzgeber verpflichtete, bis Anfang 1994 ein neues System in Kraft zu setzen.[15] Das ist inzwischen zwar geschehen; doch genügt das neue Gesetz, das die Schatzmeister der etablierten Parteien ausgekungelt haben, den Anforderungen des Gerichts wiederum nicht, so daß ein weiteres Karlsruher Urteil bereits programmiert ist.

Ein anderes Beispiel von Staatsversagen, das die Politik nicht nur geschehen läßt, sondern selbst begründet, ist die Ämterpatronage in der öffentlichen Verwaltung (Näheres in Kapitel 4). Auch hier versagt der Parteienwettbewerb: Die Parteien versäumen es, wirksame Konzepte für die Bekämpfung der Ämterpatronage vorzulegen – gerade um Patronage weiterhin praktizieren zu können.

Strukturelle Defizite gibt es auch im Wirken der Interessenverbände. Die These, alle wichtigen Interessen ließen sich auch angemessen organisieren, ist, wie in Kapitel 6 gezeigt wurde, falsch. Aus verbandssoziologischen Gründen lassen sich vor allem ganz allgemeine Interessen, Zukunftsinteressen und die Interessen von Randgruppen ohne Konfliktpotential nicht wirksam verbandlich organisieren. Was aber nicht organisiert ist, ist weitgehend ungeschützt. Die Resultante aus den verschiedenen Vektoren der organisierten Kräfte ist alles andere als ausgewogen.

Das erklärt zum Beispiel, warum der immer wiederholte Ruf nach einem Abbau von staatlichen Subventionen bisher so wenig Gehör gefunden hat, selbst wenn seine sachliche Berechtigung anerkannt ist. Sind Partikularinteressen regelmäßig stärker organisiert, bleibt der Appell, dem Allgemeininteresse durch Subventionsabbau zu entsprechen, leicht auf der Strecke. Auch dies beruht letztlich auf einem Auseinanderfallen von Entscheidung und Verantwortung. Politiker können für Subventionsentscheidungen regelmäßig die politische Zustimmung der begünstigten Gruppen erwarten, ohne daß ihnen aber die Kosten politisch angelastet würden, die sich kaum unterscheidbar auf die Schultern aller verteilen. »Was die Subvention zu einem Liebling demokratischer Politik macht, ist die Anonymität und die Diffusion der Last bei Bestimmtheit der Gunst.«[16] Diese mißlichen Effekte werden durch organisierte Interessen noch gewaltig verstärkt: Die Subventionsbegünstigten sind regelmäßig in schlagkräftigen Verbänden organisiert. Wer Subventionen abbauen wollte, müßte sich mit ihnen anlegen, die dagegen publizistisch aus allen Rohren zu schießen pflegen – bis hin zur Vorenthaltung finanzieller Unterstützung und zum Abspenstigmachen von Wählern. Dagegen lassen sich allgemeine Interessen, wie die der Steuerzahler, die von einem Subventionsabbau profitieren würden, kaum wirksam verbandlich organisieren.

Ein Beispiel für das Zukurzkommen von Randgruppen war lange die in Artikel 6 Absatz 5 Grundgesetz vorgeschriebene Gleichstellung unehelicher Kinder mit ehelichen. Dieses an sich zwingende verfassungsrechtliche Gebot war in der Politik mangels Konfliktpotentials unehelicher Kinder nicht durchsetzbar. Erst ein Urteil des Bundesverfassungsgerichts aus dem Jahre 1969 hat die Gleichstellung erzwungen.[17]

Ein anderer Fall, wo die Rechtsprechung an die Stelle des versagenden Gesetzgebers treten mußte, ist das gesamte Arbeitskampfrecht, das durchweg auf Richterrecht des Bundesarbeitsgerichts beruht.[18] Und auch etwa der Anspruch auf Ersatz immateriellen Schadens durch leichtfertige Presseveröffentlichungen wurde erst durch den Bundesgerichtshof durchgesetzt (»Herrenreiterfall« als leading case), nachdem mehrere Versuche des Gesetzgebers, eine Gesetzesänderung durchzusetzen, am vereinigten Protest der Medien gescheitert waren.

Insgesamt läßt sich ein großer Teil der Rechtsprechung, besonders des Bundesverfassungsgerichts, als eine Art Ersatzgesetzgebung ansehen, in der die Rechtsprechung *wegen* des Versagens des Gesetzgebers bei Lösung dringender Probleme sozusagen in die Bresche gesprungen ist.[19] Überhaupt zeigt sich das Politikversagen besonders deutlich in dem immer mehr zunehmenden Gewicht der Verfassungsrechtsprechung,[20] die manche geradezu als modernen Supergesetzgeber apostrophieren wollen.

Die vorstehenden Überlegungen sollten anhand einiger Beispiele zeigen, daß bloße Gemeinwohlappelle an Politiker und Beamte nichts nützen, wenn der Rahmen, in dem sie handeln müssen, nicht so ist. Es gilt, den Rahmen zu verändern, die wirklich wichtigen Fragen zum Thema zu machen und nicht den sich pragmatisch gebenden Managern der Macht auf den Leim zu gehen und zu ihrer mit Scheuklappen aufgestellten Tagesordnung überzugehen.

8

Föderalismus in Deutschland: Deformation einer Idee

I. Überblick

Die Entwicklung des Föderalismus in Deutschland liefert Belege gleich für mehrere der kritischen Thesen dieses Buches. Die bestehende Ausprägung des Föderalismus wurde dem Volk oktroyiert, ohne daß es dazu je befragt worden wäre. Parteien- und Staatsversagen zeigen sich gerade bei Schlüsselfragen des Föderalismus, zum Beispiel beim Scheitern der Neugliederung der Bundesländer und dem Auflaufen aller Bemühungen, die viel zu großen Landesparlamente zu verkleinern. Überhaupt gibt es im Landesbereich besonders viele Beispiele von Staatsversagen. Aus der objektiv schwindenden Bedeutung der Bundesländer werden aber nicht die an sich naheliegenden Konsequenzen gezogen, wie zum Beispiel eine Verkleinerung der Landesparlamente und darüber hinaus eine Überprüfung des Länderparlamentarismus und der Rolle der Länder insgesamt.[1]
Die Eigeninteressen der Institutionen scheinen sich verselbständigt zu haben. Die Regierungen, Parlamente und Parteien in den Ländern fragen nicht mehr nach ihrer Funktion im Dienst für die Menschen, sondern suchen ihren Einfluß, ihr Gewicht und ihren Status um ihrer selbst willen aufrechtzuerhalten. Typisch für derartige Verselbständigungstendenzen ist die merkwürdige Scherenentwicklung zwischen den abnehmenden Aufgaben der Landesparlamente und dem aufgewerteten Status ihrer Mitglieder: Die Landesparlamente sind im Laufe der Zeit immer unbedeutender geworden und haben an Kompetenzen und Aufgaben stark verloren, so daß sie sich nach Auffassung kompetenter Beobachter in vielem kaum noch von Kommunalvertretungsorganen unterscheiden. Gleichzeitig mit dieser »Kommunalisierung« wurde – anders als man es hätte erwarten können – der Status der Abgeordneten massiv ausgebaut: von der früheren Teilzeittätigkeit oder gar Ehrenamtlichkeit zur

Vollzeittätigkeit mit Vollalimentation und Altersversorgung. Fast hat es den Anschein, als wollten die Landtagsabgeordneten sich für den Rückgang ihrer Bedeutung und ihres Einflusses durch um so höhere finanzielle Zahlungen entschädigen. Der Versuch, den Ländern als Kompensat für ihren inneren Bedeutungsverlust auf Bundesebene immer mehr Einfluß zu verschaffen, führt auch auf Bundesebene zu merkwürdigen Auswüchsen. So haben die Länder, auf deren Zustimmung zum Maastricht-Vertrag im Bundesrat der Bund angewiesen war, diese Position ausgenutzt, um durch Änderung des Artikels 23 GG Mitbestimmungsrechte durchzusetzen – ohne Rücksicht darauf, ob die Entscheidungsfähigkeit des Bundes dadurch geschwächt und neuerlichem Staatsversagen, nunmehr auf Bundesebene, auf diese Weise Vorschub geleistet wird.

Die Länder sind in ihrem bisherigen Zuschnitt unausgewogen und teilweise lebensunfähig. Sie haben abnehmende Kompetenzen, die sie auch noch gleichförmig ausüben, sie haben zu große Parlamente, die sich – aus Mangel an echten Aufgaben – in drittklassigen Ersatzhandlungen verlieren. In den wenigen ihnen verbliebenen Aufgaben versagen die Landesparlamente teilweise kläglich. Ein Beispiel sind die Auswüchse der Politikfinanzierung, die im Landesbereich besonders ausgeprägt sind und durch die die Länder die Politik insgesamt in schweren Mißkredit bringen.

Für Deutschland dürfte es – auch nach Maastricht – keine echte Alternative zum Prinzip des Föderalismus geben. Ganz abgesehen von der Festschreibung in den unabänderlichen Vorschriften des Grundgesetzes (Artikel 20 und 79 Absatz 3 Grundgesetz) und der deutschen Tradition bleibt die Idee des Föderalismus richtig und wichtig, eine Feststellung, die meines Erachtens auch dadurch nicht berührt wird, daß die alliierten Besatzungsmächte beim Zustandekommen des Grundgesetzes gerade im Blick auf den Föderalismus starken Einfluß auszuüben suchten. Dahinter standen bei den Amerikanern die eigenen bundesstaatlichen Erfahrungen, bei anderen die Furcht vor der Macht eines zentralistischen Deutschlands. Schon in den Frankfurter Dokumenten vom 1. Juli 1948 hatten die Alliierten eine »Regierungsform des föderalistischen Typs« vorgeschrieben[2] und sodann in dieser Frage versucht, massiven Einfluß auf den Parlamentarischen Rat zu nehmen.[3] Wenn diese »Geburtshilfe« die Legitimation der föderalistischen Idee auch nicht erschüttern kann, so läßt sich andererseits nicht jede Ausprägung rechtfertigen. In der Praxis wurde die gute Idee vielmehr immer mehr deformiert. Soll der Föderalismus wirklich stark und lebensfähig bleiben, müssen grundlegende Änderungen vorgenommen werden.

II. Neugliederung der Länder

Nach dem Zusammenbruch von 1945 und der Auflösung Preußens wurden die Länder und ihre Grenzen neu festgelegt. Die neuen Länder hatten überwiegend nichts gemein mit ihren Vorgängern, sondern wurden aus Teilen des früheren Preußens und anderer früherer Länder zusammengestückelt, wobei die Grenzen der Besatzungszonen eine entscheidende Rolle spielten. Eigentlich kann man nur bei Bayern einigermaßen von einer Beibehaltung traditioneller Grenzen sprechen.

Es war von Anfang an klar, daß einige der besatzungsrechtlichen Kunstprodukte keinen Bestand haben sollten und eine Neugliederung des Bundesgebiets erforderlich sei, um lebensfähige Länder zu schaffen. Deshalb beauftragten die Militärregierungen die Ministerpräsidenten schon in ihren Frankfurter Dokumenten, die Grenzen der westdeutschen Länder noch vor ihrer Zusammenführung zu einem westdeutschen Teilstaat neu festzulegen und ausgewogene Strukturen zu schaffen, ohne daß die Mininisterpräsidenten sich aber auf eine Gesamtlösung einigen konnten.[4] Die Lösung wurde deshalb verschoben und in Artikel 29, 118 GG ein zwingender verfassungsrechtlicher Auftrag zur Neugliederung der Bundesrepublik[5] aufgenommen, wobei die letzte Entscheidung einem Volksentscheid im gesamten Bundesgebiet anvertraut war. Artikel 29 GG machte die Neugliederung zur Sache des Bundes, um zu verhindern, daß die Länder in eigener Sache entschieden und dabei Besitzstandsinteressen eine zukunftsweisende Regelung blockierten. Ziel der vorgeschriebenen Neuregelung war es, die geschichtswidrigen und unrationellen Entscheidungen der Besatzungsmächte zu korrigieren und Länder zu schaffen, die nach Größe und Leistungsfähigkeit ihre Aufgaben wirksam erfüllen können.[6] Die Vorschrift sollte damit, wie der Speyerer Staatsrechtler Helmut

Quaritsch in einer Studie über den »unerfüllten Verfassungsauftrag« formulierte, die »Grundlage für Fortbestand und Legitimation des föderalen Gedankens« sichern.[7]

Mit Ausnahme der gesondert in Art. 118 GG vorgesehenen Neuregelung im Südwesten, die 1952 durchgeführt wurde, blieb das Vorhaben »Neugliederung der Bundesländer« jedoch hoffnungslos stecken – ein klassisches Beispiel von Politikversagen. 1969 kündigte die Bundesregierung in ihrer Regierungserklärung eine erneute Initiative an und berief eine Sachverständigenkommission unter Leitung des früheren Staatssekretärs Werner Ernst. Die Vorschläge der Kommission, die eine Zusammenlegung der vorhandenen zehn westdeutschen Länder (ohne Berlin) auf fünf oder alternativ sechs Länder empfahl,[8] wurden aber von den kleineren Ländern, besonders von Hamburg, Bremen, Rheinland-Pfalz, Schleswig-Holstein und dem Saarland, die nach den Vorschlägen in größeren Bundesländern aufgehen sollten, entschieden abgelehnt, ohne daß die Bundesregierung und die größeren Länder Anstalten machten, diesen Widerstand zu überwinden oder auch nur eine breite öffentliche Diskussion über das unbequeme Thema in Gang zu bringen. Zu sehr rührte die Neugliederung an Besitzstände und löste deshalb massive Widerstände aus: nicht nur bei den Parlamenten, Regierungen und Verwaltungen der betroffenen Länder, sondern vor allem auch bei den regionalen Gliederungen der politischen Parteien, der Kammern und Verbände.[9] Die notorische Verschleppungstaktik beschwor schließlich die Gefahr herauf, daß das Bundesverfassungsgericht die Verfassungswidrigkeit des mehr als ein Vierteljahrhundert dauernden Nichthandelns feststellt.[10] Um dem vorzubeugen, wurde 1976, wenn auch mit schlechtem Gewissen, das Grundgesetz entschärft: Durch eine »hinter verschlossenen Türen vorbereitete« und eilig und geräuschlos vollzogene Änderung des Art. 29 GG, die »im Plenum des Bundestags ohne ernsthafte Diskussion angenommen« wurde,[11]

wurde aus der bisherigen *Muß-* eine *Kann*-Bestimmung. Zugleich lag nun die letzte Entscheidung nicht mehr beim *Bundes*volk, sondern wurde von Volksentscheidungen in den betroffenen Ländern oder Gebietsteilen abhängig gemacht. Statt sich darüber Gedanken zu machen, wie man dem verfassungsrechtlichen Gebot entsprechen könne, hat man es also kurzerhand aufgehoben. Durch diese Verfassungsänderung, die Werner Ernst »angesichts der Bedeutung der Aufgabe für unsere Demokratie« als einen »beschämenden Vorgang« bezeichnet hat,[12] wurde die Neuregelung praktisch vollends unmöglich gemacht, obwohl sie eigentlich dringend wäre. Darin lag ein Sieg von Partikularismen und Machtinteressen von Landesfürsten, Landesparteien und sonstigen Landesinstitutionen, die um Einfluß und Status bangten, über Gemeinwohlbelange des Ganzen.[13] »Heute sind«, so bemerkt der Münchner Staatsrechtler Klaus Vogel treffend, »die beiden kleinsten ›Altbundesländer‹ so überschuldet, daß Private in vergleichbarer Situation längst Konkurs hätten anmelden müssen. Neugliederung wäre hier an sich die gebotene Antwort.«[14] Solange Bremen und das Saarland das Maß dessen definieren, was ein Bundesland aus eigener Kraft zu leisten in der Lage ist, bleibt eine wirkliche Reform des Föderalismus blockiert.[15]
Die Notwendigkeit einer Neuregelung wurde nach der deutschen Vereinigung noch deutlicher. Einige der neuen Bundesländer sind offensichtlich kaum leistungsfähig und in der Lage, Länderaufgaben durchzuführen, zum Beispiel Mecklenburg-Vorpommern. Auch der künftige europäische Zusammenschluß sollte eigentlich dazu veranlassen, die Zahl der Länder zu straffen, um wenige, dafür aber leistungsfähige zu schaffen. Mit Ausnahme der beschlossenen Vereinigung von Berlin und Brandenburg, die aber auch schon wieder heftig umstritten ist, ist gleichwohl wenig zu erwarten. Zwar hat die Gemeinsame Verfassungskommission von Bund und Ländern eine Änderung des

Grundgesetzes vorgeschlagen, die eine Zusammenlegung erleichtern soll. Wenn in der Vergangenheit aber selbst die ausdrückliche verfassungsrechtliche Verpflichtung keine Neuregelung hervorbrachte, dürfte die bloße Erleichterung dies erst recht nicht schaffen.

III. Niedergang der Landesparlamente

Innerhalb der Länder unterliegen besonders die Landesparlamente einem kumulativen Auszehrungsprozeß. Der Rückgang der Landeskompetenzen und der Landesaufgaben betrifft vor allem die Gesetzgebung, also den wichtigsten Tätigkeitsbereich der Landesparlamente. Liest man den Text des Grundgesetzes, so könnte man zwar auf den ersten Blick den Eindruck gewinnen, die Masse der Gesetzgebungszuständigkeit sei ziemlich gleichmäßig auf Bund und Länder verteilt. Aber der Schein trügt. Bei Aufteilung der Gesetzgebungskompetenzen zwischen Bund und Ländern hatte der Bund von Anfang an ein Übergewicht, das im Laufe der Zeit ein immer größeres Ausmaß angenommen hat. Nicht nur daß alle neu hinzugekommenen Zuständigkeiten – zum Beispiel Luftverkehr, Wehrgesetzgebung, Kernenergie, Wasserstraßenreinhaltung – auf den Bund und nicht auf die Länder übertragen worden sind.[16] Darüber hinaus haben zahlreiche weitere Grundgesetzänderungen dem Bund zu Lasten der Länder erhebliche zusätzliche Kompetenzen eingebracht.[17] Diese Entwicklung gewann dadurch noch an praktischem Gewicht, daß der Bund – unterstützt vom Bundesverfassungsgericht – im Wege der Interpretation seine Zuständigkeiten immer weiter ausgedehnt[18] und die ihm übertragene (sogenannte konkurrierende und Rahmen-) Gesetzgebungskompetenz voll ausgeschöpft hat.[19] Den Ländern bleibt deshalb nur ein äußerster Randbereich an Gesetzgebung,[20] der sich, nachdem die großen Werke der Landesgesetzgebung, die vor allem die Organisation der Landesverwaltung und der Kommunen, des Rundfunks und der Schulen und die kommunale Gebietsreform betrafen, abgeschlossen waren, vornehmlich in Gesetzes*änderungen* erschöpft.[21] Das Abwandern der Gesetzgebungskompetenz zeigt sich exemplarisch im Bereich der Besteuerung, also der klassischen Parlamentszuständigkeit. Die Steuergesetzgebung liegt praktisch vollständig beim Bund.[22] Während den Gemeinden immerhin über die Festsetzung ihrer Hebesätze zur Gewerbe- und Grundsteuer[23] ein unmittelbarer Einfluß auf ihre Steuereinnahmen verblieben ist, hat das einzelne Land keine Möglichkeit mehr, seine Steuereinnahmen durch seine Gesetzgebung zu beeinflussen.

Zu einer weiteren Ausdünnung der Kompetenzen der Landesparlamente führt die Entwicklung in Europa, die bewirkt, daß zunehmend wichtige Bereiche von Brüssel aus geregelt werden. Auch in Angelegenheiten, die in der Bundesrepublik eindeutig Ländersache sind (zum Beispiel Bildung, Wissenschaft, Kultur und Polizei), spielen EG-Recht und Maßnahmen der Kommission der Europäischen Gemeinschaft immer stärker hinein.[24] Man denke nur an die gegenseitige Anerkennung von Ausbildungsabschlüssen, an Satelliten-Fernsehen und an »Europol«, die von den EG-Innenministern geplante europäische Polizei zur Bekämpfung der organisierten Kriminalität.

Auf den wenigen ihnen verbliebenen Gebieten haben die Länder ihre Selbständigkeit übrigens kaum zu eigenem genutzt, sondern in großem Umfang übereinstimmende Regelungen erlassen. Die Haushaltsordnungen und die Verwaltungsverfahrensgesetze der Länder gleichen sich untereinander und den entsprechenden Gesetzen des Bundes wie ein Ei dem anderen. Ähnliches gilt für die Polizeigesetze, die sich an dem gemeinsamen preußischen Vorbild ausgerichtet haben. Auch in anderen Bereichen hatten die Regierungen und Ministerien Mustergesetzentwürfe angestrebt, was die eigenständige Meinungs- und Willensbildung innerhalb der Landesparlamente zwangsläufig beschränken mußte. Die längst überfälligen Fraktionsgesetze, die inzwischen zum Beispiel von Bayern und Hessen erlassen sind – auch im Bund ist ein Gesetzentwurf eingebracht –, beruhen auf Absprachen der Parlamentspräsidenten, die sich eben-

falls in einem, allerdings in mehreren Punkten mangelhaften, Mustergesetzentwurf niedergeschlagen haben.[25] Wenn es sicher auch Ausnahmen gibt, so zeigt die Entwicklung doch insgesamt, daß der Übergang der Gesetzgebungszuständigkeit auf den Bund offenbar objektiven Notwendigkeiten entspringt und ein wirkliches Bedürfnis für eine länderweise Differenzierung zu fehlen scheint. Der Grundsatz der Einheitlichkeit der Lebensverhältnisse schlägt überall durch.[26] Vor diesem Hintergrund ist den Ländern die sachliche Berechtigung dafür abgesprochen worden, den Verlust an Ländergesetzgebung zu beklagen. Kein Geringerer als der Präsident des Bundesverfassungsgerichts Roman Herzog stellte – angesichts der weitgehenden Gleichförmigkeit der Landesgesetzgebung – die (rhetorische) Frage, »warum dann so heftig um Gesetzgebungszuständigkeit gestritten oder besser – über ihren Verlust gejammert« werde.[27]
Zwar erhielten die Länder zum Ausgleich für die Übertragung der Gesetzgebungskompetenzen auf den Bund immer mehr kollektive Zustimmungsbefugnisse, die durch extensive Auslegung bestehender Vorbehalte (Art. 84 Abs. 1 und 85 Abs. 1 GG) noch ausgedehnt wurden, so daß inzwischen fast zwei Drittel aller Bundesgesetze Zustimmungsgesetze darstellen. Aber diese Mitwirkung ist vom Bundesrat, also von den Ländern, nur *mehrheitlich*, und im übrigen nur von den Landes*regierungen*, nicht von den Parlamenten auszuüben.[28] Denn die Mitwirkung im Bundesrat ist von Verfassungs wegen Sache der Landesregierungen, nicht der Landesparlamente.[29] Auch die Landes*haushalte* sind zum großen Teil durch Bundesmaßnahmen festgelegt, zum Beispiel durch Gemeinschaftsaufgaben (Art. 91a und 91b GG), Finanzhilfen (Art. 104a GG) und durch eine Fülle von Selbstkoordinationen der Länder untereinander.[30] Diese Zwischenebene der direkten Kooperation der Länder untereinander und zum Teil auch mit dem Bund (»kooperativer Föderalismus«) liegt der Natur der Sache nach aber

wiederum in den Händen der Landes*regierungen* und ihrer Verwaltungen.

Insoweit läuft aber auch die Kontrolle der Regierungen durch die Landesparlamente weitgehend leer. Die Landesregierungen können auf die vielfach verzahnten und paketartig geschnürten Absprachen mit anderen Ländern in Planungsausschüssen, Ministerpräsidenten- und Fachministerkonferenzen (wie zum Beispiel der Kultusminister-Konferenz) verweisen, denen die Landtage nicht ohne Eklat oder doch Gesichtsverlust für ihre Regierungen die Zustimmung verweigern können; die die Regierung tragenden Fraktionen pflegen sich dann um ihres Ansehens und Machterhalts willen zu fügen. Ein Beispiel sind Rundfunkgebührenerhöhungen. Wenn sich hier die Ministerpräsidenten geeinigt haben, wird auch die stärkste Regierungsfraktion daran regelmäßig nichts mehr ändern.

Auch im übrigen leidet die Kontrolle der Landesverwaltung durch die Landtage an einer strukturellen Schwäche. Nach der grundgesetzlichen Zuständigkeitsverteilung hat die Landesverwaltung zum größten Teil Bundesgesetze zu vollziehen, also solche, die die Landesparlamente nicht gemacht und an deren Vollzug sie auch nur ein begrenztes Interesse haben,[31] wobei es auch hier natürlich Ausnahmen gibt, die die Regel bestätigen.

Der Bedeutungsverlust der Landesparlamente beruht nicht nur auf der Auszehrung ihrer Gesetzgebungs- und Kontrollkompetenzen. Die Abnahme ihrer politischen Legitimation hängt vielmehr wesentlich auch damit zusammen, *wie* sie die ihnen verbliebenen Kompetenzen nutzen. Schon der erwähnte Umstand der weitgehend gleichlautenden Ländergesetzgebung macht nachdenklich. Das Vertrauen in die Leistungsfähigkeit der Landesparlamente nimmt noch weiter ab, wenn man betrachtet, welche Mängel die »Politiken«, für die die Länder zuständig sind, aufweisen.

Ein Beispiel ist das Hochschulwesen, in dem die Mißstände

immer gravierendere Ausmaße annehmen, ohne daß die Länder dagegen etwas Wirksames unternehmen. Ein anderes Beispiel ist das Staatshaftungsgesetz. Das entsprechende Bundesgesetz ist an der fehlenden Gesetzgebungskompetenz des Bundes gescheitert.[32] Die Länder aber waren bisher nicht imstande, entsprechende Landesgesetze zu erlassen.[33] Ein weiteres Beispiel ist die Grunderwerbsteuer, die die Länder durch Schaffung von Ausnahmetatbeständen im Laufe der Jahre schließlich zu einer Art Schweizer Käse gemacht haben, so daß mehr als 80 Prozent der Grunderwerbsteuerfälle nicht mehr von der Steuer erfaßt wurden. Erst nach Übertragung der Gesetzgebungskompetenz auf den Bund gelang eine vernünftige Reform, die die Ausnahmetatbestände strich und den Steuertarif entsprechend senkte. Weitere Beispiele sind das Scheitern der überfälligen durchgreifenden Reform der Kommunalverfassung in Nordrhein-Westfalen und Niedersachsen und die schiefe Reform der Kommunalverfassung in Hessen, die zwar aufgrund eines Volksentscheids die Direktwahl einführte, aber die nötigen Begleitreformen (Abschaffung des Magistrats und Einführung der Möglichkeit des Kumulierens und Panaschierens bei der Ratswahl) versäumte.[34]

Auch die Auswüchse der Politikfinanzierung (Näheres in Kapitel 5) sind in den Ländern, die hier oft geradezu Schrittmacherdienste geleistet haben, meist besonders ausgeprägt. So gingen bezeichnenderweise die Länder und nicht etwa der Bund bei der Einführung der Altersversorgung für Abgeordnete voran. Nordrhein-Westfalen (1965) und Schleswig-Holstein (1967) führten als erste eine Versorgung ein, obwohl die Belastung eines Landtagsabgeordneten durch das Mandat sehr viel geringer ist als die seiner Kollegen im Bund und Landtagsabgeordnete neben ihrem Mandat regelmäßig noch ihren Beruf ausübten. Der Bund folgte dann 1968, wobei die damals bestehende große Koalition die Einführung natürlich erleichterte.[35] Auch die Diätenskandale in Hessen 1988 und in Hamburg 1991 waren *Landes*skandale und dadurch bedingt, daß sehr viel günstigere steuerfreie Aufwandsentschädigungen, Versorgungen etc. vorgesehen waren als im Bund.

Auch Privilegien von Ministern treiben in den Bundesländern besondere Blüten. Daß Ministerjahre doppelt zählen und ein Minister im Grenzfall schon nach einem einzigen Amtstag einen Anspruch auf die Höchstversorgung erwerben konnte, nur weil er vorher einige Jahre im Parlament war, gab und gibt es nur in den Ländern. Die Mißbräuchlichkeit der Versorgungsregelungen ist geradezu durch ihre groteske Abweichung von der Bundesregelung definiert. Am Maßstab des Bundes wurde die Unangemessenheit der Länderregelungen offenbar. Dementsprechend ist es nunmehr – nach der mit Hamburg und Saarland beginnenden Kritik – das Bestreben der Reformer, die Länderregelungen dem Bund anzugleichen. In Bayern erhalten Minister, die gleichzeitig Abgeordnete sind, neben ihren steuerpflichtigen Bezügen von etwa 25 000 Mark monatlich zusätzlich noch eine steuerfreie Aufwandsentschädigung von rund 6 000 Mark,[36] die praktisch auf ein steuerfreies Zusatzgehalt hinausläuft und bewirkt, daß bayerische Minister über ein höheres Nettogehalt als der Bundespräsident verfügen. Auch der Kreis der sogenannten politischen Beamten, die jederzeit und häufig mit übertrieben hoher Versorgung in den Ruhestand versetzt werden können, ist in den Ländern exzessiv weit gezogen worden; in Hessen gehören sogar Fraktionsassistenten dazu.[37]

Die Länder preschten bei der Privilegierung nicht nur vor. Die Unangemessenheit bestand teilweise auch darin, daß die Länder – trotz völlig anderer Verhältnisse – ihre Regelungen denen des Bundes anglichen. So herrschte bei der Abgeordnetenentschädigung und der Wahlkampfkostenerstattung ursprünglich Konsens, daß das Landesniveau nur 40, 50 oder 60 Prozent des Bundesniveaus betragen sollte, bevor im weiteren Verlauf eine Nivellierung auf hohem Niveau eintrat. Hessische Landtagsabgeordnete haben mit fast 11 000 Mark sogar eine höhere monatliche Entschädigung als Bundestagsabgeordnete (10 400 Mark). Die Anhebung in Hessen erfolgte mit der »Begründung«, man wolle die Entschädigung an das durchschnittliche Einkommensniveau von hessischen Freiberuflern angleichen, das sich exakt in dieser Höhe bewegt. Dabei blieb jedoch unberücksichtigt, daß Freiberufler aus diesem Einkommen noch hohe Beiträge für ihre Alters-, Kranken- und Invalidenversorgung abführen müssen, während Abgeordnete diese ohne eigene Beiträge aus der Staatskasse bezahlt bekommen.[38]

Ursprünglich betrug die Wahlkampfkostenerstattung in den Ländern 1,50 Mark je Wahlberechtigten (was 60 Prozent der damals im Bund fixierten 2,50 Mark ausmachte). Sie wurde in den achtziger Jahren dem Bund angeglichen und auf fünf Mark je Wahlberechtigten erhöht, obwohl unter sachverständigen Beobachtern Übereinstimmung bestand, daß dies überzogen sei. In Rheinland-Pfalz und Nordrhein-Westfalen wurden die Beträge sogar auf 6,25 Mark angehoben, und mußten nach einem Urteil des Verfassungsgerichtshofs von Nordrhein-Westfalen dort wieder auf fünf Mark zurückgeführt werden.

Der Niedergang der Landesparlamente wird durch eine Reihe von Faktoren verschärft, in denen viele bereits eine *allgemeine* Krise des Parlamentarismus sehen, die aber im Bereich der Länder besonders durchschlagen.

Die Parlamente verleugnen ihre Eigenständigkeit selbst immer mehr, vernachlässigen das Typische und Besondere des Parlaments, die öffentliche Debatte, und gehen zunehmend zur Verlautbarung von im vorhinein schon zwischen Regierung und Parlamentsmehrheit abgesprochenen Auffassungen über. Das trägt – zusammen mit dem Rückgang des Interesses der Bürger und der Medien an der Landespolitik – zu einer Aushöhlung der

Öffentlichkeit bei. Die zunehmende Gleichschaltung von Regierung und der sie tragenden Parlamentsmehrheit zeigt sich auch darin, daß Regierungsbeamte an den Fraktionssitzungen der Regierungsparteien und Fraktionsvorsitzende an den Kabinettssitzungen teilnehmen. Zwar ist es in einer parlamentarischen Demokratie bis zu einem gewissen Grade unvermeidlich, daß die politische Front sich zwischen Regierung und Opposition verlagert. Das bedeutet jedoch nicht unbedingt, daß die Parlamentsmehrheit zum reinen Akklamationsorgan der Regierung wird. Besonders mißlich wird es dann, wenn die Opposition mit der Regierung gemeinsame Sache macht und mißbräuchliche Regelungen eingeführt werden – eine Praxis, die bei der Politikfinanzierung, dem Parteien- und Wahlrecht gerade in den Ländern verbreitet ist.

Auch die »Verbeamtung« der Parlamente ist in den Landesparlamenten nicht nur besonders ausgeprägt, sondern auch in ihrer Wirkung fatal. Die Landtagsabgeordneten sind zu 40, 50 oder gar 60 Prozent Angehörige des öffentlichen Dienstes. Berücksichtigt man, daß die Hauptaufgabe der Länder der Vollzug der Gesetze, auch der Bundesgesetze, ist und dementsprechend das Gros des öffentlichen Dienstes *Landes*bedienstete (einschließlich der Kommunalbediensteten) sind, so wäre es an sich besonders wichtig, daß die Landes*parlamente* die nötige Distanz besitzen, um die Verwaltung kontrollieren und in Grenzen halten zu können. Gerade daran aber fehlt es. Angesichts des gewaltigen Beamtenanteils der Landesparlamente, der in den zuständigen Parlaments*ausschüssen* noch weiter zunimmt, kann man nicht mehr von *Distanz* sprechen. Vielmehr ist der öffentliche Dienst, wie der bekannte Verwaltungswissenschaftler Frido Wagener sarkastisch formuliert hat, »voll in der Hand des öffentlichen Dienstes«.[39] Die Verbeamtung der Parlamente nimmt ihnen die Konfliktfähigkeit gegenüber dem öffentlichen Dienst. Es fehlt an der Gewaltenteilung im materiellen Sinne.[40]

Derart zusammengesetzte Parlamente sind offensichtlich mit der Aufgabe überfordert, Verwaltung und öffentlichen Dienst im Zaum zu halten und die Grundsätze der Wirtschaftlichkeit und Sparsamkeit durchzusetzen. Angesichts des Gewichts der Verwaltung und des öffentlichen Dienstes gerade in den Ländern und der nicht erst seit Parkinson bekannten gemeinwohlwidrigen Entwicklungen in unkontrollierten Bürokratien ist diese Feststellung fatal und natürlich nicht dazu angetan, das Vertrauen in die Leistungsfähigkeit der Landesparlamente zu erhöhen.

Die Verlagerung des politischen Machtzentrums zum Bund hin und der politische Gewichtsverlust der Landesparlamente und ihre beschränkte Leistungsfähigkeit degradieren sie zu nachrangiger Bedeutung und berühren ihre Legitimation im Kern. Das spiegelt sich im Desinteresse der Bürger und Wähler an der Landespolitik wider. »Das Interesse und die Teilnahme des Bürgers am politischen Leben des Landes drohen zu verkümmern.«[41] Daß die Landespolitik auch in den Augen der Öffentlichkeit ganz hinter der Bundespolitik zurücktritt, zeigt sich in Umfragen[42] und auch an vielen Indikatoren: Landtagswahlen werden gemeinhin als kleine Bundestagswahlen angesehen, als Bundestest. Die eigentlich wichtigen Kompetenzen der Länder liegen in ihrer Mitwirkung im Bundesrat, also der Bundespolitik. Dementsprechend besteht die eigentliche Bedeutung der Landtagswahlen darin, daß die Mehrheitsverhältnisse im Bundesrat sich ändern können. Konsequenterweise geben bei Landtagswahlen nicht mehr landespolitische Themen den Ausschlag; zunehmend dominieren *bundes*politische Themen, auf die die Landtage keinen Einfluß besitzen. So stand zum Beispiel im hessischen Landtagswahlkampf zu Beginn des Jahres 1991 die nach der Bundestagswahl vom 3.12.1990 aufkommende Diskussion über die »Steuerlüge« der von der CDU/CSU geführten Bundesregierung ganz im Vordergrund und dürfte mitbewirkt haben, daß die CDU-geführte Regierung Wallmann in Hessen ihre Mehrheit verlor. Der Funktionsverlust nimmt den Landesparlamenten auch ihre Attraktivität als Orte der Erprobung und Bewährung für den politischen Führungsnachwuchs. Es ist gewiß kein Zufall, daß ein großer Teil der Landesminister nicht aus den Landesparlamenten kommt und auch viele Ministerpräsidenten zuvor in der *Bundes*politik tätig waren.[43]

Die dargestellte Entwicklung berührt den Staatscharakter der Länder und läßt ihren Anspruch auf prinzipielle Gleichstellung mit dem Bund zunehmend unglaubwürdiger erscheinen.[44] Die Kommission zur Gesetzes- und Verwaltungsvereinfachung hat deshalb die Frage aufgeworfen, »ob Landtage und Landesregierung im gegebenen Umfang (noch) notwendig sind, ob der faktische Umfang der Landespolitik den Berufsparlamentarier rechtfertigt oder ob angesichts der auch bei Landtagswahlkämpfen zu beobachtenden Sogwirkung der Bonner Politik überhaupt noch von einer die weitere Öffentlichkeit interessierenden Landespolitik gesprochen werden« kann.[45] Immer wieder wird die Frage gestellt, ob das parlamentarische System in den Ländern den Gegebenheiten noch gerecht wird[46] oder gar die Landesparlamente überhaupt noch eine Existenzberechtigung besitzen.[47] Die Landesparlamente versuchen zwar, die Auszehrung ihrer Aufgaben dadurch zu kompensieren, daß sie nach anderen Tätigkeiten suchen[48] und sich mit Bundes- und Europathemen befassen, für die sie aber gar nicht zuständig sind, sowie dadurch, daß sie sich zunehmend um den Verwaltungsvollzug kümmern und daß die Abgeordneten immer mehr Anfragen an die Regierung stellen, die allerdings vornehmlich lokale Besonderheiten betreffen und oft nur den Zweck haben, eine Presseberichterstattung im Wahlkreis des Abgeordneten auszulösen, obwohl die Abgeordneten ja eigentlich »Vertreter des ganzen Volkes«[49] sein müßten. Der heutige baden-württembergische Ministerpräsident Erwin Teufel hat diesen Tatbestand 1988, noch aus der Sicht des Abgeordneten und Fraktionsvorsitzenden, beim Namen genannt:

> »Der 9. Landtag von Baden-Württemberg hat in den letzten vier Jahren sage und schreibe 5 127 Initiativen produziert. In der 8. Legislaturperiode waren es noch 3 929 und in der 7. Wahlperiode 3 681 Initiativen. Diese Steigerung der Zahl der Drucksachen und Initiativen von Legislaturperiode zu Legislaturperiode kann man allenfalls als quantitatives, nicht aber als qualitatives Wachstum bezeichnen. Wenn man einmal die Inhalte der Anträge und Anfragen ansieht, stellt man fest, daß sich über 80 Prozent mit punktuellen Mißständen befassen. Einzelfälle aus dem Wahlkreis werden statt in einem Brief auf parlamentarischem Weg aufgegriffen, und es entstehen Kosten beim Landtag und Zeitaufwand bei der Regierung, die in keinem Verhältnis zum Vorgang selbst stehen. Nicht die Bedeutung einer Sache führt also in vielen Fällen zu einer parlamentarischen Initiative, sondern die Frage der Verkäuflichkeit in der Wahlkreispresse. Im übrigen ist absolute Geheimhaltung garantiert. Alle Drucksachen dieser Art werden nämlich nach ihrer Drucklegung von niemandem gelesen. Sie werden im günstigsten Fall zu den Akten gelegt. Ein Parlament mit einer Inflation von Anträgen gibt seine Arbeitszeit in kleiner Münze aus. Es setzt die Arbeit der Verwaltung mit anderen Mitteln fort. Es bürokratisiert den Alltag der parlamentarischen Arbeit und verliert den Überblick.«[50]

Diese, zum Teil vielleicht zugespitzten, in der Tendenz aber berechtigten Bemerkungen eines maßgeblichen Landesparlamentariers sind auf Baden-Württemberg bezogen, treffen in vollem Umfang aber auch auf die Parlamente anderer Bundesländer zu.

Auch Tätigkeiten in der Partei vor Ort mit Übernahme von Ämtern in den Parteien und den kommunalen Volksvertretungen[51] nehmen die Abgeordneten zunehmend in Anspruch, die, wenn man sie alle stundenmäßig zusammenzählt, Summen ergeben, die leicht eine Voll- oder auch Überbeschäftigung des Abgeordneten mit seinem Mandat suggerieren. Derartige *Ersatz*beschäftigungen können allerdings auf Dauer kein wirkliches Kompensat für den Verlust von zentralen politischen Leitungsfunktionen darstellen, wie sie die Gesetzgebung darstellt, und den Legitimationsverlust der Landesparlamente nicht aufhalten. Diese Entwicklung läßt die Länder allmählich immer mehr als »höhere Verwaltungseinheiten« und »die Landesparlamente dementsprechend als ein vergrößertes kommunales Vertretungsorgan« erscheinen.[52] »In allen Landtagen ist die ursprüngliche parlamentarische Hauptbeschäftigung der Gesetzgebung in den Hintergrund getreten, dafür hat die Beschäftigung mit dem Detail an Boden gewonnen«.[53]

Die Entwicklung des Föderalismus in Deutschland erschöpft sich aber nicht in der politischen Entleerung der Länder, besonders der Landesparlamente, sondern hat auch Rückwirkungen auf die gesamtstaatliche Leistungsfähigkeit der Politik. Das Paradox der immer mehr abnehmenden Bedeutung der Landespolitik bei gleichzeitig zunehmenden bundespolitischen Machtpositionen der Länder im Bundesrat beeinträchtigt die Bewältigung *gesamt*staatlicher Aufgaben. Einerseits kommen Verfassungsänderungen und sogenannte Zustimmungsgesetze nicht ohne Zustimmung der Länder zustande. Andererseits werden für die Bundespolitik aber primär die Bundesregierung und die sie tragende Koalition in der Öffentlichkeit und bei den Wahlen verantwortlich gemacht. Daher sind sie am Zustandekommen der nötigen Regelungen besonders interessiert – und werden deshalb durch die Bundesländer politisch erpreßbar. Ein Beispiel sind die Bund-Länder-Absprachen über die Finan-

zierung der deutschen Einheit, bei denen sich die Länder mit Erfolg um eine Beteiligung an der Finanzierung gedrückt haben. »Im Rahmen der Solidarpaktverhandlungen haben die westlichen Bundesländer einen großen Teil der ihnen ursprünglich zugedachten Mehrbelastungen auf den Bund und die Steuerzahler abgewälzt«.[54] Das führt dazu, daß die an sich erforderliche Neuorientierung der Prioritäten und Posterioritäten in den Ländern praktisch unterbleibt und – trotz der historischen Herausforderung – alles mehr oder weniger so bleibt wie bisher. »Bei dem jetzt gefundenen Konsens (ist) der Zwang zu mehr Ausgabendisziplin aufgrund leerer Kassen bei den westlichen Ländern und Gemeinden wesentlich geringer ... als beim Bund. Auch bei den ostdeutschen Ländern und Gemeinden, deren finanzielle Lage ... wesentlich verbessert wird, gibt es keine Gewähr, daß die in den Verwaltungshaushalten vorhandenen Einsparpotentiale genutzt werden.«[55] Die Länder haben eine Position, die es ihnen erlaubt, trotz ihrer immer mehr abnehmenden Aufgaben und Bedeutung vom Bund Zugeständnisse zu erpressen, die ihnen den Luxus verschaffen, keine Konsequenzen aus den völlig geänderten Verhältnissen ziehen zu müssen: weder aus dem Schwinden ihrer objektiven Bedeutung noch aus den geänderten gesamtwirtschaftlichen Prioritäten. Das diskreditiert sie und das Verfahren, dessen sie sich bedienen können, aus der Sicht des Gemeinwohls ganz besonders.
Ein weiteres Beispiel ist die Änderung des Artikels 23 GG. Statt die Konsequenz aus den objektiven Veränderungen zu ziehen, die die Bedeutung der Länder immer mehr zurückdrängen und durch die Entwicklung in Europa noch akzentuiert werden, und die Länder »schlanker« zu machen, haben diese eine Neufassung des Art. 23 GG erzwungen, die ihnen auf Bundesebene weitgehende Mitspracherechte gibt.[56] Dies aber haben sie quasi im Wege der Erpressung durchgesetzt, weil der Bund zur Ratifizierung des Maastricht-Vertrages die Zustimmung des Bun-

desrats brauchte.[57] Vor dieser Entwicklung hatte das Kanzleramt vorher noch gewarnt, weil sie die Bundesrepublik in letzter Konsequenz »vom Bundesstaat zum Staatenbund« verwandle.[58] Die Überprüfung der derzeitigen Stellung der Länder läge im Zuge der Europäisierung auch deshalb eigentlich nahe, weil die Bundesrepublik das einzige Land der Europäischen Gemeinschaft mit *Bundesländern* ist und deshalb das Verständnis der anderen Mitgliedstaaten für diese deutsche Besonderheit gering ist. Auch vor diesem Hintergrund erschiene es angezeigt, eine *Aufwertung der Kommunen* anzustreben,[59] statt sich dem durch die objektiven Entwicklungen veranlaßten und deshalb unumkehrbaren Bedeutungsrückgang der Länder und insbesondere ihrer Parlamente entgegenzustemmen. Auch in den Augen der Bevölkerung besitzen, wie Umfragen zeigen, die Kommunen erheblich größere Bedeutung als die Bundesländer.[60]

Zu große Parlamente

Trotz der schwindenden Aufgaben der Landesparlamente ist es nicht gelungen, die auf der Hand liegende Forderung nach ihrer Verkleinerung durchzusetzen. Es ist allgemein anerkannt, daß die Parlamente zu groß sind und zu viele Mitglieder haben (vergleiche Tabelle 2 im Anhang). Das hat Spitzenpolitiker wie Matthäus-Meier (SPD),[61] Cronenberg (FDP)[62] und Schäuble (CDU/CSU)[63] veranlaßt, eine Verkleinerung des Bundestags von derzeit 662 auf 500 Mitglieder vorzuschlagen. Die Feststellung, daß die Parlamente zahlenmäßig übersetzt sind, gilt für die Landesparlamente in noch viel stärkerem Maße als für den Bundestag.[64] Die Überzeugung, daß die Parlamente verkleinert werden müssen, ist inzwischen Gemeingut. In Berlin und Sachsen sind Verkleinerungen bereits beschlossen und in

Sachsen auch durchgeführt. Ansonsten tut sich allerdings wenig, obwohl die Verkleinerung der Parlamente auch in den alten Bundesländern auf die Tagesordnung gesetzt werden müßte. Aber auch dieses Thema scheint politisch blockiert – aus Eigeninteresse der Stelleninhaber (und solcher, die es werden wollen) an ihren Posten.

Ausweitung des finanziellen Status der Landtagsabgeordneten

In merkwürdigem Gegensatz zur Abnahme der objektiven Aufgaben und der Bedeutung der Landesparlamente steht der Ausbau des finanziellen Status der Landtags*abgeordneten* und die starke Ausweitung der Zahlungen an Landtags*fraktionen*. In den sechziger Jahren und der ersten Hälfte der siebziger Jahre erhielten Landtagsabgeordnete noch kaum die Hälfte der Entschädigung von Bundestagsabgeordneten. So bekam zum Beispiel ein niedersächsischer Landtagsabgeordneter im Jahre 1962 kraft gesetzlicher Regelung 40 Prozent der (damals noch so bezeichneten) Aufwandsentschädigung eines Bundestagsabgeordneten.[65] Inzwischen ist die Bezahlung weitgehend derjenigen von Bundestagsabgeordneten angepaßt worden, die ihrerseits stark ausgeweitet wurde. Die staatsfinanzierte Altersversorgung wurde, wie schon erwähnt, in Landesparlamenten sogar als erste eingeführt, 1965 in Nordrhein-Westfalen und 1967 in Schleswig-Holstein. Die Folge ist, daß Landtagsabgeordnete heute eine hohe Entschädigung und Versorgung erhalten. Es leuchtet unmittelbar ein, daß die Aufwertung des finanziellen Status von Landtagsabgeordneten mit der gleichzeitig stark abnehmenden Bedeutung der Länderparlamente schwer in Einklang zu bringen ist und der inneren Begründung entbehrt. Die zunehmende »Kommunalisierung« der Landesparlamente hätte es eigentlich nahegelegt, den Status und die Bezahlung von Landtagsabgeordneten eher wieder den Mitgliedern kommunaler Vertretungen anzugleichen, deren Tätigkeit selbst in Großstädten nach wie vor ehrenamtlich ist und die eine nur beschränkte Aufwandsentschädigung (und selbstverständlich keine Altersversorgung) erhalten. Niemand, so ist kürzlich mit Blick auf die finanziellen Selbstbewilligungen der Landesparlamente von kompetenter Seite bemerkt worden, »trägt auf Dauer unbefangen und unbemerkt vom Steuerzahler einen zu groß geschneiderten Anzug«.[66] Vor diesem Hintergrund beantwortet sich die Frage, ob Landtagsabgeordnete wirklich verdienen, was sie verdienen, derzeit von selbst. Untersuchungen haben ergeben, daß fast alle Abgeordneten sich durch die Übernahme eines Landtagsmandats finanziell verbessern.[67] Früher war die Einkommenssituation von Landtagsabgeordneten »weniger häufig so stark von der Wiedererlangung des Mandats abhängig« wie heute.[68] Die Landesparlamente haben aus ihrem immer mehr abnehmenden wirklichen politischen Gewicht allerdings nicht die gebotene Konsequenz gezogen und ihre üppige Finanzierung überprüft, sondern sich zur scheinbaren Legitimierung ihres Status umgekehrt auf die Suche nach zweit- und drittrangigen parlamentarischen Ersatztätigkeiten begeben und auch die Arbeit in Partei, Wahlkreis und Kommune verlagert, was zugleich die alles entscheidende Aussicht auf die Wiedernominierung durch die Parteigremien so verbessert, daß Newcomer kaum eine Chance erhalten. Zur Sicherung ihrer Wiedernominierung vor Ort setzen Abgeordnete in immer größerem Umfang auch staatsfinanzierte Mitarbeiter ein. Zudem beziehen Abgeordnete auch während des Wahlkampfes ihre vollen Bezüge fort, während mögliche Konkurrenten, die zum Zwecke des Wahlkampfes Urlaub nehmen müssen, keinen Anspruch auf Weiterzahlung ihrer Bezüge haben.[69] All das bewirkt, daß Abgeordnete ihre parteiinterne Stellung fast unangreifbar machen können. Das trägt dazu bei, daß Leute, die in Wirtschaft, Wissenschaft oder Verwaltung halbwegs erfolgreich sind und die bei allgemeinen Wahlen gute Chancen hätten, von den Parteien kaum je aufgestellt werden. Allerdings werden solche Leute, von seltenen Ausnahmen abgesehen, ein Mandat auch gar nicht anstreben. Das hat im wesentlichen zwei Gründe: Einmal kann die Nominierung als Landtagskandidat regelmäßig[70] nur derjenige erwarten, der längere Zeit »Parteiarbeit« geleistet hat und im Falle seiner Nominierung Wahlkampf führt, kurz, der nicht unerhebliche Zeit und Kraft für politische Tätigkeiten in seiner Partei aufwendet. Dazu aber sind im Beruf erfolgreiche und vielbeschäftigte Personen in der Regel kaum bereit und in der Lage,[71] zumal – und das ist der zweite Grund – die Aussicht auf ein Landtagsmandat für einen ergebnis- und gestaltungsorientierten Menschen wenig Attraktives hat. Denn im Landtag herrscht statt wirklicher politischer Gestaltungsmöglichkeit oft politische Inszenierung vor. Auch besteht ein wenig effizienter Sitzungsablauf, wie er sich eben einstellt, wenn eine begrenzte politische Tätigkeit um der Bezahlung willen zum »full-time-job« hochstilisiert wird. Bei Landtagsabgeordneten herrscht denn auch, soweit sie noch politisch gestalten *wollen*, häufig Frustration vor. Für eine immer größere Zahl von Abgeordneten wird das Landtagsmandat mangels wirklicher politischer Herausforderung zum reinen Erwerbsberuf, der *wegen* der besseren Verdienstmöglichkeit von denen ergriffen wird, die *keine* beruflichen Alternativen besitzen. Das Leben *von* der Politik drängt das Leben *für* die Politik immer weiter zurück. Gleichwohl wäre es ein Irrtum anzunehmen, mit einer noch weiteren Anhebung der Bezahlung und Versorgung von Landtagsabgeordneten könnten auch die Bezieher von höheren Einkommen für ein Landtagsmandat interessiert werden. Denn einmal ist zu erwarten, daß die parteiinternen Abschottungstendenzen im Kreis der »Vorentscheider« bei der Nominierung dann noch weiter zunehmen, weil eine Öffnung und die dadurch bewirkte Konkurrenz nicht nur den politischen Einfluß, sondern auch den Zugriff auf die mit gesteigertem Einkommen ausgestatteten Mandate beeinträchtigen könnte. Zum zweiten spielt mit zunehmender Höhe der Position – neben dem Einkommen – die *Gestaltungs*möglichkeit eine immer größere Rolle. In dieser Hinsicht kann ein Landtagsmandat sich aber angesichts der Auszehrung der politischen Aufgaben der Landesparlamente und ihrer Mitglieder mit verantwortlichen Positionen in Wirtschaft und Gesellschaft nicht mehr messen. An der mangelnden Attraktivität wird sich auch nichts ändern, solange es nicht wieder möglich wird, den Beruf *neben* einem Mandat fortzuführen, was freilich eine völlige Umorganisation der derzeitigen Arbeit der Landesparlamente verlangen würde. Das ist die Grundvoraussetzung. Nur wenn es im Beruf erfolgreichen Menschen ermöglicht wird, ihren Beruf auch *neben* dem Mandat aufrechtzuerhalten, könnten sie möglicherweise für eine Tätigkeit im Landtag interessiert werden. Solange dies nicht geschieht, fehlt der von den Parlamenten immer wieder erhobenen Forderung nach einer noch weiteren Erhöhung der Abgeordnetenentschädigung, damit Angehörige freier Berufe, Rechtsanwälte und Wirtschaftsprüfer, Geschäftsführer und Vorstandsmitglieder aus der Wirtschaft nicht durch eine zu geringe Entschädigung von der Übernahme eines Mandats abgehalten würden, die Berechtigung. Sie entspringt einer »zu theoretischen Betrachtungsweise«.[72] Denn eine Erhöhung der Diäten würde die *außer*finanziellen Barrieren, die einer Mandatsübernahme durch den genannten Personenkreis entgegenstehen, nicht beseitigen. Die Erhöhung käme deshalb vor allem denen zugute, die sich ohnehin für ein Leben von der Politik entschieden haben.

Daß die erforderliche Umorganisation der Parlamentsarbeit auch einen wesentlichen Beitrag zum Abbau der Politikverdrossenheit leisten könnte, hat der frühere Präsident des Bundestags von Hassel kürzlich unterstrichen, als er in einer Ansprache zu seinem 80. Geburtstag sozusagen sein politisches Vermächtnis zu Protokoll gab:

»Bei allem Respekt vor den Abgeordneten der Landtage, die sich zumeist ungemein engagieren, die Arbeit nicht scheuen: Man muß bereit sein, ernsthaft den Gründen für die Verdrossenheit nachzugehen, um daraus Konsequenzen zu ziehen. Und da ist unstrittig, daß ausnahmslos in allen Diskussionen, die ich verfolgte, Kandidaten und Kandidatinnen verlangt werden, die eine geregelte Berufsausbildung durchlaufen und erste Stationen im Beruf hinter sich haben. Nur der Beruf gibt die Sicherheit, nicht von der Politik, vom Wahlkreis, vom Platz auf der Liste existentiell abhängig zu sein. Beruflich tüchtige Persönlichkeiten sind aber nicht bereit, ein Mandat zu übernehmen, wenn der Landtag sie im Übermaß in Anspruch nimmt. In den zuständigen Gremien muß radikal darüber nachgedacht werden, daß die Landtage ihre Abgeordneten nicht mehr jeden Tag in fast jeder Woche in Anspruch nehmen dürfen; sie müssen bereit sein, die zeitliche Inanspruchnahme durch das Parlament nennenswert zu reduzieren. Außerdem stelle ich die Frage: Warum ist man nicht bereit, ohne Murren auch Seiteneinsteiger zu akzeptieren? Qualifizierte Außenseiter könnten das Ansehen der sogenannten Hohen Häuser entscheidend heben. Aber gerade solche haben einfach nicht die Zeit, sich über die Orts- und Kreisverbandssprossen auf der Leiter zum Mandat hinaufzuziehen. Das hat nichts mit Arroganz zu tun, wie mancher vorschnell behauptet, sondern von der persönlichen Inanspruchnahme her können das nur Angehörige bestimmter Berufsgruppen mit geregelter 38-Stunden-Woche, und diese sind denn ja bekanntlich in den Parlamenten auch überrepräsentiert. Die Entwicklung der Reform unserer Landtage ist eine der Lebensfragen für unsere Demokratie. Ich beschwöre alle Verantwortlichen, sich dieser Frage anzunehmen, und ich appelliere besonders auch an die Vertreter der Wirtschaft, sich dazu zu äußern, denn ihr Interesse an guter Politik ist ein sehr vitales.«[73]

IV. Reform ist überfällig

Vom Sinn des Föderalismus

Die geschilderte Entwicklung hat dazu geführt, daß der Föderalismus seinen Sinn nur noch beschränkt erfüllt. Das zeigt sich darin, daß viele Gründe, die zur Rechtfertigung des Bundesstaatsprinzips angeführt werden,[74] nicht mehr zutreffen. Die zentrale Rechtfertigung für den Föderalismus ist die Vorstellung, in der – im Verhältnis zum Bund – kleineren Einheit des Landes sei *mehr Demokratie* möglich, weil das überschaubarere politische Leben im Land das Interesse der Bürger steigere und ihre politische Artikulationsfähigkeit verbessere. In Wahrheit ist heute das Gegenteil der Fall. Das vom Volk gewählte Parlament leidet an kompetenzieller und politischer Auszehrung. Die Regierung ist auf Bundesratsebene und auf der »dritten Ebene« in Absprachen mit anderen Länderregierungen eingebunden und wird dadurch für den Inhalt der Entscheidungen nicht nur gegenüber dem Parlament, sondern auch gegenüber dem Volk weitgehend »unverantwortlich«. Das Interesse der Bürger an der Landespolitik ist auf einem Tiefpunkt; das Interesse verlagert sich immer mehr auf die Bundesebene, wie auch die Überlagerung der Landtagswahlen mit Bundesthemen zeigt.

Auch die weitere Rechtfertigung, der Föderalismus erlaube einen für alle fruchtbaren *Wettbewerb der Länder* um die bessere Politik, ist hinfällig, wenn man bedenkt, in wie geringem Umfang die Länder die ihnen verbliebenen Gestaltungsmöglichkeiten zu eigenem nutzen – es sei denn, man zählte die grotesken Auswüchse der Politikfinanzierung in den Ländern dazu –, wie wenig sie sich noch von der Politik anderer Länder unterscheiden und wie sehr sie in Wahrheit statt dessen weitgehend gleichförmige Politik machen. Das wäre allerdings anders, wenn ein Bundesland sich zu den weiter unten aufgeführten Reformen entschließen könnte. Dann würde die Landesautonomie Grundlage für institutionelle Innovationen, deren Erfolg auch auf andere Länder (und den Bund) ausstrahlen könnte.

Auch die Vorstellung, die Länder böten dem *politischen Nachwuchs* die Chance, sich in den Landesparlamenten zu erproben und zu bewähren, ist nur noch ein theoretisches Postulat, das von der Praxis nicht mehr eingelöst wird; denn angesichts des Mangels der Landesparlamente an Gestaltungsmöglichkeit und des um so größeren Leerlaufs bei der täglichen Arbeit der Abgeordneten werden politische Talente eher abgeschreckt. Wer sich durch die genannten Widrigkeiten nicht davon abhalten läßt, die Institution Landesparlament zu durchlaufen, wird eher in eine Denkweise »sozialisiert«, deren Kernsatz dahin geht, daß man auch ohne wirkliche politische Aufgaben ganz gut von der Politik leben kann. Dieses natürlich typisierende Urteil trifft zwar kaum auf diejenigen zu, die kraft ihrer politischen Begabung rasch zu Höherem durchstoßen, etwa zum Fraktionsvorsitz und zum Ministerpräsidenten, wie zum Beispiel Helmut Kohl und Rudolf Scharping. Um derartigen exzeptionellen politischen Talenten, die in den Landesparlamenten nur kurze Zeit einfache Abgeordnete bleiben, eine Entwicklungsmöglichkeit zu geben, bedürfte es aber mit Sicherheit nicht der Länderparlamente des heutigen Zuschnitts.

Weiter trifft auch die These von der *größeren Sachgerechtigkeit* und Effizienz der Aufgabenerfüllung in der kleineren Einheit auf die Bundesländer kaum noch zu. Angesichts der auf Landesebene besonders geringen öffentlichen Kontrolle, der gerade hier oft ausgeprägten Verfilzung und der hohen »Verbeamtung« der Landesparlamente, gilt in der Praxis eher die umgekehrte Feststellung: Auf Landesebene sind Effizienz und Sachrichtigkeit ganz besonders gefährdet.

Schließlich erweist sich auch die Ersatzthese, die *gewaltenteilen-*

de Funktion des Föderalismus habe sich auf die Bundesebene verschoben und entfalte sich in dem zunehmenden Gegengewicht des Bundesrats gegenüber dem Bundestag,[75] mehr und mehr als brüchig. Aus der Funktion der Gewaltenteilung, durch Entfaltung von Gegengewichten die politische Macht am Mißbrauch zu hindern und zu größerer Richtigkeit zu steigern, ist in der Praxis der Bundesrepublik ein Mechanismus geworden, mit dem die immer schwächer werdenden Länder ihr schwindendes Selbstbewußtsein zu wahren suchen und Gefahr laufen, notwendige Entscheidungen des Bundes aus vordergründigen Eigeninteressen zu blockieren und zu deformieren.

Neukonzeption der Länderverfassungen

Der Föderalismus ist im Grundgesetz festgeschrieben und kann auch durch Grundgesetzänderungen nicht beseitigt werden.[76] Das schließt Modifikationen und Reformen, die ihn leistungsfähiger und schlanker zugleich machen, aber nicht aus. Die schweren Mängel des derzeitigen Systems verlangen an sich eine grundlegende Reform. Nicht Abschaffung des Föderalismus ist das Gebot, sondern Remedur an Haupt und Gliedern. Die Länder müssen durch Neugliederung so zugeschnitten werden, daß sich ihre Leistungsfähigkeit nicht mehr nach so extrem schwachen Gliedern wie Bremen, dem Saarland und Mecklenburg-Vorpommern richtet. Die Parlamente müssen verkleinert werden. An Gesetzgebung, der wichtigsten Aufgabe echter Parlamente und der Basis ihrer politischen Legitimation, ist ihnen wenig verblieben. Selbst wenn die Finanzverfassung des Grundgesetzes reformiert und insbesondere die Kompetenzen der Länder im Bereiche der Besteuerung erweitert würden, um Entscheidung und Verantwortung in diesem besonders wichtigen Bereich zusammenzuführen,[77] würde sich die Tendenz doch kaum umkehren lassen. Das Schwergewicht der deutschen Bundesländer liegt inzwischen völlig bei der Verwaltung. Die zentrale den Ländern verbliebene Funktion ist die Exekutive und ihre Kontrolle durch Parlament, Öffentlichkeit und Volk. Für die Wahrnehmung von Verwaltungsaufgaben ist ein *parlamentarisches* System, in dem das Parlament die Regierung wählt und notfalls abwählt, aber nun einmal nicht voll angemessen. Das ist auch in jüngerer Zeit von kompetenter Seite immer wieder hervorgehoben worden.[78] Theodor Eschenburg[79] und Wilhelm Hennis,[80] zwei besonders markante und der Praxis zugewandte deutsche Politikwissenschaftler, haben den bestehenden Parlamentarismus auf Landesebene bereits in den fünfziger Jahren nachdrücklich und mit guten Gründen in Frage gestellt; die Zeit war allerdings noch nicht reif für ihre weitsichtigen Gedanken.

Heute dürfte die Forderung nach einer Reform des politischen Systems der Länder eher auf fruchtbaren Boden fallen. Die Weimarer Verfassung hatte auch für die Länder das parlamentarische System noch vorgeschrieben.[81] Nach dem Zusammenbruch von 1945 hatte man an die deutsche Verfassungstradition angeknüpft und in den Bundesländern ohne großes Nachdenken durchweg wieder das parlamentarische System eingeführt. Anders als die Weimarer Verfassung schreibt das Grundgesetz derartiges aber nicht mehr vor.

Die oben beschriebene »Kommunalisierung« der Landesparlamente, ihre zunehmende Beschäftigung mit Verwaltungsagenden, lenkt den Blick beinahe zwangsläufig auf die Kommunalverfassungen. Die Ratsverfassung von Baden-Württemberg und Bayern mit ihrem urgewählten Bürgermeister hat nicht nur zufällig ihren Siegeszug durch ganz Deutschland angetreten; Hessen, Rheinland-Pfalz, Sachsen, Thüringen, Brandenburg und alle anderen Länder haben sie inzwischen – teilweise allerdings mit erheblichen Modifikationen – eingeführt oder sind dabei, dies zu tun. Es liegt deshalb die Frage nahe, ob nicht einige Grundgedanken der süddeutschen Kommunalverfassung auch auf die Bundes*länder* übertragen werden können. Die zentralen Elemente der baden-württembergischen Gemeindeverfassung bestehen in dreierlei: der Direktwahl des Bürgermeisters, dem stark personalisierten Einschlag des Wahlrechts der Volksvertretung durch Kumulieren und Panaschieren und dem Bürgerentscheid.

Wilhelm Hennis hat schon 1956[82] die Frage gestellt, »ob das parlamentarische Regierungssystem den politischen Bedürfnissen der Länder überhaupt entspricht«. »Der faktische Charakter der Länder als autonomer Verwaltungsprovinzen läßt für Programme im klassischen Sinne keinen Raum: Es gibt keinen christlichdemokratischen Straßenbau und keine sozialdemokratische Wasserwirtschaft. Bleiben die Persönlichkeiten.« Dann aber wäre es, so möchte ich ergänzen, nur konsequent, die Persönlichkeiten auch direkt vom Volk wählen zu lassen.

Der Übergang zur Direktwahl des Ministerpräsidenten ist in Wahrheit in der Praxis schon halb vollzogen. Tatsächlich stellen sich Landtagswahlen auch heute oft schon als Entscheidungen zwischen zwei Kandidaten um das Amt des Ministerpräsidenten, also in der Sache als eine Art Direktwahl dar. Und doch wäre die Tragweite einer derartigen Verfassungsänderung gewaltig. Denn die Direktwahl verschafft dem Ministerpräsidenten im Verhältnis zu »seiner« Partei eine völlig andere Stellung. Er ist nicht mehr von ihr abhängig, weil er – ähnlich wie der Bürgermeister einer süddeutschen Großstadt – in letzter Konsequenz notfalls auch ohne Unterstützung seiner Partei eine Chance auf Wiederwahl hat, wenn er es versteht, das Vertrauen der Bevölkerung zu gewinnen. Einen Fall wie die parteiinterne »Absetzung« des einigermaßen erfolgreichen Ministerpräsidenten Bernhard Vogel Ende der achtziger Jahre in der rheinland-pfälzischen CDU und seine Ersetzung durch Konkurrenten, die bei den anschließenden *Volks*wahlen keine Chance haben, sich aber innerhalb der Partei hatten durchsetzen können,[83] könnte es bei Direktwahl des Ministerpräsidenten nicht mehr geben.

Durch Einführung der Direktwahl der Ministerpräsidenten der Länder würden zentrale Systemmängel der Landesparlamente und des Länderföderalismus beseitigt und diesen Institutionen wieder die Kraft gegeben, die es ihnen ermöglicht, in einer – auch durch die Europäisierung – gewandelten Umwelt ihre Funktionen noch zu erfüllen.

Die bisherige Schwäche der Landesparlamente zeigt sich nicht zuletzt in der mangelnden Kontrolle von Regierung und Verwaltung. Hier wird die Parlamentsmehrheit weitgehend durch ihre Verantwortung für die Regierung, die sie gewählt hat und von deren Reüssieren auch ihr politischer Erfolg bei den nächsten Wahlen abhängt, gelähmt.[84] Die gelähmte Gewaltenteilung verhindert, daß der Regierung von der Parlamentsmehrheit jemals öffentlich das Mißtrauen ausgesprochen wird. Die Nichtbewilligung des von der Regierung vorgelegten Haushaltsplanes oder auch nur des Einzelplanes eines zu kontrollierenden Ministers durch das Parlament findet sich in der Praxis ebensowenig wie die Versagung der Entlastung. Die Finanzkontrolle der Regierung durch das Parlament läuft weitgehend leer; die Monita des Rechnungshofs werden nicht oder nur halbherzig aufgegriffen. Besonders deutlich wird die Lähmung der Gewaltenteilung bei parlamentarischen Untersuchungsausschüssen, bei denen die Parlamentsmehrheit regelmäßig eher bestrebt ist, ihre Regierung zu schützen und deshalb in den Schlußberichten regelmäßig wenig Erhellendes enthalten ist, allenfalls in den Minderheitsberichten der Opposition. Ganz schlimm wird es, wenn beide großen Parteien gemeinsam etwas pexiert haben wie im Hamburger Diätenfall. Dann kann ein Untersuchungsausschuß zur reinen Alibiveranstaltung werden, die versucht, alles unter den Teppich zu kehren.[85]

Ein direkt gewählter Ministerpräsident mit seiner Regierung stände dem Parlament dagegen wieder in echter Gewaltenteilung gegenüber. Das hätte eine ganze Reihe von positiven Auswirkungen. Durch die Aktivierung der Gewaltenteilung würde die bisher weitgehend leerlaufende Kontrolle aktiviert. Denn das Parlament hätte nun das *Interesse* an wirksamer öffentlicher Überprüfung der Exekutive, das der Parlamentsmehrheit im parlamentarischen System fehlt. Dadurch würde auch die Finanzkontrolle intensiviert; Untersuchungsausschüsse könnten wieder die ihnen zukommende Rolle spielen.

Die Herstellung echter Gewaltenteilung hätte auch Auswirkungen auf die Qualität der politischen Diskussion im Parlament und in der Öffentlichkeit. Die Regierungsfraktionen würden sich nicht mehr darauf beschränkt sehen, der Regierung durch dick und dünn zu folgen und sie nach der Devise »Right or wrong, my government« stützen zu müssen. Die reine Machtorientierung der Parlamentsdebatte würde zurückgedrängt. Aus dem bisherigen Verlautbarungscharakter von Parlamentsreden könnte wieder ein argumentatives Ringen um sachliche Lösungen werden.

Ein großer Mangel des bisherigen Systems ist die zunehmende »Parteibuchwirtschaft« bei der Vergabe von Beamtenpositionen, die allmählich den gesamten öffentlichen Dienst zu zersetzen droht (siehe Kapitel 4). Das parlamentarische System mit seiner Abhängigkeit der Regierung von den Parteien muß allmählich beinahe zwangsläufig zu einer Parteipolitisierung der Verwaltung führen. Davor hat Eschenburg schon vor Jahrzehnten weitsichtig gewarnt.[86] Bei einer Direktwahl des Ministerpräsidenten, der dann (auf Vorschlag der jeweiligen Ressortminister) auch für die Ernennung der Beamten zuständig wäre, würde die Parteipolitisierung der Verwaltung zurückgedrängt. Dies bestätigt wiederum ein Vergleich mit Gemeinden mit direkt gewähltem Bürgermeister. Wir wissen, daß etwa in baden-württembergischen Gemeinden Ausmaß und Intensität der Parteipatronage sehr viel geringer sind als zum Beispiel in nordrhein-westfälischen Gemeinden. Und das hat seine institutionellen Gründe. Während es dem ratsgewählten Stadtdirektor schwerfällt, sich den Patronagewünschen der ihn tragenden Fraktionen und Parteien zu widersetzen, wenn er seine Wiederwahl durch diese nicht gefährden will, unterliegt der volksgewählte Bürgermeister solchen Zwängen nicht; er würde durch Patronage umgekehrt seine Wiederwahl eher gefährden, weil sie meist doch bekannt wird und er so riskiert, dafür bei der Wahl die Quittung zu erhalten.[87] Ähnliches würde auch für den direkt gewählten Ministerpräsidenten gelten. Auch er hätte – nicht zuletzt im Interesse seiner Wiederwahl – ein natürliches Bestreben, Patronage zu vermeiden.

Die starke Stellung des direkt gewählten süddeutschen Bürgermeisters erleichtert es ihm auch, dem Überhandnehmen von Partikularinteressen wirkungsvoll entgegenzutreten. Seine starke, direkt auf die Wahl der *ganzen* Gemeinde gegründete Stellung erleichtert ihm seine Koordinationsaufgabe gegenüber den Ausgabenwünschen der Fachpolitiker (und der hinter diesen stehenden partikularen Interessenten) aller Art. Diese suchen sich ja bekanntlich mit möglichst umfangreichen, ausgabenträchtigen Projekten für ihre jeweiligen Fachgebiete zu profilieren und sprengen in ihrer Summe leicht die Möglichkeiten der Gemeinde, wenn die auf Koordination bedachten Kräfte (wozu besonders der Bürgermeister gehört) politisch zu schwach sind. Es ist das Verdienst Gerhard Banners, des früheren Vorstandes der Kommunalen Gemeinschaftsstelle für Verwaltungsvereinfachung, diese Zusammenhänge seit Beginn der achtziger Jahre in vielen Beiträgen deutlich gemacht und aufgezeigt zu haben, daß der süddeutsche Bürgermeister auch dank seiner Volkswahl zu einer besseren Haushaltspolitik im Interesse des gesamten Gemeinwesens in der Lage ist.[88] Den Kontrast bilden die (bisherige) nordrhein-westfälische und niedersächsische Gemeindeverfassung mit ihren höchst problematischen (im Fachschrifttum vielfach beschriebenen) Resultaten. Die Haushaltspolitik ist nur ein Beispiel für die Fähigkeit des volksgewählten Bürgermeisters, das Gemeindewohl vor einem Überwuchern durch Partikularinteressen zu schützen. Auch hier zeigt sich in den Finanzen die Entwicklung (und Fehlentwicklung) des Gemeinwesens insgesamt. Politikwissenschaft und Staatsrechtslehre haben aufgezeigt, daß die parlamentarische Demokratie zunehmend Gefahr läuft, zugunsten vordergründiger Partikularinteressen allgemeine und langfristige Interessen der Gemeinschaft zu vernachlässigen.[89] Daraus hat Fritz Scharpf institutionelle Konsequenzen gezogen: Der politische Prozeß müsse so ausgestaltet werden, daß die »Entscheidungen in relativer Unabhängigkeit von Pressionen der organisierten Interessengruppen ... durchgesetzt werden können« und »die Politik ... gerade auf jene Bedürfnisse, Interessen, Probleme und Konflikte reagieren kann, die innerhalb der pluralistischen Entscheidungsstrukturen nicht ausreichend berücksichtigt werden«.[90] Diese Anforderungen scheinen geradezu auf den volksgewählten Bürgermeister gemünzt zu sein. Er ist kraft seiner Volkswahl und seiner sonstigen verfassungsrechtlichen Stellung stark genug, jenen Tendenzen im Interesse der Gemeinde als Ganzer wirksam Paroli bieten zu können. Er ist als vom Gemeindevolk insgesamt Gewählter, der die Verantwortung für die Gemeinde als Ganze trägt, der gekorene Patron des Gemeindewohls. Auch diese Überlegungen würden in vollem Umfang für den direkt gewählten Ministerpräsidenten zutreffen. Auch er wäre der natürliche Patron des Wohls des *gesamten* Landes und ein wirkungsvolles Gegengewicht gegen ansonsten leicht dominierende Partikularinteressen.

Bei Direktwahl des Ministerpräsidenten bedürfte es allerdings einer wichtigen institutionellen Ergänzung, um eine parteipolitisch bedingte Konfrontation zwischen ihm und dem Parlament möglichst zu verhindern. Dafür ist es erforderlich, die parteipolitischen Bindungen auch der Abgeordneten abzuschwächen. Dies kann durch ein stärker personalisiertes Landtagswahlrecht erfolgen. Ebenso wie zur Direktwahl des Bürgermeisters ein personalisiertes Wahlrecht bei der Wahl der Volksvertretung gehört, etwa Verhältniswahl mit Kumulieren und Panaschieren,[91] so gehört es auch zur Direktwahl des Ministerpräsidenten. Das hat Auswirkungen auf die Grundausrichtung der Abgeordneten. Bei Listenwahl mit starrer Liste ist die Parteibindung regelmäßig viel höher als bei stärker personalem Einschlag. Dann wird die Ansprechbarkeit in der Sache beeinträchtigt und die parteipolitische Konfrontationsgefahr erhöht. Dann liegt es näher, in destruktiver Absicht Dinge zu tun, einfach um den (von anderen Parteien gestützten) Ministerpräsidenten in seinem Ansehen und in seiner Durchsetzungskraft herabzusetzen.

Der Direktwahl des Ministerpräsidenten müßte also ein stärkerer Einfluß des Volkes auch auf die Zusammensetzung der Landtage entsprechen, der in die Richtung des süddeutschen Kommunalwahlrechts (das den Schweizer Nationalratswahlen ähnelt)[92] gehen könnte. Reine »Parteisoldaten« haben bei derartigem Wahlrecht kaum Chancen. Dadurch würde größere Sachorientierung begünstigt, ein »Regieren mit wechselnden Mehrheiten« durch den Ministerpräsidenten erleichtert, und gegenseitige Blockaden würden erschwert. Kandidaten, die im Beruf erfolgreich sind, hätten erhöhte Chancen, gewählt zu werden. Dadurch würde es zugleich erleichtert, die Parlamentsarbeit grundlegend neu zu organisieren und auch den Status der Abgeordneten von der Vollzeittätigkeit und der Vollalimentation auf ein sinnvolles Maß zurückzuführen. Denn jene Kandidaten würden größten Wert darauf legen, neben dem Mandat ihren Beruf fortführen zu können und deshalb eine durchgreifende

Rationalisierung der Parlamentsarbeit erzwingen, die ihnen dies ermöglicht. Was von einem Parlament nach bisherigem Wahlrecht und in der bisherigen Art der Zusammensetzung wohl nicht mehr erwartet werden kann – die durchgreifende Reform des parlamentsinternen Leerlaufs und die Stärkung des Ansehens der Parlamente und der Politiker –, könnte bei Änderung des Wahlrechts durch die Eigengesetzlichkeit der sich dann durchsetzenden personellen Wählerwünsche sozusagen automatisch erreicht werden. Auch die Verbeamtung der Landtage könnte auf diese Weise zurückgedrängt werden.

Das neue System würde es erlauben, auf die bisherige Fünfprozentklausel bei der Landtagswahl zu verzichten. Sie verlöre ihre Funktion. Denn die Regierung bräuchte nicht mehr vom Parlament gewählt zu werden und könnte aufgrund der geringeren Parteibindungen der Abgeordneten notfalls mit wechselnden Mehrheiten regieren. Diese Überlegungen werden dadurch bestätigt, daß auch die süddeutsche Gemeindeverfassung ohne Fünfprozentklausel (oder ähnliche Sperrklauseln) auskommt.

Die bisweilen befürchtete Gefahr, bei der Direktwahl des Ministerpräsidenten würden Demagogen und Volksverführer gewählt, bestände in den Ländern ebensowenig wie in süddeutschen Großstädten mit direktgewähltem Oberbürgermeister.

Auch die mögliche Befürchtung, bei Direktwahl würde der Ministerpräsident »zu stark«, erscheint nicht berechtigt. Einerseits sind die Landtagswahlen ohnehin schon jetzt verschleierte Direktwahlen des Ministerpräsidenten; andererseits würde die Wiederherstellung echter Gewaltenteilung mit dem Parlament ein wirksames Gegengewicht schaffen, das den Ministerpräsidenten – anders als die bisherige parlamentarische Mehrheit – einer wirklichen Kontrolle unterwerfen würde.

Die Direktwahl der Regierungschefs und die Personalisierung des Landtagswahlrechts würden sich auch insgesamt in die

Linie einpassen, deren Notwendigkeit in diesem Buch immer wieder nachgezeichnet worden ist: Nur durch Aktivierung des Volkes kann es gelingen, dem immer stärkeren Parteienabsolutismus und der darauf beruhenden gefährlich zunehmenden Parteienverdrossenheit entgegenzuwirken. Die Direktwahl der Ministerpräsidenten und die Reform des Landtagswahlrechts wären auch in dieser Hinsicht wirksame Gegengewichte gegen gefährliche Fehlentwicklungen.[93]
Insgesamt ließen sich durch die vorgeschlagenen Systemänderungen auf Landesebene eine Reihe positiver Wirkungen erzielen:

— Der Einfluß der Bürger auf die Auswahl seiner Repräsentanten würde gestärkt und eine echte Parlamentsreform ermöglicht.
— Das überzogene, weniger sach- als machtorientierte Konfrontationsdenken würde abgebaut.
— Die Gewaltenteilung und damit die institutionelle Sicherung von Kontrolle und Kritik würde wiederhergestellt.
— Damit wären auch die Voraussetzungen für eine wirksame Kontrolle von Regierung und Verwaltung durch das Parlament geschaffen: parlamentarische Untersuchungsausschüsse, die Rechnungsprüfung, die Haushaltsbewilligung und vieles mehr würden wieder zu Elementen echter Kontrolle werden.
— Die Staatlichkeit im Sinne eines überparteilichen Gemeinwohlbezugs[94] würde gestärkt.
— Der übermäßige Parteieneinfluß würde zurückgedrängt.
— Der Anreiz zur Ämterpatronage würde erheblich gemindert.

Das Grundgesetz läßt die Direktwahl der Ministerpräsidenten in den Bundesländern ohne weiteres zu,[95] so daß den Reformnotwendigkeiten jedenfalls keine bundesverfassungsrechtlichen Grenzen gezogen sind; doch wäre natürlich eine Änderung der jeweiligen Landesverfassung erforderlich.

Den dargestellten Überlegungen mag gleichwohl auf den ersten Blick ein Hauch von politischer Utopie anhaften. Man wird einwenden, die Parlamente könnten sich wohl kaum am eigenen Schopf aus dem Sumpf ziehen. Doch täuscht der erste Eindruck der praktischen Reformunfähigkeit. Eine Realisierung erscheint vielmehr durchaus möglich. Man muß sich nur von der suggestiven Kraft der bisherigen Erfahrungen, wonach Reformen nicht ohne und schon gar nicht gegen die Parlamente durchsetzbar seien, freimachen. Es trifft zwar zu, daß die auf Tagespolitik fixierten politischen Kräfte kaum von sich aus die erforderlichen Änderungen der Landesverfassungen vornehmen dürften, und schon gar nicht die Landesparlamente, deren Mitglieder um ihre Stellung bangen. Es gibt jedoch eine Alternative: In mehreren alten Ländern (z.B. in Baden-Württemberg,[96] Bayern[97], Niedersachsen und Rheinland-Pfalz[98]) und in den neuen Ländern[99] kann die Verfassung auch im Wege der Volksgesetzgebung geändert werden, ohne daß die Parlamente dabei mitwirken müssen.[100] Während in fünf Ländern bei der Volksabstimmung über die Verfassungsänderung die Mehrheit der Stimm*berechtigten* zustimmen muß, reicht in Bayern die Mehrheit der Abstimmenden. Seit der Volksabstimmung über die Direktwahl der Bürgermeister und Landräte in Hessen, der mit über 80 Prozent Zustimmung ein überwältigender Erfolg beschieden war,[101] wissen wir aber, wie die Bürger über die Einführung von Direktwahlen ihrer Repräsentanten denken und welch gute Chancen ein dahingehendes Volksgesetzgebungsverfahren hat. Ein erfolgreicher Volksentscheid in einem Bundesland, ja schon ein erfolgreiches Volksbegehren oder eine erfolgreiche Initiative und die damit verbundene öffentliche Diskussion, könnten Signalwirkung haben mit Ausstrahlung in alle anderen Bundesländer und den Bund.

9
Schluß:
Wiederbelebung der Demokratie!

Das Grundübel unserer Demokratie liegt darin, daß sie keine ist. Das Volk, der nominelle Herr und Souverän, hat in Wahrheit nichts zu sagen. Besonders kraß ist es auf Bundesebene entmündigt, obwohl gerade dort die wichtigsten politischen Entscheidungen fallen. Das Volk kann auch grundlegende Entscheidungen von nationalem Interesse, etwa über den Vertrag von Maastricht, nicht an sich ziehen. Selbst bei der Wahl seiner Vertreter, dem Königsrecht des Bürgers in der repräsentativen Demokratie, hat er in Wahrheit keine Auswahl; er darf lediglich die von den Parteien längst Gewählten noch formal bestätigen und fungiert so tatsächlich bloß als »Stimmvieh«.

Die umfassende Entmachtung des Volkes geht auf den Parlamentarischen Rat zurück. Als er in den Jahren 1948 und 1949 das Grundgesetz konzipierte, verteufelte er das Volk geradezu. Theodor Heuss warnte vor dem Volk wie vor einem bissigen Hund (»cave canem«), das von der Diktaturgläubigkeit zur Demokratie umerzogen werden müsse. Diese »Plebiphobie« prägte das Zustandekommen des Grundgesetzes und seinen Inhalt; auch das Wahlsystem atmet denselben Geist. Nach fast einem halben Jahrhundert demokratischer »Bewährung« und nach der friedlichen demokratischen Revolution, die die Diktatur in der DDR in die Knie zwang, ist es inzwischen aber eigentlich höchste Zeit, das extreme, einer Demokratie unwürdige Mißtrauen gegenüber dem Volk zu überprüfen und Konsequenzen aus der Zeitgebundenheit der damaligen Schlüsselentscheidung zu ziehen.

Nach der Idee der repräsentativen Demokratie wählt das Volk diejenigen zu seinen Vertretern, denen es die Sicherung des gemeinschaftlichen Wohls, den Dienst an der gemeinsamen Sache am besten zutraut. Dieser Grundgedanke ist an sich nach wie vor gültig. Die Wahl durch das Volk würde, wenn sie denn erfolgte, gemeinwohlbezogenes Dienen auf beiden Seiten fördern: beim Gewählten und beim Wähler. Der Volksvertreter könnte sich durch das Vertrauen der Mitbürger erhöht fühlen. Die Bürger wären durch die Wahl in die Verantwortung für die Qualität ihrer Repräsentanten genommen. Interesse und Verantwortung für die Angelegenheiten der Gemeinschaft, die res publica, würden bei beiden geweckt und wachgehalten. Zugleich würde Volksnähe der Politiker hergestellt und Frust der Bürger abgebaut, weil Politiknähe und Mitverantwortung der Bürger keinen Raum mehr für Verdruß über das Versagen anderer ließen.

Die Logik dieses Konzepts setzt aber voraus, daß das Volk wirklich mitentscheiden und auswählen kann. Fehlt es daran, fehlen die Antriebe, die die dienende Haltung immer wieder aufs neue regenerieren. Wird die Verbindung gekappt, so wird gleichsam der demokratische Blutkreislauf abgeschnitten, was sich auf die Gemeinwohlorientierung des Volkes und seiner Repräsentanten lähmend auswirken muß und ihre Aktivitäten leicht in die falsche Richtung lenken kann.

Dies ist der gedankliche Hintergrund für alle in den Kapiteln 3 bis 8 dieses Buches dargestellten Defizite unseres politischen Systems: die Auswüchse im Wirken der politischen Parteien, die sich zu Herren des Volkes aufgeschwungen haben, aber ihre eigentlichen Aufgaben im Dienste des Volkes nicht mehr befriedigend erfüllen; das Krebsgeschwür der Ämterpatronage, durch welche die letzten verbliebenen Gegengewichte gegen Fehlentwicklungen im Parteienstaat allmählich gleichgeschaltet und die Gewaltenteilung unterlaufen werden; eine staatliche Politikfinanzierung wie im Schlaraffenland, welche die politische Klasse in eigener Sache und zum eigenen Nutzen beschließt; die mangelnde institutionelle Gerüstetheit der Politiker, dem Druck organisierter Partikularinteressen standzuhalten und das Gemeinwohl zu wahren; das Auseinanderfallen von Entscheidung und Verantwortung in vielen Bereichen und zahlreiche Schieflagen im Föderalismus und in der Verfassungsordnung der Bundesländer. Alle diese Defizite hängen letztlich mit der fehlenden Verantwortung der Repräsentanten gegenüber dem entmündigten Volk zusammen. Umgekehrt ist die Aktivierung des Volkes durch Schaffung und Nutzung von Institutionen, die es zu Wort kommen lassen, letztlich das zentrale Gegengewicht, mit dem die Fehlentwicklungen sich wirksam bekämpfen lassen.

Die Abtrennung der demokratischen Wurzeln hat die Politiker zu einer isolierten, abgehobenen Kaste gemacht, die ihre Kraft nicht mehr aus der Verankerung im Volke bezieht, sondern sich aus sich selbst heraus rekrutiert. Der immer gebräuchlicher werdende Begriff der »politischen Klasse« spiegelt die zunehmende Distanz wider. Ohne Verbindung zum Volk und unkontrolliert von diesem ist die politische Klasse auch an seinem Wohl nicht wirklich interessiert. Vielmehr treten – ohne Rücksicht auf Recht und Verfassung – eigene Interessen an Macht, Geld und Stellen ungebührlich in den Vordergrund. Staatliche Ämter und Finanzen werden zum eigenen Vorteil instrumentalisiert. Der Staat erscheint zunehmend als Beute einer vom Volk nicht kontrollierbaren politischen Kaste. Die viel zu großen Parlamente haben den finanziellen Status ihrer Mitglieder mit Vollalimentation und überzogener Versorgung massiv ausgebaut; dies geschah selbst in den Bundesländern, obwohl die Aufgaben der Landesparlamente stark abgenommen haben. Gleichzeitig fehlt immer noch jeder wirksame Schutz vor gezielten finanziellen Einflüssen von Lobbyisten. Die Abgeordneten können sogenannte Spenden unbeschränkt entgegennehmen, und der vor kurzem eingeführte Straftatbestand der Abgeordnetenbestechung ist so eng gefaßt, daß er kaum mehr als eine Alibimaßnahme ist. Die staatliche Subventionierung der Parlamentsfraktionen hat sich in 25 Jahren etwa verdreißigfacht, die von Parteistiftungen gar vervierzigfacht. Die sechs Millionen Staatsdiener in der öffentlichen Verwaltung sind auf dem »besten« Wege, zur Patronagemasse für Parteikarrieristen zu verkommen. Die Existenz bestimmter Stellen ist überhaupt nur aus dem Streben der politischen Klasse nach immer mehr und finanziell immer besser ausgestatteten Ämtern zu verstehen. Ganze Kategorien sind weitgehend überflüssig, zum Beispiel die Parlamentarischen Staatssekretäre und die überversorgten sogenannten politischen Beamten. Minister, besonders wiederum in den Bundesländern, genießen unhaltbare Privilegien, vor allem bei der schon nach kurzer Amtszeit erreichbaren Höchstversorgung. Allerdings hat die öffentliche Kritik in diesem Punkt dazu geführt, daß jüngst ein Reformprozeß in Gang gekommen ist. Alle diese finanziellen Auswüchse sind Ausdruck der Abgehobenheit der politischen Klasse und ihrer mangelnden Kontrolle durch das Volk und hätten keine Chance fortzubestehen, wenn das Volk in seine Rechte eingesetzt würde.

Wird die lebendige und fruchtbare Verbindung von Volk und Politikern nicht wieder hergestellt, müssen auch alle Versuche, staatspolitische Verantwortung und Bürgersinn im Wege von politischen Appellen oder einer erneuerten Ethik zu aktivieren und die zu früh geschmähten »Sekundärtugenden« im politischen Raum wieder zu beleben, scheitern. Wir Menschen sind ja nicht ein für allemal selbstsüchtig *oder* bürgersinnig. Es wohnen vielmehr beide Seelen in unser aller Brust. Deshalb bedeutet auch der Hinweis darauf, daß auch in der Bevölkerung vielfach eine Ausbeutungs- und Schnorrermentalität verbreitet ist, die durch den organisierten Egoismus der Partikularverbände noch verstärkt wird, noch lange nicht, daß die Aktivierung des Volkes auch die partikularen Egoismen auf Kosten des Gemeinwohls stärken müßte. Da der Mensch egoistisch und bürgersinnig, kurzsichtig und vernünftig zugleich ist, kommt es darauf an, ihm so viel Bürgersinn abzugewinnen wie irgend möglich. Und das ist, genau genommen, der Sinn der Institutionen des demokratischen Staates. Er ist seiner Idee nach eine Veranstaltung, die darauf abzielt (oder doch darauf abzielen *sollte)*, in den Menschen möglichst viel Gemeininteresse zu aktivieren: bei den Staatsbürgern Bürgersinn, bei den Amtsträgern Gemeinwohlorientierung. Doch setzt dies eben die nötigen Institutionen voraus, die die Belebung des besseren Ichs durch Mitwirkung und Mitverantwortung der Bürger fördern. Staatsbürgerliche Verantwortung ist nicht einfach da; sie entsteht vielmehr erst im Prozeß der Beteiligung, die ihrerseits auch die Repräsentanten kontrolliert, in die Pflicht nimmt und ihnen ein Eintreten für das Gesamtwohl auch lohnend erscheinen läßt.

Können die Bürger ihre Repräsentanten auswählen, so fördert das die demokratische Integration, die geeignet ist, Reserven des politischen Engagements bei den Wählern und den Gewählten zu mobilisieren. Das sollten die beherzigen, die beklagen, immer weniger Menschen stellten sich den Parteien für die politische Arbeit zur Verfügung. Ein Beispiel: In Morbach, einer Gemeinde im Hunsrück, die seit der Gebietsreform aus vielen Gemeinden zusammengestückelt ist, gelang es nicht, eine ausreichende Zahl von Mitgliedern für die Ortsbeiräte zu gewinnen, die von einem zentralen Gemeinderat bestellt wurden. Erst durch einen »Trick«, die Einführung einer unverbindlichen Direktwahl für die Ortsbeiräte, deren Ergebnisse dann der Gemeinderat übernahm, konnten die Bürger zur aktiven politischen Beteiligung gewonnen werden. Der Vertrauensbeweis durch die Mitbürger gab den Gewählten den nötigen Ansporn, sich für die Gemeinde in die Pflicht nehmen zu lassen.

Nur ein *freies* Volk kann die nötigen Reserven aktivieren, um die anstehenden großen Herausforderungen der staatlichen Gemeinschaft zu bewältigen. Das hat auch die Geschichte immer wieder gezeigt. Die Französische Revolution setzte unglaubliche Dynamik frei. Preußen reagierte mit Reformen und führte unter anderem die kommunale Selbstverwaltung ein, wodurch erst die Befreiung vom napoleonischen Joch möglich wurde. Adam Smith und der Siegeszug der Marktwirtschaft zeigen, welche Kräfte entstehen können, wenn man auf die Initiative der Menschen vertraut und ihr Raum gibt. All das setzt aber voraus, daß man das Volk nicht länger in seiner Unmündigkeit hält, sondern von seinen Fesseln befreit und ihm Verantwortung gibt. Lange glaubte man allerdings, im Gegeneinander der Gruppen ergäbe sich infolge des Wettbewerbs ein harmonischer Ausgleich. Das setzt aber voraus, daß Wettbewerb tatsächlich besteht und alle wesentlichen Interessen mit angemessenem Gewicht in den Ausgleichungsprozeß eingehen. Doch gerade bei besonders heiklen Fragen machen die Parteien oft gemeinsame Sache und verhindern dadurch Wettbewerb. Politische Kartelle machen die politische Klasse vollends unkontrollierbar und entmündigen den Bürger total. Zudem lassen sich besonders wichtige allgemeine Interessen verbandlich oft nicht organisieren, so daß das »Spiel« der organisierten Interessen durchaus nicht zum allgemeinen Besten tendiert, sondern gerade die wichtigsten Interessen leicht zu kurz kommen. Auf föderaler Ebene lassen sich ähnliche zentrifugale Kräfte beobachten, die vom Gemeinwohl wegführen – Fehlentwicklungen, die in der Fachwelt unter den Stichworten »Pluralismusdefizite« und »Politikversagen« behandelt werden.

Solange die Aufgaben der Gemeinschaft noch begrenzt und zugleich die Wachstumskräfte hoch waren, ließen sich die Defizite noch halbwegs verkraften und traten weniger in Erscheinung. Mit der Zunahme der Herausforderungen werden sie jedoch immer unerträglicher. Die Asyldebatte etwa und die Unfähigkeit, die politischen Prioritäten nach der deutschen Vereinigung auf die neuen Gegebenheiten auszurichten, die sich in der rasanten Zunahme der Staatsverschuldung zeigt, haben den Eindruck von Problemlösungsschwäche der Politik verstärkt. Mit wachsender Diskrepanz zwischen der Leistungsfähigkeit der Politik und den an sie gestellten Erwartungen tritt dem Volk zugleich auch seine eigene Einflußlosigkeit immer deutlicher ins Bewußtsein. Gegengewichte können vor allem in zwei Richtungen gedacht werden: Die eine wäre die Stärkung von solchen Kräften und Institutionen, die vom – unausgewogenen – politischen Kräftespiel der Parteien und Verbände relativ unabhängig sind, wie der Bundespräsident, die Gerichte, die Bundesbank, die Rechnungshöfe usw. So sind zum Beispiel die Übertragung der gesamten Geldpolitik auf die unabhängige Bundesbank und die »Ersatzgesetzgebung«, mit der das Bundesverfassungsgericht teilweise an die Stelle der Parlamente tritt, Ausdruck zunehmenden Mißtrauens gegenüber »der Politik«. Doch trägt dieser Weg wohl nur in Grenzen, schon deswegen, weil mit dem stärkeren Gewicht solcher Institutionen auch die Versuche ihrer Parteipolitisierung, zumindest bei der personellen Besetzung, noch weiter zunehmen dürften. Sollte aber dennoch eine wirkliche Distanzierung gelingen, so würde die demokratische Legitimation solch unabhängiger Institutionen immer fraglicher – es sei denn, sie würden direkt vom Volk gewählt.

Als wirkliches Gegengewicht kommt vor allem *ein* Akteur in Betracht: das Volk selbst. Es muß – in Ergänzung zur parlamentarischen Willensbildung – nicht nur mehr Einfluß auf Sachentscheidungen erhalten, sondern vor allem die Personalauswahl selbst treffen können. Die Entwicklung in Italien zeigt, welche Kraft und Dynamik von einer Aktivierung des Volkes ausgehen können. Allerdings war dort die politische Karre schon sehr viel tiefer in den Dreck gefahren, so daß als Reaktion die bisherigen etablierten politischen Kräfte mit einem Schlag von der Bildfläche gewischt wurden. Um so wichtiger erscheint es, bei uns *rechtzeitig* die nötigen Reformen einzuleiten. Ansatzpunkte dafür bestehen in Deutschland durchaus: In fast allen Bundesländern gibt es bereits die Möglichkeit von Volksentscheiden. Auf Gemeindeebene hat das süddeutsche Modell auch in anderen Ländern Verbreitung gefunden. Danach können die Gemeindebürger die Mitglieder des Gemeinderats persönlich auswählen und sind nicht an starre Parteilisten gebunden. Die Bürger können zudem wichtige Kompetenzen des Rats notfalls an sich ziehen und die Entscheidungen selbst treffen, und vor allem wählen sie ihren Bürgermeister selbst. Die Direktwahl des Bürgermeisters durch das Volk (und die anderen Bestandteile des süddeutschen Modells) setzen sich auch in anderen Bundesländern immer mehr durch. Ist der direkt gewählte Bürgermeister aber nicht ein Beispiel dafür, daß Demokratie nicht notwendig entscheidungsschwach sein muß? Trifft in ihm nicht beides zusammen, was unsere Demokratie braucht: mehr Einfluß des Volkes und mehr Entscheidungskompetenz? Ist der direkt gewählte Bürgermeister nicht auch ein wirksames Gegengewicht gegen Dominanz und Mißbrauch der Parteienmacht? Ist er nicht gerüstet, parteipolitische Ämterpatronage zurückzudrängen? Ist der auf die Wahl durch alle Bürger Angewiesene nicht dafür prädestiniert, das Gemeinwohl zu vertreten, und ein Gegengewicht gegen den organisierten Egoismus der Interessenverbände zu bilden? Wird nicht auch die Gewaltenteilung wiederhergestellt, wenn der Volksvertretung ein durch eigene Volkswahl legitimierter Verwaltungschef gegenübersteht? Und läßt sich dieser Ansatz nicht auch bis zu einem gewissen Grad verallgemeinern? Würde das Volk zum Beispiel den Ministerpräsidenten in einem Bundesland direkt wählen (und zugleich die Zusammensetzung des Parlaments selbst bestimmen), so würde daraus eine Fülle von Verbesserungen für das Zusammenspiel und die Wirkungsweise der politischen Institutionen folgen – und zugleich würden die berechtigten Wünsche des Volkes nach eigener Auswahl seines Repräsentanten erfüllt.

Allerdings stellt sich auch hier die Frage, wie Veränderungen praktisch *durchgesetzt* werden können. Das Verlangen der Bürger nach mehr Einfluß geht auf Kosten derer, die die Macht bisher unter sich monopolisieren. In dem Maße, in dem das Volk mündig wird, verlieren diejenigen, die sich bisher als Vormund aufgespielt haben und aus Dienern des Volkes zu seinen Herren geworden sind, ihre Alleinherrschaft. Bekommt das Volk wirklich Einfluß, so bedeutet das eine gewisse Neuverteilung der Macht – vor allem zu Lasten der Parteien. Eine Aktivierung des Volkes würde die Parteien wieder auf die Position zurückführen, die ihnen nach dem Grundgesetz zukommt: an der politischen Willensbildung des Volkes *mit*zuwirken. Das erscheint an sich sinnvoll und richtig und rührt doch an machtpolitische Besitzstände. Mag in jüngster Zeit auch einiges in Bewegung geraten sein und mögen die Parteien durchaus reformbereit scheinen, so darf man sich doch keinen Illusionen über Ausmaß und Grenzen dieser Reformbereitschaft hingeben. Deshalb ist es so wichtig, praktische Wege zu beschreiten, die es erlauben, notfalls auch an den Parteien und den Parlamenten vorbei Änderungen durchzusetzen. Das ist in den Bundesländern möglich: Dort können Gesetze, auch verfassungsändernde Gesetze, durch das Volk beantragt und beschlossen werden, also auch ohne Zustimmung des Parlaments Gültigkeit erlangen. Gelingt es, das Volk nur in *einem* Lande in substanziellen Fragen wirklich zu Wort kommen zu lassen, könnte dies auch für andere Länder und den Bund ein Signal setzen und weit über den Einzelfall hinaus Wirkung entfalten. So könnte die demokratische Verfassung in der Hand der Bürger zu einem mächtigen Instrument für ihre eigene Verteidigung werden. Bloß setzt dies, wie schon der Staatsphilosoph Karl Raimund Popper betont hat, die Erkenntnis voraus, daß dies »unsere Aufgabe ist und wir nicht darauf warten dürfen, daß auf wunderbare Weise von selbst eine neue Welt geschaffen werde«.

Nachwort:
Antwort auf Kritiker

Die Thesen dieses Buches und begleitende publizistische Äußerungen erfuhren viel Zustimmung, stießen teilweise aber auch auf scharfe Kritik. Für sachliche Kritik ist der Verfasser dankbar. Andere Kritiken machen bisweilen deutlich, wie recht Altbundespräsident Richard von Weizsäcker mit seiner Beobachtung hatte, Politiker seien Spezialisten darin, wie man politische Gegner bekämpft; denn als solcher wird »der Parteienkritiker« von Arnim inzwischen anscheinend von vielen Politikern empfunden. Wer Mißstände behandelt, die auf der Kungelei von Regierungs- *und* Oppositionsparteien beruhen, und deren Allmachtansprüche in Frage stellt, sieht sich unversehens mit Vertretern aller Parteien zugleich konfrontiert. Kostproben, die zeigen, wie sehr der Verfasser den Nerv getroffen hat, kann man in den Protokollen des Deutschen Bundestags (Sitzung vom 12.11.1993) nachlesen.[1] Wenn auch viele Politiker insgeheim einräumen, daß das Buch die bestehenden Mängel »griffig-prototypartig charakterisiert« und sogar manchen Parlamentariern und Amtsinhabern »durchaus aus dem Herzen sprechen dürfte«,[2] so haben die offiziellen Redner der etablierten Parteien in jener Sitzung doch eine geradezu feindselige Haltung eingenommen und mit ihren Anwürfen gegen den Verfasser »endgültig den guten Geschmack ... verlassen« (so der Frankfurter Staatsrechtler Hans Meyer).[3] Das erschreckende Niveau dieser Debatte hat Meyer zu der Feststellung veranlaßt: »Was man von den Politikern erwarten kann, zeigt wohl am besten, wenn man sie selbst zu Wort kommen läßt.«[4] Ganz unverblümt wurde dem Verfasser gedroht: »Wir müssen uns diesen Kritiker etwas genauer ansehen« (so der CDU/CSU-Abgeordnete Joachim Hörster) und ihm eins »auf die Nase« hauen (so der FDP-Abgeordnete Torsten Wolfgramm). Was damit gemeint war, zeigte sich, als der Haushaltsausschuß des Bundestags beschloß, den Bundesrechnungshof um eine Prüfung des Forschungsinstituts für Öffentliche Verwaltung bei der Hochschule für Verwaltungswissenschaften Speyer zu bitten, deren Rektor der Verfasser derzeit ist. Die Presse kommentierte dies mit dem Satz »Das Imperium schlägt zurück«.[5]

Soweit Zustimmung und Kritik nicht nur von publizistischer, sondern auch von staatsrechtlicher oder politikwissenschaftlicher Seite kommen, ist der Verfasser erfreut, daß *Staat ohne Diener* die Aufmerksamkeit auch seiner Fachkollegen gefunden hat. Andererseits ist dieses Nachwort nicht der Ort für eine wissenschaftliche Auseinandersetzung; sie wird tiefer ansetzen und an anderer Stelle erfolgen müssen. Hier soll lediglich auf einige häufig wiederkehrende Einwände eingegangen werden.

Die Aussage dieses Buches läßt sich in vier provokativ zugespitzten Thesen zusammenfassen:

— Das Volk wird entmündigt (Kapitel 2),
— die anstehenden politischen Probleme werden nicht gelöst (Kapitel 6 bis 8),
— die Parteien durchdringen alle Bereiche, höhlen die Gewaltenteilung aus und unterlaufen den politischen Wettbewerb (Kapitel 4),
— statt Engagement für die Sache gewinnt das Eigeninteresse der politischen Klasse an Macht, Posten und Geld immer mehr Gewicht (Kapitel 3 bis 5).[6]

Bewertet man diesen Befund am Maßstab der Lincolnschen Formel, so erfährt die Provokation eine weitere Zuspitzung. Nach Abraham Lincoln ist Demokratie Regierung *durch* und *für* das Volk. Treffen die genannten Thesen zu, fehlt es bei uns an beidem, an Regierung *durch* und *für* das Volk, und damit an Demokratie überhaupt. Und so beginnt das Schlußkapitel dieses Buches mit dem Satz: »Das Grundübel unserer Demokratie liegt darin, daß sie keine ist.«

Dieser Satz *soll* schockieren. Anders läßt sich der Panzer von etablierter Borniertheit und entgegenstehenden Interessen der politischen Klasse nicht durchdringen.[7] Wer als Erwiderung darauf nur »Populismus« schreit,[8] hat nicht verstanden, auf welche Weise notwendige Änderungen in unserer Demokratie allein durchgesetzt werden können. Dazu sind kräftige Worte nötig, auch wenn selbsternannte Gralshüter des elfenbeinernen Turmes solche Worte »im Munde eines Staatsrechtslehrers doch überaus befremdlich« finden.[9] Es war gerade die Verbindung von nüchterner Analyse und ungeschminkter Wortwahl, die den Äußerungen des Verfassers bei früheren Gelegenheiten, als es um die Rücknahme überzogener finanzieller Privilegien von Politikern und Parteien ging,[10] Durchschlagskraft verlieh. Damit erhöht sich allerdings auch das Risiko, daß Diffamierungskampagnen der Betroffenen provoziert werden, ein Risiko, das im Interesse der Sache aber ausgehalten werden muß.[11] »Politik ist eine viel zu wichtige Sache, als daß man sie allein den Politikern überlassen könnte.«[12] Sollte der Verfasser wegen des Stirnrunzelns gestelzt vornehmtuender Kollegen, die sich damit begnügen, »in normativen Gehäusen ihr Wesen« zu treiben,[13] diesen Stil hier aufgeben? Die Wissenschaft vom Staat und von der Politik ist »kein Geschäft für Leisetreter und Opportunisten«, wie Ernst Fraenkel, einer der großen deutschen Politikwissenschaftler der Anfangszeit der Bundesrepublik allen seinen Kollegen ins Stammbuch schreibt.[14] Dies gilt erst recht für ein Buch, das nicht für Wissenschaftler geschrieben ist, sondern sich vornehmlich an politisch interessierte Bürger wendet. Viele Kritiker der herrschenden Zustände gehen sogar noch weiter und fürchten, in der Bundesrepublik ließen sich wesentliche Korrekturen erst durchsetzen, wenn der politische Karren noch viel tiefer in den Dreck gefahren sei.[15] Müssen wir also warten, bis es soweit gekommen sein wird und wir erst »italienische Verhältnisse« erreicht haben werden? Angesichts dieser Alternative kann der Ton des Buches eigentlich gar nicht aufrüttelnd genug sein.

Das zugespitzte Wort vom Fehlen einer echten Demokratie verstößt auf den ersten Blick allerdings gegen alle »Selbstverständlichkeiten«; es scheint in krassem Widerspruch zu allem zu stehen, was wir seit Jahrzehnten über unser Grundgesetz als »beste Verfassung der Welt« und das von ihm begründete System zu hören gewohnt sind. Abgesehen davon, daß viele in diesem Buch beschriebene Mängel ihrerseits dem Grundgesetz widersprechen, werden die ungewohnten Thesen dieses Buches in jedem Fall für den Leser erst nachvollziehbar, wenn man ihre Begründung zumindest stichwortartig mitnennt. Das gibt übelwollenden Kritikern die Chance, das Buch und seinen Autor durch Zitieren isoliert herausgegriffener Sätze schlecht aussehen zu lassen. Kritiker, die sich nicht auf eine ernsthafte Diskussion des Gesamtkonzeptes einlassen wollen, weil die »ganze Richtung« ihnen nicht paßt, erliegen leicht der Versuchung, die Begründungen einfach wegzulassen und dadurch bestimmte Aussagen bewußt dem Unverständnis auszusetzen, auf das sie bei unvermittelter Präsentation zwangsläufig stoßen müssen.[16]

Die Thesen dieses Buches stehen in innerem Zusammenhang: Das Versagen der Politik vor der Lösung anstehender Probleme und die Schaffung neuer Probleme durch Ausbeutung des Staates werden durch die Entmündigung des Volkes erst möglich. Deshalb kommt als Antwort auf die Fehlentwicklungen letztlich nur eine Aktivierung des Volkes in Betracht, etwa durch seine Mitwirkung an Verfassungsgebung und -änderung, durch Verbesserung des Wahlrechts zu den Volksvertretungen (freie statt starre Liste), durch Einführung von Volksbegehren und Volksentscheid auch auf Bundesebene, durch Direktwahl der Exekutivspitzen (neben Bürgermeistern, Landräten z.B. auch Ministerpräsidenten). Darüber hinaus stellt sich die Frage, wie mögliche Therapien *durchgesetzt* werden können. Diese Frage ist in der Tat zentral. Ist die Durchsetzung utopisch, so werden auch alle Anstrengungen, zu einer stimmigen Diagnose zu kommen und Therapien zu konzipieren, schon im Vorfeld entmutigt. Doch gibt es einen realistischen Weg. Da mögliche Besserungen zwangsläufig die Macht der Parteien beschränken, können sie wahrscheinlich nur an den von ihnen beherrschten Parlamenten vorbei durchgesetzt werden, ein Weg, der bislang allerdings nur auf Landesebene eröffnet ist, wo mit Volksbegehren und Volksentscheid selbst die Landesverfassungen geändert werden können. Welche Dynamik von einem solchen Entscheid ausgehen kann, zeigt die Einführung der Direktwahl von Bürgermeistern und Landräten in Hessen, die 1991 durch einen landesweiten Volksentscheid erfolgte – mit über 80 Prozent Mehrheit der Abstimmenden – und die den Anstoß gab für den Siegeszug der süddeutschen Gemeindeverfassung auch in fast allen anderen Ländern der Bundesrepublik. Durchgreifende Änderungen, wie in Kapitel 8, Abschnitt IV dargestellt, sind deshalb zunächst wohl nur auf Landesebene möglich in der Erwartung, daß ein erfolgreiches Verfahren wie ein demokratischer Urknall auch auf andere Länder und den Bund überschwappen und die Reformbereitschaft auch dort schlagartig stärken wird[17] – ähnlich dem berühmten Volksentscheid von 1978 in Kalifornien. Als dort die Grundsteuer der Gemeinden durch Volksentscheid gesenkt wurde, führte dies zu einer enormen Ermutigung der Tax-revolt-Bewegung auch in fast allen anderen Staaten der USA und bewirkte, daß schließlich auch auf Bundesebene eine vorher für utopisch gehaltene grundlegende Steuerreform durchsetzbar wurde. Manche Kritiker haben diese durchsetzungsorientierten Ansätze im vorliegenden Buch übersehen.[18]

Ein besonders billiger Einwand liegt in der bloßen Beschwörung des Untergangs der Weimarer Republik. Der Satz »Ich sage nur: Weimar« scheint alle sachlichen Argumente zu erübrigen, als

ob man im Interesse der politischen Stabilität keinerlei Kritik äußern dürfte. Den Vorwurf, Kritik würde Radikalen in die Hände arbeiten, richtete schon Norbert Blüm an Richard von Weizsäcker: Schönhuber müsse sich vor Freude über Weizsäckers Kritik an den politischen Parteien auf die Schenkel geklopft haben. Mit der gleichen simplen Methode versuchen manche, auch dieses Buch zu kritisieren. Seine Thesen erinnerten »an die Demokratieverachtung der 20er und 30er Jahre«.[19] Der Verfasser kennt diese Art von Diffamierungen bisher vornehmlich von Politikern;[20] sie sollen auch dort meist nur den Mangel an sachlichen Argumenten verdecken. Große Teile der politischen Klasse und ihrer Wasserträger erliegen immer mehr der Versuchung, die sie tragenden Parteien und ihr Wirken kurzerhand mit dem Gemeinwohl gleichzusetzen und Kritik daran als gemein*wohlwidrig* zu stigmatisieren.[21] Sie scheinen die bestehenden Machtverhältnisse als ihren Besitzstand zu betrachten und suchen ihn wie ein Heiligtum zu verteidigen; solche Tyrannei des politischen Status quo, der mit seinen Erstarrungen und Verkrustungen die Fähigkeit lähmt, die großen Herausforderungen der Gegenwart und Zukunft zu bewältigen, wird allerdings auch von Exponenten der Parteien zunehmend kritisiert: nicht nur von Weizsäcker, Scheuch, Hamm-Brücher, Hans Apel und Biedenkopf, sondern zum Beispiel auch von Schäuble, Barzel und Rüttgers, Hans-Jochen Vogel und Scharping. In den Parteien nehmen die Reforminitiativen zu.
Dieses Buch wendet sich in Wahrheit keinesfalls gegen die Demokratie, sondern versucht im Gegenteil, sie zu verbessern, was ohne massive vorherige Kritik völlig chancenlos wäre. Demokratie ist die einzige Staatsform, die öffentliche Kritik von Mißständen erlaubt und sogar verlangt und sich auf diese Weise die Fähigkeit zu steter Regeneration bewahrt. Richard Schröder, der letzte Fraktionsvorsitzende der SPD in der Volkskammer und Kolumnist der Wochenzeitung *Die Zeit,* hat dies auf den

Punkt gebracht: »Der Vorzug der bundesrepublikanischen Ordnungen ist ja nicht ihre Vollkommenheit, sondern ihre Verbesserungsfähigkeit oder Elastizität, wogegen unsere Ordnungen (gemeint sind die kommunistischen Diktaturen[22]) an ihrer Unverbesserlichkeit oder Starre zu Grunde gegangen sind.«[23]
Andere unterstellen einfach, der Verfasser wolle die Parteien abschaffen, obwohl dieses Totschlagargument im Text des Buches dutzendfach widerlegt wird. Es geht nicht darum, die Parteien abzuschaffen, sondern darum, ihren Allmachtansprüchen entgegenzutreten und sie auf die Rolle zurückzudrängen, die ihnen das Grundgesetz zuweist: an der politischen Willensbildung des Volkes nur *mit*zuwirken. Es geht darum, die Herausforderung zu begreifen und aufzunehmen, die der exzessive Parteienstaat für den Verfassungsstaat bedeutet.[24] Noch andere flüchten sich in törichte Begriffsrabulistik. So versucht ein Politikwissenschaftler, die Begriffe »Volk« und »Gemeinwohl« ideologisch zu tabuisieren, und wirft mir vor, daß ich sie dennoch verwende.[25] Er übersieht dabei, daß beide im Zentrum des Grundgesetzes, vieler Urteile des Bundesverfassungsgerichts und der zugrundeliegenden Demokratietheorien stehen. Die Nähe zu den etablierten Parteien und die positive Absegnung der Faktizität scheint manche Politikwissenschaftler blind zu machen für ihre eigentliche Berufung: die Beschäftigung mit dem Gemeinwohl als dem Wohl der Bürger insgesamt.
Die Mängel der Politik*finanzierung* werden von manchen Kritikern zwar angetippt, oft verbunden mit dem gönnerhaften Zugeständnis, in diesem Bereich habe der Verfasser sich durch Aufdeckung von Mißständen ja durchaus Verdienste erworben. Doch alles andere sei überzogen oder abwegig.[26] Damit unterschlagen sie eine weitere wichtige Aussage des Buches, daß nämlich gerade die Politikfinanzierung die Richtigkeit der eingangs genannten Thesen besonders deutlich zeigt: (1) die Entmündigung des Volkes, weil die Parteien bei Entscheidungen

über Politikfinanzierung politische Kartelle bilden, die dem Bürger keine Wahl lassen – wen immer er wählt, alle Parteien sind in das Kartell eingebunden; (2) die beschränkte Problemlösungskompetenz der Politik, die dem Bundesverfassungsgericht die Rolle eines Obergesetzgebers gerade bei der Parteienfinanzierung und der Abgeordnetenentschädigung unübersehbar zugeschoben hat und die dort, wo das Gericht diese Rolle bisher nicht übernommen hat, zum Beispiel bei der Finanzierung der Parlamentsfraktionen und der Parteistiftungen, schlaraffenländische Wachstumsraten und einen die Offenheit des politischen Prozesses aufs höchste gefährdenden closed shop geschaffen hat; (3) die Aufweichung der Gewaltenteilung bei (4) gleichzeitiger Tendenz der politischen Klasse, die staatlichen Ämter und Finanzen auszubeuten, wie sich auch in den überzogenen Altersrenten für Landesminister und politische Beamte zeigt. Schon immer haben sich im Zustand der staatlichen *Finanzen* die Mängel des gesamten Gemeinwesens besonders deutlich, weil zahlenmäßig nachweisbar, niedergeschlagen: Geld ist der Kern der Dinge (»pecunia nervus rerum«).[27] Genauso spiegeln sich in der *Politik*finanzierung die Mängel der Politik insgesamt wider. Warum fehlen in der Schweiz Auswüchse der Politikfinanzierung in bundesdeutscher Größenordnung? Weil das Volk dort etwas zu sagen hat. Hängt es nicht vielleicht auch mit den dortigen Volksrechten zusammen, daß die Staatsquote in der Schweiz sehr viel niedriger ist als in der Bundesrepublik Deutschland?

Im übrigen: Mehr Geld bedeutet auch mehr Macht. Wenn es richtig ist, daß die Allmacht der politischen Parteien begrenzt werden muß, dann gilt dies in besonderer Weise für die staatliche Finanzierung der Parteien und ihrer Hilfsorganisationen.

Die Politikfinanzierung ist auch deshalb so symptomatisch, weil sie zeigt, daß die Abgeordneten aller etablierten Parteien selbst die gröbsten Mißbrauchsregelungen gemeinsam verabschiedet und Widerstand geschlossen niedergestimmt haben. Ein immer wiederkehrender Einwand richtet sich gegen die Kritik an *den* Politikern, wie sie im Untertitel dieses Buches anklingt.[28] So räumt Friedbert Pflüger zwar ein, am meisten hätten »den Politikern die Bereicherungsskandale der letzten Jahre geschadet, beispielsweise die offenkundig überzogenen Gehälter des Kabinetts in Sachsen-Anhalt«.[29] Doch seien dies Einzelfälle, die man nicht generalisieren dürfe. Handelt es sich aber wirklich um Einzelfälle, die nur einzelne »schwarze Schafe« zu verantworten hätten? Wurde nicht das hessische Diätengesetz 1988 mit seinen offensichtlich illegalen und mißbräuchlichen Bestimmungen, seinen grotesken Doppelbezügen, übertriebenen Versorgungen und steuerfreien Zusatzleistungen von 90 Prozent der Abgeordneten des hessischen Landtags beschlossen? Trägt der Gesetzentwurf nicht die Unterschriften der Vorsitzenden der Fraktionen aller drei etablierten Parteien, und haben nicht ihre Mitglieder bis auf einen SPD-Abgeordneten, der sich der Stimme enthielt, dem Gesetz geschlossen zugestimmt? Haben nicht 90 Prozent des Hamburger Landesparlaments 1991 das dortige Diätengesetz mit seiner unhaltbaren Riesenversorgung für Parlamentsfunktionäre beschlossen? Hat eben dieses Parlament nicht vier Jahre vorher die ohnehin überzogene Senatorenpension noch weiter aufgestockt, so daß die Parlamentarier vier Jahre später daran auch für sich selbst maßnehmen wollten, und geschah dies nicht sogar einstimmig? Haben nicht die Landtage im Saarland und in fast allen anderen Ländern völlig unhaltbare und offensichtlich unangemessene und verfassungswidrige Versorgungsregelungen für Minister in schönem Einvernehmen praktisch aller Abgeordneten beschlossen? Hat nicht auch der Bundestag für seine Fraktionen und die Parteistiftungen groteske Wachstumsraten bewilligt und hinsichtlich der Altersrenten und der Bemessung der steuerfreien Bezüge seiner Abgeordneten anfechtbare oder gar verfassungswidrige Regelungen verabschiedet? Geschah dies alles nicht ebenfalls mit großen Mehrheiten? Die Gehälter-Affäre von Sachsen-Anhalt war dagegen nur ein kleiner Fisch – sowohl was die relativ geringe Anzahl der Beteiligten als auch was die Intensität des Mißbrauchs anlangt. In Wahrheit haben fast alle Abgeordneten in den Bundesländern und im Bund an der finanziellen Selbstbedienung der Politik mitgewirkt und Unrecht zu eigenen Gunsten beschlossen oder doch fortbestehen lassen. Daß dieses Unrecht hinter *Gesetzen* versteckt und ihm dadurch der Schein der Legalität und Angemessenheit gegeben wurde, kann diejenigen, die in eigener Sache diese Gesetze gemacht haben, natürlich nicht entlasten. Verfassungswidrige Gesetze sind rechtswidrig und nichtig.

Die begrenzte Ansprechbarkeit der meisten Abgeordneten für Argumente der sachlichen Richtigkeit wird fast noch deutlicher bei der Diskussion um die *Aufhebung* der grob unangemessenen Gesetze. Der Nachweis der Unangemessenheit half meist gar nichts. Erst die Kritik der Medien und der dadurch entstandene überwältigende öffentliche Druck brachte die Politiker in Hessen, Hamburg, im Saarland und in anderen Ländern dazu, die Gesetze zurückzunehmen. Stets war es – nach übereinstimmendem eigenem Bekunden der Politiker – nicht die grobe Unangemessenheit, die die Parlamente zur Rücknahme bewegte, sondern allein der unerwartet starke öffentliche Druck.[30] Umgekehrt pflegt mit Nachlassen des Drucks die Reformbereitschaft schlagartig aufzuhören. Ein Beispiel ist die überzogene Altersversorgung der Landesminister. Nach der massiven öffentlichen Kritik im Jahre 1992 (die in einer Titelgeschichte des Nachrichtenmagazins *Der Spiegel* und einer Sondersendung des *Zweiten Deutschen Fernsehens* ihre Höhepunkte fand) haben sieben Bundesländer ihre Gesetze geändert und die Versorgung ihrer Minister der von Bundesministern angeglichen. In den anderen Ländern glauben die Politiker nun aber, nachdem die öffentliche

Kritik verraucht ist, ohne Änderungen durchzukommen und die unangemessenen Privilegien aufrechterhalten zu können (Kapitel 5, Abschnitt IV), und zwar in unions- *und* SPD-geführten Ländern gleichermaßen. Deshalb gehen auch diejenigen, die dem Verfasser vorhalten, er solle die jeweils verantwortlichen Regierungsparteien nennen,[31] am Anliegen des Buches vorbei: Für die meisten behandelten Mißstände sind alle etablierten Parteien gemeinsam verantwortlich; es herrscht »großkoalitionäre Parteieneintracht«.[32]

Ein Merkmal unredlicher Kritik ist, daß sie die zentralen Thesen des Buches unterschlägt.[33] Auf die *Entmündigung* des Volkes, die ja viel weiter geht, als es die Gegebenheiten der Massendemokratie erfordern, gehen gerade die rigorosesten Kritiker überhaupt nicht ein,[34] obwohl Rudolf Wassermann dafür schon vor einigen Jahren den Begriff der »Zuschauerdemokratie« geprägt hat.[35] Ebensowenig gehen sie auf die durch die Bildungsreform und den Wertewandel hervorgerufene »partizipatorische Revolution«[36] ein, die ein erhöhtes Demokratiebewußtsein und Demokratiebedürfnis der Menschen begründet hat[37] und dadurch die Defizite der politischen Partizipationsmöglichkeiten um so schmerzlicher fühlbar macht. Dabei hätte doch – gerade für Staatsrechtler und Politikwissenschaftler – ein Eingehen beispielsweise auf die These nahegelegen, daß das derzeitige Bundestagswahlrecht die verfassungsrechtlichen Grundsätze der Unmittelbarkeit, der Gleichheit und der Freiheit von Wahlen verletzt (Kapitel 2, Abschnitt IV), oder auf die weitere These, daß nur ein in die Verantwortung genommenes Volk reifen kann und insofern der Weg schon ein guter Teil des Zieles wäre (Kapitel 2, Abschnitt V).

Bei vielen Kritikern fehlt auch eine Auseinandersetzung mit der anderen zentralen These dieses Buchs, der *Problemlösungsschwäche* der Politik, obwohl die Spatzen diese These inzwischen von den Dächern pfeifen, nachdem der frühere Bundespräsident

Richard von Weizsäcker sie in den Mittelpunkt seiner Parteienkritik gestellt hatte.[38] Wenn Kritiker wie von Alemann schlicht bestreiten, daß allgemeine und Interessen zukünftiger Menschen kaum wirkungsvoll in Verbänden zu organisieren sind und deshalb leicht zu kurz kommen (Kapitel 6, Abschnitt II), so ignoriert er nicht nur die wissenschaftliche Diskussion in der gesamten neueren Politischen Ökonomie, sondern auch die Praxis. Warum haben wir eine unabhängige Bundesbank, und warum hat sie jetzt auch für den Maastricht-Vertrag Modell gestanden? Weil die Sicherung des Geldwertes sich verbandlich nicht organisieren läßt und man dies auch den Parteien nicht zutraut.[39] Dem Mißtrauen gegen die Fähigkeit des politischen Prozesses, zu ausgewogenen und angemessenen Entscheidungen zu kommen, verdankt auch das Bundesverfassungsgericht seine immer stärkere Stellung; die Mängel der Bonner Politik haben das Gericht immer mehr in die Rolle eines Ersatz- und Supergesetzgebers gedrängt;[40] das Gericht wurde zu einem Mittel, politische Entscheidungen zu erzwingen, zu denen die Parlamente nicht mehr den Mut oder die Kraft finden. Das Zukurzkommen der allgemeinen Interessen der Steuerzahler spiegelt sich nicht nur im Hochschießen des Staatsanteils (Vergleich der staatlichen Ausgaben zum Bruttosozialprodukt 1960: 1:3, 1993: 1:2), der Abgabenbelastung und Staatsverschuldung, sondern auch in der Unfähigkeit, die seit 30 Jahren von allen Seiten angemahnte Vereinfachung des Abgabenrechts durchzusetzen. Es empfiehlt sich auch ein Blick auf die untersten Ebenen unseres Gemeinwesens: In den Gemeinden und Landkreisen ist seit kurzem eine intensive Reformdiskussion im Gange.[41] An ihrem Ausgangspunkt steht eine Analyse, die das System der Willensbildung in unseren Städten und Landkreisen als »System organisierter Unverantwortlichkeit« geißelt.[42] Ähnliches gilt aber auch für die Ebenen des Bundes und der Länder, wie namhafte

Verwaltungswissenschaftler immer nachdrücklicher hervorheben.[43]

Auch das 4. Kapitel (»Ämterpatronage: Staat und Verwaltung als Beute der Parteien«) wird von vielen Kritikern unerwähnt gelassen. Einer ist wohl nur deshalb nicht darauf eingegangen, weil er mir sonst nur hätte zustimmen können, hat er an anderer Stelle doch selbst die Vernachlässigung dieses Problems durch die Politikwissenschaft bemängelt.[44] Ein anderer bleibt auch bei diesem Punkt seinem Stil treu, Sätze des Verfassers aus dem Zusammenhang zu reißen. Er zitiert lediglich die Frage, ob Parteien nicht »Organisationen am Rande der Illegalität« seien, ein Satz, der ohne Mitteilung der Information, daß Parteien verfassungswidrige Ämterpatronage fördern, natürlich leicht überzogen erscheinen mag. Der jetzige Bundespräsident Roman Herzog hat die überhandnehmende Patronage bei der Besetzung von Verwaltungsstellen den »gewichtigsten und zugleich wundesten Punkt in der Diskussion um den Parteienstaat« genannt.[45] Und auch Thomas Ellwein, einer der besten Kenner der deutschen Verwaltung, stimmt in die Kritik in differenzierter Form mit ein.[46]

Die Aufnahme dieses Buches und die Auseinandersetzung mit seinen Kritikern zeigen vor allem eins: Seine Thesen sind unwiderlegt und nach wie vor hochaktuell. Mag der vordergründige Kampf um die Macht im Superwahljahr 1994 mit seinen 19 Wahlen Grundsatzfragen auch vorübergehend zurückgedrängt haben, so dürften sich die behandelten Probleme – angesichts wachsender Herausforderungen – in Zukunft noch verschärfen. Über Einzelfragen kann man sicher streiten. Wenn einige Kritiker aber ganz gezielt einer sachlichen Diskussion ausweichen, dann zeigen sie, daß sie einer solchen Diskussion nicht gewachsen sind, und bestätigen dadurch, ohne es zu wollen, die große Linie dieses Buches nachhaltiger, als es eine offene Zustimmung vermöchte.

Anhang

Schaubild: Abwärtstrend der Volksparteien anhand von Wahl-, Mitglieder- und Vertrauensdaten

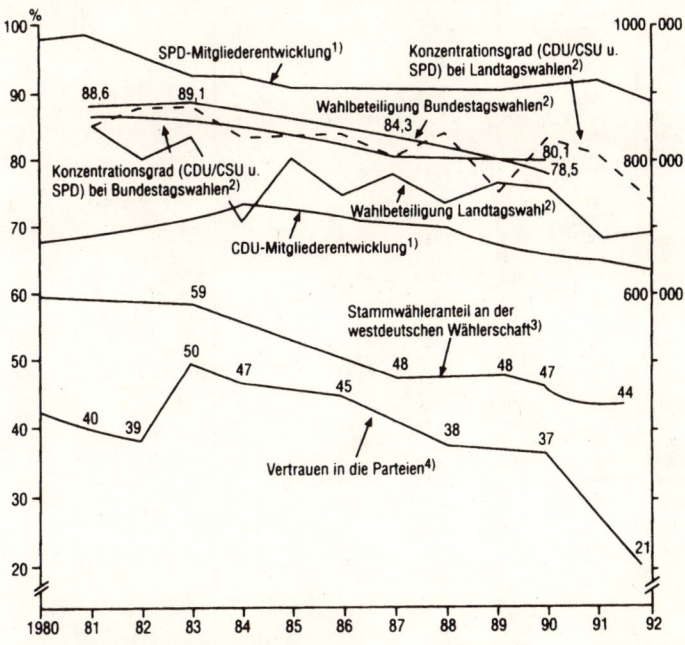

1 Quelle: Auskünfte der Parteien, absolute Zahlen
2 Quelle: Amtliche Wahlstatistik und eigene Berechnungen, Prozentwerte
3 Quelle: Forschungsinstitut der Konrad-Adenauer-Stiftung, Prozentwerte
4 Quelle: Emnid-Informationen (1990) 9/10, Emnid-Institut, Prozentwerte

Übernommen von Wiesendahl, Volksparteien im Abstieg,
aus Politik und Zeitgeschichte B 34–35, 1992, 3.

Tabelle 1: Mitgliederstand der Parteien (in Tausend)

Jahr[1]	SPD[2]	CDU[3]	CSU[4]	FDP[5]	Grüne[6]	Rep[7]	PDS[8]	Sonstige[9]	Gesamt
1946	701,0		69,4						
1947	875,0		82,2						
1948	844,0								
1949	684,0								
1950	649,0								
1951	649,0								
1952	627,0	350,0		80,0					1.550,0[10]
1953	607,0								
1954	585,0								
1955									
1956	612,0		ca. 43,5						
1957	626,0								
1958	623,0								
1959	634,0								
1960	649,0		52,5						
1961	644,0		58,6						
1962	646,0	248,5		87,0					
1963	648,0		(Juli) 56,0						
1964	678,0	279,8							
1965	710,0		(Jan.) 70,3	96,0					
1966	727,0								
1967	733,0		(Jan.) 80,9						
1968	732,4	286,5	73,6	57,0					
1969	778,9	303,5	76,7	58,8					
1970	820,2	329,2	93,2	56,5					
1971	847,5	355,7	109,8	53,3					
1972	954,4	423,0	107,0	57,8					
1973	973,6	457,7	112,0	63,2					
1974	957,3	530,5	122,8	71,0					
1975	998,5	590,5	132,6	74,0					
1976	1.022,2	652,0	146,4	79,2					
1977	1.006,3	664,2	160,0	79,6					
1978	997,4	675,3	165,7	81,0					
1979	985,0	682,8	169,2	82,6					
1980	986,9	693,3	172,4	84,9	ca. 18,0				
1981	956,0	705,0	175,0	87,0	ca. 21,0				
1982	926,0	719,0	179,0	80,0	ca. 25,0				
1983	926,0	735,0	185,0	72,0	ca. 25,0				
1984	916,0	730,0	184,0	71,0	ca. 31,0				
1985	919,0	719,0	183,0	67,0	ca. 37,0				
1986	913,0	714,0	182,0	64,0	ca. 38,0				
1987	910,0	706,0	184,0	65,0	ca. 39,5				
1988	910,0	693,0	184,0	65,0	37,9				
1989	921,4	662,6	185,9	65,2	38,0	16,4		61,9	1.951,4
1990	949,6	777,8	186,2	168,2	40,3	18,0	ca. 200,0	55,0	2.392,1
1991	919,9	751,2	184,5	140,0	38,0	16,5	ca. 172,6	ca. 53,0	2.275,7
1992	ca. 888,0	ca. 714,0	181,7	ca. 110,0	38,0		155,0		
1993[11]	861,5	685,3	177,3	94,2	39,3	19,8	131,4		

Anmerkungen:

1 Zahlenangaben jeweils für Ende des Jahres.

2 a) 1946–1967 aus: Klaus von Beyme, Parteien in westlichen Demokratien, München 1982 (S.216, 217)
   b) 1968–1980 aus: von Arnim, Staatslehre der Bundesrepublik Deutschland, München 1984 (S. 260)
   c) 1981–1988 aus: Mintzel, Parteien in der BRD, Opladen 1992 (S.432)
   d) 1989–1991 aus: BT-Drs. 12/4425, S. 63
   e) 1992   aus: Süddeutsche Zeitung vom 19.2.1993

3 a) 1952/1953 aus: v.d. Heydte/Sacherl, Soziologie der deutschen Parteien, München 1955 (S. 60)
   b) 1962, 1964 aus: Schönbohm, Wulf, Die CDU wird moderne Volkspartei, Stuttgart 1985 (S. 83)
   c) 1968–1980 aus: wie Anm. 2 b)
   d) 1981–1988 aus: wie Anm. 2 c)
   e) 1989–1991 aus: wie Anm. 2 d)
   f) 1992   aus: wie Anm. 2 e)

4 a) 1946-1967 aus: Mintzel, Alf, Geschichte der CSU, Opladen 1977 (S. 131)
   b) 1968–1980 aus: wie Anm. 2 b)
   c) 1981–1988 aus: wie Anm. 2 c)
   e) 1989–1991 aus: wie Anm. 2 d)
   f) 1992   aus: wie Anm. 2 e)

5 a) 1952/1953 aus: wie Anm. 3 a)
   b) 1962, 1965 aus: Körper, K.J., FDP, Bilanz der Jahre 1960–1966, Köln 1968 (S. 41)
   c) 1968–1980 aus: wie Anm. 2 b)
   d) 1981–1988 aus: wie Anm. 2 c)
   e) 1989–1991 aus: wie Anm. 2 d)
   f) 1992   aus: wie Anm. 2 e)

6 a) 1980–1986 aus: wie Anm. 2 c)
   b) 1987–1991 aus: BT-Drs. 12/4425 (S. 63)
   c) 1992   aus: wie Anm. 2 e)

7   1989–1991 aus: BT-Drs. 12/3113 (S. 17)

8 a) 1990   aus: BT-Drs. 12/3113 (S. 17)
   b) 1991   aus: Angaben des Deutschen Bundestags
   c) 1992   aus: wie Anm. 2 e)

9   1989–1990 aus: BT-Drs. 12/3113 (S. 17)
      1991   aus: Angaben des Deutschen Bundestags

10   1952/1953 aus: wie Anm. 3 a)

11   1993   aus: BT-Drs. 13/145

Tabelle 2:
Die Zahl der Abgeordneten und der Einwohner in Bund und Ländern

Gebietskörperschaft	Abgeord-netenzahl	Einwohner-zahl (in Millionen)	Einw./Abg.-Quotient
Bund	672	80,97	120.500
Baden-Württemberg	146	9,79	67.000
Bayern	204	11,77	57.700
Berlin	241	3,42	14.000
Bremen	100	0,68	6.800
Hamburg	121	1,69	14.000
Hessen	110	5,92	53.800
Niedersachsen	161	7,58	47.100
Nordrhein-Westfalen	239	17,31	72.400
Rheinland-Pfalz	101	3,75	37.000
Saarland	51	1,08	21.200
Schleswig-Holstein	89	2,62	29.000
Brandenburg	88	2,54	28.900
Mecklenburg-Vorpommern	71	1,86	26.200
Sachsen	120	4,61	38.400
Sachsen-Anhalt	99	2,79	28.200
Thüringen	88	2,55	29.000

Quelle: Statistisches Bundesamt, Auskünfte der Parlamente; Analysen der Forschungsgruppe Wahlen e.V.
Stand: März 1995.

Anmerkungen

Kapitel 1: Einleitung

1 Bericht der Gemeinsamen Verfassungskommission, Bundestagsdrucksache 12/6000 vom 5.11.1993.
2 Statt vieler *Margot Fälker*, Demokratische Grundhaltungen und Stabilität des politischen Systems: Ein Einstellungsvergleich von Bevölkerung und politisch-administrativer Elite in der Bundesrepublik Deutschland, Politische Vierteljahresschrift 1991, 71 (78, 83 und öfter).

Kapitel 2: Entmündigung

1 Bericht der Gemeinsamen Verfassungskommission, Bundestagsdrucksache 12/6000 vom 5.11.1993.
2 BVerfGE 89, 155.
3 *Albrecht Weber*, Direkte Demokratie im Landesverfassungsrecht, Die Öffentliche Verwaltung 1985, 178 (182).
4 Zum Beispiel *Max Kaase*, Politische Beteiligung und politische Ungleichheit, in: Albertin/Link (Hg.), Politische Parteien auf dem Weg zur parlamentarischen Demokratie in Deutschland, 1981, 363 (377).
5 *Hans Zacher*, Veröffentlichungen der Vereinigung Deutscher Staatsrechtslehrer, Bd. 33, S. 275.

6 *von Arnim*, Der Einfluß der Interessengruppen auf die Verwaltung, in: Bulling (Hg.), Verwaltung im Kräftespiel der politischen und gesellschaftlichen Institutionen, Schriften der Deutschen Sektion des Internationalen Instituts für Verwaltungswissenschaften, Bd. 12, 1985, 79 (96 f. mit weiteren Nachweisen).

7 Dazu mein Beitrag »Möglichkeiten unmittelbarer Demokratie auf Gemeindeebene«, Die Öffentliche Verwaltung 1990, 85.

8 BVerfGE 41, 399.

9 Überblick bei *Joachim Henkel*, Die Auswahl der Parlamentsbewerber, 1976, 33 ff.

10 *Wilhelm Karl Geck*, Wahl und Status der Bundesverfassungsrichter, in: Isensee/Kirchhof (Hg.), Handbuch des Staatsrechts, Band 2, 1987, 697 (706 ff.).

11 So ausdrücklich *Geck*, S. 709 f. (Randnummer 18).

12 *Ulrich K. Preuss*, Politik aus dem Geiste des Konsenses. Zur Rechtsprechung des Bundesverfassungsgerichts, Merkur 1987, 1 ff.

13 *Reinhard Mußgnug*, Entstehung des Grundgesetzes, in: Isensee/Kirchhof, Handbuch des Staatsrechts, Band I, 1987, S. 219 ff. (Randnummer 99).

14 *Werner Weber*, Spannungen und Kräfte im westdeutschen Verfassungssystem, 3. Aufl., 1970, 15.

15 *Otmar Jung*, Kein Volksentscheid im Kalten Krieg, Aus Politik und Zeitgeschichte B 45/92, S. 16 (22 f.).

16 *Reinhard Mußgnug*, Randnummer 98.

17 *Reinhard Mußgnug*, Randnummer 97.

18 *Werner Weber*, 13.

19 *Erhard H.M. Lange*, Die Würde des Menschen ist unantastbar. Der Parlamentarische Rat und das Grundgesetz, 1993, 58 ff.

20 Nachweise bei *Lange*, 61 ff.

21 *Werner Weber*, 12: »In der Föderalisierung seines Staatsgefüges war ... (dem Volk) ... mehr Zwang auferlegt, als seiner Mehrheit lieb war.«

22 *Karl Jaspers*, Wohin treibt die Bundesrepublik?, 1966, 130.

23 *Karl Jaspers*, 130.
24 Vgl. statt vieler *Alfred Rapp*, Bonn auf der Waage, 1959, 113: »Die Delegierten sind die Vorwähler für den Bundestag. Sie entscheiden in sicheren Wahlkreisen oder bei sicheren Listenplätzen einer Partei sogar lange vor der Wahl schon, wen die Wähler in den Bundestag bringen werden. Die Bundestagswahl findet oft in den Delegiertensitzungen statt. Die Kandidatenwahl durch die Parteien ist bereits die Abgeordnetenwahl, das Ja der Delegierten ist das Mandat.«
25 *Leibholz*, Deutscher Juristentag 1950, C 11: »Für die eigenen Gesetzen folgende, parteienstaatliche Massendemokratie ist, wie zu zeigen versucht worden ist, die Gestalt des einzelnen Wahlverfahrens überhaupt nicht mehr von entscheidender Bedeutung.«
26 *Karsten Bugiel*, Volkswille und repräsentative Entscheidung. Zulässigkeit und Zweckmäßigkeit von Volksabstimmungen nach dem Grundgesetz, 1991, 211.
27 *Bugiel*, 211 ff.
28 *Loewenstein*, AöR 75 (1949), 129 (185).
29 *Alfred Rapp*, Bonn auf der Waage, 1959, 173.
30 *Friedrich Glum*, Das parlamentarische Regierungssystem in Deutschland, Großbritannien und Frankreich, 2. Auflage, 1965, 238.
31 Frankfurter Allgemeine Zeitung vom 11.5.1993 (»Abneigung gegen Mehrheitswahlrecht«).
32 Frankfurter Allgemeine Zeitung vom 12.5.1993 (»Union gegen Wahlrechtsänderung«).
33 Erinnert sei an die grundlegenden Ausführungen des Politikwissenschaftlers Hermens (*Ferdinand A. Hermens*, Demokratie oder Anarchie. Untersuchung über die Verhältniswahl, 2. Auflage, 1968) und die scharfsinnigen Beobachtungen von Schächlin aus Schweizer Sicht (*Hans Heinrich Schächlin*, Die Auswirkungen des Proportionalverfahrens auf Wählerschaft und Parlament, Züricher Beiträge zur Rechtswissenschaft, Neue Folge,

Heft 121, 1946). Neuerdings wurde die Frage durch den Politikwissenschaftler Schütt-Wetschky untersucht (*Eberhard Schütt-Wetschky*, Faire Verhältniswahl und Minderheitsregierung unter besonderer Berücksichtigung Großbritanniens, Dänemarks und der Bundesrepublik, Zeitschrift für Parlamentsfragen 1987, 94 ff.).

34 So zum Beispiel *Wolfgang Jäger*, Parteien als Prügelknaben, Die politische Meinung, Januar 1993, 19 (26).

35 *Waldemar Schreckenberger*, Veränderungen im parlamentarischen Regierungssystem. Zur Oligarchie der Spitzenpolitiker der Parteien, Festschrift für Rudolf Morsey zum 65. Geburtstag, 1992, 133 ff.

36 *Walter Jellinek*, Verhältniswahl und Führerauslese, Archiv des öffentlichen Rechts N.F. Band 11 (1926), S. 71.

37 So nachdrücklich auch *Leibholz*, Das Wesen der Repräsentation und der Gestaltwandel der Demokratie im 19. Jahrhundert, 1929, 114: »Die Einführung des Verhältniswahlsystems hat ... die an sich schon vorhandene Krise erheblich verschärft. Die Macht der Parteihierarchien ist erneut auf Kosten der Wähler gesteigert worden. Nicht diesen, sondern den Parteien, die geradezu die Funktion eines ›intermediären Ausleseorgans‹ übernommen haben, steht die maßgebliche Entscheidung über die zur politischen Leitung Berufenen zu.«

38 *Schächlin*, 50.

39 Artikel 28 I 1 und 38 I 1 Grundgesetz.

40 Statt vieler *Hans Heinrich Schächlin*, 50: »Die Gefahr, daß die Wahl – im Widerspruch zum Prinzip der Unmittelbarkeit – gewissermaßen zu einer indirekten wird, indem sich die Partei zwischen Wähler und Vertreter einschiebt, wächst entschieden: bereits in der Parteivorstandssitzung wird die eigentliche Kreation vorgenommen, und dem Bürger bleibt noch übrig, durch seine Stimmabgabe die schon erfolgte Bestellung zu bestätigen.«

41 *Gerhard Leibholz*, Parteien und Wahlrecht in der modernen Demokratie, in: Parteien, Wahlrecht, Demokratie, Vorträge und

Diskussionen einer Arbeitstagung der Friedrich-Naumann-Stiftung und der Deutschen Gruppe der Liberalen Weltunion vom 17.–19.3.1967 im Kurhaus Baden-Baden, 1967, 40 (47 f.).
42 *Leibholz*, Die Reform des Wahlrechts, VVDStRL 7 (1932), 159 (167 f.). Vgl. auch schon *ders.*, Das Wesen der Repräsentation und der Gestaltwandel der Demokratien im 19. Jahrhundert, 1929, 114: »Das beim Mehrheitswahlsystem noch relativ gewährleistete unmittelbare Verhältnis zwischen Wählern und Abgeordneten wird durch das Verhältniswahlsystem endgültig gesprengt.«
43 *Rinck*, Der Grundsatz der unmittelbaren Wahl im Parteienstaat, JZ 1958, 193 (196).
44 BVerfGE 7, 63.
45 BVerfGE 21, 355.
46 *Rinck*, Der Grundsatz der unmittelbaren Wahl im Parteienstaat, JZ 1958, 193 (194).
47 *Rainer Peterek*, Die Problematik des Grundsatzes der unmittelbaren Wahl, Mainzer rechts- und wirtschaftswissenschaftliche Dissertation, 1965, 97.
48 BVerfGE 7, 63 (68); ebenso schon BVerfGE 3, 45 (49 f.).
49 *Rinck*,194; *Peterek*, 89 f.
50 BVerfGE 6, 84 (90).
51 *Rainer Peterek*, Die Problematik des Grundsatzes der unmittelbaren Wahl, Mainzer rechts- und wirtschaftswissenschaftliche Dissertation, 1965, 97.
52 BVerfGE 7, 63 (68 ff.).
53 *Anschütz*, Kommentar zur Weimarer Reichsverfassung, 14. Aufl., Art. 22 Anm 4 Fußnote 3; *Rinck*, JZ 1958, 193 (194).
54 *Mierendorf*, in: Schauff, Neues Wahlrecht, 1929, 19.
55 *Heinrich Pohl*, Das Reichstagswahlrecht, in: Anschütz/Thoma, Handbuch des Deutschen Staatsrechts, 1. Band, 1930, 386 (397).
56 Reichstagsdrucksachen 1924 Nr. 445, S. 32.
57 *Lorenz Kaiser*, Einführung begrenzt offener Listen für die Abgabe der Zweitstimme bei der Bundestagswahl, 1982, 28 ff.

58 *Bodo Zeuner*, »Wahlen ohne Auswahl«. Die Kandidatenaufstellung im Bundestag, Parlamentarismus ohne Transparenz, Bd. 3, 1973, 165 ff.
59 *Ernst-Wolfgang Böckenförde,* Demokratie als Verfassungsprinzip, in Isensee/Kirchhof (Hg.), Handbuch des Staatsrechts, Bd. 1, 1987, S. 887, Randnummer 21.
60 BVerfGE 38, 258.
61 Grundlage eines deutschen Wahlrechts. Bericht der vom Bundesminister des Innern eingesetzten Wahlrechtskommission, 1955, 45 f. (Hervorhebung im Original).
62 *Jaspers,* Antwort. Zur Kritik meiner Schrift Wohin treibt die Bundesrepublik?, 1967, 192.
63 *Manfred Rommel,* Wie unabhängig sind Politiker, in: Hamm-Brücher/Schroeder (Hg.), Die aufgeklärte Republik, 1989, 85 (103).
64 *Jaspers,* Wohin treibt die Bundesrepublik?, 1966.
65 *Björn Engholm,* Vom öffentlichen Gebrauch der Vernunft, 1990, 13.
66 Unter direktdemokratischen Möglichkeiten verstehen wir im folgenden Entscheidungen des Volkes über Personen (Wahl von Parlament, Staatsoberhaupt, Ministerpräsident, Bürgermeister und sonstigen Angehörigen der Exekutive, von Richtern etc.) und über Sachen: Plebiszite (Volksentscheide, die ad hoc »von oben« ausgelöst werden), Referenden (Volksentscheide, die aufgrund entsprechender verfassungsrechtlicher Vorschriften ausgelöst werden) und Volksbegehren (die durch die Stimmbürger ausgelöst werden). In allen Fällen kann das Abstimmungsergebnis staatsrechtlich bindend oder nur konsultativ sein. Im letzteren Fall spricht man von Volksbefragung.
67 *Michael Stolleis,* Besatzungsherrschaft und Wiederaufbau deutscher Staatlichkeit 1945–1949, in: Isensee/Kirchhof (Hg.), Handbuch des Staatsrechts, Band 1, 1987, S. 173 (195 ff.); *Otmar Jung,* Daten zu Volksentscheiden in Deutschland auf Landesebene (1946–1992), ZParl 1993, 5 ff.; *Claus Hoof/Antonio Kempf,* Dokumentation zur plebiszitären Praxis und Verfassungsrechtslage in den Bundesländern, ZParl 1993, 14 ff.

68 Ein Volksbegehren wird in einigen Ländern nach dem Vorbild von Weimar zum Volksentscheid gestellt, wenn ein Zehntel der Stimmberechtigten unterzeichnet hat. In Schleswig-Holstein ist das Quorum nur ein Zwanzigstel. In Baden-Württemberg beträgt es dagegen ein Sechstel der Stimmberechtigten. Hessen, Rheinland-Pfalz, Nordrhein-Westfalen, Bremen und das Saarland verlangen sogar ein Fünftel der Stimmberechtigten.
69 Vgl. *Wolfgang Hoffmann-Riem* (Hg.), Bericht der Enquête-Kommission »Parlamentsreform«, 1993, 260.
70 Gelegentlich werden eine Mindestbeteiligung oder Mindestquote für die Zustimmung verlangt. Überblick bei *Hoof/Kempf*, Dokumentation zur plebiszitären Praxis und Verfassungslage in den Bundesländern, ZParl 1993, 14 (17).
71 Verfassung des Landes Schleswig-Holstein in der Fassung der Bekanntmachung vom 13.6.1990, GVOBl. S. 391. Die neue niedersächsische Verfassung ist zum 1. Juni 1993 in Kraft getreten. Frankfurter Allgemeine Zeitung vom 14.5.1993 (»Neue Verfassung in Niedersachsen verabschiedet«).
72 *Hoffmann-Riem* (Hg.), 254 ff.
73 Die Verfassungen des Landes Mecklenburg-Vorpommern und des Freistaates Thüringen, die zunächst nur vorläufig galten, wurden 1994 durch Volksentscheid bestätigt.
74 In Mecklenburg-Vorpommern 15 000, in Brandenburg 20 000, in Sachsen-Anhalt 35 000, in Sachsen 40 000 Unterschriften. Das entspricht Quoren von 1,02 Prozent, 1,56 Prozent und 1,08 Prozent der Abstimmungsberechtigten (*Hoof/Kempf*, ZParl 1993, 14 [19]).
75 In Brandenburg 80 000, in Mecklenburg-Vorpommern 140 000, in Sachsen-Anhalt 250 000 und in Sachsen 450 000, aber nicht mehr als 15 Prozent der Abstimmungsberechtigten. Das entspricht für Brandenburg, Sachsen-Anhalt und Sachsen Quoren von 4,09 Prozent, 11,17 Prozent und 12,14 Prozent der Abstimmungsberechtigten (*Hoof/Kempf*, a.a.O.). In Thüringen müssen

mindestens 16 Prozent der Abstimmungsberechtigten zustimmen.
76 Der Volksentscheid kommt zustande, wenn die Mehrheit der abgegebenen Stimmen zustimmt, die in Brandenburg und Sachsen-Anhalt mindestens ein Viertel, in Thüringen mindestens ein Drittel der Abstimmungsberechtigten ausmachen muß.
77 *Christoph Degenhart*, Direkte Demokratie in den Ländern – Impulse für das Grundgesetz, Der Staat 1992, 77 (94).
78 *Pestalozza*, Der Popularvorbehalt, 1971, 27 f.; *Degenhart*, 97.
79 Die einschlägige Regelung der Verfassung des Landes Mecklenburg-Vorpommern (Art. 60 Abs. 4 Satz 2) trat mit der Billigung der Verfassung durch Volksentscheid im Jahre 1994 in Kraft.
80 *Degenhart*, Der Staat 1992, 77 (85).
81 *Otmar Jung*, ZParl 1993, 5.
82 *Werner Blumenthal*, Die bildungspolitische Auseinandersetzung und das Volksbegehren um die kooperative Schule in Nordrhein-Westfalen, Diss. phil., Bonn 1988.
83 *Otmar Jung*, ZParl 1993, 5 (9).
84 Dazu *von Arnim*, Möglichkeiten unmittelbarer Demokratie auf Gemeindeebene, DÖV 1990, 85 ff.
85 Näheres bei *Gerd Hager*, Rechtspraktische und rechtspolitische Notizen zu Bürgerbegehren und Bürgerentscheid, VerwArch 1993, 97 ff.
86 *Wehling/Sievert*, Der Bürgermeister in Baden-Württemberg, 1984; Sachverständigenrat zur Neubestimmung der kommunalen Selbstverwaltung beim Institut für Kommunalwissenschaften der Konrad-Adenauer-Stiftung, Politik und kommunale Selbstverwaltung, 1984.
87 *von Arnim*, Möglichkeiten unmittelbarer Demokratie auf Gemeindeebene, DÖV 1990, 85 ff.
88 Näheres bei *von Arnim*, Die neue Gemeindeverfassung von Rheinland-Pfalz, in *Böhret/Nowack* (Hg.), Festschrift für Christian Roßkopf, 1995, S. 69 ff.

89 Dazu *von Arnim*, Die Öffentlichkeit kommunaler Finanzkontrollberichte als Verfassungsgebot, Nr. 51 der Schriftenreihe des Karl-Bräuer-Instituts des Bundes der Steuerzahler, 1981.
90 Gemeindeordnung für den Freistaat Sachsen vom 21.4.1993, Sächsisches Gesetz- und Verordnungsblatt S. 301.
91 *Gert Hoffmann*, Zur Situation des Kommunalverfassungsrechts nach den Gesetzgebungen in den neuen Bundesländern, DÖV 1994, 621.
92 Gemeindeordnung für Schleswig-Holstein in der Fassung vom 2.4.1990, GVOBl. S. 159.
93 Nach *Gerd Hager*, Rechtspraktische und rechtspolitische Notizen zu Bürgerbegehren und Bürgerentscheid, VerwArch 1993, 97 (119).
94 Übersichtliche Darstellung durch *Dirk Ehlers*, Reform der Kommunalverfassung in Nordrhein-Westfalen, Nordrhein-Westfälische Verwaltungsblätter 1991, 397 ff.
95 Beispiele in: *Peter Michael Mombaur* (Hg.), Neue Kommunalverfassung für Nordrhein-Westfalen?, 1988, 48 ff.
96 Z.B. *Banner*, Kommunalverfassungen und Selbstverwaltungsleistungen, in: Dieter Schimanke (Hg.), Stadtdirektor oder Bürgermeister, 1983, 37.
97 Hagener Parteitag der nordrhein-westfälischen SPD vom 14./15.12.1991, Frankfurter Allgemeine Zeitung vom 16.12.1991. Dort wurde sowohl die Direktwahl als auch die Beseitigung der Doppelspitze mehrheitlich abgelehnt. Es sollte lediglich ein Verfahren des Bürgerbegehrens und des Bürgerentscheids eingeführt werden.
98 Vgl. auch *Ehlers*, a.a.O., 398: »Mitentscheidend (für das bisherige Scheitern der Reform der Gemeindeverfassung in Nordrhein-Westfalen) dürften auch Fragen der persönlichen und parteipolitischen Machterhaltung sein, da eine Konzentration der Kompetenzen auf eine Person eine Halbierung der Führungspositionen mit sich bringen wird.«
99 *Christian Roßkopf*, Deutschland braucht kräftige Gemeinden als

tragfähiges Fundament für Europa, Handelsblatt vom 28.7.1992, S. 5.
100 Die neue nordrhein-westfälische Gemeindeordnung ist inzwischen in Kraft getreten: Gesetz zur Änderung der Kommunalverfassung vom 17.5.1994, GV.NW, S. 270.
101 Frankfurter Allgemeine Zeitung vom 29.3.1993: »Über den Modus der Kommunalwahl einig. In Brandenburg sollen die Bürgermeister direkt bestimmt werden.«
102 *Ernst-Rudolf Huber*, Verfassungsgeschichte der Neuzeit, Band VI: Die Weimarer Reichsverfassung, 1981, S. 311 ff.
103 *Ernst-Rudolf Huber*, 431 f.
104 Überblick bei *Karsten Bugiel*, Volkswille und repräsentative Entscheidung, 1991, 194 ff., 202 f.
105 *Heinrich Triepel*, Das Abdrosselungsgesetz, Deutsche Juristen-Zeitung 1926, Spalten 845 ff.
106 *Huber*, 432 f.
107 Wenn man einmal von den praktisch weitgehend irrelevanten Bestimmungen des Artikels 29 GG über die Neugliederung des Bundesgebiets absieht.
108 *Otmar Jung*, Kein Volksentscheid im Kalten Krieg! Zum Konzept einer plebiszitären Quarantäne für die junge Bundesrepublik 1948/9, Aus Politik und Zeitgeschichte B 45/92 vom 30.10.1992, 16 ff.
109 *Dr. Theodor Heuss*, Parlamentarischer Rat, Stenographische Berichte über die Plenarsitzungen, 3. Sitzung v. 9.9.1948, S. 43.
110 *Jürgen Fijalkowski*, Neuer Konsens durch plebiszitäre Öffnung?, in: Randlzhofer/Süß (Hg.), Konsens und Konflikt, 1986, 236 ff.; *Otmar Jung*, Direkte Demokratie in der Weimarer Republik. Die Fälle »Aufwertung«, »Fürstenenteignung«, »Panzerkreuzerverbot« und »Youngplan«, 1989.
111 *Fijalkowski*, 255.
112 *Bugiel*, Volkswille und repräsentative Entscheidung, 1991, 204.
113 *Fijalkowski*, 249.

Kapitel 2: Entmündigung

114 *Ernst-Rudolf Huber*, Verfassungsrecht des Großdeutschen Reiches, 2. Aufl., 1939, 201 f.
115 *Peter Krause*, Verfassungsrechtliche Möglichkeiten unmittelbarer Demokratie, in: Isensee/Kirchhof, Handbuch des Staatsrechts, Band II. 198, S. 313 (319 f., Randnummer 10); *Haverkate*, Verfassungslehre, 1992, 361 ff.
116 *Karl Loewenstein*, Der Staatspräsident, AöR 75 (1949), 129 (181): Die Weimarer Verfassungskonstruktion sei »unmöglich«, weil sie meinte, mit dem westlichen Parlamentarismus und dem amerikanischen Präsidialsystem zwei sich gegenseitig ausschließende Regierungstypen miteinander verbinden zu können.
117 *Loewenstein*, a.a.O., 182.
118 *Rudolf Morsey*, Das »Ermächtigungsgesetz« vom 24. März 1933, 1992, 37 ff., 91 ff., 130 ff.
119 *Klaus-Henning Obst*, Chancen direkter Demokratie in der Bundesrepublik Deutschland. Zulässigkeit und politische Konsequenzen, 1986, 142.
120 *Uwe Thaysen*, Bürgerbeteiligung/Plebiszite, Thesen zur Verfassungsreform, Recht und Politik 1993, 18.
121 *Degenhart*, a.a.O., 97.
122 *Dr. Theodor Heuss*, Parlamentarischer Rat, Verhandlungen des Hauptausschusses, 22. Sitzung vom 8.12.1948, S. 264.
123 Überblick bei *Hanspeter Kriesi*, Direkte Demokratie in der Schweiz, Aus Politik und Zeitgeschichte B 23/91 vom 31.5.1991, 44 ff.
124 *Silvano Möckli*, Direkte Demokratie im Vergleich, Aus Politik und Zeitgeschichte, B 23/1991, 31 (34).
125 Überblick bei *Möckli*, Direkte Demokratie im Vergleich.
126 *Thomas von Danwitz*, Plebiszitäre Elemente in der staatlichen Willensbildung, DÖV 1992, 601 (604 f.).
127 Frankfurter Allgemeine Zeitung vom 21.4.1993, S. 1.
128 *Möckli*, Direkte Demokratie im Vergleich, 41 f. mit weiteren Nachweisen.

129 *Möckli*, 42 f. mit weiteren Nachweisen.
130 *von Arnim*, Möglichkeiten unmittelbarer Demokratie auf Gemeindeebene, DÖV 1990, 85 (90 ff.).
131 So auch *Haverkate*, 354.
132 Derartiges ist allerdings auf Gemeindeebene durchaus auch bei uns gegeben. Wo der Bürgerentscheid besteht, bezieht er sich auf alle Arten von Entscheidungen des Gemeinderats (allerdings nur die »wichtigen«).
133 So auch *Richard von Weizsäcker*, Gegen die Mehrheit der Union und der FDP in der Gemeinsamen Verfassungskommission, Bild am Sonntag vom 28.2.1993; Frankfurter Allgemeine Zeitung vom 1.3.1993, S. 1. Das trug ihm, wie nicht anders zu erwarten, die Schelte der innerparteilichen Hardliner ein, so sagte der Berliner CDU-Abgeordnete *Lummer*, der Bundespräsident verletze zum wiederholten Male seine Neutralitätspflicht. Die Konsequenz könne nur sein, »daß der nächste Präsident kein Sozialdemokrat sein sollte, weil faktisch der jetzige einer ist«. Frankfurter Allgemeine Zeitung vom 3.3.1993. In der Bild-Zeitung vom 4.5.1993 sprach *von Weizsäcker* sich für »mehr Bürgerbeteiligung« aus, wobei er »zum Beispiel an einen stärkeren Einfluß bei der Auswahl der Kandidaten, möglichst viele Direktkandidaten, Volksinitiativen und -befragungen, aber nicht an Volksentscheide« dachte.
134 Frankfurter Allgemeine Zeitung vom 14.7.1993.
135 Frankfurter Allgemeine Zeitung vom 8.10.1992.
136 So wirft zum Beispiel auch *Rüttgers* (Dinosaurier der Demokratie, 1993, 51) demoskopische Befragungen und direktdemokratische Entscheidungsrechte in einen Topf.

Kapitel 3: Politische Parteien

1 Näheres bei *von Arnim*, Zur normativen Politikwissenschaft. Versuch einer Rehabilitierung, Der Staat 1987, 477.
2 So z.B. kein Geringerer als der Politikwissenschaftler *Klaus von Beyme*, der in einem Artikel »Handfeuerlöscher gegen den Flächenbrand. Parteienverdrossenheit und die populistische Campagne gegen die politische Klasse« in der Frankfurter Rundschau vom 5.9.1992 auf die sachlichen Kritikpunkte mit keinem Wort einging, sondern statt dessen versuchte, vier Exponenten der Kritik (von Weizsäcker, Cossiga, Scheuch und von Arnim) persönlich am Zeuge zu flicken. Es gibt allerdings auch Politikwissenschaftler, die die Thematik kritisch behandeln: neben Eschenburg z.B. Hennis, Ellwein, Sontheimer, Steffani und Göttrik Wewer. Es könnte sogar sein, daß eine kritische Grundhaltung gegenüber den politischen Parteien auch von der »schweigenden Mehrheit« in der Politikwissenschaft geteilt wird.
3 *Stefan Immerfall*, Die letzte Dekade westdeutscher Parteienforschung zur Analogie der Defizite von Parteien und Parteienforschung, Zeitschrift für Parlamentsfragen 1992, 172 (189).
4 *Göttrik Wewer*, Politikwissenschaft und Zeitdiagnose in der Bundesrepublik Deutschland, Aus Politik und Zeitgeschichte B 46/89, S. 32 (38).
5 BVerfGE 52, 63 (82 f. mit weiteren Nachweisen); 73, 1 (33).
6 *Werner Simon*, Politische Bildung durch Parteien?, 1985.
7 *von Arnim*, Der Staat als Beute, 1993, 212.
8 Näheres bei *von Arnim*, Der Staat als Beute, 1993, 250 ff. Vgl. auch schon *Werner Simon*, 62 ff. (»Politische Bildung als Legitimationstitel staatlicher Parteienfinanzierung«).
9 Zum Beispiel *Kurt H. Biedenkopf*, Zeitsignale, 1989, 249; *Richard von Weizsäcker*, Gesprächsbuch, 1992, 146 f.
10 *Rolf Groß*, Zum neuen Parteienrecht, Die Öffentliche Verwaltung 1968, 80 (81).
11 *Ilona Klein*, Die Bundesrepublik als Parteienstaat, 1991, 285.

Vergleiche auch *Dieter Grimm*, Die politischen Parteien, in: Benda/Maihofer/Vogel (Hg.), Handbuch des Verfassungsrechts, 1983, 317 (370): Die Parteien pflegen mit ihrer verfassungsrechtlichen Anerkennung »und dem im Wege der Selbstcharakterisierung beschlossenen Aufgabenkatalog des § 1 Parteiengesetz zu wuchern«, »wenn es um die Ausweitung von Privilegien geht«. Ferner *Heinrich Oberreuter*, Die Macht der Parteien, in: Emil Hübner/Heinrich Oberreuter (Hg.), Parteien in Deutschland 1992, 187 (204): »Rechtstitel für weitreichende Aktivitäten ... Aufgaben und Rechtspflichten, die öffentliche Zuwendungen legitimieren.«

12 Dazu *Gerhard Konow*, Verfassungsrechtliche Fragen zum Parteiengesetz, Die Öffentliche Verwaltung 1968, 73 (74).

13 Dazu kritisch *Ernst Friesenhahn*, Die verfassungsrechtliche Stellung der Parteien in der Bundesrepublik Deutschland, Zeitschrift für Schweizerisches Recht 1968, 245 (263); Ilona Klein, 283 f. m.w.N.

14 Dazu auch Bericht der Parteienfinanzierungskommission vom Februar 1993, Bundestagsdrucksache 12/4425, S. 16.

15 *Kurt H. Biedenkopf*, Zeitsignale, 1989, 221 ff.

16 *Elmar Wiesendahl*, Der Marsch aus den Institutionen, Aus Politik und Zeitgeschichte, B 21/90 vom 18.5.1990, 3 (12).

17 *Wiesendahl*, Volksparteien im Abstieg, Aus Politik und Zeitgeschichte B 34-35, 1992, 3.

18 *Wiesendahl*, ebenda.

19 Entnommen aus *Wiesendahl*, 4.

20 Zur Wettbewerbskonzeption der Demokratie *Joseph A. Schumpeter*, Kapitalismus, Sozialismus und Demokratie, 1950, S. 401 ff.; *Anthony Downs*, Ökonomische Theorie der Demokratie, 1968; *Gerhard Lehmbruch*, Parteienwettbewerb im Bundesstaat, 1976; *Franz Lehner*, Grenzen des Regierens, 1979, S. 84 ff.; vgl. auch *Konrad Hesse*, VVDStRL 17, 18 ff. (m. Anm. 17 dort) und S. 22 f.

21 *Jörn Ipsen*, Steuerbegünstigung und Chancenausgleich, JZ 1984, 1060 (1064).

22 *von Arnim*, Parteienfinanzierung, 1982, 49 ff.
23 *von Arnim*, Politische Parteien, DÖV 1985, 593 (595 mit weiteren Nachweisen).
24 BVerfGE 85, 265 (287 ff.).
25 *von Arnim*, Wirksamere Finanzkontrolle in Bund, Ländern und Gemeinden, Schriftenreihe des Karl-Bräuer-Instituts des Bundes der Steuerzahler, Heft 42, 1978, 19 ff.
26 *Leibholz*, Das Wesen der Repräsentation und der Gestaltwandel der Demokratie im 20. Jahrhundert, 3. Aufl., 1966, 227.
27 *von Arnim*, Politische Parteien, DÖV 1985, 593 (600 mit weiteren Nachweisen).
28 *von Arnim*, Parteienfinanzierung, 59 ff.
29 *Otto Kirchheimer*, Vom Wandel der politischen Opposition (1957), in: Schumann (Hg.), Die Rolle der Opposition in der Bundesrepublik Deutschland, 1976, 114 ff.
30 Sogenanntes »Ostrogorski-Paradoxon«. Dazu zum Beispiel *Klaus Offe*, Politische Legitimation durch Mehrheitsentscheidung, in: Guggenberger/Offe (Hg.), An den Grenzen der Mehrheitsdemokratie, 1984, 150 (163).
31 *Schreckenberger*, Veränderungen im parlamentarischen Regierungssystem. Zur Oligarchisierung der Spitzenpolitiker der Parteien, Festschrift für Rudolf Morsey zum 65. Geburtstag, 1992, 133.
32 *Ulrich Scheuner*, Die Funktion der Verfassung für den Stand der politischen Ordnung, in: Hennis u.a. (Hg.), Regierbarkeit, Band 2 1979, 102 (110).
33 Gutachten der Kommission für wirtschaftlichen und sozialen Wandel, 1977, 32.
34 Nach dem Kapitaldeckungsverfahren wurde die Rente im Prinzip aus dem während der Aktivenzeit des Berechtigten aus seinen Beiträgen angesammelten Kapital finanziert; nach dem Umlageverfahren werden die Renten im wesentlichen aus den laufenden Beiträgen der Aktiven und aus Bundeszuschüssen bezahlt. Der Übergang zum Umlageverfahren ermöglichte eine Anhebung der Renten im Zuge der Rentenreform Ende der

fünfziger Jahre – zunächst ohne Anhebung der Beiträge, aber auf Kosten der Aufzehrung des Kapitals.
35 Keynes' Kurzfristorientierung kam besonders deutlich in seinem viel zitierten Ausspruch zum Ausdruck: »In the long run we are all dead.«
36 *von Arnim*, Grundprobleme der Staatsverschuldung, Bayerische Verwaltungsblätter 1981, 514 (519).
37 Art. 94 GG.
38 Art. 95 Abs. 2, 96 Abs. 2 GG.
39 Art. 98 Abs. 4 GG.
40 §§ 7 Abs. 3, 8 Abs. 4 Bundesbankgesetz.
41 Näheres bei *von Arnim*, Der Staat als Beute, 1993, 209 ff.
42 *von Arnim*, Der Staat als Beute, 1993.
43 *Werner Weber*, Spannungen und Kräfte im westdeutschen Verfassungssystem, 3. Aufl., 1970, 21.
44 *Leibholz*, Verfassungsrechtliche Stellung und innere Ordnung der Parteien, Verhandlungen des 38. Deutschen Juristentags 1950, 1951, C2 (14): »Monopolartiger Einfluß der politischen Parteien«.
45 *Weber*, 21.
46 Aus dem neueren Schrifttum *Peter Haungs*, Aktuelle Probleme der Parteiendemokratie, Jahrbuch für Politik 1992, Halbband 1, 37 ff. Dazu die Erwiderung von *von Arnim*, Aktuelle Probleme der Parteiendemokratie, Anmerkung zu Peter Haungs'gleichnamigem Beitrag, Jahrbuch für Politik 1993, Halbband 1, 53 ff.; Duplik von Peter Haungs, Aktuelle Probleme der Parteiendemokratie, zu Hans Herbert von Arnims Anmerkungen, Jahrbuch für Politik 1993, Halbband 1, 59 ff.
47 *Scheuch/Scheuch*, a.a.O., 72.
48 *Wolfgang Rudzio*, Das politische System der Bundesrepublik Deutschland, 3. Aufl., 1991, 154.
49 *Scheuch/Scheuch*, a.a.O., 75.
50 *Hans-Jochen Vogel*, Wo bleibt das Prinzip Verantwortung?, Die Zeit vom 10.6.1992, S. 7.

51 *Jürgen Rüttgers*, Dinosaurier der Demokratie, 1993, 244.
52 *Wolfgang Jäger*, Parteien als Prügelknaben, Die politische Meinung, Januar 1993, 19 (24).
53 *Peter Haungs*, Fragwürdige Parteienkritik, Die politische Meinung, August 1992, 41 (44).
54 *Rudolf Wildenmann*, Volksparteien. Ratlose Riesen?, 1989, 122 f.
55 Beispiele aus der Kölner SPD bei *Scheuch/Scheuch*, 80 f.
56 *Scheuch/Scheuch*, 75.
57 *Scheuch/Scheuch*, 78, 85 ff.
58 *Scheuch/Scheuch*, 117.
59 *von Arnim*, Die Partei, der Abgeordnete und das Geld, 1991, 237 ff.; *ders.*, Die politischen Parteien, DÖV 1985, 593.
60 Darauf weist *Peter Haungs*, Fragwürdige Parteienkritik, Die politische Meinung, August 1992, 41 (42), hin.
61 *Elmar Wiesendahl*, Der Marsch aus den Institutionen. Zur Organisationsschwäche politischer Parteien in den achtziger Jahren, Aus Politik und Zeitgeschichte, B 21/90 vom 18. Mai 1990, 3 (14).
62 *Wiesendahl*, 13 f.
63 *Wiesendahl*, 13.
64 *Wiesendahl*, 14.
65 Märkische Allgemeine Zeitung für das Land Brandenburg vom 14.12.1992.
66 *Horst Bosetzky*, »Dunkelfaktoren« bei Beförderungen im öffentlichen Dienst, Die Verwaltung 1974, 428 (435).
67 *Scheuch/Scheuch*, 123.
68 *Rüttgers*, 244.
69 Das Parlament Nr. 20–21 vom 14./21.5.1993, S. 10.
70 Frankfurter Allgemeine Zeitung vom 5.7.1993, S. 4.
71 *Scheuch/Scheuch*, 123: »Um auch Experten ohne Einbindung in die Basis eine vorübergehende Mitwirkung als Berufspolitiker zu ermöglichen, sind die Listen zu einem Fünftel mit Kandidaten zu besetzen, die nicht lokal kandidieren. Sie werden von den Vereinigungen vorgeschlagen.«

72 So auch die Kritik von *Peter Haungs*, 45, an Scheuch: »Unter welchen Voraussetzungen sollen welche Akteure in welcher Weise und mit welchen Erfolgsaussichten die für notwendig gehaltenen Reformen verwirklichen? Ohne ein solches Implementationskonzept bleibt es bei den Appellen, die in dieser oder ähnlicher Form schon häufig gemacht wurden – ohne jegliche Wirkung.«
73 Statt vieler *Heino Kaack*, Das System der Selbstversorger, Die Zeit vom 26.10.1984: »Für fast alle Abgeordneten bedeutete der Einzug in den Bundestag einen beachtlichen finanziellen und beruflichen Aufstieg.«
74 Näheres dazu Empfehlungen der Kommission unabhängiger Sachverständiger zur Parteienfinanzierung, Bundestagsdrucksache 12/4425 vom 19.2.1993, S. 30, 51, 55 f.
75 *Anonymus*, Der Fall Barschel. Zur Legitimationskrise unserer Parteiendemokratie – Ansätze zu ihrer Überwindung, Zeitschrift für Rechtspolitik 1988, 62 ff.
76 *Norbert Blüm,* Die Geschichte vom Hasen und dem Igel. Die Krise der Parteien, Frankfurter Allgemeine Zeitung vom 14.8.1983.
77 *Kaack/Roth*, Parteiensystem, Bd. 1, 1980, 212.
78 *Rolf Zundel*, Das verarmte Parlament, 1980, 47 ff.
79 *Richard von Weizsäcker*, Gesprächsbuch, 1992, 150.
80 *Joachim Wiemeyer*, Politische Ethik und Politikverdrossenheit, Stimmen der Zeit 1993, 363 (367).

Kapitel 4: Ämterpatronage

1 Wir verstehen unter »parteipolitischer Ämterpatronage« die Bevorzugung oder Benachteiligung von Bewerbern um ein Amt im öffentlichen Dienst aufgrund der Zugehörigkeit zu einer bestimmten Partei bei Einstellung, Beförderung oder funktioneller Veränderung des Aufgabenbereichs. (Ob man zusätzlich auch die

Rechtswidrigkeit in den *Begriff* hineinnimmt, kann dahinstehen. Klar ist jedenfalls, daß Fälle rechtswidriger Ämterpatronage unser besonderes Interesse finden.)

2 Dazu, daß die Parteipolitisierung und die Bedeutung des Parteibuchs für die Rekrutierung etwa des Spitzenpersonals des Bundes ständig zugenommen hat, *Renate Mayntz/Hans-Ulrich Derlien*, Party Patronage and Politicization of the West German Administrative Elite 1970–1987 – Toward Hybridization?, Governance 1989, 384 (400 ff.).

3 Rechtlich unkündbar sind zwar nur die Beamten. Angestellte im öffentlichen Dienst sind es erst bei Vorliegen bestimmter Voraussetzungen (15 Dienstjahre und Vollendung des 40. Lebensjahres). *Faktisch* braucht aber regelmäßig kein Angestellter oder Arbeiter im öffentlichen Dienst mit Kündigung zu rechnen.

4 Ein Inspektor (Besoldungsgruppe A 9) kostet den Steuerzahler jährlich über 93 000 Mark, ein Regierungsrat (Besoldungsgrup-pe A 13) über 137 000 Mark und ein Ministerialdirigent (Besoldungsgruppe B 5) 240 000 Mark. Stand: 1.1.1992. Einschließlich Zulagen, Zuschlägen für die Versorgung und Arbeitsplatzkosten laut Personalkostentabellen für die Kostenberechnung in der Verwaltung, Staatsanzeiger für das Land Hessen 1992, S. 2976.

5 *Rudolf Wassermann*, Der öffentliche Dienst im Griff der Parteien, Der Öffentliche Dienst 1986, 165.

6 Vgl. zum Beispiel den Fall des Oberregierungsrates *Michael Höhenberger*, der im bayerischen Innenministerium unter Edmund Stoiber eine im Vorfeld einer Präsidiumssitzung der CSU vom 4.3.1991 gefertigte Analyse über die mögliche Ausdehnung der CSU in die neuen Länder schreiben ließ. Dazu *Christiane Schlötzer-Scotland*, »Schlechte Zensuren für eine Fleißarbeit. Untersuchungsausschuß prüft parteipolitische Aktivität eines Beamten im Dienst«, Süddeutsche Zeitung vom 7.2.1992.

7 Dazu *Rainer Wahl*, Die Parteipolitisierung der Verwaltung, Frankfurter Allgemeine Zeitung vom 12.11.1987 (Leserbrief).

8 *Thomas Ellwein*, Der Weg zum »Parteienstaat«, Das Parlament Nr. 44/1980, 1.
9 *Rudolf Smend*, Bürger und Bourgeois im deutschen Staatsrecht, 1933.
10 Auch solchen Mitgliedern kommunaler Vertretungen, die nicht im öffentlichen Dienst beschäftigt sind, wird ihr Verdienstausfall regelmäßig erstattet. Der Unterschied liegt darin, daß bei ihnen die politische Betätigung die berufliche Karriere regelmäßig nicht fördert.
11 BVerfGE 40, 296 (321).
12 *Frido Wagener*, Der öffentliche Dienst im Staat der Gegenwart, VVDStRL 37, 217 (237).
13 Die drei letzten Zitate im Text stammen von *Wagener*, VVDStRL 37, 215 (227 und 231 f.).
14 *von Arnim*, Staatslehre der Bundesrepublik Deutschland, 1984, 362 ff. mit weiteren Nachweisen.
15 *Margot Fälker*, Demokratische Grundhaltungen und Stabilität des politischen Systems: Ein Einstellungsvergleich von Bevölkerung und politisch-administrativer Elite in der Bundesrepublik Deutschland, Politische Vierteljahresschrift 1991, 71 (83).
16 *Renate Mayntz/Hans-Ulrich Derlien*, Party Partronage and Politicization of the West German Adminstrative Elite 1970–1987 – Toward Hybridization?, Governance 1989, 384 (400): »The top civil service of the German Federal Republic has become steadily more politicized – in terms of a growing share of party members, and of the increasing importance of party membership for recruitment to top positions.«
17 Auch die *Mit*berücksichtigung der Parteizugehörigkeit bei gleicher Qualifikation der Bewerber ist verfassungsrechtlich ausgeschlossen. Andernfalls würde es in der Praxis erleichtert, Ämterpatronage zu kaschieren und als noch verfassungsmäßig hinzustellen. Häufig wird sich nämlich die Behauptung nur schwer widerlegen lassen, der eingestellte Parteifreund sei im-

merhin halbwegs gleichwertig mit anderen gewesen, während sich die Behauptung, der Eingestellte sei wirklich der Höchstqualifizierte, schwerer aufrechterhalten läßt.

18 *Karl-Heinz Seifert*, Die politischen Parteien im Recht der Bundesrepublik Deutschland, 1975, 410.
19 *Ingo von Münch*, Öffentlicher Dienst, in: ders. (Hg.), Besonderes Verwaltungsrecht, 4. Aufl., 1976, 1 (14 f.).
20 *Reinhold Zippelius*, Die Rolle der Bürokratie im pluralistischen Staat, in: Leisner (Hg.), Das Berufsbeamtentum im demokratischen Staat, 1975, 217 (224).
21 *J. Raschke* (Hg.), Bürger und Parteien, 1982, 19.
22 So *Schmidt-Hieber/Kiesewetter*, Parteigeist und politischer Geist in der Justiz, Neue Juristische Wochenschrift 1992, 1790; teilweise abgedruckt in Frankfurter Rundschau vom 15.3.1993.
23 Dazu auch die deutlichen Worte in den Empfehlungen der Kommission unabhängiger Sachverständiger zur Parteienfinanzierung vom 19.2.1993, Bundestags-Drucksache 12/4425, S. 16.
24 BVerfGE 39, 334.
25 Dazu nachdrücklich *Schlaich*, Veröffentlichungen der Vereinigung Deutscher Staatsrechtslehrer, Bd. 37, 156 ff.
26 Die Eigenheiten des NS-Staates sind in zwei Entscheidungen aus der Anfangszeit des Bundesverfassungsgerichts (von 1953 [E 3, 52] und 1957 [E 6, 152]) beschrieben.
27 Vgl. zum Beispiel das von einem Autorenkollektiv verfaßte und vom »Minister für Hoch- und Fachschulwesen« herausgegebene, im Staatsverlag der DDR erschienene Lehrbuch »Staatsrecht der DDR«, 2. Aufl., Berlin/Ost 1984.
28 So *von Beyme*, Das politische System der Bundesrepublik Deutschland nach der Vereinigung 1991, 301.
29 Kritik an der parteipolitischen Ämterpatronage üben demgegenüber vor allem Politikwissenschaftler mit normativem Ausgangsverständnis und eigener Praxiserfahrung: neben *Eschenburg* zum Beispiel *Wilhelm Hennis*, »Parteienstaat und sonst

nichts?«, Interview mit der Badischen Zeitung vom 27.6.1992; *Thomas Ellwein*, Krisen und Reformen, 1989, 152 ff.

30 *Ernst Fraenkel*, Die Wissenschaft von der Politik und die Gesellschaft (1963), in: *ders.*, Reformismus und Pluralismus, 1973, 337 (344).
31 Vereinzelte Kritik hat es allerdings immer gegeben. Siehe die Nachweise in vorangehenden Anmerkungen dieses Kapitels.
32 Studienkommission für die Reform des öffentlichen Dienstrechts, Bericht der Kommission, 1973.
33 *Rudolf/Wagener*, Der öffentliche Dienst im Staat der Gegenwart, Veröffentlichungen der Vereinigung der Deutschen Staatsrechtslehrer 37, 175 ff., 215 ff.
34 *von Arnim*, Ämterpatronage durch politische Parteien. Ein verfassungsrechtlicher und staatspolitischer Diskussionsbeitrag, 1980 (Nr. 44 der Schriftenreihe des Karl-Bräuer-Instituts des Bundes der Steuerzahler).
35 Einen umfassenden Überblick gibt die bemerkenswerte Bonner rechtswissenschaftliche Dissertation von *Manfred Wichmann*, Parteipolitische Patronage. Vorschläge zur Beseitigung eines Verfassungsverstoßes im Bereich des öffentlichen Dienstes, 1986.
36 Politische Parteien und öffentlicher Dienst, 1982 (mit Beiträgen insbesondere von *Ernst Benda* und *Josef Isensee*).
37 *Stolleis/Schäffer/Rhinow*, Parteienstaatlichkeit – Krisensymptome des demokratischen Verfassungsstaats?, Veröffentlichungen der Vereinigung der Deutschen Staatsrechtslehrer 44, 7 ff., 46 ff., 83 ff. und 114 ff: Aussprache und Schlußworte.
38 *Helmut Lecheler*, Der öffentliche Dienst, in: Isensee/Kirchhof (Hg.), Handbuch des Staatsrechts, Band III, 1988, 717 (758 ff.).
39 *Helmut Lecheler*, Die Personalgewalt öffentlicher Dienstherren, 1977.
40 Antwort der Bundesregierung auf die Kleine Anfrage des Abgeordneten *Häfner* und der Fraktion Die Grünen, Bundestags-Drucksache 11/209.

Kapitel 4: Ämterpatronage

41 Politische Parteien und öffentlicher Dienst, 23. Beamtenpolitische Arbeitstagung des Deutschen Beamtenbundes, 1982, S. 177–179 (Diskussionsbeitrag *Helmut Kohl*).

42 *Jürgen Rüttgers*, Dem Bürger lassen, was des Bürgers ist, Die Zeit Nr. 21 vom 15. Mai 1992, S. 14; *Jürgen Rüttgers/Theodor Lemper*, Gebt dem Bürger zurück, was des Bürgers ist, Rheinischer Merkur Nr. 29 vom 17. Juli 1992, S. 6; *Rüttgers*, Dinosaurier der Demokratie, 1993, 197 ff.

43 § 31 Absatz 1 Satz 1 Beamtenrechtsrahmengesetz.

44 Einzelheiten bei *von Arnim*, Der Staat als Beute, 1993, 209 ff.

45 *Ernst Benda*, Der Stabilitätsauftrag des öffentlichen Dienstes – eine Überforderung im Parteienstaat?, in: Politische Parteien und öffentlicher Dienst, 1982, 29 (61 f.).

46 *von Arnim*, Ämterpatronage durch politische Parteien, 1980, 45 ff.; *ders*., Der Staat als Beute, 1993, 235 ff.

47 Dazu *von Arnim*, Ämterpatronage durch politische Parteien, 1980, 40 ff., 54 ff.

48 *von Arnim*, Gemeinwohl und Gruppeninteressen. Die Durchsetzungsschwäche allgemeiner Interessen in der Demokratie, 1977.

49 *Fritz Scharpf*, Demokratie zwischen Utopie und Anpassung, 1970, 75.

50 Zahlenangaben darüber, daß in Städten über 100 000 Einwohner je nach Kriterium ein Drittel bis die Hälfte der Kommunen in verselbständigten Einrichtungen verwaltet wird (Personal: 35 v.H., Ausgaben: 42 v.H., Investitionsausgaben: 46 v.H.), bei *Gerhard Banner*, Steuerungswirkungen der Gemeindeverfassungen auf die kommunalen Haushalte und Beteiligungsunternehmen, in *von Arnim/Klages*, Probleme der staatlichen Steuerung und Fehlsteuerung in der Bundesrepublik Deutschland, 1986, 201 (210).

51 Zahlenangaben bei *Banner*, a.a.O., 215.

52 Dazu *Albert von Mutius*, Die Angemessenheit der Vergütung der Leitung kommunaler Versorgungsunternehmen in rechtlicher Sicht – ein Zwischenbericht, in: Städtetag 1986, 475.

Anmerkungen

53 *von Mutius*, a.a.O.
54 Sehr skeptisch auch der Vorstand der Kommunalen Gemeinschaftsstelle für Verwaltungsvereinfachung *Gerhard Banner*, a.a.O., 220: »Die theoretischen Vorteile der Verselbständigung kommunaler Einrichtungen sind in einem Entscheidungsklima, das nur geringe oder gar keine öffentliche Kontrolle, keinen Wettbewerb und kein ernstliches Risiko des Ausscheidens aus dem Markt kennt, schwer und häufig gar nicht realisierbar.«
55 *von Arnim*, Der Staat als Beute, 1993, 196 mit weiteren Nachweisen.
56 Dazu grundlegend *Banner*, a.a.O., 210 ff., der aufzeigt, daß solche Unternehmen »unter den Bedingungen der Kommunalwirtschaft – kein Wettbewerb, kein Ausscheiden aus dem Markt, Verlustausgleichsgarantie aus dem Haushalt der Kernverwaltung –« (S. 217) Gefahr laufen, »zu einem Selbstbedienungsladen ihrer Beschäftigten zu werden« (S. 218), und diese Gefahr in den zweigleisigen Gemeindeverfassungen Norddeutschlands besonders ausgeprägt ist.
57 Die die Steuerungsschwäche begründenden Zusammenhänge arbeitete *Banner*, a.a.O., umfassend heraus.
58 *Eckart Kauntz*, Frankfurter Allgemeine Zeitung vom 5.4., 15.4. und 22.4.1993.
59 *Heribert Schatz*, Medienpolitik und Medienfunktionen, in: Joachim Jens Hesse (Hg.), Politikwissenschaft und Verwaltungswissenschaft (PVS-Sonderheft 13), 1982, S. 398 (405 mit Nachweisen).
60 *Christine Landfried*, Die Macht des Fernsehens: Inszenierung statt Kontrolle von Politik, in: Hartwich/Wewer, Regieren in der Bundesrepublik III, 1991, 193 (195 ff. mit weiteren Nachweisen).
61 *Langenbucher/Lipp*, Kontrollieren Parteien die politische Kommunikation?, in: Raschke (Hg.), Bürger und Parteien (Schriftenreihe der Bundeszentrale für politische Bildung, Bd. 189), 1982, S. 217 ff.
62 *Landfried*, a.a.O., 193 ff.

63 So schon *Ulrich Scheuner*, Pressefreiheit, VVDStRL 22, S. 1 (29).
64 Ob von der Zulassung privater Rundfunkorganisationen ein Gegengewicht zu erwarten ist, wie gelegentlich angenommen wird (so zum Beispiel *Michael Kloepfer*, Zur Veränderung von Verfassungsinstitutionen durch politische Parteien, in: Das parlamentarische Regierungssystem auf dem Prüfstand, Seminar zum 70. Geburtstag von K.A. Bettermann, 1984, S. 71), wird abzuwarten sein.
65 BVerfGE 12, 205 (262).
66 BVerfGE 60, 53.
67 BVerfGE 60, 53 (67).
68 *Martin Stork*, Medienfreiheit als Funktionsgrundrecht, 1985, S. 359.
69 *Dieter Grimm*, Die politischen Parteien, in: Benda/Maihofer/Vogel (Hg.), Handbuch des Verfassungsrechts, 1983, S. 324 f.
70 *Peter Glotz*, Entscheidungsteilung. Gegen das Hindenburg-Syndrom der deutschen Politik, in: Gunter Hofmann/Werner A. Perger (Hg.), Die Kontroverse, 1992, 170 (174 f.). Vergleiche auch den Vorschlag von *Rüttgers*, Dinosaurier der Demokratie, 1993, 193, dem Bundespräsidenten ein Vorschlagsrecht für die Richter des Bundesverfassungsgerichts zu geben.
71 Die Ministerpräsidenten sollten dafür auch dann nicht zuständig gemacht werden, wenn sie direkt vom Volk gewählt würden. Sonst könnten sie sich ihre eigenen Kontrolleure aussuchen. Beim Bundespräsidenten bestehen diese Einwände nicht, da er keine wesentlichen Macht- und Entscheidungsbefugnisse besitzt.
72 Frankfurter Allgemeine Zeitung vom 25.1.1985.
73 *Schmidt-Hieber/Kiesewetter*, Parteigeist und politischer Geist in der Justiz, NJW 1992, 1790 (1791).
74 *Wassermann*, Der Öffentliche Dienst 1986, 165 (166).
75 *Wolfgang Meyer*, in: von Münch, Grundgesetz-Kommentar, Band 3, 2. Auflage, 1983, Art. 95, Randnummer 16; *Ernst Teub-*

ner, Die Bestellung zum Berufsrichter in Bund und Ländern: Entwicklung, Modelle, Analysen, 1984, 30 mit weiteren Nachweisen.
76 *Fromme*, »Sendler geht ohne juristisches Vermächtnis«, Frankfurter Allgemeine Zeitung vom 6.7.1991.
77 Der Bundesgerichtshof hat die Richterwahl für ungültig erklärt: NJW 1988, 3164.
78 *Peter Gilles*, Richterliche Unabhängigkeit und parteipolitische Bindung von Richtern, Deutsche Richterzeitung 1983, 41 (45).
79 *Ernst-Walter Hanack*, Die politische Betätigung des Richters, Festgabe für Heinrich Herrfahrdt, 1961, 127 (135).

Kapitel 5: Politikfinanzierung

1 Näheres bei *von Arnim*, Die Partei, der Abgeordnete und das Geld, 1991, 78 f.
2 *Erwin Hielscher*, Die Finanzierung der politischen Parteien, 1955, 18.
3 Rechtliche Ordnung des Parteiwesens, Bericht der vom Bundesminister des Innern eingesetzten Parteienrechtskommission, 1957, 212, 216, 218.
4 Bericht der vom Bundesminister des Innern eingesetzten Parteienrechtskommission, 1957, 218.
5 BVerfGE 8, 51 (62 f.).
6 BVerfGE 20, 56.
7 BVerfGE 20, 1 (5 ff.). Dazu die ausführliche Dokumentation bei *Heinz Laufer*, Verfassungsgerichtsbarkeit und politischer Prozeß, 1968, 516 ff.
8 BVerfGE 24, 300 (348 f.).
9 BVerfGE 24, 300 (339). Auch in der Literatur wurde die Entscheidung im Sinne einer solchen Begrenzung verstanden: Bericht der (ersten) Parteienfinanzierungskommission, 1983, 209; *Kaack*, Anhörung des Innenausschusses des Deutschen Bun-

destages vom 21.11.1983, Protokoll, 117 f.; *von Arnim*, Die neue Parteienfinanzierung, 1989, 65 ff.; *ders.*, Die Partei, der Abgeordnete und das Geld, 1991, 62.

10 BVerfGE 73, 40.
11 BVerfGE 71, 40 (103 ff.).
12 *von Arnim*, Die neue Parteienfinanzierung, 1989.
13 BVerfGE 85, 264.
14 Empfehlungen der Kommission unabhängiger Sachverständiger zur Parteienfinanzierung vom 19.2.1993, Bundestagsdrucksache 12/4425. Dazu auch die Abweichende Meinung des Kommissionsmitglieds *von Arnim*, ebenda, S. 51 ff.
15 Sechstes Gesetz zur Änderung des Parteiengesetzes und anderer Gesetze vom 28.1.1994, BGBl. I S. 142.
16 *Horst Sendler*, Verfassungsgemäße Parteienfinanzierung, Neue Juristische Wochenschrift 1994, 365; *Thomas Drysch*, Staatliche Parteienfinanzierung und kein Ende; das neue Parteienfinanzierungsgesetz, Neue Zeitschrift für Verwaltungsrecht 1994, 218; *Hans-Rüdiger Schmidt/Peter Steffen*, Standortpapier zum neuen Parteienfinanzierungsrecht, Mitteilungen des Instituts für Deutsches und Europäisches Parteienrecht, Heft 4, Dezember 1994, 67; *Hans Hofmann*, Die staatliche Teilfinanzierung der Parteien, Neue Juristische Wochenschrift 1994, 691.
17 *Jörn Ipsen*, Verfassungsrechtliche Zulässigkeit degressiv gestaffelter Globalzuschüsse an politische Parteien, Gutachterliche Stellungnahme für die FDP, Juni 1993 (unveröffentlichtes Manuskript).
18 So *Wolfgang Hoffmann*, Die Zeit vom 1.10.1993.
19 Stenographisches Protokoll über die 77. Sitzung des Innenausschusses am 18.10.1993, Protokoll Nr. 77.
20 Stenographisches Protokoll, S. 10 ff., 20 ff., 128 ff., 146 ff.
21 Z.B. der Abgeordnete *Wolfgang Zeitlmann* (CDU/CSU), Deutscher Bundestag, Stenographischer Bericht der Sitzung vom 12.11.1993, S. 16407; ebenso der Schatzmeister der CSU, der Abgeordnete *Dr. Kurt Falthauser*, ebenda, S. 16412.

22 Bundesrat, Stenographischer Bericht der Sitzung vom 17.12.1993, S. 647*.
23 Deutscher Bundestag, Stenographischer Bericht der Sitzung vom 12.11.1993, S. 16448*f.
24 Im Superwahljahr 1994 und im Jahr davor sind die Zahlungen an die Parteistiftungen und die Bundestagsfraktionen zwar zurückgegangen. Eine vorübergehende Kürzung bringt aber wenig, wenn die Problematik – das Fehlen einer rechtlichen Ordnung und Disziplinierung – nicht an der Wurzel gepackt wird.
25 *Ulrich Dübber*, Geld und Politik, 1970, 103.
26 *Alexander*, Money and politics: rethinking a conceptual framework, in: *ders.*, (Hg.), Comparative Political Finance in the 1980s, 1989, 9 (22).
27 Sechzehntes Gesetz zur Änderung des Abgeordnetengesetzes (Fraktionsgesetz) vom 11. März 1994, BGBl. I S. 526.
28 Näheres bei *von Arnim*, Finanzierung der Fraktionen. Defizite der in Bund und Ländern vorgesehenen Regelungen, August 1993 (Nr. 77 der Schriften des Karl-Bräuer-Instituts des Bundes der Steuerzahler); *ders.*, Parteienfinanzierung auf Umwegen, Die Zeit vom 19.11.1993, S. 12; *Hans Meyer*, Die Fraktionen auf dem Weg zur Emanzipation von der Verfassung, Festschrift Mahrenholz, 1994, 319; *ders.*, Das fehlfinanzierte Parlament, Manuskript eines Vortrages auf einem Symposium aus Anlaß des 60. Geburtstages von Peter Badura in München (erscheint demnächst im Druck).
29 Empfehlungen der Kommission unabhängiger Sachverständiger zur Parteienfinanzierung, Bundestagsdrucksache 12/4425 vom 19.2.1993, S. 36: »Geboten sind spezielle Fraktionsgesetze, die die öffentlichen Leistungen, die die Fraktionen erhalten, nach Art und Höhe genau benennen, auch die konkreten Beträge der Zahlungen, wie dies bisher nur vereinzelt geschehen ist. Es gilt nach Auffassung der Kommission auch hier von Verfassungs wegen ein Gesetzesvorbehalt.« S. 40: »Die Kommission ist sich deshalb einig, daß genauso wie bisher schon bei der

Kapitel 5: Politikfinanzierung

Parteienfinanzierung die Finanzierung der Fraktionen durch das Parlament selbst und vollständig in einem eigenen, vom Haushaltsgesetz getrennten materiellen Gesetz geregelt werden muß. In diesem Gesetz müssen die Maßstäbe und die Höhe der jährlichen Leistungen des Staates exakt und durchschaubar festgelegt sein.«

30 BVerfGE 80, 188 (231).
31 Die Konrad-Adenauer-Stiftung ging aus der Politischen Akademie Eichholz e.V. hervor, die es seit 1958 gab und die ihrerseits aus der 1956 gebildeten Gesellschaft für Christlich-Demokratische Bildungsarbeit e.V. entstanden war. In die Konrad-Adenauer-Stiftung ging noch das Institut für Internationale Solidarität ein, das 1962 gegründet worden war.
32 Näheres über die etablierten Parteistiftungen BVerfGE 73, 1 (2–12); *Henning von Vieregge*, Die Partei-Stiftungen: Ihre Rolle im politischen System; in: Göttrik Wewer (Hg.), Parteienfinanzierung und politischer Wettbewerb, 1990, 164 ff.
33 *Rudolf Wildenmann*, Volksparteien – ratlose Riesen, 1989, 113 f.; Wildenmann bezieht in seine Darstellung der Aufgaben der Parteistiftungen allerdings die Friedrich-Naumann-Stiftung wegen ihrer zum Teil andersartigen Stellung in der FDP nicht ein.
34 Derzeit erhalten die Stiftung Regenbogen 5,5 Prozent des Gesamtansatzes, die »Stiftungen« der etablierten Parteien den »Rest«, aufgeteilt im Verhältnis 2:2:1:1. Parteienfinanzierungskommission 1993, 7. Kapitel III (BT-Drs. 12/4425, S. 37).
35 *von Arnim*, Verfassungsfragen der Parteienfinanzierung, Juristische Arbeitsblätter 1985, 207 (208 ff.); *Jürgen Ockermann*, Die staatliche Finanzierung parteinaher bzw. parteibeeinflußter Organisationen im Lichte der Wesentlichkeitstheorie, Zeitschrift für Rechtspolitik 1992, 323.
36 BVerfGE 73, 1 (39).
37 Zur Problematik generell *von Arnim*, Finanzzuständigkeit, in: Isensee/Kirchhof (Hg.), Handbuch des Staatsrechts, Bd. IV, 1990, 987 ff.

38 BVerfGE 73, 1 (BT-Drs. 12/4425, S. 56).
39 Das Bundesverfassungsgericht hat die Frage ausdrücklich offengelassen (BVerfGE 73, 1 [29]). Dieses Urteil des zuständigen Zweiten Senats des Bundesverfassungsgerichts erfolgte aber in derselben personellen Besetzung und in demselben Geist wie das gleichzeitig ergangene Parteienfinanzierungsurteil von 1986, das den Chancenausgleich und die immens hohen steuerlichen Begünstigungen von Parteispenden verfassungsrechtlich absegnete. Beides (und noch einiges mehr) hat der Zweite Senat aber in seinem Urteil vom 9.4.1992 in neuer Besetzung und mit neuem (durch die berechtigte öffentliche Kritik offensichtlich nicht unbeeinflußten) Geist für verfassungswidrig erklärt. Es ist deshalb zu erwarten, daß das Gericht in einem eventuellen neuen Urteil zu den Parteistiftungen auch diese sehr viel konsequenter als noch 1986 überprüfen würde.
40 Parteienfinanzierungskommission 1993, 8. Kapitel, II 3 (BT-Drs. 12/4425, S. 41).
41 So auch die Kritik in meinem abweichenden Votum, Parteienfinanzierungskommission 1993, E IV 3 (BT-Drs. 12/4425, S. 56).
42 Stiftungsverband Regenbogen, Die öffentliche Finanzierung politischer Stiftungen und ihre gesetzliche Regelung, Dokumentation eines ExpertInnengesprächs am 28.2.1994 in Bonn.
43 Dazu ausführlich *von Arnim*, Die Partei, der Abgeordnete und das Geld, 1991, 133 ff.
44 Näheres bei *von Arnim*, Macht macht erfinderisch. Der Diätenfall: ein politisches Lehrstück, 1988.
45 Bericht vom 3.6.1993, Bundestagsdrucksache 12/5020, S. 10.
46 Näheres bei *von Arnim*, Die Partei, der Abgeordnete und das Geld, 1991, 220 ff.
47 Bundestagsdrucksache 11/7398.
48 Bericht und Empfehlungen der Unabhängigen Kommission zur Überprüfung des Abgeordnetenrechts vom 3.6.1993, BT-Drs. 12/5020.
49 Die ebenfalls in das Gremium berufene Präsidentin des Bundes

der Steuerzahler, Susanne Tiemann, distanzierte sich in wesentlichen Punkten von den Vorschlägen der Kommission.

50 Dazu *von Arnim* (Interview), Der Spiegel vom 14.6.1993, S. 91 f.
51 BVerfGE 40, 296.
52 In Schleswig-Holstein.
53 *Geiger*, Der Abgeordnete und sein Beruf, ZParl 1978, 522 (528).
54 *Geiger*, Der Abgeordnete und sein Beruf, ZParl 1978, 522 (532 f.). Geiger sprach von »Abusus«. Vgl. auch *von Arnim*, Bonner Kommentar, Artikel 48 GG, Rn 132.
55 *Geiger*, Der Abgeordnete und sein Beruf, ZParl 1978, 522 (533).
56 *Geiger*, Der Abgeordnete und sein Beruf, ZParl 1978, 522 (533).
57 *Geiger*, Der Abgeordnete und sein Beruf, ZParl 1978, 522 (527).
58 BVerfGE 49, 1.
59 Frankfurter Allgemeine Zeitung vom 24.5.1978 (»Scheel schilt die Abgeordneten«); Süddeutsche Zeitung vom 2.10.1978 (»Bedenken des Bundespräsidenten über Diätenregelung der Parlamente«).
60 BVerfGE 76, 256 (341-343).
61 Näheres bei *von Arnim*, Der Fall Hamburg, Bürgerschaft der Freien und Hansestadt Hamburg, 14. Wahlperiode, Drucksache 14/2052 vom 2.6.1992, Anlage; *ders.*, Der Staat als Beute, 1993, 67 ff.
62 Näheres bei *von Arnim*, Der Staat als Beute, 1993, 135 ff.
63 *von Arnim*, Der Staat als Beute, 1993, 180 f.
64 Näheres bei *von Arnim*, Der Staat als Beute, 1993, 184 f.
65 Auch Thüringen hat sein Ministergesetz geändert und Privilegien abgebaut. Die Anrechenbarkeit von Zeiten als Abgeordneter im Thüringer Landtag und in der am 18.3.1990 gewählten Volkskammer der DDR auf die Ministerpension wurde jedoch aufrechterhalten.
66 Gelegentlich wurde die Berechtigung der Kritik aber ausdrücklich anerkannt. So z.B. der Abgeordnete *Goldbeck* (FDP) im Landtag Mecklenburg-Vorpommern. Protokoll der ersten Lesung des Änderungsgesetzes zum dortigen Landesministerge-

setz am 3.3.1994, 5901: »Wir kommen mit diesem Ministergesetz einen ... Schritt dem näher, was ... Professor von Arnim bereits in seinen ... kritischen Schriften gefordert hat. ... Ich muß sagen, gerade seine Mahnungen haben viel Nachdenken erzeugt.« Ferner der hessische Ministerpräsident *Eichel* bei der ersten Lesung des hessischen Ministerbezügegesetzes, Protokoll der Sitzung des Landtages vom 11.10.1992, 2859: »Es ist jetzt wichtiger denn je, in Hessen über den vorgesehenen Abbau der Überversorgung von Regierungsmitgliedern zu beraten und diesen auch zu beschließen.« Vgl. auch den Abgeordneten *Gruschke* (SPD) im Landtag des Saarlandes bei der ersten Lesung des Änderungsgesetzes zum saarländischen Ministergesetz, Protokoll der Sitzung des Landtags vom 7.7.1993, 2831: »Das Saarländische Ministergesetz wurde durch ein Gutachten des Verwaltungsrechtlers Professor Hans Herbert von Arnim zu einem Sinnbild der Selbstbedienungsmentalität der Politiker, nicht nur im Saarland, sondern in der gesamten Bundesrepublik.« Ähnlich der Abgeordnete *Peter Müller* (CDU) in derselben Sitzung, 2834: »Das Saarländische Ministergesetz ist tatsächlich revisionsbedürftig. Dies wissen wir spätestens seit einem Gutachten, das im Auftrag des saarländischen Steuerzahlerbundes im vergangenen Jahr erstellt worden ist und das zutage gefördert hat, daß bei uns die Minister hinsichtlich der Besoldung, insbesondere aber hinsichtlich der Versorgungsregelungen eine bundesweite Spitzenstellung einnehmen und daß hier dringend Anpassungsbedarf besteht.«
67 Näheres bei *von Arnim*, Der Staat als Beute, 1993, 192 ff. mit weiteren Nachweisen.
68 Diese Reform wurde vorbereitet durch einen unerschrockenen Ministerialrat im Ruhestand, der den Gesetzentwurf erarbeitete, und eine beherzte Staatssekretärin, die ihrem Ministerialrat die Stange hielt und dabei von ihrem Ministerpräsidenten gestützt wurde.
69 Näheres dazu, inwieweit die Ministerversorgung in den einzel-

nen Ländern überzogen ist, bei *von Arnim*, Der Staat als Beute, 1993, 377 ff.
70 Gesetz über die Rechtsverhältnisse der Parlamentarischen Staatssekretäre vom 6.4.1967, BGBl. I, S. 396.
71 Gesetz über die Rechtsverhältnisse der Parlamentarischen Staatssekretäre (ParlStG) vom 24.7.1974, BGBl. I, S. 1538.
72 Stand: Frühjahr 1993.
73 FAZ-Magazin Nr. 671 vom 8.1.1993.
74 Ähnlich der Titel des Zeitungsbeitrags: *von Arnim*, Verdienen die Politiker, was sie verdienen?, Frankfurter Allgemeine Zeitung vom 16.6.1992.
75 *Cecior*, in: Schütz, Beamtenrecht, 5. Aufl. (Januar 1992) 14. Beamtenversorgungsgesetz, Erläuterung 1b.
76 Bericht des Bundestagsinnenausschusses zu § 7, Bundestagsdrucksache 7/5165, S. 7.
77 *Wolfgang Junker*, Das Beamtenversorgungsgesetz – kritisch betrachtet, ZBR 1976, 293 (298).
78 Rechnet man die steuerliche Begünstigung der Beiträge und Spenden und die Sonderabgaben von Mandatsträgern (»Parteisteuern«) von ca. 240 Mio. Mark dazu, sind es 470 Mio. Mark.
79 BVerfGE 6, 273 (279-281).
80 BVerfGE 78, 350 (361).
81 BVerfGE 20, 56 (118).
82 BVerfGE 24, 300 (351).
83 BVerfGE 85, 264 (328).
84 *von Arnim*, Der Staat als Beute, 1993, 227 ff.
85 BVerfGE 40, 296 (327): »Die parlamentarische Demokratie basiert auf dem Vertrauen des Volkes.« BVerfGE 85, 264 (290): »Gewönne der Bürger den Eindruck, die Parteien ›bedienten‹ sich aus der Staatskasse, so führte dies notwendig zu einer Verminderung ihres Ansehens und würde letztlich ihre Fähigkeit beeinträchtigen, die ihnen von der Verfassung zugewiesenen Aufgaben zu erfüllen.«
86 *Stefan Barton*, Der Tatbestand der Abgeordnetenbestechung,

Neue Juristische Wochenschrift 1994, 1098: »Zwar hat der Gesetzgeber die Abgeordnetenbestechung unter Strafe gestellt, den Bereich des Strafbaren dabei aber so eng gefaßt, daß wohl niemals ein Abgeordneter oder Lobbyist nach dieser Vorschrift bestraft werden wird. Die Norm bleibt weitgehend ohne instrumentelle Wirkungen, reduziert sich auf ein symbolisches Fanal, das wirksamen Rechtsgüterschutz (Verhinderung von politischer Korruption) eher erschwert als fördert.«

87 Verhaltensregeln für Mitglieder des Deutschen Bundestages (Anlage 1 der Geschäftsordnung des Deutschen Bundestages), neugefaßt durch Bek. v. 18.12.1986 (BGBl. 1987 I S. 147). Vgl. auch die Ausführungsbestimmungen vom 26.6.1987 BGBl. I S. 1758.

88 § 4 III Verhaltensregeln i.V.m. § 25 I Nr. 6 PartG. Weitere Verbote finden sich in den Nrn. 1 – 5. Danach dürfen Parteien nicht annehmen: Spenden von politischen Stiftungen; von gemeinnützigen Organisationen; von Ausländern; Spenden, die über Berufsverbände geleitet werden; anonyme Spenden, soweit sie 1 000 DM übersteigen. Auch diese Verbote gelten nach § 4 III Verhaltensregeln entsprechend für Bundestagsabgeordnete.

89 Dazu später im Text.

90 Das stellt § 4 der »Verhaltensregeln für Bundestagsabgeordnete« ausdrücklich klar, indem sein Absatz 1 den Abgeordneten verpflichtet, über alle unentgeltlichen Zuwendungen, »die ihm für seine politische Tätigkeit zur Verfügung gestellt werden, gesondert Rechnung zu führen«, und sein Absatz 2 den Abgeordneten verpflichtet, Spenden über 10 000 DM der Bundestagspräsidentin anzuzeigen.

91 Urteil des Landgerichts Bonn vom 16.2.1987, Az. 27 F 7/83.

92 Der Spiegel Nr. 27 vom 1.7.1985, S. 29 f. (Pharmaindustrie); Der Spiegel Nr. 34 vom 19.8.1985, S. 19 ff. (Versicherungswirtschaft). Vgl. auch den Hinweis von *Steinberg*, Parlament und organisierte Interessen, in: Schneider/Zeh (Hg.), Parlamentsrecht und Parlamentspraxis, 1989, 217 (226), daß er selbst »bei

einem Bonner Spitzenverband die Existenz eines Wahlkampffonds in Millionenhöhe feststellen« konnte, »der an ›nahestehende‹ Abgeordnete und Kandidaten ausgeschüttet wurde.«

93 *Göttrik Wewer*, Plädoyer für eine integrierende Sichtweise von Parteien-Finanzen und Abgeordneten-Alimentierung, in: ders. (Hg.), Parteienfinanzierung und politischer Wettbewerb, 1990, 420 (443 ff.); *Christine Landfried*, Parteifinanzen und politische Macht, 1990, 143 ff. Vergleiche auch schon die Studie von *von Arnim*, Das Verbot von Interessentenzahlungen an Abgeordnete, Veröffentlichungen des Karl-Bräuer-Instituts des Bundes der Steuerzahler, 1976.

94 Zitat nach Der Spiegel Nr. 34 vom 19.8.1985, S. 19 (21).

95 *Eschenburg*, Paragraphen gegen Parlamentarier, in: *ders.*, Zur politischen Praxis in der Bundesrepublik, Bd. 1, 1967, 124.

96 »Zur Person: Rainer Magulski«, Frankfurter Rundschau vom 28.1.1987.

97 Vgl. § 4 der Verhaltensregeln für Bundestagsabgeordnete. Die – soweit ersichtlich – einzige Ausnahme machten bis vor kurzem noch die Verhaltensregeln des schleswig-holsteinischen Landtages; nach dem mit dem Änderungsgesetz vom 15.7.1990 (GVOBl. Schl.-H. S. 437) neu eingefügten § 47 a AbgGSH müssen die Verhaltensregeln nur noch Bestimmungen enthalten über »die Pflicht zur Rechnungsführung und Anzeige von Spenden, soweit ein festgelegter Mindestbetrag überschritten wird« (Abs. 2 Nr. 6); der Landtagspräsident erhebt und verarbeitet die Daten (Abs. 3).

98 § 4 der Verhaltensregeln für Mitglieder des Bundestags. Nach den Verhaltensregeln der Landesparlamente liegt die Anzeigegrenze niedriger (z.B. Baden-Württemberg 3 000 Mark) oder es besteht keinerlei Grenze (z.B. Berlin, Bremen, Hamburg, Niedersachsen, Nordrhein-Westfalen, Rheinland-Pfalz).

99 *Wewer*, Plädoyer für eine integrierende Sichtweise von Parteien-Finanzen und Abgeordneten-Alimentierung, in: *ders.* (Hg.), Parteienfinanzierung und politischer Wettbewerb, 1990, 420 (447).

100 § 25 II PartG.
101 Art. 21 Absatz 1 Satz 4 GG.
102 BVerfGE 20, 56 (106).
103 BVerfGE 52, 63 (87).
104 BVerfGE 85, 264 (323 ff.).
105 So z.B. der Erlaß des Finanzministers Nordrhein-Westfalen vom 14.11.1985 über die Behandlung von Wahlkampfspenden, DB 1986, 621.
106 §§ 15 f. und 19 Erbschaftsteuer- und Schenkungsteuergesetz.
107 §§ 11 I, 12 II AbgG.
108 § 12 III AbgG mit dem Bundeshaushaltsplan 1994.
109 *Henkel*, DÖV 1975, 819 (821); *Thaysen*, Die Volksvertretungen der Bundesrepublik und das Bundesverfassungsgericht: Uneins in ihrem Demokratie- und Parlamentsverständnis, ZParl 1976, 3 (13 f.).
110 *Tsatsos*, Die parlamentarische Betätigung von öffentlichen Bediensteten, 1970, 152 ff.; *Kühne*, Die Abgeordnetenbestechung, 1971, 34 ff.; ähnlich *Hans-Peter Schneider*, Gesetzgeber in eigener Sache, in: Grimm/Maihofer (Hg.), Gesetzgebungstheorie und Rechtspolitik, Jahrbuch für Rechtssoziologie und Rechtstheorie, Bd. 13, 1988, 327 (331 ff.). Dagegen *Krause*, Freies Mandat und Kontrolle der Abgeordnetentätigkeit, DÖV 1974, 325 (327); *von Arnim*, Gemeinwohl und Gruppeninteressen, 1977, 388 ff. mit weiteren Nachweisen; *Peine*, Der befangene Abgeordnete, JZ 1985, 914.
111 Stellungnahme des Deutschen Bundestags, vervielfältigtes Manuskript, 34 f.; zitiert in: *von Arnim*, Das Verbot von Interessentenzahlungen an Abgeordnete, 1976, 7.
112 Solange man davon ausgeht, der Einfluß von Interessenten gleiche sich insgesamt zu einem harmonischen Ganzen aus, mögen derartige Einflußnahmen noch weniger gravierend erscheinen. Doch kommt es in der Praxis nicht zu solch harmonischem Ausgleich. Näheres in Kapitel 6. Vgl. auch *von Arnim*, Gemeinwohl und Gruppeninteressen, 1977, 388 ff.

Kapitel 5: Politikfinanzierung

113 BVerfGE 40, 296 (318 f.).

114 Vgl. dazu *von Arnim*, Das Verbot von Interessentenzahlungen an Abgeordnete, 1976; *ders*., Stellungnahme zur vorgesehenen Neuordnung der Verhaltensregeln für Bundestagsabgeordnete (BT-Drs. 10/3544 und 10/3557), abgegeben vor dem Ausschuß für Wahlprüfung, Immunität und Geschäftsordnung des Deutschen Bundestages am 24.10.1985, S. 6 ff.; Stellungnahme des Bundesinnenministeriums zum Entwurf eines Gesetzes zur Neuregelung der Rechtsverhältnisse der Mitglieder des Deutschen Bundestages (BT-Drs. 7/5525, vervielfältigtes Manuskript, S. 4 f., 10, 21 f., 33 f.); *Landfried*, Parteifinanzen und politische Macht, 1990, 145 ff.

115 *Mann*, Deutscher Bundestag, 10. Wahlperiode, 255. Sitzung vom 10.12.1986, Protokoll S. 19851 (19852); *Conradi*, ebenda, S. 19859.

116 Für Bundestagsabgeordnete schreibt § 44 a II Ziff. 4 AbgG vor, daß die Verhaltensregeln des Bundestages Bestimmungen enthalten müssen »über die Unzulässigkeit einer Annahme von Zuwendungen, die das Mitglied des Bundestages, ohne die danach geschuldeten Dienste zu leisten, nur deshalb erhält, weil von ihm im Hinblick auf sein Mandat erwartet wird, daß er im Bundestag die Interessen der Zahlenden vertreten und nach Möglichkeit durchsetzen wird«. (Fast wörtlich stimmt damit überein der durch das Änderungsgesetz vom 15.7.1990 [GVOBl. Schl.-H. S. 437] neu eingefügte § 47 a II Ziff. 7 AbgG SH.) Dies ist eine wörtliche Wiederholung des vom Bundesverfassungsgericht im Diätenurteil formulierten Grundsatzes. Es fehlt an der vom Bundesverfassungsgericht geforderten gesetzlichen Regelung, die konkretisiert und sanktioniert. Damit bleiben die mit jener Formulierung verbundenen Auslegungsfragen unbeantwortet, etwa, ob schon eine minimale Tätigkeit für den weiter zahlenden Arbeitgeber ausreicht (so anscheinend *Schneider*, Gesetzgeber in eigener Sache, in: Grimm/Maihofer [Hg.], Gesetzgebungstheorie und Rechtspo-

litik, Jahrbuch für Rechtssoziologie und Rechtstheorie, Bd. 13, 1988, 327 [346]), um den Verbotstatbestand nicht anzuwenden, und ob der Zahlende eine unzulässige Einflußnahme beabsichtigen muß (so anscheinend *Schneider*, a.a.O., 328 f.: »final finanzierte Interessenwahrnehmung«). Daß diese Zweifelsfragen nicht beantwortet werden, betont auch *Roll*, Verhaltensregeln, in: Schneider/Zeh (Hg.), Parlamentsrecht und Parlamentspraxis, 1989, 607 (614). Bejahte man beide Fragen, so würde die Vorschrift im Ergebnis leerlaufen, was sicher nicht der Intention des Bundesverfassungsgerichts entsprechen würde (*von Arnim*, Sachverständigen-Anhörung des Bundestagsausschusses für Wahlprüfung, Immunität und Geschäftsordnung vom 24.10.1985, 10. Wahlperiode, Stenographisches Protokoll der 28. Sitzung). Deshalb werden sie in den Abgeordnetengesetzen Bremens und Niedersachsens mit Recht verneint (dazu schon *von Arnim*, Bonner Kommentar, Art. 48 GG, Rn. 153 f.). Gleichwohl wird es den Abgeordneten durch das Offenlassen dieser Fragen – trotz ihrer offensichtlichen Regelungsbedürftigkeit – ermöglicht, sich auf den Standpunkt zu stellen, die Vorschrift sei so großzügig auszulegen, daß sie praktisch leerläuft. Dies wird auch durch § 9 I der Verhaltensregeln für Mitglieder des Deutschen Bundestages nicht verhindert, ganz abgesehen davon, daß es sich nicht um die verfassungsrechtlich vorgeschriebene *gesetzliche* Bestimmung handelt. In § 9 I heißt es, ein Abgeordneter dürfe »für die Ausübung des Mandats keine anderen als die gesetzlich vorgesehenen Zuwendungen oder andere Vermögensvorteile annehmen«. Diese Vorschrift klingt zunächst so, als dürfe der Abgeordnete nur die im AbgG vorgesehenen Diäten annehmen. Die Verfasser scheinen jedoch davon auszugehen, auch die Annahme von Interessentenzahlungen sei »gesetzlich vorgesehen«, soweit sie nicht gesetzlich verboten sei. Was gesetzlich verboten sei, richte sich wiederum nach § 44 a II Ziff. 6 AbgG. So wird die Vorschrift jedenfalls in der Kommentierung

Kapitel 5: Politikfinanzierung

durch *Roll*, einen Beamten der Bundestagsverwaltung, verstanden (*Roll*, a.a.O., 614). Damit liegt hier ein klassischer Fall von Ringverweisung vor: Das Bundesverfassungsgericht und das Abgeordnetengesetz verlangen Bestimmungen gegen Interessentenzahlungen. Die daraufhin ergangenen Verhaltensregeln verweisen hinsichtlich der Frage, was solche unzulässigen Interessentenzahlungen sind, wiederum zurück auf das Abgeordnetengesetz, das insoweit aber keine Klärung enthält, sondern diese seinerseits in den Verhaltensregeln verlangt.

117 § 23 III und IV Abgeordnetengesetz Niedersachsen, § 36 Abgeordnetengesetz Bremen.

118 § 36 BremAbgG hat denselben Wortlaut wie § 27 III NdsAbgG. Mißverständlich formuliert dagegen § 24 S. 2 AbgGNW und § 23 I 2 AbgGSL.

119 Die in § 18 II *des Hessischen Abgeordnetengesetzes* vom 18.10.1989 enthaltene Regelung reicht schon deshalb nicht aus, weil sie ihrem Wortlaut nach so verstanden werden muß, daß in Höhe der Interessentenzahlung die Grundentschädigung erst dann ruht, wenn ihr überhaupt »keine tatsächlich geleistete Arbeit entspricht«. Statt dessen ist wie in Niedersachsen eine Soweit-Formulierung geboten. Von »wirksamen Vorkehrungen« kann im übrigen im Hessischen Abgeordnetengesetz keine Rede sein.

120 Abg. *Conradi*, Deutscher Bundestag, 10. Wahlperiode, 255. Sitzung vom 10. 12. 1986, Protokoll S. 19859 f.; *Landfried*, Parteifinanzen und politische Macht, 1990, 144 f.

121 *Conradi*, Deutscher Bundestag, 10. Wahlperiode, 255. Sitzung vom 10.12.1986, Protokoll S. 19861.

122 BVerfGE 39, 1.

123 Vgl. auch BVerfGE 40, 296 (318 f.): Pflicht, gesetzliche Vorkehrungen gegen Interessentenzahlungen zu treffen. BVerfGE 79, 311 (336, 352 ff.): Pflicht zum Erlaß der gesetzlichen Regelungen gemäß Art. 115 I 3 GG.

124 So praktisch die gesamte strafrechtliche Literatur. Vgl. auch

Burkhard Schulze, Zur Frage der Strafbarkeit der Abgeordnetenbestechung, JR 1973, 485 (486); *Peter Krause*, Freies Mandat und Kontrolle der Abgeordnetentätigkeit, DÖV 1974, 325 (334); *Dreher*, Das Dritte Strafrechtsänderungsgesetz, JZ 1953, 421 (427); *Rolf Klein*, Straflosigkeit der Abgeordnetenbestechung. Einer Strafrechtslücke zum 25jährigen Bestehen, ZRP 1979, 174.

125 So das Bundesverfassungsgericht, BVerfGE 40, 296 (318 f.).

126 Die *Parteienfinanzierungskommission* hatte vorgeschlagen, daß bei Verstoß gegen Spendenverbote das Zehnfache verfallen müsse (Bericht, 1983, 224). Dieser Gedanke könnte auch hier fruchtbar gemacht werden.

127 Empfehlungen der Kommission unabhängiger Sachverständiger zur Parteienfinanzierung, Bundestagsdrucksache 12/4425 vom 19.2.1993, S. 31.

128 So schon *von Arnim*, Stellungnahme zur vorgesehenen Neuordnung der Verhaltensregeln für Bundestagsabgeordnete (BT-Drs. 10/3544 und 10/3557), abgegeben vor dem Ausschuß für Wahlprüfung, Immunität und Geschäftsordnung des Deutschen Bundestages am 24.10.1985, S. 19; *Troltsch*, Der Verhaltenskodex von Abgeordneten in westlichen Demokratien, Aus Politik und Zeitgeschichte B 24-25/1985, 3 (14–16); *Wewer*, Plädoyer für eine integrierende Sichtweise von Parteien-Finanzen und Abgeordneten-Alimentierung, in: ders. (Hg.), Parteienfinanzierung und politischer Wettbewerb, 1990, 420 (447); *Landfried*, Parteifinanzen und politische Macht, 1990, 305 ff.

129 Bericht und Empfehlungen der Unabhängigen Kommission zur Überprüfung des Abgeordnetenrechts, Bundestagsdrucksache 12/5020 vom 3.6.1993, 19 f., 23. Dazu kritisch *von Arnim*, in: Der Spiegel vom 14.6.1993, S. 91 f.

130 *Oskar Lafontaine*, Wunschlos unglücklich, in: Gunter Hoffmann/Werner A. Perger (Hg.), Die Kontroverse, 1992, 103 (106 f.).

131 Einige Beispiele, wie Politiker sich durch Angriffe auf ihre Kritiker Entlastung zu verschaffen suchen, bei *von Arnim*, Der Staat als Beute, 1993.
132 BVerfGE 40, 296 (327).
133 *Albrecht Weber*, Direkte Demokratie im Landesverfassungsrecht, Die Öffentliche Verwaltung 1985, 178.
134 Frankfurter Allgemeine Zeitung vom 18.5.1978, S. 4.
135 Zur Verstärkung direkt-demokratischer Elemente in der Bundesrepublik generell *von Arnim*, Staatslehre der Bundesrepublik Deutschland, 1984, 512 ff.; *ders.*, Möglichkeiten unmittelbarer Demokratie auf Gemeindeebene, Die Öffentliche Verwaltung 1990, 85 ff.; jeweils mit weiteren Nachweisen.
136 *Gerhard Schmid*, Diskussionsbeitrag, Veröffentlichungen der Vereinigung Deutscher Staatsrechtslehrer, Band 44, 135.
137 In der Schweiz tauchen umgekehrte Probleme auf. Vgl. *Schmid*, 135: Die Präventivwirkung der plebiszitären Institutionen bewirke, »daß wir auch das Vernünftige nur mit Mühe tun können«.
138 Vgl. *von Arnim*, Entmündigen die Parteien das Volk?, Aus Politik und Zeitgeschichte, Beilage 21/1990, S. 25–36.
139 *Wilhelm Henke*, Drittbearbeitung des Artikels 21 GG (1991), Rn 322. Vergleiche auch *Hans-Jochen Vogel*, Entscheidungen des Parlaments in eigener Sache, Zeitschrift für Gesetzgebung 1992, 293.
140 *von Arnim*, Verdienen die Politiker, was sie verdienen?, Frankfurter Allgemeine Zeitung vom 16.6.1992.
141 So auch Parteienfinanzierungskommission 1993, Empfehlungen, Kapitel 8, VI 1 (Bundestagsdrucksache 12/4425, S. 39); ebenso Bericht und Empfehlungen der Unabhängigen Kommission zur Überprüfung des Abgeordnetenrechts, Bundestagsdrucksache 12/5020 vom 6.3.1993, S. 21.
142 *Klaus Vogel*, Das Grundgesetz für die Bundesrepublik Deutschland, Vortrag auf der katholischen Akademie in Bayern am 25.9.1992 in München, Typoskript, S. 18.

Anmerkungen

Kapitel 6: Verbände

1 *von Arnim*, Gemeinwohl und Gruppeninteressen 1977, 133 f. Im anglo-amerikanischen Sprachgebrauch verwendet man den anschaulichen Begriff *pressure groups*.
2 Teilweise auch auf die Verwaltung.
3 Übersicht bei *Jürgen Weber*, Gefährdung der parlamentarischen Demokratie durch Verbände?, in: Oberreuter (Hg.), Pluralismus, 1979, 109, 114 f.; Rudolf Steinberg (Hg.), Staat und Verbände, 1985.
4 Neben den herkömmlichen Interessenverbänden haben seit Mitte der sechziger Jahre neuartige Akteure die politische Bühne betreten: die *Bürgerinitiativen* (vgl. statt vieler *Pelinka*, Bürgerinitiativen – gefährlich oder notwendig? 1978; *Thaysen*, Bürger-, Staats- und Verwaltungsinitiativen, 1982 mit weiteren Nachweisen). Die Abgrenzung von Interessenverbänden ist fließend. Immerhin gibt es typische Unterschiede: Unter den Verbänden überwiegt nach Zahl und Gewicht die Vertretung wirtschaftlicher Interessen im Produktionsbereich. Wirtschaftsverbände, wie Arbeitgeber- und Unternehmerverbände, Gewerkschaften und Bauernverbände dominieren. Bürgerinitiativen betätigen sich dagegen vornehmlich in Reproduktionsbereichen (Umwelt, Wohnen, Verkehr, Schule). – Verbände sind auf die dauerhafte Vertretung bestimmter Interessen angelegt; Bürgerinitiativen richten sich zumeist auf ein vorübergehendes Anliegen, mit dem sie dann auch regelmäßig ihre Erledigung finden. Daraus ergeben sich Folgen für die Festigkeit der Organisation: Verbände tendieren zu bürokratischer Organisation mit allen Vor- und Nachteilen, wie einerseits die Verfügung über hauptberufliches Personal und spezielle Sachkunde; andererseits besteht häufig eine erhebliche Distanz zu den Mitgliedern. – Die stärkere Organisation gibt Interessenverbänden in der Regel die Fähigkeit, auch auf die politische Willensbildung im Bund und in den Ländern

Einfluß zu nehmen, also auf Bereiche, die außerhalb des räumlichen Wirkungsfeldes und des persönlichen Einflußbereichs ihrer Mitglieder liegen. Im Unterschied dazu sind Bürgerinitiativen mangels verfestigter Organisation und hauptberuflichen Personals meist auf die Einflußnahme vor Ort beschränkt. – Organisationsstarke Verbände und Großunternehmen haben oft dauernden Kontakt zu den für ihre Belange zuständigen Verwaltungsstellen, einen Kontakt, der im allgemeinen unter Ausschluß der Öffentlichkeit erfolgt. Es werden Informationen gegeben, Gespräche geführt, Gutachten vorgelegt. Hauptansatz für Bürgerinitiativen ist dagegen zumeist der Versuch, die Öffentlichkeit zu mobilisieren, um auf diese Weise indirekt Druck auf die Verwaltung auszuüben, weil sie häufig über kein anderes Konfliktpotential verfügen. Bürgerinitiativen suchen oft gerade gegen den apokryphen Einfluß der Wirtschaftsverbände auf Staat und Verwaltung Front zu machen und eine Art Gegenmacht zu bilden.

5 Durch Artikel 109 Absatz 2 GG und § 1 StabG ist die Verantwortung der Bundesregierung für Störungen des gesamtwirtschaftlichen Gleichgewichts auch *rechtlich* festgelegt (Hinzufügung dieser Anmerkung durch den Verfasser).

6 *Bernholz*, Die Machtkonkurrenz der Verbände im Rahmen des politischen Entscheidungssystems, in: Schneider/Watrin (Hg.), Macht und ökonomisches Gesetz, Schriften des Vereins für Socialpolitik, Bd. 74, 1973, 859 (65).

7 *Kaiser*, Die Repräsentation organisierter Interessen, 1956, 2. Aufl. 1978, 258 ff.

8 *Alexander von Brünneck*, Das Demokratieprinzip und die demokratische Legitimation der Verwaltung, in: Dieter Grimm (Hg.), Wachsende Staatsaufgaben – sinkende Steuerungsfähigkeit des Rechts, 1990, 253 ff.

9 Zu Einzelheiten vgl. Anlage 2 der Geschäftsordnung des Deutschen Bundestages betr. »Registrierung von Verbänden und deren Vertretern«.

10 Nähere Angaben bei *Jürgen Weber*, Die Interessengruppen im politischen System der Bundesrepublik Deutschland, 1977, 285 ff.
11 *von Arnim*, Volkswirtschaftspolitik, 5. Aufl., 1985, 238 ff. m.w.N.
12 Sachverständigenrat zur Begutachtung der gesamtwirtschaftlichen Entwicklung, Jahresgutachten 1974, Ziff. 365.
13 Erscheinungsjahr der genannten deutschen Ausgabe: 1968.
14 So sind z.B. für den gewerkschaftlichen Organisationsgrad in der Bundesrepublik (etwa ein Drittel) die Gewährung von Rechtsschutz, Streik- und Aussperrungsgeldern und z.T. auch die Ausrichtung von gesellschaftlichen oder Fortbildungsveranstaltungen von großer Bedeutung. Ähnliche selektive Anreize setzen z.B. die Vertriebenenverbände durch besondere Beratungen und Informationen für ihre Mitglieder.
15 Dazu (auch mit einer Auseinandersetzung mit wirtschaftspolitischen Argumenten) *von Arnim*, Der ausgebeutete Geldwertsparer, ZRP 1980, 201; Replik von Bundesfinanzminister *Matthöfer*, ZRP 1980, 325; Duplik von *Klaus Vogel*, ZRP 1981, 35. Vgl. auch BVerfGE 50, 57; dazu kritisch *von Arnim*, Anmerkung zum Zinsenbesteuerungsurteil des Bundesverfassungsgerichts, in: StRK-Anm. Nr. 20 Abs. I Ziff. 4 EStG (1980).
16 Übersicht bei *von Arnim*, Gemeinwohl und Gruppeninteressen, 1977, 151 ff. mit weiteren Nachweisen.
17 *von Arnim*, Gemeinwohl und Gruppeninteressen, 1977, 162 mit weiteren Nachweisen.
18 *Schattschneider*, The Semisovereign People, 1960, 35. Zustimmend *Scharpf*, Demokratietheorie zwischen Utopie und Anpassung, 1970, 44.
19 Vgl. auch schon *R.P. Wolff*, Das Elend des Liberalismus, 1969, 214.
20 Vgl. auch schon *Loewenstein*, Verfassungslehre, 2. Aufl., 1969, 414; *Kaiser*, Die Repräsentation organisierter Interessen, 284, 308; *Herzog*, Allgemeine Staatslehre, 1971, 342; *Scheuner*, Die Lage des parlamentarischen Regierungssystems in der Bundesrepublik, DÖV 1974, 433 (441).

21 Vgl. auch *Schelsky*, Funktionäre. Gefährden sie das Gemeinwohl?, 1982.
22 *Hans-Georg Wehling/H.-Jörg Siewert*, Der Bürgermeister in Baden-Württemberg. Eine Monographie, 1984.
23 *Fritz Scharpf*, Demokratie zwischen Utopie und Anpassung, 1970, 75.

Kapitel 7: Politikversagen

1 *Herder-Dorneich*, Steuerung und Fehlsteuerung im Gesundheitsbereich, in: von Arnim/Klages (Hg.), Probleme der staatlichen Steuerung und Fehlsteuerung in der Bundesrepublik Deutschland, 1986, 265.
2 Die Blümschen »Reformen« haben keine wirkliche Besserung gebracht.
3 Vgl. a. *Konrad Schily*, Der staatlich bewirtschaftete Geist, 1993, 74 ff.
4 § 6 Absatz 1 Haushaltsgrundsätzegesetz, § 7 Absatz 1 Bundeshaushaltsordnung/Landeshaushaltsordnungen und die entsprechenden Bestimmungen in den Kommunalgesetzen.
5 § 6 Absatz 2 Haushaltsgrundsätzegesetz, § 7 Absatz 2 Bundeshaushaltsordnung/Landeshaushaltsordnungen.
6 Näheres zu dieser Thematik bei *von Arnim*, Wirtschaftlichkeit als Rechtsprinzip, 1988; *ders.*, Wirtschaftlichkeit als Kontrollmaßstab des Rechnungshofs, in: Zavelberg (Hg.), Die Kontrolle der Staatsfinanzen, 1989, 259 ff.; *von Arnim/Lüder* (Hg.), Wirtschaftlichkeit in Staat und Verwaltung, 1993.
7 *Parkinson*, Parkinsons Gesetz und andere Untersuchungen über die Verwaltung, 1958.
8 Im Vorblatt des Gesetzentwurfs hieß es über die Kosten: »Die Mehraufwendungen betragen für 1988 ca. 1,8 Mio. DM, für die folgenden Jahre jeweils ca. 570.000 DM«.
9 *von Arnim*, Macht macht erfinderisch. Der Diätenfall: ein politisches Lehrstück, 1988, 130 ff., 191 f.

10 *Günter Mann*, Unabhängige Kontrolleure?, Probleme der Besetzung von Kontrollämtern, dargestellt am Beispiel des Leitungspersonals von Rechnungshöfen, Zeitschrift für Parlamentsfragen 1981, 353 (357 ff.).
11 *Forsthoff*, Rechtsstaat im Wandel, 1964, 211.
12 *von Arnim*, Gemeinwohl und Gruppeninteressen, 1977, 356 ff.; *Schuppert*, Die Erfüllung öffentlicher Aufgaben durch verselbständigte Verwaltungseinheiten, 1981, 354 ff.
13 *von Arnim*, Grundprobleme der Staatsverschuldung, Bayerische Verwaltungsblätter 1981, 514; *von Arnim/Weinberg*, Staatsverschuldung in der Bundesrepublik Deutschland, 1986; jeweils mit weiteren Nachweisen.
14 In Artikel 21 Absatz 3 GG heißt es: »Das Nähere regeln Bundesgesetze.«
15 BVerfGE 85, 264.
16 *Hans F. Zacher*, Verwaltung durch Subventionen, Veröffentlichungen der Vereinigung der Deutschen Staatsrechtslehrer, Heft 25, 1967, 308 (311).
17 BVerfGE 25, 167.
18 Bundesarbeitsgericht, Großer Senat, Neue Juristische Wochenschrift 1955, 882 und 972; 1971, 1668.
19 Näheres bei *von Arnim*, Staatslehre der Bundesrepublik Deutschland, 1984, 377 ff.
20 Dazu nachdrücklich *Alexander von Brünneck*, Verfassungsgerichtsbarkeit in den westlichen Demokratien, 1992.

Kapitel 8: Föderalismus in Deutschland

1 *Thomas Ellwein* (Hg.), Kommission zur Gesetzes- und Verwaltungsvereinfachung, Bericht und Vorschläge, 1983, S. 263 ff.
2 *Mußgnug*, in: Isensee/Kirchhof, Handbuch des Staatsrechts, Bd. 1, 1987, Randnummer 26.
3 Näheres bei *Mußgnug*, Randnummer 76 ff.

Kapitel 8: Föderalismus in Deutschland

4 *Mußgnug*, Randnummer 24.
5 BVerfGE 5, 34 (39); 13, 54 (96 f.).
6 *Werner Ernst*, Gedanken zur Neugliederung des Bundesgebiets, Gegenwartskunde 1991/1, S. 5 ff.
7 *Helmut Quaritsch*, Der unerfüllte Verfassungsauftrag, in: Loccumer Protokolle 3/1968, S. 7 (10).
8 Bericht der Sachverständigenkommission für die Neugliederung des Bundesgebiets, 1972.
9 *Almuth Hennings,* Der unerfüllte Verfassungsauftrag: Die Neugliederung des Bundesgebiets im Spannungsfeld politischer Interessengegensätze, 1983, 136 ff.
10 Ein Antrag der hessischen Landesregierung, die Verfassungswidrigkeit der bisherigen Untätigkeit des Bundes festzustellen, war nur an formalen Fragen der Zulässigkeit gescheitert, wobei das Gericht aber gleichzeitig unterstrich, »daß die Pflicht zur Neugliederung des Bundesgebietes den zuständigen Verfassungsorganen als bindender Auftrag erteilt worden ist«. BVerfGE 13, 54 (97).
11 *Ernst*, S. 8.
12 *Ernst*, S. 8.
13 *Roman Schnur*, Gebietsreform als Neuverteilung politischer Macht, in: Loccumer Protokolle 3/1968, S. 116 ff.
14 *Klaus Vogel*, Das Grundgesetz für die Bundesrepublik Deutschland. Vortrag, gehalten auf der Tagung »Eine Verfassung für Deutschland. Grundwerte und Grundrechte – zwischen Bewährtem und Gewünschtem« der Katholischen Akademie Bayern am 25.9.1992 in München, Manuskript, S. 13.
15 *Fritz W. Scharpf,* Europäisches Demokratiedefizit und deutscher Föderalismus, Staatswissenschaften und Staatspraxis 1992, 293 (304).
16 *Roman Herzog*, Teilung und Ballung von Macht im Grundgesetz, in: Paul Kirchhof/Donald P. Kommers (Hg.), Deutschland und sein Grundgesetz, 1993, 431 (434).
17 *Hasso Hofmann*, Die Entwicklung des Grundgesetzes nach 1949,

in: Isensee/Kirchhof, Handbuch des Staatsrechts, Band I, 1987, Randnummern 62 ff.; Überblick über seit 1963 von den Ländern auf den Bund übergegangenen Gesetzgebungskompetenzen auch bei *Albert Janssen*, Der Landtag im Leineschloß – Entwicklungslinien und Zukunftsperspektiven –, in: Präsident des Niedersächsischen Landtags (Hg.), Rückblicke – Ausblicke, 1992, S. 15 (38 f.).
18 So hat das Bundesverfassungsgericht die in Art. 72 Absatz 2 GG für die Ausübung des Gesetzgebungsrechts des Bundes enthaltenen Einschränkungen für nicht justiziabel erklärt und damit praktisch ins Ermessen des Bundesgesetzgebers gestellt (BVerfGE 2, 213 [224]; 34, 9 [21 ff.]). Weiter haben Rechtsprechung und Lehre über die in Art. 73 ff. GG ausdrücklich enthaltenen Gesetzgebungszuständigkeiten des Bundes hinaus kraft Sachzusammenhangs weitere ungeschriebene angenommen (zum Beispiel BVerfGE 3, 404 [421]) und diesen einen sehr weiten Anwendungsbereich gegeben.
19 *Wolf-Rüdiger Schenke*, Gesetzgebung zwischen Parlamentarismus und Föderalismus, in: H.-P. Schneider/C. Zeh (Hg.), Parlamentsrecht und Parlamentspraxis, 1989, 1485 (1514).
20 Überblick bei *Janssen*, 22 f.
21 Bericht der Kommission »Erhaltung und Fortentwicklung der bundesstaatlichen Ordnung innerhalb der Bundesrepublik Deutschland – auch in einem Vereinten Europa«, Teil 1, Düsseldorf 1990, S. 78 ff.
22 Die ausschließliche Kompetenz der Länder über die örtlichen Ertrag- und Verbrauchsteuern (Art. 105 Abs. 2a GG) ist praktisch fast ohne Bedeutung.
23 Art. 106 Abs. 6 Satz 2 GG.
24 Überblick im Bericht der Kommission »Erhaltung und Fortentwicklung der bundesstaatlichen Ordnung« (Anm. 21), 139 ff.
25 *von Arnim*, Der Staat als Beute, 1993, 290 ff.; *ders.*, Finanzierung der Fraktionen. Defizite der in Bund und Ländern vorgesehenen Regelungen, 1993.

26 So schon *Konrad Hesse*, Der unitarische Bundesstaat, 1962, 19.
27 *Herzog*, a.a.O., 436.
28 *Hasso Hofmann*, Randnummer 70.
29 Wegen der kurzen Fristen für die Stellungnahmen des Bundesrates zu Gesetzesvorlagen der Bundesregierung (Art. 76 Abs. 2 GG) besteht auch praktisch meist gar keine Möglichkeit für die Landesregierungen, die Fragen mit ihren Parlamenten zu erörtern – ganz abgesehen davon, ob in diesen der nötige Sachverstand für die Erörterung oft hoch komplexer bundespolitischer Probleme vorhanden ist.
30 Dazu grundlegend schon *Hans Schneider*, Verträge zwischen Gliedstaaten im Bundesstaat, VVDStRL 19 (1961), 1 ff., und neuerdings *Hartmut Klatt*, Interföderale Beziehungen im kooperativen Bundesstaat, Verwaltungsarchiv 1987, 186 ff.
31 *Walter Leisner*, Schwächung der Landesparlamente durch grundgesetzlichen Föderalismus, DÖV 1968, 389 (392).
32 BVerfGE 61, 149 ff.
33 Näheres bei *Ossenbühl*, Staatshaftungsrecht, 4. Auflage, 1991, 357 ff.
34 *von Arnim*, Reform der Gemeindeverfassung in Hessen, DÖV 1992, S. 330 ff.
35 *von Arnim*, Der Staat als Beute, 1993, 19.
36 *von Arnim*, a.a.O., 184 f.
37 *von Arnim*, a.a.O., 221 ff.
38 Näheres bei *von Arnim*, Die Partei, der Abgeordnete und das Geld, 1991, 214 ff.
39 *Frido Wagener*, Der öffentliche Dienst im Staat der Gegenwart, VVDStRL 37, 215 (237).
40 Vgl. auch BVerfGE 40, 296 (321).
41 *Schenke*, a.a.O., 1515.
42 Vgl. zum Beispiel die FORSA-Umfrage »Das Land als politische Handlungsebene. Meinungen und Einstellungen der Bürger zum Föderalismus, zur Landespolitik und zur Rolle der Landtage«, Januar 1990, Bericht der Kommission »Erhaltung und Fort-

entwicklung der bundesstaatlichen Ordnung innerhalb der Bundesrepublik Deutschland – auch in einem Vereinten Europa«, Düsseldorf 1990, Anhang 2. Aus der Erhebung ergibt sich eine unübersehbare Skepsis gegenüber der Landespolitik. Nur ein Fünftel der Befragten interessiert sich am meisten für die Landespolitik, die damit nicht nur weit hinter der Bundespolitik und der Gemeindepolitik rangiert, sondern – vor Maastricht! – sogar noch von der europäischen Politik übertroffen wird. Noch deutlicher wird der nachrangige Stellenwert der Landespolitik bei der Frage, auf welcher Ebene die wichtigsten politischen Entscheidungen der letzten Jahre getroffen wurden. Während zwei Drittel der Befragten den Bund und immer noch ein Fünftel die EG nennen, kann sich nur jeder Zehnte der Befragten an eine besonders wichtige landespolitische Entscheidung erinnern. Die Befragungsergebnisse stimmen in der Tendenz überein mit der im Text dargestellten Diagnose eines zunehmenden Bedeutungsverlustes der eigenständigen Landespolitik und insbesondere eines Funktionsverlustes der Landtage. So sprechen auch nur 17 Prozent der Befragten dem Landtag den größten Einfluß in der Landespolitik zu, und nur zwei Fünftel der Befragten sehen seine wichtigste Aufgabe in der Beratung von Gesetzen, während immerhin vier Fünftel die wichtigste Aufgabe des Landesparlamentes in der Vertretung der Bürger gegenüber Regierung und Verwaltung sehen. Der Ist-Zustand der Landespolitik wird also von den Bürgern weithin zutreffend wahrgenommen.
43 Auf letzteres weist *Schenke*, a.a.O., 1515 f., hin.
44 Bericht der Kommission »Erhaltung und Fortentwicklung der bundesstaatlichen Ordnung innerhalb der Bundesrepublik Deutschland – auch im Vereinten Europa«, 1990, 82.
45 *Thomas Ellwein* (Hg.), Bericht und Vorschläge der Kommission zur Gesetzes- und Verwaltungsvereinfachung, 1983, 264.
46 Vgl. schon *Eschenburg*, Verfassung und Verwaltungsaufbau des Südweststaates, 1952, 59 ff.; *Wilhelm Hennis*, Parlamentarische Opposition und Industriegesellschaft, Gesellschaft, Staat, Erzie-

Kapitel 8: Föderalismus in Deutschland

hung I (1956), 217; *ders.*, Diskussionsbeitrag, in: Haben die Länderparlamente eine Zukunft?, ZParl 1971, 289 f.; *Lehmbruch*, Parteienwettbewerb im Bundesstaat, 1976, 167 f.

47 Vgl. »Haben die Länderparlamente eine Zukunft?«, Tagung der Deutschen Vereinigung für Parlamentsfragen 1971, ZParl 1971, S. 277 ff.

48 *Janssen*, 32.

49 Vgl. Artikel 38 Absatz 1 Satz 2 GG und die entsprechende Bestimmungen der Landesverfassungen.

50 Abg. *Teufel*, Landtag von Baden-Württemberg, 10. Wahlperiode, 6. Sitzung, 29. Juni 1988, Protokoll S. 103.

51 Der Umstand, daß ein großer Teil der Landtagsabgeordneten zugleich Mitglied in kommunalen Vertretungen ist, oft in hervorgehobener Position, z.B. als Fraktionsvorsitzender, schafft Interessenkonflikte und beeinträchtigt die Gewaltenteilung: Der für die Rechtsaufsicht über die Gemeinden zuständige Innenminister untersteht seinerseits der Kontrolle durch den Landtag, in dem diejenigen sitzen, deren Wirken er bei der Kommunalaufsicht zu überprüfen hat. Diese Verquickungen führen zu gegenseitigen politischen Rücksichtnahmen, die die Kontrolle in unguter Weise beeinträchtigen oder gar lähmen können. Vgl. zur Problematik der Überschwemmung der Landesparlamente durch Kommunalpolitiker auch *Partsch*, Diskussionsleitung in: ZParl 1971, 289.

52 *Janssen*, 31. Vgl. auch den FDP-Fraktionsvorsitzenden im Landtag von Nordrhein-Westfalen *Achim Rohde*, Focus 12/93, S. 49: »Die Länder sind nur noch politische Verwaltungseinheiten.«

53 *Thomas Ellwein* (Hg.), Kommission zur Gesetzes- und Verwaltungsvereinfachung, Bericht und Vorschläge, 1983, S. 267.

54 Frühjahrsgutachten 1993 der Wirtschaftswissenschaftlichen Forschungsinstitute.

55 Frühjahrsgutachten, a.a.O.

56 Dazu zusammenfassend *Klaus Kröger*, Einführung in die Verfassungsgeschichte, 1993, 151 ff. mit weiteren Nachweisen.

Anmerkungen

57 Der Spiegel Nr. 48 vom 23.11.1992 (»Eine Erfolgsstory. Die Bundesländer haben sich von Bonn ihr Jawort zu Maastricht mit Machtzuwachs bezahlen lassen«), S. 37 f.; *Wilhelm Hennis*, Auf dem Weg in eine ganz andere Republik, Frankfurter Allgemeine Zeitung Nr. 48 vom 26.2.1993, S. 35. Einen ersten Anlauf in Richtung auf Mitsprache bei Gemeinschaftsentscheidungen machten die Länder bereits bei Ratsfinanzierung der Einheitlichen Europäischen Akte (EEA). Der Bundesrat machte seine Zustimmung davon abhängig, daß ein besonderes in Art. 2 des Zustimmungsgesetzes zur EEA (BGBl. 1986 II S. 1102), ergänzt durch eine Bund-Länder-Vereinbarung vom 17. Dezember 1987 (Text in: Magiera S./Merten D., (Hrsg.) Bundesländer und Europäische Gemeinschaft, Berlin 1988, S. 263 ff.) geregeltes Verfahren zur »Föderalisierung der Außen- und Europapolitik« eingeführt wurde. Es sieht eine umfassende Information des Bundesrats durch die Bundesregierung und die Pflicht der Bundesregierung vor, zu den die Landesinteressen berührenden Fragen Stellungnahmen des Bundesrats zu berücksichtigen. Der Bundesrat hat zur Durchführung dieser Verfahren eine eigene »Kammer für Vorlagen der Europäischen Gemeinschaft« (EG-Kammer) gegründet (Bericht der Kommission »Erhaltung und Fortentwicklung der bundesstaatlichen Ordnung« [Anm. 21], 134 ff.).
58 Der Spiegel, a.a.O., 38.
59 Näheres in *Thomas Ellwein* (Anm. 1).
60 FORSA-Umfrage (Anm. 42).
61 Frankfurter Allgemeine Zeitung vom 15.7.1991.
62 Neue Osnabrücker Zeitung vom 21.2.1992.
63 Frankfurter Allgemeine Zeitung vom 18.6.1993.
64 Zum Bundestag zum Beispiel *Hans Apel*, Die deformierte Demokratie, 1991, 270 f.
65 *Janssen*, 16.
66 *Janssen*, 31.
67 *Heino Kaack*, Das System der Selbstversorger, Die Zeit vom

26.10.1984. Nach Kaack gilt die Feststellung im Text auch für Bundestagsabgeordnete.
68 *Janssen*, 27 f.
69 Zur verfassungsrechtlichen Bedenklichkeit dieser Regelung unter dem Gesichtspunkt des Gleichheitssatzes *von Arnim*, Zweitbearbeitung des Art. 48 GG im Bonner Kommentar, Randnummer 27.
70 Bei kleinen oder neu entstandenen Parteien ohne ausreichende Personaldecke mag dies anders sein.
71 So auch Stellungnahme der Kommission nach Art. 23 Abs. 2 des Bayerischen Abgeordnetengesetzes vom 28.11.1991 (hektografiert), S. 8.
72 So zutreffend die Stellungnahme der soeben genannten Kommission, S. 7.
73 *Kai-Uwe von Hassel*, Rede anläßlich seines 80. Geburtstages am 21.4.1993 in Bonn.
74 *Heinz Laufer*, Das föderative System der Bundesrepublik Deutschland, 3. Aufl., 1977, 55 f.; *Schenke*, a.a.O., 1513 f.
75 *Konrad Hesse*, Der unitarische Bundesstaat, 1962.
76 Artikel 79 Absatz 3 in Verbindung mit Artikel 20 GG.
77 Vergleiche die Beschlüsse der Konferenz der Präsidenten der deutschen Länderparlamente zur Reform der Verfassung der Bundesrepublik Deutschland vom 4.12.1991, Niedersächsischer Landtag, Drucksache 12/2797, S. 22 f.
78 *Georg-Berndt Oschatz*, Perspektiven des Parteienstaates – Volksparteien in der Krise?, 1990, 20; *Janssen*, a.a.O.
79 Oben Anm. 46.
80 Oben Anm. 46.
81 Artikel 17 Absatz 1 WRV.
82 *Wilhelm Hennis*, Parlamentarische Opposition und Industriegesellschaft (1956), in: *ders.*, Politik als praktische Wissenschaft. Aufsätze zur politischen Theorie und Regierungslehre, 1968, 105 (118 f.).
83 *Peter Haungs*, Der Führungswechsel in der rheinland-pfälzi-

schen CDU: Innerparteiliche Entsolidarisierung oder demokratische politische Kultur, ZParl 1989, 504 ff.
84 *Hermann Eicher*, Der Machtverlust der Landesparlamente, 1988, 55 ff.
85 Näheres bei *von Arnim*, Der Staat als Beute, 1993, 121 ff.
86 *Theodor Eschenburg*, Verfassung und Verwaltungsaufbau des Südweststaates, 1952, 60 f.
87 *Hans-Georg Wehling*, Der Bürgermeister und »sein« Rat. Kommunalpolitik in der Bundesrepublik Deutschland im Vergleich, Politische Studien 1984, 27 (33).
88 *Gerhard Banner*, Kommunale Steuerung zwischen Gemeindeordnung und Parteipolitik, DÖV 1984, 64 und öfter.
89 *von Arnim*, Gemeinwohl und Gruppeninteressen. Die Durchsetzungsschwäche allgemeiner Interessen in der pluralistischen Demokratie, 1977 mit weiteren Nachweisen.
90 *Fritz Scharpf*, Demokratietheorie zwischen Utopie und Anpassung, 1970, 75.
91 Näheres bei *von Arnim*, Reform der Gemeindeverfassung in Hessen, DÖV 1992, 330 (335).
92 *Kolbe*, Kandidatenaufstellung und Wahlmodus in der Schweiz und in Österreich, Deutscher Bundestag, Wissenschaftliche Dienste Nr. 38/90 vom 29.3.1990, S. 3 ff.
93 Vgl. schon *Eschenburg*, a.a.O., 64; *Oschatz*, a.a.O., 20.
94 Vergleiche die dahin gehende Forderung von *Richard von Weizsäcker*, Gesprächsbuch, 1992, 142.
95 *Partsch*, JZ 1960, 23 f.; *Leisner*, DÖV 1968, 389 (390); *Matthias Herdegen*, Strukturen und Institute des Verfassungsrechts der Länder, in: Kirchhof/Isensee (Hg.), Handbuch des Staatsrechts, Band IV, 1990, 479 (491).
96 Art. 58 ff., 64 Verfassung des Landes Baden-Württemberg: Das Volksbegehren muß von mindestens einem Sechstel der Wahlberechtigten gestellt werden (Art. 59 Abs. 2). Bei der Volksabstimmung über die Verfassungsänderung muß die Mehrheit der Stimmberechtigten zustimmen (Art. 64 Abs. 3 Satz 3).

97 Art. 71 ff., 75 Verfassung des Freistaates Bayern: Volksbegehren können von einem Zehntel der Stimmberechtigten gestellt werden (Art. 74 Abs. 1). Die Verfassungsänderung ist zustande gekommen, wenn die Mehrheit der Abstimmenden beim Volksentscheid zustimmt (Art. 74 Abs. 5, 75 Abs. 1).

98 Art. 107 ff., 129 Verfassung für Rheinland-Pfalz: Volksbegehren können von einem Fünftel der Stimmberechtigten gestellt werden (Art. 109 Abs. 3). Beim Volksentscheid über die Verfassungsänderung muß die Mehrheit der Stimmberechtigten zustimmen (Art. 129 I).

99 Näheres Kapitel 2, Abschnitt VI.

100 Dazu *von Arnim*, Begrenzung öffentlicher Ausgaben durch Verfassungsrecht, DVBl. 1985, 1286 (1293).

101 Dazu *von Arnim*, Reform der Gemeindeverfassung in Hessen, DÖV 1992, 330 ff.

Nachwort: Antwort auf Kritiker

1 Deutscher Bundestag, Stenographischer Bericht der Sitzung vom 12.11.1993, 16403–16421.

2 So ausdrücklich *Schmalz-Jacobsen*, Handelsblatt vom 8.4.1994.

3 *Hans Meyer*, Die Fraktionen auf dem Weg zur Emanzipation von der Verfassung, Festschrift für Mahrenholz, 1994, 319.

4 *Hans Meyer*, Archiv des öffentlichen Rechts 1994, 492 (496).

5 Hamburger Morgenpost vom 14.1.1994. – Inzwischen liegt die Prüfungsmitteilung des Bundesrechnungshofs vor; sie kommt unter anderem zum Ergebnis, die Zahl der Stellen für Forschungsreferenten im Forschungsinstitut für Öffentliche Verwaltung sei *zu gering* und sollte in Zukunft ausgeweitet werden.

6 Ähnliche Thesen werden jüngst formuliert von so unterschiedlichen Autoren wie *Werner Maihofer* und *Johano Strasser*: *Werner Maihofer*, Abschließende Äußerung in: Benda/Maihofer/Hans-Jochen Vogel (Hg.), Handbuch des Verfassungsrechts, 2. Auf-

lage, 1994, 1699 (1712 ff.): Es bestehe ein »plebiszitäres Defizit« und zugleich ein »repräsentatives Defizit«. *Johano Strasser*, Die Wende ist machbar, 1994, 17: »In fast allen Erhebungen zu den Motiven für Wahlenthaltung und Politikverdrossenheit werden als die wichtigsten Gründe für die Abwendung von der Politik genannt: 1. ›schlechte Politik‹; 2. ›zu wenig gute Politiker‹; 3. ›kein‹ oder ›zu geringer Einfluß der Bürger auf die Politik‹«. Vgl. auch die Thesen der Frankfurter Intervention, einer Gruppierung bekannter Persönlichkeiten, die sich die Einmischung in öffentliche Angelegenheiten vorgenommen hat. Gekürzt wiedergege-ben in Stuttgarter Zeitung vom 23.9.1994, 5; Die Zeit vom 4.11.1994, 14.

7 So auch *Schmalz-Jacobsen*, Handelsblatt vom 8.4.1994: »Das unbequeme Buch von Arnims ... sollte ... wachrütteln.«

8 So *Wolfgang Renzsch*, Das Parlament Nr. 50 vom 16.12.1994, 18, dessen Besprechung im übrigen auch eine Reihe von sachlichen Unrichtigkeiten enthält, so daß die Vermutung naheliegt, daß sein kritisches Urteil deshalb getrübt ist, weil er als Angehöriger der SPD-nahen Friedrich-Ebert-Stiftung im Verfasser vor allem den Kritiker der Finanzierung der Parteistiftungen sieht.

9 *Jörn Ipsen*, Deutsches Verwaltungsblatt 1994, 654 (655). Anders aber *Hans Meyer*, Archiv des öffentlichen Rechts 1994, 492 (493): »Wenn das Haus brennt, pflegt man nicht auf die Qualität der Dachziegel zu verweisen.«

10 *von Arnim*, Der Staat als Beute, 1993.

11 Am Beispiel des Hamburger Diätenfalles beschrieb die Hamburger Verfassungsrichterin *Maya Stadler-Euhler* in der Hamburger Rundschau vom 19.12.1991 den unvermeidlichen Zwiespalt: »von Arnim ist, wie ich selbst in der Bürgerschaft miterlebte, in einer miserablen Weise diskriminiert worden. Über die provokative Sprache, die von Arnim gewählt hat, kann man geteilter Meinung sein. Aber das genau war seine Waffe: die Dinge eben nicht nur mit der vornehmen Zurückhaltung eines Verfassungsrechtlers verklausuliert darzustellen, sondern sie politisch so

auf den Punkt zu bringen, daß auch der Dümmste verstehen konnte, worum es geht. Das war es, was die Politiker so getroffen hat.«

12 So *Klaus Brill*, in der Süddeutschen Zeitung vom 9.12.1991, in Anlehnung an das bekannte Wort von *Kurt Tucholsky*, bezogen auf den Hamburger Diätenfall.

13 Das Zitat stammt von dem Staatsrechtslehrer *Ernst Forsthoff*, Der Staat der Industriegesellschaft, 1971, 46, der (wenn auch mit anderer Zielrichtung als der Verfasser dieses Buches) seine eigene Wissenschaft mit den Worten rügt, die Herausforderungen von Staat und Verwaltung lägen »jenseits des Horizonts« einer Wissenschaft, »die in normativen Gehäusen ihr Wesen treibt«. Hinzuzufügen ist das Postulat *Gerhard Banners*: »Ein Staatsrechtler sollte nicht nur staatstragend (und schon gar nicht nur parteitragend), sondern auch demokratietragend sein« (Klammerzusatz *von Arnim*). – Ein eindrucksvoller Beleg dafür, daß die Staatsrechtslehre die Probleme des Parteienstaates keineswegs verschweigt, sind die Referate von *Michael Stolleis*, *Heinz Schäffer* und *René A. Rhinow* zum Thema »Parteienstaatlichkeit – Krisensymptome des demokratischen Verfassungsstaats?« und ihre Diskussion auf der Jahrestagung 1985 der Vereinigung der Deutschen Staatsrechtslehrer, VVDStRL 44, 7 ff.

14 *Ernst Fraenkel*, Die Wissenschaft von der Politik und die Gesellschaft (1963), in: *ders.*, Reformismus und Pluralismus, 1973, 337 (344). Fraenkel fährt nach dem im Text zitierten Satz fort: »Eine Politikwissenschaft, die nicht bereit ist, ständig anzuecken, die sich scheuen wollte, peinliche Fragen zu stellen, die davor zurückschreckt, Vorgänge, die kraft gesellschaftlicher Konvention zu arcana societatis erklärt worden sind, rücksichtslos zu beleuchten, und die es unterläßt, freimütig gerade über diejenigen Dinge zu reden, über die ›man nicht spricht‹«, habe »ihren Beruf verfehlt«.

15 *Werner Birkenmaier*, Stuttgarter Zeitung vom 29.10.1993:

»Wahrscheinlich muß der überkommene Parteienstaat noch mehr zerfallen, bevor Änderungen möglich sind. Offenbar lernen die Menschen nur aus katastrophalen Entwicklungen.« *Alexander Gauland*, Märkische Allgemeine vom 29.10.1993: von Arnims Buch wird »leider nur dann etwas ändern, wenn die Wahlergebnisse noch schrecklicher ausfallen«.

16 So besonders kraß *Jörn Ipsen* und *von Alemann*.
17 Derartige Vorschläge hat sich die Frankfurter Intervention zu eigen gemacht. Nachweise in Fußnote 6. Vgl. auch *Hans Heinrich Rupp*, Politische Teilhabe – Politische Kultur, Bitburger Gespräche, Jahrbuch 1993/2, 111 (118).
18 *Michael Schröder*, Mannheimer Morgen vom 1.10.1993: »Arnim bleibt vermutlich der einsame Rufer in der Wüste... Denn über eine Änderung der Verfassung entscheiden wiederum allein die Parteien – und die besitzen wenig Interesse daran, ein Stück ihrer Macht abzugeben.« *Thorsten Winter*, Gießener Allgemeine vom 28.5.1994: »Der Autor übersieht jedoch, daß diese Änderungen von jenen beschlossen werden müßten, die er kritisiert: die machtverliebten Parteien. Dieses Problem entwertet seine Analyse nicht, schwächt aber die Perspektive enorm.«
19 *Ulrich von Alemann*, Die Woche vom 18.8.1994, 8; dazu meine Erwiderung in Die Woche vom 15.9.1994, 39.
20 Nachzulesen z.B. im Protokoll der schon genannten Sitzung des Deutschen Bundestages vom 12.11.1993. Äußerungen von Politikern aus früheren Jahren sind nachzulesen in *von Arnim*, Staat als Beute, 1993.
21 Das hat *Kurt H. Biedenkopf*, Zeitsignale, 1989, 236 ff., besonders klarsichtig beschrieben.
22 Klammer vom Autor eingefügt.
23 *Richard Schröder*, Deutschland schwierig Vaterland, 1993, 132.
24 So treffend *Jörg-Detlef Kühne*, Parteienstaat als Herausforderung des Verfassungsstaats, Festschrift für Kurt G.A. Jeserich zum 90. Geburtstag, 1994, 309.
25 Ähnlich die SPD-Schatzmeisterin *Inge Wettig-Danielmeier*, Deut-

scher Bundestag, Stenographischer Bericht der Sitzung vom 12.11.1993, 16410: »Der Ruf nach dem Gemeinwohl kaschiert immer noch den Ruf nach dem Obrigkeitsstaat«. Vgl. auch *Gunlicks*, Newsletter of the Conference Group on German Politics, March 1994, 5: »›The people‹ (Is there really such a thing?) and the ›common good‹ (How does one define it?)«.

26 So wieder *Ulrich von Alemann* und *Jörn Ipsen*.
27 *Michael Stolleis*, Pecunia nervus rerum, 1983.
28 So z.B. auch *Cornelia Schmalz-Jacobsen*, Handelsblatt vom 8.4.1994.
29 *Friedbert Pflüger*, Deutschland driftet. Die Konservative Revolution entdeckt ihre Kinder, 1994, 31.
30 Nachweise bei *von Arnim*, Der Staat als Beute, 1993, zusammenfassend 323 f.
31 So z.B. *Detlev Prößdorf*, Offenburger Tagblatt vom 19.9.1994.
32 *Kühne*, Festschrift Jeserich, 1994, 309 (326).
33 Wer die vier Hauptthesen des Verfassers dagegen nennt und ihre Begründungen zumindest skizziert, kann gar nicht anders als sich darauf einlassen und ihre (mehr oder weniger große) Berechtigung einräumen und kommt dabei meist zu einem ausgewogenen Urteil über das Buch: Zum Beispiel *Hans Meyer*, Archiv des öffentlichen Rechts 1994, 492 ff.; *Rudolf Wassermann*, Rechts- und Verwaltungspolitik 1994, 179 f.; *Enrico Syring*, Der Tagesspiegel vom 6.2.1994, 5; *Gerhard E. Gründler*, Evangelische Kommentare 1994, 243 ff.; *Werner Birkenmaier*, Stuttgarter Zeitung vom 29.10.1993; *Renate Berthold*, Sächsische Zeitung vom 28.12.1993; *A. Jungbauer*, Passauer Neueste Nachrichten vom 20.11.1993; *Cornelia Schmalz-Jacobsen*, Handelsblatt vom 8.4.1994.
34 So *Jörn Ipsen* und *Ulrich von Alemann*, anders aber *Hans Meyer*, Archiv des öffentlichen Rechts 1994, 492 (494).
35 *Rudolf Wassermann*, Die Zuschauerdemokratie, 1986.
36 *Wilhelm Bürklin*, Gesellschaftlicher Wandel, Wertewandel und politische Beteiligung, in: Starzacher/Schacht/Friedrich/Leif

Anmerkungen

(Hg.), Protestwähler und Wahlverweigerer. Krise der Demokratie?, 1992, 18 ff.
37 *Helmut Klages*, Häutungen der Demokratie, 1993, 55.
38 *Richard von Weizsäcker* im Gespräch mit Gunter Hofmann und Werner A. Perger, 1992, 164, 178: »Unser Parteienstaat ist von Machtversessenheit und Machtvergessenheit zugleich geprägt: er ist machtversessen auf den Wahlsieg und machtvergessen bei der Wahrnehmung der inhaltlichen und konzeptionellen Führungsaufgabe.«
39 Statt vieler BVerfGE 89, 155 (208): »Die Verselbständigung der meisten Aufgaben der Währungspolitik bei einer unabhängigen Zentralbank löst staatliche Hoheitsgewalt aus unmittelbarer staatlicher oder supranationaler parlamentarischer Verantwortlichkeit, um das Währungswesen dem Zugriff von Interessentengruppen und der an einer Wiederwahl interessierten politischen Mandatsträger zu entziehen (so bereits Regierungsentwurf zum Bundesbankgesetz, BTDrucks. 2/2781, S. 24 f.).«
40 Dazu *Alexander v. Brünneck*, Verfassungsgerichtsbarkeit in den westlichen Demokratien. Ein systematischer Verfassungsvergleich, 1992, 168 ff.
41 Vergleiche die einschlägigen Berichte der Kommunalen Gemeinschaftsstelle für Verwaltungsvereinfachung und die zweibändige Dokumentation Der Carl Bertelsmann Preis 1993: Demokratie und Effizienz in der Kommunalverwaltung, 1993.
42 So der Hauptinitiator der kommunalen Reformbewegung, der frühere Vorstand der Kommunalen Gemeinschaftsstelle für Verwaltungsvereinfachung, *Gerhard Banner*, zum Beispiel in dem Aufsatz »Von der Behörde zum Dienstleistungsunternehmen«, Verwaltung, Organisation, Planung (VOP) 1991, 6 (7).
43 Zum Beispiel *Hermann Hill*, Staatskonzeption, VOP 1994, 301; *Helmut Klages*, Grundsätze und Erfordernisse einer grundlegenden Erneuerung und Modernisierung der Verwaltung, Die

Neue Verwaltung 1994, 17; *Heinrich Reinermann*, Die Krise als Chance: Wege innovativer Verwaltungen, 1994 (Speyerer Forschungsberichte, Band 139).

44 *Ulrich von Alemann*, Parteien und Gesellschaft in der Bundesrepublik. Rekrutierung, Konkurrenz und Responsivität, in: Alf Mintzel/Heinrich Oberreuter (Hg.), Parteien in der Bundesrepublik Deutschland, 1990, 84 (121, 124).

45 *Roman Herzog*, Verfassungsrechtliche Grundlagen des Parteienstaates, 1993, 33 f.

46 *Thomas Ellwein*, Das Dilemma der Verwaltung, 1994, 112 ff. Vgl. auch *Kühne*, Parteienstaat als Herausforderung des Verfassungsstaats, Festschrift Jeserich, 1994, 309 (319 ff.); *Peter M. Huber*, Der Parteienstaat als Kern des politischen Systems – Wie tragfähig ist das Grundgesetz?, Juristenzeitung 1984, 689 (693 f.).

Abkürzungen

AbgG	Abgeordnetengesetz
Anm.	Anmerkung
AöR	Archiv des öffentlichen Rechts (Zeitschrift)
BayVBl	Bayerische Verwaltungsblätter (Zeitschrift)
BT-Drs.	Bundestagsdrucksache
BVerfGE	Bundesverfassungsgerichtsentscheidungen (Amtliche Sammlung)
DB	Der Betrieb (Zeitschrift)
DÖV	Die Öffentliche Verwaltung (Zeitschrift)
DVBl.	Deutsches Verwaltungsblatt (Zeitschrift)
Hg.	Herausgeber
JR	Juristische Rundschau (Zeitschrift)
JZ	Juristen-Zeitung (Zeitschrift)
NJW	Neue Juristische Wochenschrift (Zeitschrift)
VerwArch	Verwaltungsarchiv (Zeitschrift)
VVDStRL	Veröffentlichungen der Vereinigung der Deutschen Staatsrechtslehrer
ZBR	Zeitschrift für Beamtenrecht
ZParl	Zeitschrift für Parlamentsfragen
ZRP	Zeitschrift für Rechtspolitik